林存光

1966年生，山东济宁人，山东省泰山学者，中国政法大学政治与公共管理学院教授、博士生导师，尼山世界儒学中心孔子研究院特聘专家，主要从事孔子与儒学、儒家政治哲学与政治文化、中国政治思想史等方面的教学与研究工作，出版有《孔子新论》《儒教中国的形成——早期儒学与中国政治文化的演进》《历史上的孔子形象——政治与文化语境下的孔子和儒学》《政治的境界——中国古典政治哲学研究》《中国古典和谐政治理念与治国方略研究》《中国政治思想通史·秦汉卷》《“文明以止”：中华民族的人文精神与文明特性研究》《天下为公与民惟邦本——儒家两大核心政治理念的历史考察与义理阐释》《论儒教作为一种文教——孔子、儒学与儒教问题评论集》《道义、权力与政治——儒家政治哲学与政治文化论集》《儒学的多维诠释》《中国人的政治智慧》等。

山东省泰山学者人才工程专项经费资助项目

林存光
儒学著作集

行动中的君子
——孔子新论

林存光 著

山东友谊出版社·济南

图书在版编目（CIP）数据

行动中的君子:孔子新论 / 林存光著. -- 济南 :山东友谊出版社, 2024. 6. -- ISBN 978-7-5516-2941-6

Ⅰ. B222.25

中国国家版本馆CIP数据核字第2024ZW4890号

行动中的君子——孔子新论

XINGDONG ZHONG DE JUNZI——KONGZI XINLUN

责任编辑：王　苑
装帧设计：刘一凡

主管单位：山东出版传媒股份有限公司
出版发行：山东友谊出版社
地址：济南市英雄山路 189 号　邮政编码：250002
电话：出版管理部（0531）82098756
发行综合部（0531）82705187
网址：www.sdyouyi.com.cn
印　　刷：济南精致印务有限公司

开本：710 mm×1000 mm　1/16
印张：27　**字数**：450 千字
版次：2024 年 6 月第 1 版　**印次**：2024 年 6 月第 1 次印刷
定价：98.00 元

总序　理解儒学

回顾本人30多年所走过的学术历程，大体言之，盖始终围绕孔子和儒学、“儒教”中国以及儒家政治哲学与政治文化诸论题而不断开展研究和思考，当然，亦不仅仅局限于此而已。以对孔子生平与学思的考察和探求立基，进而对两千多年来中国历史上的种种孔子观念与历史形象作系统的现象学梳理，揭示其背后的各种意蕴及不同动机和诉求；从文化与政治整合互动之综合性的关系视角，并运用意识形态的理论立场、观点和方法，深入考察和探究儒学的意识形态化问题，进而审视和反思“儒教”中国亦即与帝制相结合的儒家建制或“儒教”传统的形成与演化、成长与衰落、重兴与解体的历史过程及相关问题；立足于主体性的精神境界视角，系统阐释中国古典四大思想流派（儒、墨、道、法）之政治哲学的理论意蕴及其思想范式意义，进而指导学生共同协作而全面地对中国人的政治思想传统特别是儒家政治哲学与政治文化开展历时性考察与理论反思。所有这些学术努力与理论尝试无疑都需要穿越两千多年的时空隧道与历史迷雾，探本溯源地对孔子与古典儒家以及先秦诸子百家学术的思想和理念往复重新地作深切体究与同情理解，乃至立足思想比较的视角并借鉴和运用各种理论资源，以期彻底领悟和把握其真精神、真面目、真血脉。学术研究需要付出艰辛的努力，我们的努力虽然微不足道，但对于理解孔子和儒学、讲好孔子和儒家的故事，相信决不是毫无意义的。而借着撰写此自序的机会，笔者愿意就如何更好理解孔子和儒学或讲好孔子和儒家故事的问题，再略陈一己之浅见，以求教于学界贤达。

自孔子开宗立派以来，儒家之学经历无数代的传习承继而不断演化发展已有两千五百多年之久，对这一历时久远而内涵丰富的学术思想流派和人文精神传统，究竟应如何来理解和诠释、传承与弘扬，迄今依然是摆在我们面前的一道富有挑战而亟须应答的难题，需要认真而理性地加以对待和思考。要言之，漠视和盲信乃是理解的大敌，反之，唯有在同情理解的基础上，才能更好地讲好孔子和儒家的故事。

为此，在我看来，今日亟宜表出之的仍是梁漱溟先生那对待儒家所抱持的客观而理性的立场与态度。熊十力先生曾著有《原儒》的名作，对此，梁先生作过一番极其耐人寻味的评论——“假若今天我来写《原儒》”，他在评论中说：“熊著《原儒》直从赞扬儒家发端，所谓‘原学统’也，‘原外王’也，‘原内圣’也，无非站在儒家立场而说话。若使在我，则断断不出于此途。”为何这样讲呢？因为“说话非同诗歌之比”，“诗歌多从自家情怀出发，可以只顾我歌唱我的，不计其他”，而“说话或著书，原在以我所明了的某事某理晓喻于人”，故“当从彼此共同承认的一些事理入手，慢慢讲到他初时不曾懂得的事理上来，引导他接受”，尤其是，面对“当前思想界既为外来学术思想所统治，而儒学早失其传统地位的情势”，如果一味站在赞扬儒家的立场而“只顾自己说自己的话，自己肯定自己的话”，那是起不了什么作用的。因此，依梁先生之见，“应当不忙去赞扬儒家（这是既为外来的学术思想占统治地位的当前思想界所不能接受的），而先要人们从客观上认识得它”，而且，“今天写《原儒》正宜从世界各地不同文化和学术来作种种比较对照功夫”，正如俗语所说“不怕不识货，只怕货比货”，“一事一物必有其特征，而特征皆从比较对照中认识出来”。[①]

梁先生的上述立场与态度，真可谓先得我心。尽管当下儒学的热闹场景与梁先生所处的冷落遭遇难以同日语，但就对儒家的客观认识和理解来讲，梁先生所言仍极富教益而不失其深刻的启示意义，甚或可作为我们原儒时的箴规。因为“说话非同诗歌之比”，吾人今日也正不必“直从赞扬儒家发端”或忙着站在“去赞扬儒家”的立场说话。因为徒以狂热或冷漠的乖戾之气去作弘扬或贬低，都无益于我们认识儒家的真价值、理解儒学的真意义，借用徐复观先生的一句话说就是，“不仅是枉费精神，而且也会麻痹真实地努力，迷误前进的方向”[②]。正唯如此，依余浅见，我们要想认识儒家和理解儒学，依然需要拥有冷静而清明、客观而理性的心智，需要“作种种比较对照功夫”来切实把握儒家和儒学的根本特征，需要以刚大之气和虚灵不昧之心对历史上的儒学所蕴含的真价值及其内在的阴暗面加以充分而深切的认识和理解、作出客观而公允的反思和评价。即使是在今日亟欲要表彰、尊崇孔孟儒家之道而发明光大之，亦不可不兼通世界学术或兼究外国之学说，诚如王国维先生所说：“至周秦诸子之说，虽若时与儒家相反对，然欲知儒家之价值，亦非尽知其反对诸家之说不可，况乎其各言之有故，持之成理者哉！今日之时代，已入研究自由之时代，而非教权专制之时代。苟儒家之说而有价值也，则因研究诸子之学而益明；其无价值也，虽罢斥百家，适足滋世人之疑惑耳。……若夫西洋哲学之于中国哲学，其

① 中国文化书院学术委员会编：《梁漱溟全集》第七卷，山东人民出版社 2005 年版，第 752 页。

② 徐复观：《中国艺术精神》，春风文艺出版社 1987 年版，自叙，第 2 页。

关系亦与诸子哲学之于儒教哲学等。今即不论西洋哲学自己之价值，而欲完全知此土之哲学，势不可不研究彼土之哲学。异日发明光大我国之学术者，必在兼通世界学术之人，而不在一孔之陋儒，固可决也。”“夫尊孔孟之道，莫若发明光大之；而发明光大之之道，又莫若兼究外国之学说。”①

另如明儒吕坤所言：“天地间真滋味，惟静者能尝得出；天地间真机括，惟静者能看得透；天地间真情景，惟静者能题得破。作热闹人，说孟浪语，岂无一得？皆偶合也。”（《呻吟语·存心》）故吾人今日要想真切地认识和体知、全面理解和系统诠释，乃至富有意义地传承和弘扬、创新和发展儒学，都须首先静心以思之，孔子儒家所为之学、所求之道、所认之理，究竟是一种什么性质的学问和道理。如此而思之不切、体之不真，便着急忙慌地“作热闹人，说孟浪语”，在自家书斋中杜撰和制造出种种既时髦又廉价而且即时就变成明日黄花的“某某儒学”的名称与标签，不仅“枉费精神”，也实在可惜了这些“儒学”之名！

历史地讲，两千四五百年前，正当古老的中华文明向轴心时代的“精神觉醒”转生蜕变之际，孔孟降生，相距百余年，先后相继，讲学兴教，开宗立派，确立和奠定了儒家思想学说的基本范式与核心教义。孔孟之道带给世人的无疑是一种高度自觉的道德良知和修齐治平的深刻智慧，而在过去的两千四五百年的岁月中，在孔孟之道的思想之光的浸润和形塑下，确乎形成了一种悠久深厚的德性、智识和文明的儒学传统，一种对于中国人的心灵或民情世道有着深远历史影响的道德人文精神传统。对孔孟之道的思想内涵与历史地形成的儒家精神与儒学传统，我们理应本着极具温情和敬意的态度来加以系统的领会和深刻的理解。

任何对儒学的理解都不可能不回归反求之于孔孟之道的儒家思想源头，就

① 王国维：《奏定经学科大学文学科大学章程书后》，见彭华选编：《王国维儒学论集》，四川大学出版社2010年版，第95—97页。

此古典思想源头而言，我们似可以探本溯源或正本清源地讲，所谓儒学，实可从三个层面来对其思想义涵获得某种实质性的理解。第一，作为人类自我反思的一种特殊思想形式，孔孟古典儒家对于人的全面反思，亦即对于人之为人或人何以为人的自我反省与思考奠立了儒学之为儒学的理论根本，人是一种文化性和礼义性的存在，其生存须扎根于礼义化的文化传统的血脉之中，同时人亦是一种道德性和伦理性的存在，其天赋的孝悌亲亲和仁恕忠信之德最能体现其优异灵秀而独特的人类品质或美好的伦理德性。第二，作为修己安民或修齐治平的一种圣贤学问，孔孟古典儒家之“学”可以说关乎着三个紧密相关的重要的意义维度或思想主题，一是个体生命之德性修养，二是人与人相与相交的关系性或伦理性，三是社会民生之福祉安乐。因为人生活在家—国—天下的多层级共同体的秩序连续体中，唯有人人以“修身为本”，乃至层层递进而以合乎人道或仁义道德的方式来齐家、治国和平天下，才能实现家齐、国治、天下太平和民生安乐的根本目标。在此过程中，当然需要发挥修德立教之士人君子或作为先知先觉者的圣贤人物的领袖作用或领导职责。第三，作为应乎人生需要或人类共同体生活需要而来[①]、富有人道主义意义的一种人生学问或思想学说，孔孟儒家之讲学立教，亦即儒之为学或儒之为教，乃意在引领人类去创建、追寻一种人道且文明的良善社会或美好的共同体生活，在其中，人们遵循“彼此互

① 如梁漱溟先生所说：“人世间不拘何物，要皆应于需要而有”，学术如此，宗教如此，文化如此，而莫不“应乎人生何种需要而来”（《儒佛异同论》，见《梁漱溟先生论儒佛道》，广西师范大学出版社 2004 年版，第 82 页）；“言乎学术所由产生以至其发展流播广远，似端在其应付人类生活需要；即是说：人生有什么问题便产生什么学术”（《东方学术概观》，见《梁漱溟先生论儒佛道》，广西师范大学出版社 2004 年版，第 26 页）。另如谢扶雅先生所言：中国人的思想“着重于人世的实际生活”，“‘儒’底思想即为应此需要而生。儒字从人从需，言其为适应人的需要”（《中国政治思想史纲》，台湾正中书局 1954 年版，第 180 页）。

以人相待”[①]的“关系理性”或“伦理本位”理念而生活在一起，由亲亲而仁民，由仁民而爱物，乃至怀抱着“民胞物与”的仁道信念，而与天地万物一体共生。

然而，任何美好的愿望、深刻的思想见解或充满理想的义理信念，都不是凭空而生的，亦不能徒托之于空言，而是必有其发生之历史渊源与时代背景，也唯有力行实践才能将之转化为现实。然而，面对现实的具体生存处境，任何美好的愿望、深刻的思想见解或充满理想的义理信念，也都不是可以轻易实现的，甚至常常被歪曲利用乃至蜕变异化。即使从人生需要或人类实际生活需要的角度来讲，无疑也存在着各种不同的学术立场、理论视野和实践进路，故如何认识、理解和评价孔孟儒家应乎人的需要而来的人道且文明的生活理念，迄今恐怕都不免会见仁见智、异见丛生而莫衷一是。

那么，今天，我们又究竟应如何来认识、理解和评价历史上的儒学呢？在此，只能粗浅而简略地谈一点自己不成熟的体会和看法。在我看来，借用墨子关于“三表”即本之、原之和用之的说法(参见《墨子·非命上》)，也许可以从不同层面更好地来认识、理解和论述儒学在历史上的演生、发展及其如何落于实践的问题。要之，所谓本之、原之和用之，即本之于社会历史语境，原之于儒家经典文本，用之于身心修养和生活实践。

试分别言之。孔孟儒家之学术或思想，无疑是在一定社会状况或历史语境下发生并发展演化的，故欲了解其学术的价值和思想的意义，必先考察其所处的社会状况或将其置于特定的历史语境下来加以理解和审视，诚如梁启超先生所说：“凡思想皆应时代之要求而发生，不察其过去及当时之社会状况，则无以见思想之来源。凡一思想之传播，影响必及于社会，不察其后此之社会状况，

① 梁漱溟：《东方学术概观》，见《梁漱溟先生论儒佛道》，广西师范大学出版社2004年版，第65页。

则无以定思想之评价。”[①]孔孟生活在礼崩乐坏、列国纷争的东周衰乱之世，华夏民族已积累和拥有的数千年的悠久深厚的文明根脉与源远流长的文化传统面临着变乱丧坠、存亡续绝的深刻危机。面对文明根脉崩坏、文化传统失坠中绝的深刻危机和道德困境，面对动荡不安而充满敌意的严酷现实境遇和时代生存环境，在自身内在良知和使命担当意识的召唤与激励下，孔孟奋然兴作，自觉地担负起传承斯文、担当道义的历史使命和社会责任。具体而言，孔子生活于周制崩解、王权式微、天下失序的春秋乱世，故“修成、康之道，述周公之训，以教七十子，使服其衣冠，修其篇籍”（《淮南子·要略》），乃至贵仁尚义，崇尚礼乐，“设为以德致位之教，传弟子以治平之术”[②]，诚不愧为中国历史上最卓越而伟大的教育家和思想家。孟子继起，更生当诸侯争雄、战争频仍而“民之憔悴于虐政，未有甚于此时者也”（《孟子·公孙丑上》）的战国之世，汲汲于呼唤良心善性，探寻王道仁政，发为以德抗位、民贵君轻、独夫民贼之论，诚不愧为针对暴君虐政之思想上的“永久抗议”[③]。而孔子所修之篇籍为五经六艺（《诗》《书》《礼》《乐》《易》《春秋》），载录孔孟言行的《论语》《孟子》以及《大学》《中庸》《孝经》等儒家诸经传，亦遂成为后世儒家学者奉持尊信并不断加以训诂、注释和诠解的神圣经典文本，乃至形成了此后源远流长的儒家经典学问，并在历史上演生出经学和理学两种儒家学术和思想形态，即汉唐儒者注重文本章句和名物制度的训诂注疏之学，宋明儒者诉之于身心体验和成圣成贤的心性修养、重视而不局限于经典文本之思想内涵的义理诠释和天理良知之学。更进而言之，历史上的儒者亦非徒寻章摘句、解字注经和体认天道性理、发明本心良知而已，其根本追求乃在于通经而致用，求道以救世，修己而安人，

① 梁启超：《先秦政治思想史》，东方出版社2012年版，第12—13页。
② 萧公权：《中国政治思想史》，新星出版社2005年版，第48页。
③ 萧公权：《中国政治思想史》，新星出版社2005年版，第62页。

经世以济民。说到底，孔孟儒家之道或孔孟儒家意义上的学术、思想与学问，乃是一种修齐治平之道，故务须真实笃切地用之于身心德性修养、社会伦理生活和政治生活实践，方能实现其自身的价值与意义。

然而，反过来讲，孔孟儒学之价值与意义又须于具体的社会历史境遇之中并根据历代儒者对于孔孟之道的思想内涵和儒家经典的文本含义之各自不同的理解与诠释来加以应用，才能得以实现。正唯如此，这样一种应用与实现究竟是一种什么意义上的应用与实现，亦是非常值得我们作进一步深入探讨和研究的。似乎无须什么深思熟虑，我们就能明白这样一层道理，孔孟儒家之道在历史上的应用与实现未必就是合乎孔孟儒家之道的本真含义的应用与实现，否则的话，我们恐怕也就不免于要受天真幼稚之讥了。换言之，在孔孟之道和儒家经典文本的基础上而历史地形成的儒家学术与儒学传统及其思想教义的实践应用与具体实现，在具体的社会历史境遇中，实则常常伴随着家国天下的治乱兴亡而时盛时衰，并在一次次的浴火重生中，不是因被创造性转化和创新性发展而获得蜕变新生，就是因被歪曲性利用和教条性僵化而趋向腐化变质。譬如，在经历过焚坑之祸、秦火厄运之后，汉儒董仲舒们发愤兴起，“推明孔氏，抑黜百家”（《汉书·董仲舒传》），促使汉武帝实行“罢黜百家，独尊儒术”的文教政策，乃至获得通经为学、入仕致用的制度化的合法途径，似乎成功地在帝制与“儒教”之间建立起了一种长期而稳定的相维互系的政教关系，然而，成功的背后，儒家学者也与儒术、儒学、“儒教”自身陷入了受帝制王权支配与规制的政治命运，而儒生士人也不得不在功名利禄的诱引下被通经入仕制度所驯化并屈从而服务于帝制王权的统治需要，故汉儒欲借帝王权势以推行圣人孔子之道，但现实情况却可能是“儒之途（仕途）通而其道亡矣”（方苞《望溪文集·又书儒林传后》）。不仅如此，魏晋以后，佛老二教兴起而日渐盛行，更导致儒学、“儒教”的浸微衰颓之势，隋唐大一统帝国建立后虽然重新将“儒教”确立为统治思想，科举取士制度亦得以建立并在后世不断被完善，从而使儒生士人进一步获得进入仕途而从政治民的制度化保障，但这似乎并没有使后世儒家从根本上摆脱“科举盛而儒术微”（《明史·儒林列传》序说）的政治困境。正唯如此，唐之韩（愈）、李（翱），宋之周（敦颐）、程（颢、颐）、张（载）、邵（雍）、朱（熹）、陆（九渊）和明之陈（献章）、湛（若水）、王（守仁）等诸大儒先后相继，奋然兴起，虽然其学术立场和思想见解不尽相同，但大抵皆以兴起斯文为己任，以接续孔孟之道统绝学为志业，以辨异端、辟邪说而昌明圣学为学的指归，但他们辟佛老异端而又不能不出入佛老、泛滥于诸家，立志求道、厌科举之业而又不得不通过科举仕进而求取功名以实现造福人群的政治理想，以圣贤自期而致力于以道抗势而又只能面对拥有至尊之权力势位的帝制王权并在官僚政治的制度框架下来进行思考并采取行动，虽亟欲致君尧舜或得君行道，却只会遭遇难以“格君心之非”的无奈。无论是汉唐之正统经学，还是宋明之程朱理学，不管其在学术上和思想上有何创造性的贡献和创新性的发展，虽然都被立于官方学术的权威地位，但事实上最终都难以逃脱被帝制王权缘饰而歪曲利用为统治思想之工具的命运。

时过而境迁，世异则事异。晚清以来儒学因不断遭遇外来西方强势文化与各种学术思潮一波又一波的激烈冲击，乃至历经“五四”新文化运动之思想启蒙和彻底反传统的批判洗礼，而陷入了生死存亡的文化困境之中。遭此困境与厄运，其间亦不断有学者尝试吸纳、融合和会通西学以重新激活儒学的思想资源，特别是现代新儒家亟欲返本以开新，试图在儒家内圣心性之学的思想资源的本源和根基之上接续、开显出民主和科学的新外王事业。毋庸置疑，作为近现代特殊时代背景下的产物，现代新儒家之“返本开新”的中西会通之学，亦不外是对其所处时代之中西大交通与时代性急剧变革的社会生活环境和历史文化语境所作出的意识反应。当然，其意识反应亦不能不立基于对儒家经典文本的经义诠解以及对孔孟儒学和宋明理学之思想内涵的义理阐释，而且着重于从中西文化比较与哲学会通的视野来拓展和深化对儒学之哲理价值和文化意义的理解和诠释。现代新儒家在促使儒学实现创造性转化和创新性发展上所作出的重要学术贡献是不容轻忽的，诚如方克立先生所说，他们“在中西文化冲突中，能够以比较健康的心态”，一方面充分肯定民族文化的主体性，与此同时又“尽量吸收西方文化之优长，以补中国文化之不足”①，其融合、会通中西哲学的努力“确实体现了儒家学说不断吸收外来营养、自求完善、更新发展的开放性的一面”②。

开放固然开放，但真正给中华民族带来生机，从而使之最终走出危亡境地的却是马克思主义和中国共产党人。中国共产党领导的新民主主义革命和新中国的建立真正改变了中国人民和中华民族的命运，正如美国汉学家费正清所言，“1949 年没有一个人能否认中国共产党在毛泽东领导下公公正正地征服了中国”③。不宁唯是，对中国文化和中华文明而言，马克思主义的传入及其在思想意识形态领域之主导地位的确立，不仅使中国文化走出困境和摆脱危机，甚至“给伟大中华文明的复兴带来了生机”④。那么，如何才能使源远流长的儒学传统与当今占据主导地位的马克思主义实现有机结合，既使儒学的优秀传统得以实现创造性转化和创新性发展，又使马克思主义的魂脉能够扎根于以儒学为主流的中华优秀传统文化的根脉当中，乃至焕发出推动和引领中国式现代化、实现中华民族伟大复兴事业的蓬勃生机与无限活力，这正是我们当今所面临而

① 方克立：《现代新儒学与中国现代化》，见《现代新儒学与中国现代化》，天津人民出版社 1997 年版，第 76 页。

② 方克立：《现代新儒学与中国现代化》，见《现代新儒学与中国现代化》，天津人民出版社 1997 年版，第 74 页。

③［美］费正清：《伟大的中国革命》，刘尊棋译，世界知识出版社 2000 年版，第 321 页。

④ 方克立：《略论现代新儒学之得失》，见《现代新儒学与中国现代化》，天津人民出版社 1997 年版，第 48 页。

亟需探求和解决的时代性重大课题。

综上所述，我们不难发现，儒学在历史上已然发展出的不外乎这样几种学用式的汉唐经学，续生型态的身心体验和义理证悟式的宋明理学，以及新生型态的返本开新和会通中西式的现代新儒学。这也许是老生常谈，但追本溯源地讲，孔孟古典儒学毋庸置疑是后世儒学在历史上不断演生和复兴而生生不息的源头活水，反之，儒学在历史上不断演生和复兴而生生不息的生命活力，亦正源自后世儒家学者对于孔孟古典儒学思想学说及其经典教义的深切领悟和独到诠释，并将个人性的生命体验和时代性的生活感悟注入对儒学的理解与诠释当中，从而在当下时刻重新激活其回应时代境遇之问题意识的思想活力。总之，真正的儒学创新必定植根于在真实生命体悟和生活实践的基础上对儒学的深刻理解与独到诠释，反之，在真实生命体悟和生活实践的基础上对儒学的深刻理解与独到诠释也必定具有儒学创新的真正价值与意义。

林存光

2024 年 2 月 20 日

目录

引言　永远的孔子

如果说有一个历史人物，确乎能够在中国人的内心深处激发出一种最深沉的崇敬之情和最持久的心灵反响，那不是别人，一定是孔子。

当然，在过去两千多年的历史进程中，在不同的历史时期，极为不同的或褒或贬、或肯定或否定的评价也总是围绕着他。

自汉武帝“卓然罢黜百家，表章《六经》”之后，孔子被世人尊奉为神圣“素王”和“至圣先师”，但在此之前的诸子异说蜂起、百家争鸣的学术风暴中，以及在近百年来古今中西之争的思想困境中，他也无可避免地成了最富有争议而饱受诋毁或深受激烈批判的历史人物。

也许，正因为如此，孔子总能以这样或那样的方式甚至是完全不同的姿态永远地活在世人的心中。

时至今日，人们依然在以不同的姿态、站在不同的立场或从不同的视角来谈论和评价孔子，乃至“在东亚，孔子的名字仍然引发着思想最保守者与最激进者之间的意识形态斗争，他们都在寻求对于有关资料的种种不同注释的蕴意，以证明孔子赞同他们的观点”[①]。

有人为他深情地谱写赞歌：

百年千年万年，昨天今天明天。百年千年万年，昨天今天明天。多少亭台楼阁，早已化作瓦砾一片；多少功名利禄，早已化作过眼云烟。你仍旧是你，你仍旧是你，你是一位善解人意的朋友。你仍旧是你，你仍旧是你，永远活在众生之间。

百年千年万年，昨天今天明天。百年千年万年，昨天今天明天。多少正人君子，最爱把你乔装打扮；多少帝王将相，总想借用你的威严。你仍旧是你，你仍旧是你，你是一位通情达理的长者。你仍旧是你，你仍旧是你，永远活在众生之间。

百年千年万年，昨天今天明天。百年千年万年，昨天今天明天。多少通都大邑，仍在汲取你的智慧；多少穷乡僻壤，仍在温习你的语言。你仍旧是你，你仍旧是你，你是一位循循善诱的师长。你仍旧是你，你仍旧是你，永远活在众生之间，活在众生之间。

这是一首1994年由著名词作家乔羽和曲作家张丕基共同创作的《孔子赞歌》（或称《千年夫子》）。歌曲听上去既质朴而又清新，既平易亲切而又悦耳动听。乔羽先生说，“孔子是中国历史上伟大的思想家、教育家，对中华民族的文化形成起过巨大作用”，但“还没人为他写过歌”，因此，他和张丕基先生联袂创作了这首《孔子赞歌》。不过，据乔羽先生讲，它又不仅仅是“对孔子一个人的歌颂”，而是意在“将中华民族的美德，中华民族优秀的传统歌颂出来”。也就是说，“孔子”不仅作为“一位善解人意的朋友”“一位通情达理的长者”“一位循循善诱的师长”，是“永远活在众生之间”的，而且，作为一个重要

① ［美］顾立雅：《孔子与中国之道》，高专诚译，大象出版社2000年版，英文版自序。

的“文化符号”，作为“中华民族的美德”或“中华民族优秀的传统”的代表和象征，成为人们歌颂的对象。毫无疑问，这首赞歌表达了一种时代的心声，表达了新时代的中国人对孔夫子的伟大历史贡献的敬仰和赞颂。而且，这首《孔子赞歌》情感真挚，极大地拉近了“孔子”与我们众生之间的历史距离，它使“孔子”变得更加可亲可敬。

有人试图将孔子“心灵鸡汤”化。如果说《孔子赞歌》对“永远活在众生之间”的“孔子”的敬仰和赞颂，在当年似乎还只是一种美好的期许，并未引起人们广泛的共鸣和认同，从而使孔子真正走进大众的意识和生活的话，那么，时过十二个年头之后，让孔子重新走进大众的意识和生活的美好愿望却似乎真的实现了。2006年的“十一”黄金假日，于丹教授在央视“百家讲坛”连续七天解读《论语》，在民间引发了一股几近疯狂的读《论语》的时代热潮。通过于丹教授的心得和感悟，孔子更加走近了我们、走近了大众、走近了我们的时代，孔子所讲的那些久已被人淡忘的“朴素”“温暖”而“最简单的”人生道理终于又能够在我们众生之间重新产生广泛的心灵和情感的共鸣，这些道理变得更加亲切而容易理解了，那是一种“心灵的快乐”，一种“从容淡定”的“个人幸福”的“感觉”。[①] 但是，这种“快乐”和“幸福”的“感觉”也可能仅仅是一种自欺欺人的、“心灵鸡汤”化的幻觉和假象。

有人从孔子身上看出的仅仅是一种丧家狗式的“知识分子的宿命”。《丧家狗：我读〈论语〉》一书的作者李零教授的“感觉”就绝不像于丹教授的那样“快乐”和“幸福”，因为通过“读原典”“看原书”，他从《论语》中读出或看出的不是那种“从容淡定”的“个人幸福”，而是“很恓惶，也很无奈，唇焦口燥，颠沛流离，像条无家可归的流浪狗”式的“知识分子的宿命”，这样一种“怀抱理想，

① 参见于丹：《于丹〈论语〉心得》，中华书局2006年版；《于丹〈论语〉感悟》，中华书局2008年版。

在现实世界找不到精神家园的”“丧家狗”式的“知识分子的宿命”，或者说“只承认自己是丧家狗”的“孔子”，是不可能给李零教授带来什么“个人幸福”的“感觉”的。“要创造人类的幸福，全靠我们自己”。究竟怎样创造？由于李零教授语焉不详，我们就不得而知了。但有一点是确定无疑的，李零教授从孔子身上或从孔子的“丧家狗”式的个人际遇上读出的所谓“知识分子的宿命”，却是与老百姓的生活一点边都沾不上的。因此，尽管我们可以去读《论语》，甚至可以像李零教授那样“卖劲儿读《论语》，而且是当作一部最重要的经典来读”，但是，还是让孔子和孔子的“道德说教”离我们、离我们的时代远一点为好。不管怎样，李零教授想要告诉我们的是，孔子绝不是“圣人”，只不过是一只“丧家狗”而已，“孔子不能救中国，也不能救世界”。①

细心的读者一定很容易就能发现，尊孔与批孔、颂扬与掊击、赞美与诋毁、亲近与疏离……“孔子”似乎从来就没有离开过我们。无论是作为学术研究的客观对象，还是作为文化认同的“至圣先师”；无论是被看作“死”的历史遗产，还是被看作“活”的文化传统；无论是带给人一种“个人幸福”的主观“感觉”，还是让人体味出一种“知识分子”的必然“宿命”，孔子的神灵在中华这块广袤而古老大地的上空似乎也一直在游荡而挥之不去。

那么，作为一位历史人物，孔子何以会重新成为当下中国最受关注同时也是最富争议的思想家？

孔子何以会重新成为我们这个时代文化意识的风向标？

孔子与我们、与我们的时代的“相关性”究竟何在？

这是一些我们必须要予以正视或认真对待和思考的重要问题。

对于摆在我们面前的这道难题，我们必须努力寻求一种重新认识和更好地理解孔子与孔子思想的视角，以便给出我们自己的合理的解答。

---

① 参见李零：《丧家狗：我读〈论语〉》，山西人民出版社 2007 年版。

的确，孔子的真相不是现成的，而是有待于今人的发现和解读的。

诚如美国著名汉学家郝大维、安乐哲先生所言，从诠释学的意义上来讲，"《论语》从来不是一个结束了的故事。……读者和注释者的人生阅历总是要贯注到解释之中，使对它的每一次攻读总是有特别的和独特的理解"，而"积聚起来的、关于《论语》的注释，使那些最有悟性的读者，能够使此著作的文本在他们自己的历史时刻复活，并充满生命力"。[①] 诚哉斯言！对于我们中国人来讲，孔子的故事也从来就不是一个结束了的故事，而且不是一个未结束的个人的故事，而是一个未结束的民族的、文化的故事，因为两千多年来一代又一代的中国人一直在持续不断地以不同的方式来看待和处理孔子留给后世的思想文化遗产——汉唐人有汉唐人的处理方式，宋明人有宋明人的处理方式，近现代人有近现代人的处理方式。汉儒将孔子素王化甚至神怪化，宋明儒者将孔子内圣化或天理良知化，近代儒者康有为将孔子宗教教主化或国教教主化，现代新儒家将孔子看作中国化或中国文化的代表。尤其是近百年来，在与西方文化的遭遇与碰撞的过程中，是师夷长技以制夷，还是采西学之用以助益中学之体；是以中学、旧学抗拒西学、新学，还是"泯中西之界限，化新旧之门户"；是尊"孔教"为国教，还是"打倒孔家店"；是坚决固守中国的文化传统，还是全盘接受西方文化的科学民主；是坚持以中国文化为本位，还是走全盘西化的道路……在持续不断的中西思想文化的论争中，孔子和"孔教"的问题可以说成了一个富有争议而令中国人难以处理的最大难题。然而，在经历过"文革""批孔"的暴风骤雨之后，自20世纪90年代以来，随着传统文化热、儒学热、孔子热和国学热的不断升温，孔子的命运似乎又再一次迎来了一个新的春天，正所谓"严霜烈日都经过，次第春风到草庐"。那么，时值当下，对于孔子及其留给我们的

①、[美]郝大维、安乐哲：《汉哲学思维的文化探源》，施忠连译，江苏人民出版社1999年版，《汉人：叙述的理解——中文版作者自序》。

思想文化遗产，我们又当采取什么样的处理方式呢？

在我看来，面对由孔子所引发的各种疑难问题特别是富有争议性的学术问题，我们理应以平正宽和、多元共存、自由开放、包容异见的心态加以处置。即使涉及信念、信仰的问题，也当以文明人的方式来应对和处理，如美国学者熊彼特所说："认识到一个人的信念的相对有效性，却又能毫不妥协地坚持它们，正是文明人区别于野蛮人的地方。"[①] 也许有人会认为自己的信念不是相对有效的，而是绝对有效的，因此，为了坚持自己信念的绝对有效性，是绝不容许有异见存在的。不过，我认为，如此固执自己信念的绝对有效性或真理性的人，认真聆听一下英国学者克莱夫·贝尔的下述忠告，还是非常有益的，那就是："在辩论中，不能兼听双方意见的人就无权自称文明人。不能容忍许许多多不合自己口味的东西的人简直和畜生相差无几。"[②]

在承认上述原则的前提条件下，我想在此就时下人们处理孔子的方式谈一谈我个人的未必绝对有效却愿意毫不妥协地坚持它们的一些看法。

有人主张全面复兴儒学和"儒教"，并欲将"儒教"重新立为国教、将孔子重新国教教主化，这样一种意识形态化的诉求欲"强天下以必从其独见者"（王夫之《读通鉴论》卷末《叙论四》），实有悖于上述现代文明的原则。

有人以"丧家狗"的名义将孔子"知识分子"化，所谓的"丧家狗"就是指"任何怀抱理想，在现实世界找不到精神家园的人"，而这恰恰是"知识分子的宿命"。不仅如此，把孔子看作一个在现实世界找不到精神家园而"无所遇"的失败的知识分子，目的不在对他深表同情，而是要彻底消解掉人们对孔子的敬

① 转引自［英］以赛亚·伯林：《自由论》，胡传胜译，译林出版社2003年版，第246页。熊彼特《资本主义、社会主义与民主》一书中译本（吴良健译，商务印书馆1999年版）第360页将该句译为："理解自己信念的相对正确性而又毫不畏缩地支持它，这就是文明人区别于野蛮人的地方。"

②［英］克莱夫·贝尔：《文明》，张静清、姚晓玲译，商务印书馆1990年版，第97页。

仰之情，故曰："其实，敬不敬孔子，这是个人爱好。"言下之意，从个人爱好的角度，人们完全可以不敬孔子。然而，"己所不欲，勿施于人"，除非我们从个人爱好的角度不想赢得他人的尊敬，否则尊敬他人实是我们做一个文明人所应该做的。更何况像孔子这样的思想家，是不可能仅仅从"个人爱好"的角度就可以被简单地处理掉的，诚如德国汉学家顾彬先生所说："人们不一定要喜欢孔子，但是应当严肃地对待他。"①

上述偏执的复兴"儒教"的激进的意识形态立场和狭隘的不敬孔子的纯粹个人爱好态度，可以说代表了时下对待和处理孔子的两种极端的立场和态度。除此之外，还有各种各样的中间立场和态度。然而，如果要正本清源的话，也许我们更应当重新发掘并遥契孔子"尊德性而道问学，致广大而尽精微，极高明而道中庸"（《中庸》）的真实生命与智慧。"尊德性"，即以仁恕之道来挺立人心，挺立人的道德主体性，此乃人类一切事业的根本。但"尊德性"不仅仅是教人做一个"无见识的好人"，故还要"道问学"，如美国哲学家怀特海尝言："一个人没有学识可以是一个有道德、有宗教信仰并且非常愉快的人，但他不是一个完全文明的人，他会缺乏非常精确的表达力。"②而对孔子和儒家来讲，"道问学"之所以"是大事"，是因为"道问学"可以叫人"要识得道理去做人"（《朱子语类》卷十）。"尊德性"也不仅仅止于个人修身或私德修养的范围与层次，它还意味着一个人必须具有一种关切政治、维护道义、经世济民的公共精神和博大情怀。特别应指出的是，对于今天的儒家学者来讲，尤其需要"尊德性而道问学"，那是因为唯有"尊德性"，方能为"真儒者"；而"道问学"之所以"是大事"，乃是因为"道问学"既可以叫人"要识得道理去做人"，亦可以叫人要识

① ［德］卡尔·雅斯贝尔斯：《大哲学家》，李雪涛主译，社会科学文献出版社 2005 年版，顾彬中文版序《"紧随你自己！"——卡尔·雅斯贝尔斯对中国可能具有的意义》。

② ［美］怀特海：《思维方式》，刘放桐译，商务印书馆 2004 年版，第 150 页。

得道理去做事，而弘扬儒学、复兴“儒教”的文化事业，就更是需要“道问学”而识得道理去做了。

假如我们真的“要识得道理去做人”并真诚地去做弘扬孔子之道和复兴儒学的事业的话，我想我们时下最急迫或首先要加以深切领会并追随而践行的，就是孔子在“礼崩乐坏”的乱世中对学为君子或躬行君子之道的邀约与召唤。学为君子，或者躬行君子之道，不仅是孔子对自己的自觉期许，更是孔子对诚心求学者的笃切热望。因为君子之为君子，乃是立志好学的人，是仁以为己任而不断完善和超越自我的人，是富有政治责任和社会使命感而勇于担当道义的人，是不断以修己安人的道德行动来成就和诠释自我的生命价值和人生意义的人。从人本心理学的意义上讲，对孔子及其追随者而言，启发和激励一个人与生俱来的“伟大的向上心”[①]，成就君子出类拔萃的卓越道德品格，实现修己安民的伟大人类事业，不断追寻道德人格的自我完善、仁义忠恕的美德修养和人类道义价值的充分实现，“才是世界上最激动人心的事情”[②]。依我之见，在这一意义上，孔子之为孔子，乃是我们永远的思想的伙伴和心灵的朋友。对于一个心理健康的人而言，孔子的君子理想不仅是最富有生命力的，而且孔子本人也一定是可亲、可敬、可爱的，正如孔子本人自述其志时所说的那样，是一个能够使“老者安之，朋友信之，少者怀之”（《论语・公冶长》）的可亲、可敬、可爱的人，而这也正是孔子的伟大所在！

总而言之，在我看来，孔子之为孔子，当剥去了后人出于迷信而给他装扮的神圣的虚妄外衣，当厘清了后人出于偏见而给他强加的浅薄的诬蔑之辞之后，他穿越两千五百多年的历史时空向我们展现出的，便是一个无法简单地用世俗

① ［美］弗兰克・戈布尔：《第三思潮：马斯洛心理学》，吕明、陈红雯译，上海译文出版社 1987 年版，第 127 页。

② ［美］马斯洛：《洞察未来》，［美］爱德华・霍夫曼编，许金声译，华夏出版社 2004 年版，第 90 页。

的成败标准来加以衡量和评判的动人的君子形象。因此，我本人更愿意把孔子看作一个行动型的君子或一个君子式的行动者，故本书名其为“行动中的君子”。具体而言，作为行动中的君子，说到底，孔子正是一个在学与教、礼与乐、仁与义、道与政、修己与安人之间，为士人参政议政开辟道路、勇于担当道义、努力将礼让与乐政精神完美地融贯结合起来的君子的典范，或者是通过公共性言论和行动来彰显和展现自我独立自主的美好德性与卓越品格的行动者！而且，他就乐在其中，生活在其中！在人类的公共事务领域，不会终结的真正动人的故事是永远属于这样追求卓越、通过言行来彰显自我独特个性和美好品德的行动者的！

上篇　追寻梦想——孔子的生命历程

孔子一生汲汲于探求传统，追寻梦想；热心教育，兴办私学；关切政治，重视自我人格的修养与完善。他的整个生命历程不乏传奇性的色彩，他那鲜明的个性特征与独特的人生信念，他那终其一生命运多舛却又奋斗不息的成长经历和成就作为，究竟向我们展现和昭示了什么？我们又能从中获得什么样的启示和教益呢？

孔子是我国历史上的一位伟大的教育家和思想家，我们常常听人这样讲，但我们未必真正了解或理解“伟大”（或“卓越”）的深刻含义。

孔子不仅是一位教育家和思想家，而且是一位以行动诠释自己、诠释自己的理想与信念的行动家（行动型哲人或政治活动家），我本人一直这样认为，也常常这样讲，但对于“行动”的哲学含义并未给出过一个恰当而确切的阐释。

孔子是谁？这似乎是一个人人都能回答的问题，但我们在讲述“某人是谁”的故事时，真的明白个中真义吗？

“伟大”“行动”和“谁”，这是一些我们再熟悉不过的字眼了，当我们将它们与孔子联系在一起时，我们要表达的究竟是什么意思呢？

就让我们带着这些疑惑和问题，先来考察一下孔子的生命历程，讲讲他一生的生活经历、性情品格与成就作为，通过他的人生故事来了解他究竟是一个什么样的人吧。

不过，我们必须切记，讲述孔子的生命历程和他的人生故事，对我们来讲，具有特殊而重要的意义，不是仅仅为进一步探究和理解他的思想提供一种概略性的背景，而是旨在最终解答这样一个本质性的问题：孔子是谁以及我们究竟为何要研究他并讲述他的故事？对这一问题的解答与对孔子的思想及其影响的理解与阐释，具有一种内在的互证互诠的关系。

第一章　孔子这个人

关于孔子，后人可以从极为不同的角度去讲述他的人生故事。譬如，有人以“哭泣的哲人”为题来讲述孔子的生平故事[①]，有人以“流浪的君子”为题来讲述孔子最后二十年的故事[②]，也有人仅仅因为他“是一个重要的历史人物”，所以“要讲他的故事”[③]。有人赞颂他，说他是一位善于与人沟通的大师和人格完善的圣人[④]；也有人轻侮他，说他只是一个怀抱着理想却在现实世界中找不到精神家园的“丧家狗”[⑤]。而在我看来，“哭泣”是孔子真性情的流露，而“流浪”是为了追寻他心中的梦想；“圣人”的形象过于完美，而“丧家狗”的形容过于贬损。孔子不以圣人自居，而是不断努力修养、提升和完善自己；孔子怀抱理想而难以在现实世界中实现它，并不是因为找不到“精神家园”，而只是因为无所遇；孔子之所以是一位重要的历史人物，不只是因为他在他生活的那个

① 参见何可永：《哭泣的哲人——孔子传》，国际文化出版公司 1999 年版。

② 参见王健文：《流浪的君子——孔子的最后二十年》，生活·读书·新知三联书店 2008 年版。

③ 李长之：《孔子的故事》，北京出版社 2002 年版，后记。

④ 参见［美］郝大维、安乐哲：《通过孔子而思》，何金俐译，北京大学出版社 2005 年版。

⑤ 参见李零：《丧家狗：我读〈论语〉》，山西人民出版社 2007 年版。

时代有其重要性，更在于他在历史上的影响广泛而久远。如果让我来讲述孔子的生平故事的话，我更愿意把他看作一位可亲、可敬、可爱的布衣学者，讲述他那凭借着个人的不懈努力和艰苦奋斗而成长的故事。而且，我认为，对于我们这些想通过学习来修养、提升和完善自己，通过自己的努力、拼搏和奋斗来使自己挺身而立的凡人来讲，这才是一个真正富有教益的故事。

下面，我就先从以下三个方面来讲讲孔子的人生故事，考察一下孔子究竟是怎样的一个人。

一、家世与生平

孔子，名丘，字仲尼，鲁襄公二十二年（前551年）[①]生于“鲁昌平乡陬邑”，死于鲁哀公十六年（前479年）[②]，享年七十三岁。

孔子是殷人的后裔，其祖先是商代的王室贵族。微子启于周初受封而为宋国的始祖，微子卒，其弟微仲继立，三传至宋湣公，宋湣公的长子叫弗父何，次子叫鲋祀。湣公卒，传君位于其弟炀公。鲋祀不满，杀掉叔父炀公，欲立其兄弗父何为君，但弗父何让而不受，鲋祀遂自立为君，是为厉公。

弗父何即孔子的十世祖，让君位于其弟，自己仍然为卿，其曾孙正考父尝辅佐宋国戴公、武公、宣公三位君主，皆为上卿。正考父为人谦恭，每一次受命，都表现得更加谦恭勤俭，正如其所为庙鼎铭文曰：“一命而偻，再命而伛，三命而俯，循墙而走，亦莫敢余侮。饘于是，粥于是，以糊余口。”（《史记·孔子世家》）

正考父生孔父嘉，孔父嘉为孔子六世祖，孔父是其字，嘉是其名，其后代以

① 此据《史记·孔子世家》。另一说据《春秋穀梁传》，孔子生于鲁襄公二十一年冬十月庚子（夏历八月二十七日，今人推定为阳历的9月28日）。

② 据《左传》载，鲁哀公十六年，“夏，四月己丑（夏历二月十一日，阳历4月11日），孔丘卒”。

其字为氏，遂称孔氏。宋宣公传位于其弟，是为宋穆公。宋穆公时，孔父嘉任大司马，穆公十分信任孔父嘉，临终时又将君位传给宣公之子，是为宋殇公，并将殇公托付给孔父嘉辅佐。

孔父嘉之妻貌美而艳，曾路遇宋太宰华父督，华父督见而心生歹念，欲夺孔父嘉之妻，于是“攻杀孔父，取其妻”，继而又弑殇公，立穆公之子为君，是为庄公，自己为相。孔父嘉的曾孙孔防叔为躲避华氏迫害，遂逃到鲁国，为防大夫，其治所在现在的山东省费县东北。防叔生伯夏，伯夏生叔梁纥。

叔梁纥即孔子的父亲，因是鲁国陬邑的大夫，所以又叫陬叔纥。

叔梁纥勇武过人、力大无比，以勇力闻名于诸侯①，是鲁国有名的武士，晚年娶妻颜征在而生孔子②。因孔子出生时头顶中间低而四周高，所以取名曰丘；又因孔子为叔梁纥与颜征在祷于尼丘山而得且排行老二，故取字仲尼。

不幸的是，叔梁纥在孔子三岁时就去世了，被葬于鲁东的防山。父亲去世后不久，母亲征在就带着孔子从陬邑迁居鲁国都城曲阜的阙里，并独自一人含辛茹苦地把孔子抚养成人。因为家庭生活艰难，早早懂事的孔子也从小就不得不做一些低贱的工作，以便为母分忧。孔子后来曾这样说自己：“吾少也贱，故多能鄙事。”（《论语·子罕》）

大约在孔子十七岁之前，由于操劳过度，母亲征在亦不幸中年早逝。

母亲去世后，依礼应与父亲合葬一处，但孔子三岁丧父，一直不知道父亲叔梁纥墓的位置，所以他就先将母亲浅葬于五父之衢。丧事办得非常谨慎周到，

---

① 据《左传》记载，襄公十年（前563年），晋与鲁、宋、卫、曹等诸侯国会盟而伐偪阳，“围之……偪阳人启门，诸侯之士门焉。县门发，郰人纥抉之以出门者”。

② 据说，叔梁纥曾娶鲁施氏女为妻，生了九个女儿，没有儿子。后来又娶一妾，生子孟皮。孟皮脚跛，不能子承父业，故叔梁纥又向颜氏求婚，娶颜氏季女征在而生孔子，当时叔梁纥已年近七十而征在不到二十。《史记·孔子世家》中说“纥与颜氏女野合而生孔子”，人们对所谓的“野合”，有不同的理解和解释，有的认为叔梁纥年老而征在年少，这种老夫少妻的结合不合乎礼仪，故谓之“野合”；有的认为孔子父母本非夫妻，或不备礼而在野外结合，故孔子为私生子。笔者认为，“野合”之说无关乎“孔子之为孔子”。

见者都以为是正式之葬，而不知是临时浅葬。后来，通过向陬邑一位叫挽父（一作曼父）的人的母亲打听，孔子才知道了父亲墓的确切地点，并将母亲与父亲合葬在了一处。现在曲阜城东有梁公林，相传就是孔子父母的墓地。

母亲征在去世后不久，孔子大约十七岁那年，孔子孝服未除，季氏平子设宴款待士一级的贵族。孔子前往赴会，大概是希望借此机会跻身贵族社会，结果却被季氏家臣阳虎拒之门外。阳虎说："季氏飨士，非敢飨子也。"（《史记·孔子世家》）孔子闻听此言，知道阳虎有轻己阻拦之意，故转身而退。

孔子十九岁时，娶宋女亓官氏为妻，次年生子。其子出生时，鲁昭公送去鲤鱼作为贺礼，孔子深以为荣，故给儿子取名曰鲤，字伯鱼。在此前后，孔子开始为季氏做事，曾先后担任过"委吏"（管理仓库的小官）、"乘田"（管理牛羊的小吏）等低级职务，尽心尽力，干得相当有成绩，仓库的账目清清楚楚，饲养的牛羊膘肥体壮。

长大成人后的孔子，身长"九尺有六寸"[①]，"人皆谓之'长人'而异之"（《史记·孔子世家》）。孔子不仅人长得高大魁梧，而且也像他的父亲一样，力能举"国门之关"，但与父亲迥然不同的是，他不愿以勇力闻名于世（《吕氏春秋·慎大》《淮南子·道应训》）。

最难能可贵的是，孔子虽然自幼孤贫，却有一颗好学上进之心。孔子三岁居鲁，成长在这一周代礼乐文化的集中地，自幼就习礼为嬉，如《史记·孔子世家》曰："孔子为儿嬉戏，常陈俎豆，设礼容。"他自称十五岁就立志求学，此后一直孜孜不倦，而且尤其倾心于礼乐的学习。为了养家糊口，孔子从青年时起，就以为人相礼助丧为业。

鲁昭公十七年（前525年）秋，也就是孔子二十七岁的时候，鲁国的附庸国郯国国君郯子来朝见昭公，昭公设宴招待。席间，鲁大夫昭子向郯子问起少皞以鸟名官的事情。郯子便说，少皞是他的祖先，他了解相关情况，然后将黄帝、

---

① 一周尺约合19.91厘米，孔子身长九尺六寸，折合为一米九左右。

炎帝、大皞、少皞等的职官制度如数家珍地娓娓道来。孔子听到这个消息便马上去拜见郯子，向他请教有关问题。后来孔子对别人讲：“吾闻之，‘天子失官，官学在四夷’。犹信。”（《左传・昭公十七年》）

另据《论语・八佾》载，“子入太庙，每事问”。当年轻的孔子初次获得机会到鲁国祭祀周公的太庙助祭的时候，每件事情都要问个究竟，想弄个明白。曾有人就此事嘲弄、调侃地说：“谁说陬邑大夫叔梁纥的儿子懂得礼呢？他到了太庙，每件事都要问别人。”孔子听了这话后，说道：“这样才合乎礼呀！”

孔子的勤学好问与精于礼仪，渐渐地为他赢得了一定的声誉，也使他在三十岁前后开始有资格设教授徒，创办了自己的私学。数年后，孔子得到鲁昭公的资助，适周问礼于老聃、问乐于苌弘。返鲁后不久，因鲁国内乱，故又前往齐国游历，并与齐景公论政。而自齐返鲁之后，鲁国政局日益败坏，“自大夫以下皆僭离于正道”，因此，“孔子不仕，退而修《诗》《书》《礼》《乐》”。人到中年的孔子在贫居不仕期间集中精力兴办私学教育事业，自己的学问亦日益精进，声望日隆，以至“弟子弥众，至自远方”（《史记・孔子世家》）。

“循道弥久”、思想日渐成熟的孔子一直没有机会进入仕途，直到定公九年（前501年），年届五十一岁的孔子终于时来运转，开始步入仕途，数年间就先后由中都宰、小司空一直升任为鲁国的最高司法长官大司寇，而且卓有政绩，并曾参与齐鲁两国之君的夹谷之会。然而，好景不长，由于他提出的“堕三都”政治计划在实施过程中中途失败，定公十三年（前497年），五十五岁的孔子不得已带着十余位弟子离开父母之邦，为追寻自己心中的梦想、实现行道救世的政治理想和抱负，开始了长达十四年之久的颠沛流离的羁旅生涯。

孔子师徒周游列国，心中怀抱着无限的希望和期许，挥洒着一路的悲情和恓惶，一边忧患一边快乐地奔波行走在鲁、卫、匡、蒲、宋、郑、陈、蔡、楚之间的艰难旅途上。鲁哀公十一年（前484年），六十八岁的孔子才终于回归故里。在回到阔别已久的故乡鲁国曲阜之后，晚年的孔子虽然颇受鲁君哀公和执政大夫季康子的敬重，却仍然难以在政治上真正得到重用而有所作为，不过，晚年相对稳定的生活环境倒也使孔子有几年的时光得以安心地从事他的私学教育事业和文献整理工作，并培养了一大批才艺出众的青年弟子。

可是，归鲁之后，不幸也接踵而至。七十岁时，孔子唯一的儿子孔鲤先孔子而卒。七十一岁时，孔子最喜爱的弟子颜回英年早逝。次年，孔子最亲密的弟子子路又在卫国的内乱中死于非命。已是古稀之年的孔子又遭受了一连串的不幸与打击。

鲁哀公十六年（前479年），七十三岁的孔子终于病倒了。这一年夏历二月的一天，孔子正强打精神拄着拐杖在庭院门口散步，这时，子贡前来探望老师。孔子对子贡说："赐呵，你怎么来得这么晚呢！"接着叹息起来，并轻声吟唱道："泰山就要倒了呀！房梁就要塌了呀！哲人就要谢世了呀！"唱着唱着，悲伤地流下了眼泪。过了一会儿，孔子又对子贡说："天下无道已经很久了，没有哪位君主愿意遵奉我的理想呀。三代丧礼有所不同，夏代停柩于东阶，周代停柩于西阶，殷代则停柩于两根楹柱之间。昨天晚上，我梦见我的灵柩就放在两根楹柱之间。我是殷人之后，我大概不久于人世了吧。"七天之后，孔子病逝。

孔子死后，被葬在鲁国都城北面的泗水河边。弟子们都为老师服丧三年。三年丧期结束时，弟子们相互诀别，又都痛哭起来，极尽哀思，然后有的就此离去，也有的又停留了些时日，唯有子贡在老师坟旁结庐守墓六年，最后离去。因为追念孔子，一些弟子和鲁国人在孔子墓旁安家居住的多达一百多户，后来这个地方就被命名为孔里。

据司马迁在《史记·孔子世家》中讲，孔子墓的占地面积有一顷。鲁国人世世代代每年按时祭扫孔子墓，而儒生们也经常在孔子墓旁举行讲礼、乡饮、大射等活动。后人以孔子所居之堂为庙，庙中藏有孔子的衣、冠、琴、车、书等物品，至少到司马迁生活的西汉，二三百年间一直香火供奉不绝。汉高祖十二年（前195年），汉家王朝的开国皇帝刘邦经过鲁地时，还曾以太牢之礼在庙中祭祀孔子，首开历代帝王祭孔的先例。而诸侯卿相们到达此处，也常先拜谒孔庙，然后才去上任。

由上可见，孔子虽为殷商王室贵族的后裔，但显赫的家世和贵族血统并没有给他提供跻身上流贵族社会的台阶与捷径。从王室显贵到诸侯公卿，从诸侯公卿再到流落而客居于异国他乡的大夫武士，不断没落的家世作为一种背景，恰恰反衬出了孔子那富有教益的个人成长的人生故事的意义所在。童年卑贱凄苦的生活并没有埋没孔子的好学上进之心，正是靠着自身矢志不渝的不懈努力和艰苦卓绝的不断奋斗，孔子挺身而立，以一介布衣学者的身份卓然成为一位引领他那个时代精神转换的核心人物，成为他那个时代新生的文士阶层的最卓越的代表，成为一位博学多能而最富声望的道德君子，成为一个在历史上影响广泛而久远的文化伟人。

这就是孔子的一生，充满了艰辛坎坷与奋斗不息精神的平凡而伟大的一生。

二、性情与品格

不仅是一个人的家世背景与独特的生活经历对于我们了解这个人至关重要，而且，一个人的内在的心灵生活、情感世界、意志品格与个性特征，对于我们了解这个人也具有同等重要的意义。下面，我们就来讲讲孔子的性情、心志与品格，这些独具个性特征的性情、心志与品格将会使孔子的形象更加充实、鲜活、丰富和饱满。

孔子是一位温良平易、可亲可敬之人。

在孔子弟子们的眼中，孔子身上有着许多普通人少有的优秀品质。子贡就曾这样评价其老师，认为孔子身上具有五种优秀的品质，那就是“温、良、恭、俭、让”（《论语·学而》），即温和、善良、庄恭、节制、谦让。而且，孔子身上绝对没有以下四种毛病，即凭空臆测、绝对武断、拘泥固执、唯我独是[①]。

孔子虽集许多优秀品质于一身，但他并不因此而拒人于千里之外，而是平易近人、可亲可敬。孔子曾自述其为人的志向和理想，即“老者安之，朋友信之，少者怀之”（《论语·公冶长》），说明孔子是一位有着济世安民之博大情怀的人，也正因为如此，他愿意与任何人打交道并乐于“忠告而善道（导）之”，他对弟子们如此，对时人如此，乃至对“难与言”的互乡人的童子亦乐于见之，并激赏其洁己上进之心[②]。据说，每当孔子见到身着丧服、穿戴礼服礼帽的人和眼盲的人，哪怕他们是年轻人，孔子也一定会从座席上起身；孔子若是从这些人身旁走过，则必定快步疾行，以示礼敬（《论语·子罕》）。

孔子不仅温良平易，而且是一位感情丰富的多情之人。

林语堂先生尝言：“夫孔子一多情人也。有笑，有怒，有喜，有憎，好乐，好歌，甚至好哭，皆是一位活灵活现之人的表记。……故孔子者，能喜能怒能悲能乐之大丈夫。”[③]我认为，这一评语是非常契合孔子的为人与性情的。孔子是一位乐于在尘世中生活而情感丰富的性情中人，而不是那种只会板着面孔对人进行干枯的道德说教的迂夫子。故面对错综复杂的尘世间的人情世故，对于自己内心的悲伤、忧虑、好恶、愤怒、快乐的真实感受，孔子从不加以掩饰，而是通过言行直接地表达和展示出来。

比如，孔子弟子冉耕（字伯牛）生了病，危重不治，孔子前往探问，从窗户里握住伯牛的手说：“难得活了，这真是命啊！这样的人，竟得了这样的病！这样的人，竟得了这样的病！”[④]关切伤痛之情溢于言表。爱徒颜回死时，孔子悲

---

① 据《论语·子罕》：“子绝四——毋意，毋必，毋固，毋我。”

② 据《论语·述而》：“互乡难与言，童子见，门人惑。子曰：‘与其进也，不与其退也，唯何甚？人洁己以进，与其洁也，不保其往也。’”

③ 林语堂：《思孔子》，见万平近编《林语堂论中西文化》，上海社会科学院出版社 1989 年版，第 156 页。

④ 据《论语·雍也》：“伯牛有疾，子问之，自牖执其手，曰：‘亡之，命矣夫！斯人也而有斯疾也！斯人也而有斯疾也！’”

呼道："啊！这是上天要我的命呀！这是上天要我的命呀！"见孔子哭得很悲痛伤心，跟随的人说："您哭得太过伤心了！"孔子说："我伤心得太过了吗？我不为这样的人痛哭伤心，还为什么人痛哭伤心呢？"①

据《论语·述而》载，"子食于有丧者之侧，未尝饱也。子于是日哭，则不歌"。反之，"子与人歌而善，必使反之，而后和之"。无论是哭还是歌，都是孔子真性情的流露。

另外，孔子也有孔子的好恶、忧虑和快乐。如子贡曾经问孔子："君子亦有恶乎？"孔子就直言不讳地回答："有恶：恶称人之恶者，恶居下流而讪上者，恶勇而无礼者，恶果敢而窒者。"（《论语·阳货》）在面对鲁国执政大夫季氏僭越礼制的行为时，孔子愤然批评道："是可忍也，孰不可忍也！"（《论语·八佾》）并斥责"今之从政者"不过是一些令人不齿的"斗筲之人"（《论语·子路》）。可见，在表达自己的好恶时，孔子又是一个原则性很强的人，我们绝不能把他的温良平易混同于"好好先生"式的"乡愿"，相反，在孔子看来，无原则的"乡愿"正是"德之贼也"（《论语·阳货》）。

正是基于他那富有原则性的鲜明的好恶立场，对孔子而言，道德的修养和自我的完善才是他真正的忧虑之所在，故孔子曰："德之不修，学之不讲，闻义不能徙，不善不能改，是吾忧也。"（《论语·述而》）而真正能给他带来快乐的则是礼乐的学习，诚所谓"学而时习之，不亦说乎"（《论语·学而》），乃至"在齐闻韶，三月不知肉味"（《论语·述而》），礼乐的学习甚至足以使他"发愤忘食，乐以忘忧，不知老之将至云尔"（《论语·述而》）。

孔子还是一位诚实好学、尊道贵仁、崇德尚义、信念执着、自信而乐观的人。

顾颉刚先生曾经这样评价孔子："孔子是一个很切实的人"，"他是一个最

---

① 据《论语·先进》："颜渊死。子曰：'噫！天丧予！天丧予！'""颜渊死，子哭之恸。从者曰：'子恸矣！'曰：'有恸乎？非夫人之为恸而谁为？'"

诚实的学者”。[1] 诚哉斯言，作为一个学者，诚实乃是孔子身上的可贵品格之一。孔子曾自称不是一个“生而知之”的人，而是一个“好古，敏以求之”的学者(《论语·述而》)，这体现了孔子的诚实品格。而且，他认为，对于自己不了解的事情，应保持一种阙疑的谨慎态度。“知之为知之，不知为不知，是知(智)也”(《论语·为政》)，孔子不仅这样要求自己并做到了这一点，也如此要求和教导他的弟子。

孔子不仅为学诚实，还是好学、乐学的典范。孔子对于自己的好学津津乐道，他曾自豪地说：“十室之邑，必有忠信如丘者焉，不如丘之好学也。”(《论语·公冶长》)可见，孔子把好学看作自己不同于别人的最突出的一大特点，而且尤其难能可贵的是，孔子的好学为我们树立了一种以学为乐的榜样，正所谓“其为人也，学道不倦，诲人不厌，发愤忘食，乐以忘忧，不知老之将至”(《史记·孔子世家》)。

正因其勤奋好学且能够以学为乐，孔子才成了他那个时代精通文史六艺而最为“博学”的人。然而，尽管孔子爱好广泛、知识广博、多才多艺，但他为学的根本目的和动力并不仅仅是为了获取某种具体的实际的知识，更是为了完善自我、成就仁德。故而，在孔子看来，为学的关键在于立志，即树立“笃信好学，守死善道”“仁以为己任”(《论语·泰伯》)乃至杀身成仁(《论语·卫灵公》)，以及“朝闻道，夕死可矣”(《论语·里仁》)的远大理想和坚定信念。

由于其志向之所在，故孔子又是一个尊道贵仁、崇德尚义、信念执着、自信而达观的人。如孔子曰：“志于道，据于德，依于仁，游于艺。”(《论语·述而》)又曰：“饭疏食饮水，曲肱而枕之，乐亦在其中矣。不义而富且贵，于我如浮云。”(《论语·述而》)可见，追求道义、修德践仁正是孔子根本的人生志向和目的之所在。也正是由于这一点，在时人眼中，孔子是一位“知其不可而

---

① 顾颉刚：《春秋时代的孔子和汉代的孔子》，参见王煦华编选《古史辨伪与现代史学——顾颉刚集》，上海文艺出版社1998年版，第101、102页。

为之”（《论语·宪问》）的人。这一看法出自一位守门人之口，不管是否含有讥讽之意，但是，在我看来，它一语破的，贴切而形象地道出了孔子信念的执着与坚韧，乃至凸显了孔子品格的可爱与可贵。

正因为信念的执着与坚韧，在面对人生际遇的各种困顿与厄运时，孔子才能够表现得那么自信而达观。譬如，在周游列国途中，孔子离卫赴陈时，曾遭匡人拘禁多日。混乱中走散的弟子们发现老师被匡人拘禁，就又相继回到孔子身边。当爱徒颜渊最后到来时，孔子与他之间曾发生过一番有趣的对话。据《史记·孔子世家》记载：“拘焉五日，颜渊后，子曰：‘吾以汝为死矣。’颜渊曰：‘子在，回何敢死！’”孔子师徒感情深厚真挚，言谈话语间，彼此的关切之情既溢于言表，又不失幽默之感。当时，“匡人拘孔子益急，弟子惧”，孔子却泰然自若地说：“文王既没，文不在兹乎？天之将丧斯文也，后死者不得与于斯文也。天之未丧斯文也，匡人其如予何！”后来，宋司马桓魋欲杀孔子，弟子们催促孔子赶快离开宋国，孔子镇定地说：“天生德于予，桓魋其如予何！”当子贡把郑国人说孔子“累累若丧家之狗”的话如实地告诉孔子时，孔子欣然笑曰：“形状，末也。而谓似丧家之狗，然哉！然哉！”在受困而绝粮于陈、蔡之际时，孔子也仍旧是泰然自若地“讲诵弦歌不衰”。

最后，孔子还是一个饮食起居有节、说话讲究分寸而谨守礼制的人。对此，《论语·乡党》中有详细而具体的记载和描述。如：

粮食不嫌舂得精，鱼和肉不嫌切得细。粮食霉变发臭，鱼和肉腐烂，都不吃。食物颜色难看，不吃；气味难闻，不吃；烹调不当，不吃。不到该吃饭的时候，不吃。不是按一定的方法切割的肉，不吃。没有一定调味的酱醋，不吃。席上的肉虽然多，但吃得不超过主食。只有酒不限量，但不至于喝醉而止。吃饭的时候不交谈，睡觉的时候不说话。座席摆的方向不合礼制，不坐。睡觉时从不像死尸一样直躺着，平时的坐姿却比较随便，不像接见客人或者自己做客人时那样两膝跪在席上。上车时，一定先端正地站好，然后拉着扶手带登车；

在车中，不回头向里看，不快速说话，也不用手指指画画。

国君召唤，孔子不等待车辆驾好马，就立即先步行前往。走进朝廷的公门，一定表现出谨慎恭敬的样子，好像没有容身之地。不在门的中间站立，亦不把脚踩在门槛上。经过国君的座位，面色便矜持而庄重，脚步也加快，说话也好像中气不足。提起衣服下摆向堂上走，表现出恭敬谨慎的样子，憋住气好像不呼吸一般。走出来，降下台阶一级，脸色便舒展放松，怡然自得。走完了台阶，再赶快向前走几步，好像鸟儿舒展翅膀。回到自己的位置，表现出恭敬而内心不安的样子。

孔子在不同的场合与人说话交谈有不同的方式，在家乡故里时，恭顺谦逊，好像不能说话的样子。在宗庙朝廷时，说话便明白流畅，只是说得特别谨慎。上朝的时候，如果是与下大夫说话交谈，就表现出和气而欢愉的样子；如果是与上大夫说话交谈，就表现出正直而恭敬的样子。君主到来后，就表现出恭恭敬敬而心中不安的样子与走路安详的样子。

孔子出使他国，在典礼上，拿着圭，恭敬而谨慎，好像举不起来。向上举好像在作揖，向下拿好像在交给别人。面色矜庄好像在作战。脚步也紧凑，好像在沿着一条线走过去。献礼物的时候，满脸和气。而以私人身份同他国君臣会见时，就显得轻松愉快。

另外，孔子对待三件事最谨慎，即斋戒、战争和疾病。[①] 孔子在斋戒沐浴的时候，一定要有用布做的特备的浴衣。在斋戒的时候，一定改变平常的饮食，改变日常的居处，不与妻室同房。家乡的人迎神驱鬼的时候，孔子便穿着朝服站在东边的台阶上。参加国家的祭祀典礼，所得祭肉不待过夜就分送给他人。家里的祭肉留存不超过三天，就吃完分完，超过了三天，便不吃了。朋友死亡，没有负责收殓的人，孔子便说："丧葬由我来料理吧。"朋友馈送礼物，只要不是祭肉，即使是车马等贵重的物品，孔子也受而不拜。

---

① 据《论语·述而》："子之所慎：齐，战，疾。"

综上，孔子就是这样一个性情真挚又有着许多优秀品格的人。他既温和又严厉，既威严又不凶悍，既庄恭又安详[1]；他有时忧，有时乐，有时悲，有时喜，有时哭，有时笑，有时严肃，有时幽默，有时轻松，有时矜持。但不管怎样，他都从不加以掩饰，而是将一切公之于言行、见之于形色，一任自己的真性情自然地流露。他富有济世安民的博大情怀、理想和抱负，重力行而不尚空言；他胸怀坦荡、能好能恶，他有情有义、敢爱敢恨，从不虚伪矫饰、故作道貌岸然状；他既富有力行救世的激情，又不乏“君子固穷”、自我克制的理性；他有信念，有操守，诚实好学，尊道贵仁，崇德尚义。

当然，孔子绝不是什么完人。作为老师，孔子曾犯过“以言取人，失之宰予；以貌取人，失之子羽”（《史记・仲尼弟子列传》）的过失；孔子教人“亲于其身为不善者，君子不入也”（《论语・阳货》），但他本人有时不免会心生应叛臣乱党之召而往的冲动；孔子信念执着、“知其不可而为之”，但终其一生，他还是难以避免“道之不行”“莫能宗予”的困惑；孔子自有孔子的弱点和局限性，他在“面对邪恶和失败”时，却“只是庄严地悲叹和忍受”，最终也“没能实现自己的理想”[2]。不过，孔子虽不是什么完人，却是一个不断追求自我完善的人。不是完人，无损于孔子之为孔子，因为从他的性情和品格来讲，不断追求自我完善才是孔子这个人的本质特征与独特魅力之所在。这一点，我们也可以从孔子的自述及其自我评价和总结中获得更进一步的深切体认和具体印证。

三、夫子自述

在《论语》中，我们常常会读到一些孔子自我描述的语句，在这些自述中，孔子总是力求在自我反省的基础上对自己的品格、为人乃至整个人生历程做出

---

① 据《论语・述而》：“子温而厉，威而不猛，恭而安。”

② ［德］卡尔・雅斯贝尔斯：《苏格拉底 佛陀 孔子和耶稣》，李瑜青、胡学东译，安徽文艺出版社 1991 年版，第 178—179 页。

客观而中肯的自我评价和总结，我们正可以从中体味孔子究竟是怎样的一个人，以及他希望自己能够成为一个什么样的人或希望自己向世人展示出一种什么样的自我形象。

那么，孔子究竟是如何自述，并在自述中如何进行自我评价和总结的呢？

在上文有关孔子性情与品格的评述中，我们已经知道，孔子并不认为自己是一个“生而知之”的人，他对于自己的“好学”评价尤其高，深感自豪和骄傲，而他对于自己的好恶、忧乐与志向之所在也有着最充分的自省自觉。据此，我们可以说，孔子是一个有着高度自省意识的人，自省构成了他自我意识的核心和整个生命历程的底色。

孔子对自己的言行和作为常常加以反省和审视，而且经由反省和审视而做出的自我评价和总结也是相当客观而中肯的。如孔子说：“我非生而知之者，好古，敏以求之者也。”（《论语·述而》）“吾有知乎哉？无知也。有鄙夫问于我，空空如也。我叩其两端而竭焉。”（《论语·子罕》）这不仅体现了孔子作为一个学者的诚实品格，而且明确告诉了我们他获取知识的方式方法。孔子从不讳言他的“好古”情结，他的广博学识主要来源于对古文化与经史文献的勤敏的探求与系统的学习；尽管他是那么博学，但他并不认为自己就是一个无所不知的人，甚至在面对“鄙夫”之问时，孔子有时也会感到自己“空空如也”般地“无知”，只能“叩其两端”[①]而探知究竟。

自我反省与评价要做到客观而中肯，就必须敢于面对真实的自我，清楚地了解自我与他人之间的相似与不同之处，以便确定自己的所好所恶，乃至坚定自己的人生信念和选择自己应该走的人生道路。依孔子之见，“富与贵，是人之所欲也”“贫与贱，是人之所恶也”（《论语·里仁》），这是人之常情，孔子本人也并不具有异乎常人的所欲和所恶，但问题的关键在于得之是否合乎道义。正是在这一点上，孔子有自己真正的选择，故曰：“富而可求也，虽执鞭之士，

① 朱熹《四书章句集注》曰：“两端，犹言两头。言终始、本末、上下、精粗，无所不尽。”

吾亦为之。如不可求，从吾所好。”又曰：“饭疏食饮水，曲肱而枕之，乐亦在其中矣。不义而富且贵，于我如浮云。”（《论语·述而》）这可以说是孔子真实性情与心境的写照。

在经由反省和选择而确定了人生的信念、理想、道路和目标后，接下来需要做的便是努力而为，但这并不一定意味着一个人就能够轻易地践行并实现自己的信念、理想、道路和目标。人总是在路上，不轻言放弃才是最可贵的，孔子深知这一点，故曰：“君子道者三，我无能焉：仁者不忧，知者不惑，勇者不惧。”（《论语·宪问》）又曰：“文，莫吾犹人也。躬行君子，则吾未之有得”“若圣与仁，则吾岂敢？抑为之不厌，诲人不倦，则可谓云尔已矣”（《论语·述而》）。在孔子弟子和后人看来，这也许只是孔子的自谦之辞，他们不仅认为所谓的“君子道者三”乃是“夫子自道也”，甚至认为孔子实已超乎君子而优入仁圣之域了。果如是言，那么孔子的自谦便显得过于虚假矫情了。事实上，孔子本人始终保持着这样一种清醒的意识，即在理想与现实、意图与结果之间，始终存在着一种难以消解的张力，正是由于这种张力的存在，正是由于意识到自己“无能”和“未之有得”，不断追求自我完善的努力才具有根本的重要性。同样重要的是，对孔子而言，个人修身与自我完善从来不是离开人群、遗世独立所能实现的，个人修身与自我完善同世界的改造与社会公义的实现也从来不是截然二分的，而是一而二、二而一的关系，故而孔子才会对他遇到的隐者这样说：“鸟兽不可与同群，吾非斯人之徒与而谁与？天下有道，丘不与易也。”（《论语·微子》）

除了上述散见于《论语》的夫子自述自评之外，孔子晚年对自己的一生更是做过系统的反思、回顾和总结。他说：

> 吾十有五而志于学，三十而立，四十而不惑，五十而知天命，六十而耳顺，七十而从心所欲，不逾矩。（《论语·为政》）

在孔子所有的自我评价和总结中，这是最富有意味并广为人知的一句，明人顾宪成《四书讲义》说此章为“夫子一生年谱”[①]，程树德先生亦言“此章乃夫子自述其一生学历”[②]。而依照冯友兰先生对于“哲学”的定义，所谓“哲学”，就是“对于人生的有系统的反思的思想”，而哲学家“必须对于人生反思地思想，然后有系统地表达他的思想”[③]，那么，上述孔子的反思无疑是最富有“哲学”意味的，孔子也正是这样一个对于自己的人生曾经反思地思想并做了系统表达的哲学家。

然而，孔子这一系统的自我反思与总结又究竟能够带给我们一种什么样的教益与启示呢？对此，我们将在本书第五章中加以深入的阐释和评述。接下来，为了能够对孔子对其一生所作系统反思与总结的启示意义获得一种深刻的理解与领悟，我们还需对孔子一生中的重要生活经历与作为进行更加详细具体的考察，一是其私学教育与成就，二是其经籍整理与贡献，三是其政治活动与经历，这几项生活经历与作为在孔子的整个生命历程中具有特殊而重要的意义，故我们将在后面三章中分别予以专门详述。

① 程树德：《论语集释》，中华书局1990年版，第79页。

② 程树德：《论语集释》，中华书局1990年版，第78页。

③ 冯友兰：《中国哲学简史》，涂又光译，北京大学出版社1985年版，第2页。

第二章　孔子的私学教育与成就

孔子自幼孤贫，十五岁立志求学，经过十数年的勤奋好学，学有所成之后，于三十岁左右开始创办自己的私学而设教授徒，从此便乐此不疲，终生不倦，将自己一生的主要精力贡献于私学教育事业，而且成就卓著，培养、造就了一大批德行、才学出众的杰出弟子。可以说，孔子是春秋时期创办私学（私人设教讲学）最为著名并获得了巨大成功的第一人，是我国历史上第一个伟大的教育家。古人尊他为“万世师表”，的确，作为一位杰出的教育家，他迄今仍然是最值得我们推崇和敬仰的一位学为人师的伟大典范。

本章将详述孔子创办私学教育的历史背景、艰辛历程与取得的成就。

一、历史背景

孔子创办私学有其独特的社会生活环境和历史背景，可以说，不了解这一点，便无法真正理解孔子所从事的私学教育事业的重要历史价值与意义。

孔子生活在一个大动荡和大变革的时代。尽管去周未远，西周宗法“封建”政治的礼乐文化传统的流风余韵仍然浸润着春秋人生活的方方面面，如清儒顾炎武所言，与战国之世风不同，春秋人“犹尊礼重信”“犹宗周王”“犹严祭祀，重聘享”“犹论宗姓氏族”“犹宴会赋诗”“犹有赴告策书”[①]，但世变之亟至孔子生活的春秋晚期更趋激烈，孔子本人即已清醒地意识到这一时代的变动已经到了“礼崩乐坏”“天下无道”的严重地步。

春秋以降，由于宗法体制和“封建”（分封）秩序的解体与整个时局的动荡不安，在社会政治生活领域引发了一系列不可逆转的结构性的重要历史变化。当时政治形势方面的深刻变化主要体现在这样几个方面：周天子权威式微，丧失了其“天下共主”所应拥有的礼乐征伐的权力；诸侯国之间各自为政并以力交征，内乱外患频仍；卿大夫势力崛起，家臣活跃，逐渐控制了各国的政治局势，主导并执掌着各国内政外交的实际权力；国人和民的地位提高，在政治生活中扮演了越来越重要的角色，甚至在国君的废立和国家政权的转移更替中发挥着至关重要的决定性作用。

伴随着上述政治形势的变化，原有世袭性的社会结构和等级秩序亦发生了大裂变，“社稷无常奉，君臣无常位”（《左传・昭公三十二年》）与“高岸为谷，深谷为陵”（《诗经・小雅・十月之交》）成了那个时代政治意识和社会变动的最真实生动的写照。当时社会阶级之间的上下流动愈演愈烈，在日趋激烈的贵族间相互倾轧的内讧以及各国间攻伐不已的兼并战争中，诸侯公室败亡和上层世袭贵族沦落为庶人、“降在皂隶”（《左传・昭公三年》）的现象比比皆是，诚如史籍所载，春秋三百年间，“弑君三十六，亡国五十二，诸侯奔走不得保其社稷者不可胜数”（《史记・太史公自序》）；反之，身处社会下层的臣隶、工商、庶人亦因此而获得了上升的机会，正如晋赵简子于鲁哀公二年秋八月伐郑时发布的誓词所示：“克敌者，上大夫受县，下大夫受郡，士田十万，庶人、工、商遂（得遂进仕），人臣隶圉免（去厮役）。”（《左传・哀公二年》）

随之而来的还有西周以来的礼乐制度与文化传统的崩坏。史载周公“制礼

① 顾炎武：《日知录》卷十三，“周末风俗”条。

作乐”，建立起一套完备的宗法和“封建”性的典章制度，以及全面安排和有效维持贵族阶级的生活秩序并规范其具体行为的礼仪系统，涉及朝聘、祭祀、宴飨、婚嫁、丧葬、行军等方方面面。而且，春秋以前，“学在官府”，即国家一切重要的文化典籍、礼乐制度及其教育均由王室的专职官员掌管，居于世袭统治地位的贵族阶级垄断着学校的教育权，也只有各级贵族的子弟才享有入学受教育的权利。后世称这种由世袭贵族垄断的封闭的体制为“世官之学”或“王官之学”。在这一教育体制下，周代贵族子弟接受的主要是诗书礼乐或“六艺”教育，如楚大夫申叔时曾就楚庄王太子教育的问题谏言说：

> 教之《春秋》，而为之耸善而抑恶焉，以戒劝其心；教之《世》，而为之昭明德而废幽昏焉，以休惧其动；教之《诗》，而为之导广显德，以耀明其志；教之《礼》，使知上下之则；教之《乐》，以疏其秽而镇其浮；教之《令》，使访物官；教之《语》，使明其德，而知先王之务，用明德于民也；教之《故志》，使知废兴者而戒惧焉；教之《训典》，使知族类，行比义焉。(《国语·楚语上》)

申叔时为春秋时人，其所言显然是一种理想化的建议，不过，我们从中亦可以了解到此前贵族子弟所受文化教育大体以诗书礼乐为中心，而时至春秋，“说礼乐而敦诗书”（《左传·僖公二十七年》）已成了一个人难能可贵的文化修养了。所谓“六艺”，是指礼、乐、射、御、书、数六种科目的教育。书（书写）、数（计算）属基础知识教育，射（射箭）、御（驾驭车马）属军事技能训练，而礼（各种礼仪）、乐（音乐歌舞）则属社交能力的培养与性情的文化陶冶。显然，“六艺”教育是为贵族子弟成人后顺利步入贵族社会并参与各种祭祀、政治、军事、社会活动服务的。然而，时至春秋，“礼崩乐坏”，日趋没落的贵族阶级多不学无术而至不能“知礼”，愿意讲习礼文者已属少见，而“所谓‘王官之学’亦几于废坠”①，“学在官府”的体制更加日趋衰败和

① 童书业：《春秋左传研究》（校订本），童教英校订，中华书局2006年版，第339页。

瓦解。

上述急剧的时代变迁导致了另外两个重要的历史结果，那就是新兴士阶层的崛起及其政治影响的日益扩大和文化下移运动的逐渐深入发展。在原先由天子、诸侯、卿大夫和士组成的贵族阶级的多层等级结构中，士本属低级的贵族，而作为古代贵族阶级中地位最低的一个群体，他们或者充任武士，“执干戈以卫社稷”，或者在天子、诸侯的宫廷或基层行政机构中服务，担任职掌一般职事的官员，或者做卿大夫的邑宰、家臣而为其管理采邑和家族，并统理平民庶务。[①]但是，随着“封建”秩序的解体和社会结构的激变，特别是社会阶级上下流动进程的加剧，导致当时社会分层领域中的一个最重要的发展，就是文士阶层（或知识阶层）的涌现和兴起，这是中国古代社会演进史上的一件意义重大的事情。作为新兴的文士，他们在知识和修养上有礼乐诗书的文化底蕴，并不是由武士直接蜕化转变而来，而是在当时社会阶级的上下流动中由下降的上层贵族和上升的下层庶民汇合而形成的。他们从原来世袭宗法制的、先赋的血缘性的封建关系和社会身份地位的羁绊中解放、游离了出来，具有人格和社会身份地位上的相对独立性，他们通过知识的学习、智能的训练、德行的陶冶、文化的修养而自我培育、生长和繁衍。作为一个有知识有学问的独立阶层，他们或者以“劳心”为务，专门从事精神性的创造活动，或者从政入仕，为统治者的内政外交活动提供急需的智力和人才支持。他们基本处在一种“士无定主”的生存状态，可以在各国之间自由流动，并逐渐在当时各国日趋激烈的政治竞争和军事战争中成为一支最重要的生力军，不断扩大影响，发挥着越来越重要的作用，诚所谓“春秋以后，游士日多”而“战国之君遂以士为轻重”[②]。

时代变迁所导致的另一历史结果就是文化下移的历史运动趋势，正所谓“天子失官，官学在四夷”（《左传·昭公十七年》），即由于王室的衰微、“封建”

① 刘泽华主编：《士人与社会》（先秦卷），天津人民出版社 1988 年版，第 9—13 页。

② 顾炎武：《日知录》卷七，“士何事”条。

秩序的解体和政治形势的动荡，特别是“王官之学”的废坠和“学在官府”体制的衰败，大批在周王室职掌“王官之学”、有着贵族文化修养的官员流散到了各个封国和边夷之地，促进了文化下移的历史运动。他们散居各地，为了谋生，便势必凭借自己谙习的文化修养和知识专长在社会上以相礼（司仪）和教育（传授礼乐或其他知识）为业，从而也就将自己所谙习的诗书礼乐的文化传统和“六艺”的知识技能带到了各地并传播开来，这为民间私学的兴起开辟了道路。

正是在上述特定的社会生活环境和历史背景下，孔子立志求学并创办自己的私学，从而成为春秋末年新兴文士阶层中的一个“中心人物”①。历史地讲，孔子的私学教育，在突破“礼不下庶人”的传统陈规、进行平民教育、培养士人和推进文化下移的历史运动深入发展方面，发挥了关键性的重要作用。孔子之后，战国之世，民间私人讲学蔚然成风，并形成了诸子百家蜂起并作、相互争鸣的文化盛况。这其中，尤以孔、墨之弟子徒属最盛，“充满天下”，号称“显学”。因此，可以说，孔子创办私学，既顺应了上述历史变化和发展的趋势，是一种时代性的产物，同时又反过来大大推动和促进了上述历史变化和发展的趋势。章太炎曾在《驳建立孔教议》一文中这样评价孔子的功劳和历史贡献：

> 自孔子布文籍，又养徒三千，与之驰骋七十二国，辨其人民，知其土训，识其政宜，门人余裔，起而干摩，与执政争明。哲人既萎，曾未百年，六国兴而世卿废，民苟怀术，皆有卿相之资。由是阶级荡平，寒素上遂，至于今不废。

总之，生在春秋末期的孔子，在上述历史发展变化的进程中，奋然兴起并充当了一员开创私学教育事业的猛将。孔子虽不必是兴办私学的第一人，却是兴办私学最为成功的第一人。而作为私人办学最成功的第一人，孔子自有其特殊的创举和贡献。孔子的杰出表现主要体现在三个方面，对此，刘泽华先生有精到的概括，即面向社会广泛招收弟子、对传统文化进行了系统的整理并提出

① 童书业：《春秋左传研究》（校订本），童教英校订，中华书局2006年版，第200页。

了系统的理论。正是“由于孔子做了以上三方面的事情”，孔子创立儒家学派也就是“必然之事”了，而且，“这个学派以传统文化作为自己生存的基础，以教师作为自己的职业，加之以孔子深邃的哲理，所以从一诞生便具有强大的生命力和韧性”，乃至很快就在战国之世成为“先秦诸子中最显赫的一派”。[①]

二、求学与从教的艰辛历程

孔子生为败落贵族之后，少时贫贱，但他自幼勤奋好学，最终成长为他那个时代新兴士阶层中最著名的代表人物，其中艰辛殊非常人所能理解和体会，但孔子又正是在这种求学与从教的艰辛历程中体味到了他人生最大的乐趣，乃至常常以“学而不厌，诲人不倦”或“学不厌而教不倦”自许。在我看来，孔子首先是一位学者，然后才是一位人师；既为人师，而又不失学者本色，故而才能做到教学相长，并赢得弟子心悦诚服的尊重和景仰。在孔子那里，求学与从教是密不可分的，他学无常师，教无定式，基本上是在饱经沧桑的政治游历和与弟子的终生交游中求学和施教的，因此，我们必须结合孔子求学的经历来省察和体会他创办私学、设教授徒的整个历程的艰辛与快乐，方能探得几分其从事私学教育事业的心路历程的真情、真意和真味。

孔子自幼受到鲁国遵行周代礼文传统的社会风习的熏陶，故儿时就常常以“陈俎豆，设礼容”为嬉戏，长到十五岁时更是开始自觉地立志求学，这可以说是他整个生命历程中的第一个重要的转折点，如果说在此之前，他还是在社会风习的熏陶和母亲的呵护教养下自然生长的话，那么自十五岁之后，他便进入了一个自觉成长的人生阶段，而且是一个以“志于学”为根本特征的自觉成长的人生阶段。在那个时代，正是通过学，他才成为新士人阶层的代表；也正是通过学，他才成长为一个以教为业的老师。在有了“志于学”的这份可贵自觉

① 刘泽华：《中国政治思想史集》第一卷《先秦政治思想史》，人民出版社2008年版，第215—217页。

之后，少年孔子遂汲汲于礼乐文化传统的学习，虽然相关文献对孔子在这一阶段求学时的勤勉刻苦情状没有详细具体的记载，但通过孔子本人的一些自述，我们当能体会、品味出个中情景，如孔子说："吾少也贱，故多能鄙事"（《论语·子罕》），"我非生而知之者，好古，敏以求之者也"（《论语·述而》），"三人行，必有我师焉：择其善者而从之，其不善者而改之"（《论语·述而》）。孔子一边做着许多低贱的职事，一边勤奋求学，而且向身边一切能给他以教益的人学习。就这样，经过十多年的努力，孔子首先在鲁国的贵族中赢得了一定的声誉而成为一个以"知礼"闻名的青年学者。孔子生子而鲁君昭公竟送去鲤鱼祝贺，郯子来访而孔子也可得到机会前去拜谒请教，乃至有资格进入周公太庙助祭，可以想见，三十岁以前的孔子已因"知礼"而逐渐受到时人的重视。

孔子自称"三十而立"，这是说他到三十岁时已学有所成，可以依礼而立身于世了。也就是在此前后，作为一个博习于礼文的专家，孔子创办私学，设教授徒，开始了他从事文教事业的生涯。他在设教授徒之初，大概也是以教弟子习礼为主。

几年后，发生了一件值得一提的有意思的事，那就是鲁国贵族孟僖子在临终时特意嘱咐其家臣（属大夫），一定要在他死后把他的两个儿子孟懿子和南宫敬叔送到孔子那里去学习礼仪。《左传·昭公七年》详载此事，其文如下：

> 孟僖子病不能相礼，乃讲学之，苟能礼者从之。及其将死也，召其大夫，曰："礼，人之干也。无礼，无以立。吾闻将有达者曰孔丘，圣人之后也……我若获没，必属说与何忌于夫子，使事之，而学礼焉，以定其位。"故孟懿子与南宫敬叔师事仲尼。

这件事事出有因。公元前535年，孟僖子曾陪同鲁昭公访问楚国，途经郑国时，郑简公在郑都城门设宴慰劳鲁昭公一行，而作为随行副手的孟僖子却不懂如何引导鲁昭公行酬答之礼；等到了楚国，楚灵王依礼在都城郊外举行欢迎仪式，孟僖子还是不知如何相礼。孟僖子为此深感懊悔，访楚归国后便开始讲习礼仪，而且事隔多年之后，还想着要让他的两个儿子师从孔子学礼。从当时的时代环境看，孟僖子能如此，实属难能可贵，故孔子评之曰：“能补过者，君子也。”

孟懿子（即何忌）和南宫敬叔（名说）事后果真拜孔子为师，成了孔子设教授徒之初招收的两位贵族出身的弟子。孔子在收孟僖子的儿子为徒之后不久，在鲁昭公的准许和支持下，带着南宫敬叔“适周问礼”，即到东周的都城洛邑（今河南洛阳）去访求、研习礼乐。临行前，鲁昭公赐给孔子一辆车、两匹马和一名僮仆。当时的周王室虽已衰微，但都城洛邑毕竟是人文荟萃之地，孔子有幸赴洛邑考察周礼、饱览周王室的文物典籍，自然在学识上大有长进。

在游历洛邑期间，孔子拜会了周王室守藏史老聃（道家学派的创始人），老聃学识渊博并精通古代的礼制，孔子曾多次向他虚心请教丧礼，如《礼记·曾子问》所载：

> 曾子问曰：“葬引至于堩（道路），日有食之，则有变乎？且不乎？”孔子曰：“昔者吾从老聃助葬于巷党，及堩，日有食之。老聃曰：‘丘，止柩就道右，止哭以听变。’既明反，而后行，曰：‘礼也。’反葬而丘问之曰：‘夫柩不可以反者也。日有食之，不知其已之迟数，则岂如行哉？’老聃曰：‘诸侯朝天子，见日而行，逮日而舍奠。大夫使，见日而行，逮日而舍。夫柩不蚤出，不莫宿。见星而行者，唯罪人与奔父母之丧者乎。日有食之，安知其不见星也？且君子行礼，不以人之亲痁（病）患。’吾闻诸老聃云。”

另外，孔子在洛邑期间，还拜谒了周大夫苌弘，请教了许多音乐方面的问题，因为苌弘是当时著名的音乐理论家和博物家。事后，苌弘对孔子大加赞赏，说道：“吾观孔仲尼有圣人之表……然言称先王，躬履谦让，洽闻强记，博物不穷，抑亦圣人之兴者乎！”（《孔丛子·嘉言》）

孔子师徒在洛邑认真参观考察了一番，准备动身返鲁之前，又特意到老聃那里辞行，老聃谆谆告诫孔子说："有言道，富贵之人拿钱财馈赠别人，而有仁德的人则赠人有益的话。我虽不富贵，却博得个仁人的虚名，就送给你几句话吧：'聪明深察的人容易惹来杀身之祸，是因为他喜欢议论他人的是非；雄辩博学的人也会招致危身之害，是因为他总是揭发别人的劣迹。为人子者应敬侍父母，为人臣者应敬侍君上。'"（《史记·孔子世家》）

孔子游学洛邑，受到周王室文化名流的教诲，不仅增长了见识，而且赢得了更多人的敬重。所以，孔子自洛邑回到鲁国后，来孔子所办私学求学的人便又增多了一些。

不过，在孔子返鲁后，鲁国政局正面临着一场危机。鲁国的贵族已不仅仅是像孟僖子那样不知礼，而是时有僭礼的行为发生，此时季氏在鲁专政擅权（所谓"政自大夫出"）也已长达四世之久。鲁昭公二十五年（前517年），季平子与郈昭伯之间的"斗鸡事件"发生，昭公伐季氏，而"三桓"联合击败了昭公，并将昭公驱逐出境。这一年，孔子离开混乱的鲁国而东游齐国，后于鲁昭公二十七年（前515年）返鲁。在齐期间，孔子尝"与齐太师语乐，闻《韶》音，学之，三月不知肉味，齐人称之"（《史记·孔子世家》）。

从孔子自齐返鲁到鲁定公九年（前501年）孔子仕鲁，这期间，不仅执政的季氏僭于鲁公室，更出现了"陪臣执国命"的局面，即鲁国竟沦落到了由卿大夫（季氏）的家臣阳虎之流左右和掌控国家政局的地步，史称"鲁自大夫以下皆僭离于正道"（《史记·孔子世家》）。而孔子虽然反对苛政，并在游齐答景公问政时提出了他那著名的"君君，臣臣，父父，子子"的政治主张，但孔子自齐返鲁后并未能入仕行道，所以这期间，孔子一直过着贫居不仕的教书生活。

一个人的思想与人格只有在经受住了由贫富、忧乐、祸福、得失等构成的生存张力和困境的考验与砥砺，才能真正地成熟和坚强起来。孔子正是在他十几年贫居不仕的失意岁月中走向成熟和坚强的。孔子曰："富而可求也，虽执鞭之士，吾亦为之。如不可求，从吾所好。"（《论语·述而》）孔子所好者乃礼乐，所以“敏以求之”。他曾先后到杞（夏代后裔的封国）、宋（殷商后裔的封国）、洛邑分别考察夏、商、周三代之礼。在贫居不仕期间，孔子更是对三代之礼进行了深入系统的比较研究，从而得出结论：“周监于二代，郁郁乎文哉！吾从周。”（《论语·八佾》）正是基于这一认识和理解，孔子树立了将兴复周代礼乐文化的事业作为自己一生志愿的坚定信念。孔子又言：“饭疏食饮水，曲肱而枕之，乐亦在其中矣。不义而富且贵，于我如浮云。”（《论语·述而》）孔子所乐者乃仁道，故不惮乎“造次必于是，颠沛必于是”（《论语·里仁》）。

乐道好礼，乃孔子贫居不仕期间的真实情怀；而孔子之忧则在“德之不修，学之不讲，闻义不能徙，不善不能改”（《论语·述而》）。孔子“笃信好学，守死善道”（《论语·泰伯》），以此自勉，以此诲人；其循道愈久，其信道亦愈笃。

孔子相信“人能弘道”（《论语·卫灵公》），而且“德不孤，必有邻”（《论语·里仁》）。这是孔子的自信力所在，而“自信力者，成就大业之原也”（梁启超语），有了这份自信，他才能以“学而不厌，诲人不倦”的求道精神与人格魅力感召他的志同道合者前来追随他。

孔子自称“四十而不惑”。正是在他贫居不仕的岁月中，孔子的思想与人格走向了成熟；也正是在这段岁月中，孔子的教学思想与活动渐入佳境，其私学的规模获得了很大的发展。据《史记·孔子世家》记载：

> 孔子不仕，退而修诗书礼乐，弟子弥众，至自远方，莫不受业焉。

在此期间，有众多远方国家的弟子前来求学，可见，孔子的私学在当时已产生了广泛的社会影响。孔子本人也为此倍感欣慰，他说：“学而时习之，不亦说乎？有朋（指弟子）自远方来，不亦乐乎？人不知而不愠，不亦君子乎？”（《论语·学而》）此时，私学的成功已足以让孔子的喜悦溢于言表了。

孔子立志行道已经很久了，却一直得不到施展政治理想和抱负的机会，没有人肯赏识、任用他。至鲁定公八年（前502年），公山弗扰欲据费邑以叛，邀请孔子前往，子路不悦，孔子遂发誓说：“如有用我者，吾其为东周乎！”（《论语·阳货》)这一年，孔子五十岁，而孔子自称“五十而知天命”。依我之见，“知天命”乃孔子对自己应以实际行动舍身入世以行道救世的“天职”的觉悟。于是，孔子于次年步入仕途。仕鲁四年，是孔子一生中最得意的时光，但好景不长，此后便是他长达十四年之久的历尽艰辛的走四方之行。

即使在周游列国途中，孔子也仍然坚持求学与从教且乐而不倦，如孔子居卫期间曾学鼓琴于师襄子(其年不可考，或说在孔子三十岁之前，司马迁置之于居卫期间，姑从之),《史记·孔子世家》载其事曰：

> 孔子学鼓琴师襄子，十日不进。师襄子曰：“可以益矣。”孔子曰：“丘已习其曲矣，未得其数也。”有间，曰：“已习其数，可以益矣。”孔子曰：“丘未得其志也。”有间，曰：“已习其志，可以益矣。”孔子曰：“丘未得其为人也。”有间，有所穆然深思焉，有所怡然高望而远志焉。曰：“丘得其为人，黯然而黑，几然而长，眼如望羊，如王四国，非文王其谁能为此也！”师襄子辟席再拜，曰：“师盖云《文王操》也。”

孔子为学之锲而不舍，精勤如此，由此可见一斑。另据史传记载，孔子“晚而喜《易》……读《易》，韦编三绝”(《史记·孔子世家》)。孔子喜《易》，爱不释手，读《易》竟致使串联书简的皮绳断了多次，可见其用功之勤。马王堆帛书《要》篇亦曰：“夫子老而好《易》，居则在席，行则在橐。”

孔子不仅好学如此，对弟子施教亦从不懈怠。在十四年的漂泊生涯中，孔子屡遭困厄，然而他并未因此而丧失信念，相反，他总能泰然自若地直面厄运，并坚持与随行的弟子演习礼仪，甚至绝粮于陈、蔡之际仍是“讲诵弦歌不衰”，这最足以彰显孔子“傀然独立天地之间而不畏”的人格魅力。这期间，当有不少青年学子投奔孔子而追随其左右，如弟子公良孺“以私车五乘从孔子”而罹难于蒲。特别是孔子居留卫、陈时间较长，受到两国国君及一些贵族官宦的礼遇，慕名向孔子求学者，既有当地学子，亦有从他国前来者，而且孔子还有许多弟子仕于卫。其间，孔子在鲁国的弟子也都渐渐地成长起来了，正如孔子感叹

说："吾党之小子狂简，斐然成章，不知所以裁之。"（《论语・公冶长》）

归去来兮，鲁哀公十一年（前484年），六十八岁高龄的孔子终于重归故里。孔子晚年居鲁，"然鲁终不能用孔子，孔子亦不求仕"（《史记・孔子世家》），而是潜心于他的私学教育事业。孔子尝言："吾自卫反鲁，然后乐正，雅颂各得其所。"（《论语・子罕》）孔子晚年不仅为学精审如此，而且培养出了有若、子夏、子游、子张、曾参等一大批才艺超群的青年弟子。孔子的私学在其晚年再度有了大发展，而且盛况空前。正所谓"孔子以诗书礼乐教，弟子盖三千焉，身通六艺者七十有二人"（《史记・孔子世家》），孔子创办私学的成功是前无古人的。

三、孔门弟子简介

孔子创办私学的成功，不仅在于他私学的规模超乎前人，更在于他培养出了众多出类拔萃、品学兼优的弟子。史称孔子弟子三千，身通六艺的贤能之士就多达七十二人（另有七十人或七十七人之说）。另据《论语・先进》，孔门中的优秀弟子可分四科："德行"科品德优异、孝行卓著的有颜渊、闵子骞、冉伯牛和仲弓，"言语"科利口善辩、在外交辞令方面才能出众的有宰我和子贡，"政事"科长于政事、能力超群的有冉有和季路，"文学"科研习历史文献、精通文学典籍的有子游和子夏。这十位可以说是孔门弟子中最著名的人物。另外，还有有若、子张、曾参等品学突出，也颇为著名。

下面，我主要依据《史记・仲尼弟子列传》，仅就孔子十几位较著名的弟子的情况简介如下：

颜回，鲁国人，字子渊，所以又称颜渊，小孔子三十岁。其父颜路亦是孔子的弟子。

颜回家境贫寒，但为人好学，安贫乐道，最能与孔子心心相印。他追随孔子周游列国，出生入死而忠贞不渝。

在孔门弟子中，孔子唯独称道颜回最为好学："其心三月不违仁""贤哉，回也！一箪食，一瓢饮，在陋巷，人不堪其忧，回也不改其乐"（《论语・雍也》)。他曾对颜回本人说："用之则行，舍之则藏，惟我与尔有是夫！"（《论语・述而》)颜回是孔子最心爱的弟子。

颜回对孔子的话"无所不说(悦)"，对孔子的循循善诱更是敬仰叹服之至。颜回这样赞叹老师孔子："仰之弥高，钻之弥坚。瞻之在前，忽焉在后。夫子循循然善诱人，博我以文，约我以礼，欲罢不能。"（《论语・子罕》)颜回对孔子的拳拳服膺之心无人能比。

然而，颜回二十九岁便已须发全白，后又不幸先孔子而逝。颜回死于鲁哀公十四年(前481年)，年仅四十余岁。颜回之死令七十一岁高龄的孔子十分悲伤，孔子痛哭悲呼："噫！天丧予！天丧予！"（《论语・先进》)孔子与颜回的师徒之情一如父子之情。

闵损，鲁国人，字子骞，小孔子十五岁。

闵损在孔门弟子中以孝行著称。相传，他年少丧母，曾受到继母的虐待。一次，他在冬天为父亲驾车，因衣着单薄，被冻得握不住缰绳。父亲发现他衣着太单薄，又见后妻的儿子衣着甚厚实，一气之下要赶走后妻，却被闵损劝止。所以，孔子格外称赞闵损："孝哉闵子骞！"

闵损为人刚正不阿，鲁国执政大夫季孙氏曾想请他任费邑宰，但他因与季氏政见不合，所以坚决拒绝这一邀请，并说若季氏再来找他，他便逃走，以此明志，诚所谓"不仕大夫，不食污君之禄"（《史记・仲尼弟子列传》)。

由上可知，闵损不愧是孔门"德行"科高足。

冉耕，鲁国人，字伯牛，小孔子七岁。

冉耕在孔门弟子中亦以德行著称，然不幸身患恶疾。孔子前去探望他，从窗户里握着他的手并十分痛惜地说："这是命呀！这样的人却得了这样的病，这是命呀！"

冉雍，鲁国人，字仲弓，小孔子二十九岁。

冉雍不善舌辩而以德行著称，与颜回、闵损、冉耕同列一科。

冉雍出身低贱，其父为"贱人"。孔子对他的政治才干十分器重，认为他虽出身低贱，但不会因此就不被人重用。

冉雍曾做过季氏宰，并向孔子请教为政之道，孔子教导他三个要点："先有司，赦小过，举贤才。"（《论语·子路》）意即自己做出表率，原谅他人的小过失，举用贤才。

冉求，鲁国人，字子有，小孔子二十九岁。

冉求多才多艺，是政治、军事才能最杰出的孔门弟子，深得孔子的赏识。孔子说："求也，千室之邑，百乘之家，可使为之宰也。"（《论语·公冶长》）

冉求做季氏宰，孔子对他寄予厚望。季氏欲"用田赋"而使冉求前去询问孔子的意见，孔子因不赞成而不作答，但又希望冉求能阻止季氏，结果冉求没按孔子的意思去做，令孔子十分生气，声言冉求"非吾徒也"，并号召弟子"鸣鼓而攻之"（《论语·先进》）。

冉求做事总是退让，孔子便激励他敢作敢为。冉求曾对孔子讲："我不是不喜欢您老人家的理想和主张，只是我力不从心，难以企及。"孔子便训导他说："力量不够的话，会半途而废。但你的问题是根本不想去做。"（《论语·雍也》）冉求终究不愿拂逆当权的季氏而推行孔子的政治主张，但他仍不失为孔门政事科最杰出的弟子。

仲由，字子路，鲁国卞邑（今山东泗水）人，因曾任季氏家宰，故又称季路，小孔子九岁。

子路是“卞之野人”，出身贫贱。他年轻时性格粗野，为人耿直好勇，初时对孔子十分无礼，但孔子设礼加以诱导，其后子路遂拜孔子为师。

子路颇具治理政事的才能，孔子仕鲁时，子路出任季氏宰，并具体施行孔子“堕三都”的主张，受挫后敦促并追随孔子游历他国。子路随孔子居卫期间，曾任卫国的蒲邑大夫，孔子在子路赴任前特意叮嘱他：“蒲邑多壮士，难以治理，所以，应恭敬待人以折服勇者，处事宽正以亲附民众，谦恭正身以报答君上。”（《史记・仲尼弟子列传》）子路治蒲三年，将蒲邑治理得井然有序，深受孔子的称赞（《韩诗外传》卷六）。孔子对子路虽多有批评，但对子路杰出的政治才能还是很赏识的，如评价子路说：“由也，千乘之国，可使治其赋也。”（《论语・公冶长》）

经由孔子的训导，子路变得特别富有自我批评的精神，“人告之以有过，则喜”（《孟子・公孙丑上》），喜欢听到别人指出自己的过失；而子路待人亦坦诚率直，即使对孔子也是“当仁不让”。子路是孔门弟子中最勇于批评与自我批评的人之一。

子路恪守“长幼之节”“君臣之义”，忠人之事而“不避其难”。子路随孔子归鲁后，先仕于季氏，不久又赴卫任卫国执政大夫孔悝的邑宰。鲁哀公十五年（前480年），流亡在外的卫太子蒯聩再度潜回卫国，与其子出公争夺君位。蒯聩以其姊孔姬（孔悝之母）为内应，带人潜入孔悝家，并胁迫孔悝登台盟誓、改立自己为君。子路闻讯，不听同学高柴（时任卫国士师）的劝阻，只身赶来救助孔悝。在搏斗中，子路的冠缨被人击断，但六十三岁的子路临危不惧，恪守“君子死而冠不免”的仪容风度，结果在系结被击断的缨带时被蒯聩的手下砍成肉酱。

颜回英年早逝后仅隔一年，追随孔子左右长达四十余年的子路又在卫国遇难。在晚年接连遭遇不幸，失去两位最亲密的爱徒，这对孔子来讲无疑是最沉痛的心灵打击。孔子说："自吾有回，门人益亲""自吾得由，恶言不闻于耳"（《史记·仲尼弟子列传》）。可见，在孔子生前，孔门弟子中卫道护教之功最大者，当首推颜回、子路二人。

宰予，鲁国人，字子我，所以又称宰我，小孔子二十九岁。

宰我是孔门弟子中最利口善辩的一位。他受业为徒不久，曾和自己的老师讨论过"三年之丧"的问题。宰我认为，为父母守孝居丧三年时间太久，因为居丧期间不演习礼乐会使礼乐荒废，所以主张守孝一年也就可以了。但孔子格外看重亲情，认为一个人生下来后在父母的怀抱中备受关爱呵护，三年后才能脱离父母的怀抱，因此，为父母居丧守孝三年是应该的。孔子为此而斥责宰我"不仁"（《论语·阳货》）。不过，由此可以看出，宰我倒是孔门中一位能够独立思考并提出一些激进主张的弟子。

有一天，宰我读书不用功，白天睡觉，遭到孔子的严厉批评。

宰我利口善辩的才能，深得孔子的赏识；而宰我"智足以知圣人（指孔子）"，亦曾盛赞自己的老师说："以予观于夫子，贤于尧舜远矣。"（《孟子·公孙丑上》）

据说，宰我在齐国任临淄大夫时，因参与陈恒弑君的事件而被杀，孔子深以为耻。

端木赐，卫国人，字子贡，小孔子三十一岁。

子贡利口巧言、擅长辞令，是孔门中最富有外交才能的弟子之一，深得孔子的器重。子贡曾多次陪同鲁国君臣参加外交活动。据《史记·仲尼弟子列传》载，田常（陈恒）欲作乱于齐，又害怕高、国、鲍、晏四家贵族势力，所以想调遣四家的兵力去伐鲁。为了劝止田常伐鲁，孔子就派子贡前往齐国游说田常，继而又去游说吴王、越王、晋君，利用各国的矛盾计诱各国交兵争霸，结果"子贡一出，存鲁，乱齐，破吴，强晋而霸越。子贡一使，使势相破，十年之中，五国各有变”（《史记·仲尼弟子列传》）。

子贡不仅富有外交才能，而且擅长经商致富，是孔门弟子中“家累千金”而最富有的一位。据《史记·货殖列传》记载：“子贡结驷连骑，束帛之币以聘享诸侯，所至，国君无不分庭与之抗礼。夫使孔子名布扬于天下者，子贡先后之也。此所谓得势而益彰者乎？”正是子贡杰出的政治外交才能与无人能比的财势，使孔子的声名愈发显扬于天下。也正因为如此，当时便有人认为子贡贤于孔子，甚至有人诋毁孔子。每每在这个时候，子贡总是挺身而出，极力维护孔子的伟大声名：“仲尼不可毁也。他人之贤者，丘陵也，犹可逾也；仲尼，日月也，无得而逾焉”“夫子之不可及也，犹天之不可阶而升也”。（《论语·子张》）他认为自己的老师“固天纵之将圣”（《论语·子罕》），“自生民以来，未有夫子也”（《孟子·公孙丑上》）。

孔子去世后，弟子们为孔子服丧三年，唯独子贡又继续为孔子守墓三年，以表达对恩师最深切的哀思。子贡晚年居留终老于齐国。

言偃，吴国人，字子游，小孔子四十五岁。

子游是孔门晚期的几位杰出的青年弟子之一，以谙习文献典籍著称。

子游二十多岁便任鲁国的武城宰，在当地施行孔子礼乐教化的政治主张。孔子路过武城时，听到弦歌之声，便微笑着说：“割鸡焉用牛刀？”意即何必用礼乐教化的大道治理这么一个小地方。子游答道：“以前我听老师教导：‘君子学道则爱人，小人学道则易使。’”孔子便向随行的弟子们说：“言偃的话是对的，刚才我说的话只不过是开个玩笑罢了。”（《论语·阳货》）可见，子游颇能忠实地贯彻老师孔子的主张。

子游的思想在孔门弟子中也是特别富有理想主义色彩的，他主张对待君主、朋友以及居丧，都不必拘泥于琐屑的具体礼节。

子游设教授徒，他的后学在战国时期形成了儒家的一个门派。

卜商，卫国人，字子夏，小孔子四十四岁。

子夏是孔门晚期的几位杰出的青年弟子之一，以精于文献典籍著称。

子夏出身贫寒，曾做过鲁国的莒父宰，问政于孔子，孔子回答："无欲速，无见小利。欲速，则不达；见小利，则大事不成。"（《论语·子路》）意即不要急于求快，不要贪图小利。急于求快，反而会达不到目的；贪图小利，也就办不成大事。

孔子认为子夏尚不够贤人的资格，所以谆谆教导他："女为君子儒，无为小人儒！"然而子夏博学而重礼，他在孔子去世后到魏国居西河设教讲学，既为魏文侯师，又培养出了田子方、段干木、吴起、禽滑釐等一批著名的弟子，在传授孔子的"六艺"之学上做出了特殊的贡献。他的后学在战国时期也形成了儒家的一个门派。

"仕而优则学，学而优则仕"（《论语·子张》），是子夏的一句名言。

子夏晚年因丧子之痛，哭而失明。

颛孙师，陈国人，字子张，小孔子四十八岁。

子张出身微贱，也是孔门晚期的一位著名的青年弟子。他认为读书人必须坚持自己的道德信念，应该"见危致命，见得思义"（《论语·子张》）。他主张"君子尊贤而容众"，但由于过于偏激，故而令同门师兄弟感到难以接近。

孔子去世后，子张回到陈国讲学，其后学也形成了儒家的一个重要门派。

曾参，鲁国南武城（今山东平邑，一说山东嘉祥）人，字子舆，小孔子四十六岁。

曾参是孔门晚期的著名弟子之一，素以孝行著称，其父曾点（字子皙）亦是孔子弟子。

曾参最注重自我身心的修养，坚持一日三省：“为人谋而不忠乎？与朋友交而不信乎？传不习乎？”（《论语·学而》）

曾参曾将孔子学说的一贯精神概括为“忠恕”之道（《论语·里仁》）。曾子还曾言：“士不可以不弘毅，任重而道远。仁以为己任，不亦重乎？死而后已，不亦远乎？”（《论语·泰伯》）意即读书人肩负着弘扬仁道的重任，责任重大而路途遥远，所以必须培养自己的坚强意志，要有“死而后已”的决心和毅力。

孔子的孙子孔伋（字子思）是曾子的弟子，而战国大儒、被后世尊为“亚圣”的孟子（名轲）又是子思的私淑弟子，后世多认为思孟学派深得孔学真传，故合而尊称为“孔孟之道”。这中间，曾参为孔子之道的传承做出了特殊的贡献。

澹台灭明，鲁国武城人，字子羽，小孔子三十九岁。

子羽相貌丑陋，初欲拜孔子为师，孔子以为他没有才能。经子游介绍，孔子才收他为徒。孔子后来发现子羽其实是一位品行端正的人，于是改变了对子羽的看法，并深有感触地说：“吾以言取人，失之宰予；以貌取人，失之子羽。”（《史记·仲尼弟子列传》）

孔子去世后，子羽南游楚国，随行的弟子多达三百人，名震诸侯。

有若，鲁国人，字子有，小孔子四十三岁。

有若是孔门晚期的著名弟子之一。

有若曾是鲁大夫微虎私家所养的勇士，鲁哀公八年（前487年），吴王夫差帅师侵鲁，兵临泗上，于是微虎从其私家徒属中挑选出三百名勇士，组成敢死队，准备夜袭吴王，有若便是其中的一名勇士。吴王闻讯，急忙后撤，一夜间迁徙了三次驻地（《左传·哀公八年》）。

有若师从孔子后，成为孔子晚年的一位得意门生。有若提出过几个著名的论点：其一，一个人为人孝悌便不会犯上作乱，因此孝悌可作为行仁的根本或基础，所以说“孝弟（通‘悌’）也者，其为仁之本与”（《论语·学而》）。其二，礼的作用贵在能促进社会政治生活秩序的和谐，而这就是先王之道的美好之处，正所谓“礼之用，和为贵。先王之道，斯为美”（《论语·学而》）。其三，是答鲁哀公问政时所提出的著名政治主张：“百姓足，君孰与不足？百姓不足，君孰与足？”（《论语·颜渊》）以上三点，很能契合孔子政治学说的精神。

孔子去世后，弟子们十分思念孔子，因为有若“状似孔子”，弟子们便想推举有若为师，像师事孔子那样师事有若。然而，有若毕竟不是孔子，弟子们最终还是打消了尊有若为师的念头。有若曾这样高度评价自己的老师孔子：“圣人之于民，亦类也。出于其类，拔乎其萃，自生民以来，未有盛于孔子也。”（《孟子·公孙丑上》）

综上介绍，孔子不仅培养出了一大批德行、才学出众的弟子，更在生前死后赢得了弟子们无限的敬仰和推崇。弟子们心悦诚服地追随孔子，而孔子的伟大声名能够广布于天下、后世，也有赖于弟子们的弘扬与传播。西汉伟大的史学家司马迁如是说：

> 自孔子卒后，七十子之徒散游诸侯，大者为师傅卿相，小者友教士大夫，或隐而不见。故子路居卫，子张居陈，澹台子羽居楚，子夏居西河，子贡终于齐。如田子方、段干木、吴起、禽滑釐之属，皆受业于子夏之伦，为王者师。（《史记·儒林列传》）

由此足见，孔子所兴私学文教事业，不仅在他生前盛况空前，在他死后更是被他的弟子后学继承并发扬光大了。而且，在孔子人格的感召和精神的指引下，他们形成了一个支派众多、影响广泛的学术思想流派——儒家学派。

第三章　孔子的经籍整理与贡献

孔子不仅是中国历史上第一个伟大的教育家，还是“中国历史上第一个伟大的文献整理家”①，整理经籍是孔子一生成就作为中的一个非常重要的组成部分。孔子对中国古代文化典籍与历史文献的系统整理工作，基本上是与他创办私学、从事教学活动同时进行的，与其创办私学相比，这同样是一项具有开创性意义的活动，而且功绩卓著、影响深远。

孔子倾注其毕生心血，在投身私学教育的同时，整理古代文化典籍与历史文献而成“六艺”（即“六经”，由于《乐》经亡佚，故又称“五经”），这让孔子在后世（首先是汉代）赢得了“至圣”“素王”的伟大声名，汉武帝尊崇儒术，其具体体现就是“表章《六经》”，而且，围绕着这些经籍（后来又有“四书”的说法，包括《论语》《孟子》《大学》《中庸》，而所谓的“经”也扩充为“十三经”）的理解和诠释，形成了一个源远流长的经学传统，迄今仍未终止。因此，不管我们如何评价孔子的这项工作与贡献，就其历史影响来讲，可以说既是孔子成就了“五经”“六艺”，反过来，也是“五经”“六艺”成就了孔子。

---

① 匡亚明：《孔子评传》，南京大学出版社 1990 年版，第 333 页。

下面，我就对孔子整理经籍的概况及其贡献略作介绍和评述。

一、孔子与“六艺”

与西周贵族所习的“六艺”（礼乐射御书数）不同，孔子用以设教讲学而开启的“六艺”之学乃新的“六艺”学，新“六艺”即《诗》《书》《礼》《乐》《易》《春秋》六部历史文化典籍，这六部典籍又被称为“六经”。因《乐》经佚失，汉以后，《诗》《书》《礼》《易》《春秋》被尊奉为治世圭臬，故人们又习惯称之为“五经”。

关于孔子与新“六艺”的关系，历来是一个聚讼纷纭的问题，一种观点认为“六艺”全为孔子删定制作，另一种观点则认为“六艺”与孔子毫不相干。毋庸讳言，孔子与六艺究属何种关系的确存在着某些疑问，迄今仍然缺乏直接而强有力的证据材料予以证实。不过，若“叩其两端”并稽之旧说新证，我认为周予同先生的见解当为公允持平之论，即在孔子之前作为“先王之陈迹”的历史文献必定较上述六经要多，而孔子既留心三代典章，又有设教讲学之需，故有必要从历史文献中编选、整理出六经以用作教本。而且，孔子亦必有其指导思想作为他编选、整理六经的标准，只是由于后儒对六经的增删与六经在流传过程中的散佚，我们目前所能见到的流传至今的“经书”，已不会是孔子当初整理编选的原始教本。① 但不管怎样，或是出于用作私学教本的目的，或是出于对上古三代历史文化传统的热爱，孔子之特别重视并倾心致力于对上古三代文化传统和历史文献经籍的搜寻、整理和传习，对后世儒家“六艺”经典的形成与完善无疑起到了关键性的奠基作用。

兹作进一步申论。

众所周知，自从文字出现以来，中华民族已有五千多年源远流长的文明史，

---

① 朱维铮编：《周予同经学史论著选集》（增订本），上海人民出版社 1996 年版，第 795—805 页。

到了孔子生活的春秋时代已积累下许多文化典籍与历史文献，其中某些重要的文献典籍便被用于贵族教育，如前引楚大夫申叔时论楚庄王太子教育的问题时所提及的《春秋》《世》《诗》《礼》《乐》《令》《语》《故志》《训典》等（《国语·楚语上》）。当时人们所能见到的文化典籍与历史文献应当还有许多，特别是春秋乃周朝季世，春秋人能够见到的必以西周流传下来的文献典籍为主。

孔子不仅生于周文化的集中地鲁国，在西周礼乐文化的哺育下长大成人，而且好古敏求，长期寻访三代文化典籍与历史文献，曾先后到夏、商二王之后的封地杞、宋考察二代之礼，还游历过东周的都城并拜访了周王室的守藏史老聃。因此，说孔子是一位谙习历史文献典籍而学识渊博的著名学者，是一点也不过分的，而孔子之所以能在而立之年便创办了自己的私学，也正是因为他那时已具备了文化典籍与历史文献方面的广博深厚的知识学养。

不过，由于社会政治的动荡导致了“天子失官，官学在四夷”与“礼崩乐坏”的文化状况，所以孔子所能访求到的文化典籍与历史文献必然是比较散乱芜杂的，特别是当时去夏商二代年代久远，更令孔子深切地感到“文献不足”的缺憾，所以他叹惜地说：“夏礼，吾能言之，杞不足征也；殷礼，吾能言之，宋不足征也。文献不足故也。足，则吾能征之矣。”（《论语·八佾》）孔子是一位诚实的学者，他不仅是“述而不作，信而好古”（《论语·述而》），而且是不知便付阙如，并且坚持“多闻，择其善者而从之”（《论语·述而》）的求知原则。因此，当他设教讲学时，虽不能没有一定的教本，但也不会因“信而好古”就只是教弟子一些散乱芜杂的文献知识，这是不难想见的。据《史记·孔子世家》记述，孔子游齐归鲁后，贫居不仕，“退而修诗书礼乐，弟子弥众，至自远方，莫不受业焉”。此时，孔子既结合教学，对古代流传下来的文化典籍与历史文献进行了整理选编而修成《诗》《书》《礼》《乐》，那么这期间，孔子亦当主要“以诗、书、礼、乐教”。

此后，孔子在仕鲁和游历各国期间，也从未间断过对《诗》《书》《礼》《乐》

的讲诵研习，而且经过长期深入系统的研习，孔子晚年返鲁后终于恢复了古时诗乐相配的原貌。孔子说："吾自卫返鲁，然后乐正，《雅》《颂》各得其所。"(《论语·子罕》)而且，《诗》中的三百零五篇，孔子本人都能依其声律乐曲咏唱弦歌。

孔子晚年不仅进一步对《诗》《书》《礼》《乐》进行了编次整理，而且在经籍文献的整理工作上还做出了两项意义更为特殊的贡献，即序《易传》和作《春秋》，这不仅深化了他的教学内容，他用作授徒讲学的教本亦因此得以系统完备，从而定型为新的"六艺"之学。

然而，孔子虽以"六艺"讲学授徒，但"六艺"又绝不仅仅是一个"教本"的问题。我认为，孔子以"六艺"教学，其更深层次的目的和意义主要体现在以下几个方面：

首先，孔子因崇尚古圣先王之道而好古，他编选整理古代的文化典籍与历史文献而成"六艺"以为"教本"，也主要是为了维系传统、传承文明、弘扬文化，特别是他对之有着深厚情感的西周礼乐文化传统，换言之，即旨在"文以载道"，传之后世。

其次，正如孔子所言"温故而知新，可以为师矣"(《论语·为政》)，反之，单纯的"记问之学"是"不足以为人师"的(《礼记·学记》)。由此可知，孔子讲学以"六艺"为教本，绝非仅仅限于温故而传习历史文献知识，更何况作为人师的孔子是一位思想颇富原创性的教育家。仅就《论语》所见孔子与门弟子谈《诗》、说《书》、论"礼"的事例来看，孔子正是以"温故而知新"诱导弟子的。如林放问"礼之本"(礼的本质)，孔子答曰："大哉问！礼，与其奢也，宁俭；丧，与其易(杨伯峻先生解'易'为'仪文周到')也，宁戚(尽其哀伤之情)。"(《论语·八佾》)可见，孔子不仅教弟子演习礼仪的外在形式("仪")，更重视礼的实质内涵和精神("本""义")。孔子不仅仅对礼的本质有他自己的新见解，而且对"六艺"的精义及其教化作用有其条贯系统的理解和解说。或者说，孔子不仅开启了新的“六艺”之学，而且对其教化育人的功能与意义给予了理论上的充分说明与论证。据《礼记·经解》，孔子曾这样评论“六艺”之教：“其为人也，温柔敦厚，《诗》教也；疏通知远，《书》教也；广博易良，《乐》教也；洁静精微，《易》教也；恭俭庄敬，《礼》教也；属辞比事，《春秋》教也。”孔子对“六艺”的理解与解说正是后世儒家经典解释学的源头活水，而自汉武帝“卓然罢黜百家，表章《六经》”（《汉书·武帝纪》）之后，儒家的经典之学一直占据着官方学术的统治地位。

最后，孔子在寻访、整理古代文化典籍与历史文献的同时，对上古三代的历史与文化做了深入系统的比较研究。孔子的这项研究工作以三代礼乐文明制度及其政治文化精神为重心，经过精审的反思与总结，孔子得出了中华文明损益沿革至周而灿然大备的结论。孔子的这项富有系统性的文化反思与总结工作的意义并不限于他得出恰当的结论，其最为深远的意义是：自此，中华民族对自身的历史谱系、文化传统与文明特性具备了一种充分自觉的意识。这是一个民族文明形态成熟的最为重要的标志。也正是借助孔子对散乱芜杂的古代文化典籍与历史文献的系统整理，后人才能够对春秋以前一脉相承的中华文明有一个比较清晰的认识和了解。如果说孔子教书育人的成功在于他培养出了一大批有着杰出才能的弟子，从而使他本人及其私学产生了广泛的社会影响，那么，他整理古代文化典籍与历史文献的功绩则在于他那承上启下的“六艺”之学哺育滋养了中华文明的根系，从而使他成为一位在中国历史上前无古人的不朽的文化伟人。

“六艺”经孔子之手整理而成，孔子以“六艺”之学设教垂统。孔子与“六艺”，相得而益彰，乃中国文化史上继往开来的两座丰碑！

二、孔子对“六艺”的整理

孔子倾其毕生心血所从事的整理“六艺”的工作，可谓是一项十分有意义的系统文化工程，他将散乱芜杂的古代文化典籍与历史文献整理成系统而精致的文化成果，不仅深化了人们对自身文化传统理解与反省的自觉程度，而且也使这些文化成果更便于保存和流传。这项工作绝不是单纯的技术性工作，其中必然贯穿着整理者的价值标准，对此，我们已不能详知。但可以想见，孔子在从事这项文化工作时，必定是以他独特的社会历史观及政治哲学理念为依据的。下面，我们即就孔子对“六艺”的整理工作略作介绍。

（一）编修《诗》《书》《礼》《乐》

孔子对《诗》《书》《礼》《乐》的编修大体上是同时进行的，据《史记·孔子世家》记载：

> 孔子之时，周室微而礼乐废，《诗》《书》缺。追迹三代之礼，序《书传》，上纪唐虞之际，下至秦缪，编次其事。曰：“夏礼吾能言之，杞不足征也。殷礼吾能言之，宋不足征也。足，则吾能征之矣。”观殷夏所损益，曰：“后虽百世可知也，以一文一质。周监二代，郁郁乎文哉。吾从周。”故《书传》《礼记》自孔氏。
>
> （孔子语鲁大师：）“吾自卫反鲁，然后乐正，《雅》《颂》各得其所。”
>
> 古者《诗》三千余篇，及至孔子，去其重，取可施于礼义，上采契后稷，中述殷周之盛，至幽厉之缺，始于衽席……三百五篇孔子皆弦歌之，以求合《韶》《武》《雅》《颂》之音。礼乐自此可得而述，以备王道，成六艺。

由司马迁所言可知，孔子“编次”散乱的《诗》《书》、“修起”废坏的礼乐，正是一项连贯而系统的工作，其中以考察王道政治（礼乐文明制度）的兴废盛衰为重心。

《诗》，又称《诗经》，是我国最早的一部诗歌总集，是孔子为了用于教学，对重复芜杂的古诗进行删繁去芜而编选的。《诗》现存三百零五篇，分为《风》

《雅》《颂》三部分。《风》，又称《国风》，包括周南、召南、邶、鄘、卫、王、郑、桧、齐、魏、唐、秦、豳、陈、曹等十五个国家和地区的诗，多半是民间歌谣，也有些贵族作品，共计一百六十篇；《雅》又分为《大雅》和《小雅》，大部分是贵族作品，《小雅》中也有一小部分民间歌谣，共计一百零五篇；《颂》又分为《周颂》《鲁颂》和《商颂》，是贵族在宗庙祭神祀祖的乐歌，具有史诗的性质，共计四十篇。

春秋时期，贵族阶层在外交礼仪场合常"赋诗断章"，即断章取义地借诗表达自己的心志与政见，或交流思想情感。而孔子编《诗》设教，一是用作常识（社会常识和自然常识）教科书，二是用作修身（温柔敦厚）教科书，三是用作政治（外交辞令）教科书。①

孔子删选古诗的一个核心指导思想，即"思无邪"。孔子说："《诗》三百，一言以蔽之，曰：'思无邪'。"（《论语·为政》）显然，孔子是依据思想纯正与否来编选古诗的，其实这也就是司马迁所说的"取可施于礼义"。

诗与乐又是密不可分的，《诗》之分《风》《雅》《颂》三部分，主要便是按音乐的性质来分的。古诗原是与乐相配而可以诵唱的，诗也就是乐歌，而在孔子的时代，由于礼乐已趋崩坏，所以孔子才要奋然"修起"，使乐能够与诗重新相配，在礼仪场合可以咏唱。孔子是一位音乐大师，他晚年自卫归鲁后，终于恢复了诗乐相配的古貌，使《雅》归于《雅》、《颂》归于《颂》；而且，三百零五首诗篇，孔子皆能依琴瑟而弦歌咏唱，以求合于《韶》《武》《雅》《颂》之古音，并将他认为是淫声的郑国乐曲舍弃。

在编诗正乐的同时，孔子亦"修起"了崩坏的周礼。今传世的有"三礼"，一是《周礼》，亦称《周官》，乃讲周朝官制之书，与孔子无关；二是《仪礼》，内容包括丧、祭、冠、婚、乡、射、朝、聘等方面的礼仪规定，共十七篇；三是《礼记》，主要是孔子后学阐述礼的意义与作用的文献汇编。据《礼记·杂记下》

① 蔡尚思：《孔子思想体系》，上海人民出版社 1982 年版，第 124—125 页。

记载："恤由之丧，哀公使孺悲之孔子，学士丧礼。《士丧礼》于是乎书。"《士丧礼》属《仪礼》，正是孔子传习之书。众所周知，孔子自幼习礼容，设教之初便以知礼闻名，即使在颠沛流离之际亦不忘教弟子演习礼仪。然而，孔子传习周礼，不仅习其仪，更强调礼的精神内涵，对礼的本质、作用和意义做了系统的理论性的论证，所以孔子对礼的"修起"之功绝不限于传习作为外在形式的礼仪。孔子是一位礼学大师，《礼记》中所辑录的七十子后学对礼的作用和意义的阐发，当有不少是对孔子礼说的转述和发挥。

《书》，又称《尚书》或《书经》，是我国最古老的一部史书。名为"尚书"，意指其事久远的上古史书。古有史官，"左史记言，右史记事，事为《春秋》，言为《尚书》"（《汉书·艺文志》），即《春秋》是右史笔录的编年大事记类的史书，而《尚书》则是左史笔录的统治者政治言论（谟、训、誓、诰）类的史书。孔子追迹三代礼文，深感文献之不足，但他还是尽力将搜集到的上古三代的政治类历史文献按时代先后次序条贯系统地编纂成了《尚书》一书，上自尧舜，中历夏商周三代，下逮秦缪（穆）公，内容广博宏富。并且，孔子还为之作序，以说明各篇意旨。孔子祖述尧舜、宪章文武、心仪周公，他所以要追迹三代文明史而倾力编次《尚书》，显然是为了稽考上古三代圣王之迹，以观政治兴衰成败之道，或借以表达自己的社会政治理想，并对弟子施以"疏通知远"的教育。今存世的《尚书》，包括序在内共五十九篇，其中二十九篇可信为真，称为《今文尚书》；其余疑为后人伪造，故被称为《伪古文尚书》。

（二）序《易传》与作《春秋》

孔子不仅编修了《诗》《书》《礼》《乐》，而且在其晚年，更是对《易》产生了浓厚的兴趣，并为之作序。尤有进者，孔子在晚年深切地意识到，随着他个人生命的终结，他一生矢志不渝所追求的政治理想也势必再无实现的可能。只是，行道的抱负和希望虽已落空，孔子却不是一个绝望主义者，他不甘心将自身的命运只是系于"一堆无用的激情"，于是编修《春秋》，在字里行间寄寓自己的政治理想，以俟来世。

《易》，又称《周易》或《易经》，本是一部古代的卜筮之书。原初先民因对变幻莫测的自然现象和社会现象不能给出合理的解释，便将种种事相归于天命神意，并诉诸卜筮之法，以预知吉凶进而决定行止。相传，春秋以前讲卜筮之法的书有三部：一是《连山》，二是《归藏》，三是《周易》。前两部均已散佚，唯《周易》尚存世。《周易》作于殷周之际，一直被用作卜筮之书，但书中其实寓含着丰富而深邃的哲理。不过，孔子在学《易》之前也只是把《周易》看作占筮之书，而且不主张占筮，幸而他“老而好之”，并惊喜地发现了其中蕴含的深刻哲理，但还是稍感遗憾地说：“加我数年（或译为‘如果我再年轻几岁’），五十以学《易》，可以无大过矣。”（《论语·述而》）换言之，即“假我数年，若是，我于《易》则彬彬矣”（《史记·孔子世家》）。盖孔子“老而好《易》”，因自己年事已高，不能尽究《易》中“广大悉备”之理，故不免稍感遗憾。

据史传记载，孔子“晚而喜《易》……读《易》，韦编三绝”（《史记·孔子世家》）。孔子喜《易》，爱不释手；读《易》竟致串联书简的皮绳断了多次，可见其用功之精勤。另据马王堆帛书《要》篇记载：“夫子老而好《易》，居则在席，行则在橐。……（孔子曰：）予非安其用也，而乐其辞也。……我观其德义耳也。……后世之士疑丘者，或以《易》乎？吾求其德而已，吾与史巫同涂而殊归者也。”孔子不仅喜《易》，更以不同于巫史的全新的理解视域阐述《易》中的“德义”，孔子显然把《周易》视作一部义理之书。

今传世的《周易》包括两部分，一是经文，包括由阴（--）阳（—）两爻组合而成的六十四卦和三百八十四爻，以及卦辞、爻辞等；二是传文，即解释卦辞、爻辞的内容，包括《彖》上下篇、《象》上下篇、《系辞》上下篇，以及《文言》《说卦》《序卦》《杂卦》，是为《易传》或《易大传》，又名“十翼”。据郭沂考证，在今本《易传》中，《乾文言》除第一节之外的部分、《坤文言》全部、《系辞》(除极少汉人杂入的文字)和《说卦》前三章,皆为孔子易说。[①]孔子亦曾对《易经》原有的《彖》《象》《说卦》《文言》等早期《易传》加以“论次”,即《史记·孔子世家》所言,孔子曾“序《彖》《系》《象》《说卦》《文言》”。

《春秋》是鲁国的编年史。当时各国均有史书,周、鲁、燕、齐、宋的史书均名《春秋》,而晋国史书名《乘》,楚国史书名《梼杌》(见于《墨子·明鬼》《孟子·离娄下》)。孔子晚年因“言之不用、道之不行”,便依据鲁国史记编修《春秋》,寄寓深意以使他的政治理念传于后世。今存的《春秋》,上起鲁隐公元年(前722年),下至鲁哀公十四年(前481年),记载了春秋时代二百四十二年间的史事。全书现存一万六千余字,文辞简约,寄寓着孔子的“微言大义”。孟子这样评价孔子作《春秋》的意义:

> 世衰道微,邪说暴行有作,臣弑其君者有之,子弑其父者有之。孔子惧,作《春秋》。《春秋》,天子之事也;是故孔子曰:“知我者其惟《春秋》乎!罪我者其惟《春秋》乎!”
>
> …………
>
> 昔者禹抑洪水而天下平,周公兼夷狄、驱猛兽而百姓宁,孔子成《春秋》而乱臣贼子惧。(《孟子·滕文公下》)

据此可知,孔子欲推行其“君君,臣臣,父父,子子”的正名主张,便将褒贬之义、是非之正寓于《春秋》二百四十二年的历史叙事之中,“以绳当世”,正所谓“我欲载之空言,不如见之于行事之深切著明也”(《史记·太史公自序》)。

孔子是如何在历史叙事中“寓褒贬”“正名分”的呢?试举例说明一二。如依西周宗法分封制度,蛮夷僻远之国如吴、楚的国君本应称“子”,而到春秋之时,吴楚之君竟擅自称“王”,所以《春秋》贬之曰“子”。又如春秋“五霸”之

① 郭沂:《从早期〈易传〉到孔子易说——重新检讨〈易传〉成书问题》,载《国际易学研究》第三辑,华夏出版社1997年版,第129—159页。

一的晋文公于公元前632年大会诸侯于践土，并把周天子（襄王）召来与会，孔子认为“以臣召君，不可以训”，于是便记述为“天王狩于河阳”（《春秋·僖公二十八年》），意即“周襄王到晋国的河阳巡视狩猎”，这样既正了君臣名分，又表彰了晋文公尊王周室的霸功。再如《春秋》于隐公四年二月下记载：“卫州吁弑其君完。”这是直书州吁弑君以显其罪；同年九月又记载：“卫人杀州吁于濮。”州吁既已弑其君完而自立为君，《春秋》却不称其为君，仍直书其名，且泛称是“卫人”“杀”之而非“弑”，意指州吁无道才为国人共弃，并不具备为君的资格。这就是所谓的《春秋》“义例”或“笔法”。诚如司马迁所说：“春秋之中，弑君三十六，亡国五十二，诸侯奔走不得保其社稷者不可胜数。”（《史记·太史公自序》）而孔子修《春秋》“以道名分”，正是教人知所戒惧而期望对时难能有所匡济。

由上可见，孔子晚年整理《周易》、编修《春秋》，其意义实非同寻常。“《易》以道阴阳，《春秋》以道名分”（《庄子·天下》），或者说“《易》以道化，《春秋》以道义”（《史记·太史公自序》），前者以阴阳二元的对立统一（相反相成）与消长变化为核心理念，构造了一种对中国人的认知、思维方式影响至深的世界观图式，而后者则以正名主义为中心问题，开创了一种以道德规范与教化为目的的统辖中国历史叙事的主导范式。如果说孔子整理《诗》《书》《礼》《乐》是“述而不作，信而好古”而旨在维系传统、传承文化的话，那么，孔子观《易》之“德义”与制《春秋》“义法”，则将其整理历史文献的文化事业拓展至一个全新的意义境域，从而使其整理“六艺”的工作对后世的影响更富世界观的深刻洞察力与历史叙事的文化统制力了。在“六艺”学中，《易》和《春秋》历来被视为两门最艰深的学问，其中不乏思想的深刻和历史的智慧。

综合而言，孔子设教讲学，“垂《六艺》之统纪于后世”（《史记·太史公自序》），使孔子成为一个声名永久属于未来世界的文化伟人。孔子不是一个一般意义上的教师、文献学家、历史学家，他的“六艺”之学哺育了中国人源远流长的文化意识、正名主义的历史叙事理念、"极深而研几"的卓越智慧、尊礼尚义的文明观念。

三、贡献与评价

对于孔子所从事的编修整理经籍六艺的工作及其贡献，后人有着极为不同的看法与评价。

在历史上，孔子的贡献受到儒家学者和尊孔时代的人们的一致推崇。如儒家"亚圣"孟子就极力推尊圣人孔子作《春秋》是在做"天子之事"，其"成《春秋》而乱臣贼子惧"之功堪与"禹抑洪水而天下平，周公兼夷狄、驱猛兽而百姓宁"相媲美(《孟子·滕文公下》)；而汉儒推言《春秋》及"五经"为孔子所"作"，更是旨在推明、尊崇孔子实乃"为汉制法"的"先知"式的至圣素王。宋儒朱熹虽然认为孔子编修整理五经六艺"未尝有所作"，但在他看来，孔子做出的贡献倍胜于"作"，故他在"述而不作，信而好古"下注曰："孔子删《诗》《书》，定《礼》《乐》，赞《周易》，修《春秋》，皆传先王之旧，而未尝有所作也，故其自言如此。盖不惟不敢当作者之圣，而亦不敢显然自附于古之贤人；盖其德愈盛而心愈下，不自知其辞之谦也。然当是时，作者略备，夫子盖集群圣之大成而折衷之。其事虽述，而功则倍于作矣，此又不可不知也。"他在《四书章句集注·中庸章句序》中亦曾这样盛赞孔子："若吾夫子，则虽不得其位，而所以继往圣、开来学，其功反有贤于尧舜者。"

近世以来，随着时代的激变和思想观念的革新，作为古圣先王之道或上古三代文化传统之载体的五经六艺的神圣价值与效用性却遭到一些学者的颠覆性质疑。如钱玄同先生"完全否定孔子与'六经'的关系"，认为"'六经'与孔子无涉"[①]；顾颉刚先生则认为"五经""这种东西，实在只有一种用处，就是它

① 匡亚明：《孔子评传》，南京大学出版社1990年版，第339页。

的史料价值”[1]；周予同先生也是这样认为，他说：“经典在中国，至多只应该让史学家作‘史料’来处理了；积极的提倡，只是反社会的行为；就是一时利用，也成为敌我共有、损益参半的武器了！如果我们民族自力更生的第一义是‘现代化’的话，那么，这发霉的经典已不是大众所必需的了！”[2]不过，时下要不要“读经”，又成了一个备受关注而富有争议的问题。

然而，不管人们如何评价孔子的功过与是非，客观地讲，他“述而不作”，自觉地担负起传承上古三代文化传统的历史责任与文化使命，而且基于对上古三代历史与文化传统的系统探求与深入反思，苦心孤诣地收集、整理、编修流传下来的散乱的历史文献与文化典籍而作成“六艺”“五经”，开启了绵延影响两千多年的学术正统，乃至围绕着“六艺”之学及对经典的注释形成了一种悠久深厚的经学诠释传统，这确乎是不争的历史事实。因此，平心而论，孔子整理编修经籍“六艺”以立教垂统，为传承和延续文化传统命脉而做出的承前启后的文化贡献与历史业绩，的确称得上是一项彪炳千秋的丰功伟业。难怪西汉史学家司马迁对孔子推崇备至，其言生动感人，颇具代表性，故照录于下：

> 《诗》有之：“高山仰止，景行行止。”虽不能至，然心乡（向）往之。余读孔氏书，想见其为人。适鲁，观仲尼庙堂车服礼器，诸生以时习礼其家，余祗回留之不能去云。天下君王至于贤人众矣，当时则荣，没则已焉。孔子布衣，传十余世，学者宗之。自天子王侯，中国言《六艺》者折中于夫子，可谓至圣矣！（《史记·孔子世家》）

---

① 顾颉刚：《秦汉的方士与儒生》，上海古籍出版社 1998 年版，第 64 页。

② 朱维铮编：《周予同经学史论著选集》（增订本），上海人民出版社 1996 年版，第 507 页。

第四章　孔子的政治活动与经历

孔子通过学而成长为新兴的士阶层的代表人物，尽管我们不能简单地将他所代表的以“明道救世”为己任的中国传统的“士”看作今人所谓的“知识分子”，但他身上的确体现了杜维明先生所谓的“公共知识分子”的三个主要特征，即“关切政治”“参与社会”和“醉心文化”[①]，而且，这三者是密不可分、三位一体的。换一种说法，对孔子而言，为学、求道与从政，或者说好古（文化）敏求以为学、明道救世以从政、修己安人以造福人类社群，这三者也是密不可分、三位一体的。也就是说，孔子作为一个学者，与他作为一个教育家是密不可分的；而他作为一个学者和教育家，又与他作为一个政治思想家和政治活动家是密不可分的，正如蔡尚思先生所言：“孔子的教育活动，是同他的政治活动交织在一起的。”[②]因此，可以说，孔子真正入仕为官的时间虽然较晚，而且也为时

① ［美］杜维明：《东亚价值与多元现代性》，中国社会科学出版社2001年版，第89页。

② 蔡尚思：《孔子思想体系》，上海人民出版社1982年版，第186页。

不长，但他对政治的关切或者说他“乐于从政”[1]的情结终其一生都是一以贯之的，不管是通达时喜形于色也好，还是穷困时落魄失意也罢。

本章所述，主要就是孔子一生历经磨难、一波三折的政治活动与经历。

一、去鲁游齐

西汉伟大的史学家司马迁在《史记·孔子世家》中叙述夫子行状可谓有始有终，其始者言：“孔子为儿嬉戏，常陈俎豆，设礼容。”而终者曰：“孔子病，子贡请见。孔子方负杖逍遥于门。”如此说来，太史公有意无意间将夫子一生的行状设定在“嬉戏”与“逍遥”之间了。

孔子生活在一个乱世，但作为一个富有理想和抱负、一心想着力行救世的思想家，他一生注定要在儿时的“嬉戏”与临终的“逍遥”之间穷途奔波，这成就了他作为一位政治思想家和政治活动家的伟大声名。孔子尝言：“如有用我者，吾其为东周乎？”（《论语·阳货》）朱熹《集注》释曰：“为东周，言兴周道于东方。”这集中表达了孔子那强烈的政治责任心和历史使命感，为此，他汲汲于追求实现其匡世济民、在自己生活的时代将周代礼乐文化传统复兴于东方的伟大梦想，这也正是他终其一生以“知其不可而为之”的刻意行动积极入世的人生的根本目标和动力之源。

下面，就让我们从去鲁游齐讲起，看看孔子是如何追寻其梦想而开始他那在穷达之间做出不懈努力的政治活动和传奇经历的吧。

孔子时代的鲁国国小势弱，不仅受到楚、晋、齐等强国的威胁，而且国内政治更是日益陷于衰败与混乱。其时，鲁公室与最有势力的“三桓”贵族（季孙氏、孟孙氏、叔孙氏，都是鲁桓公的后裔）之间、三桓彼此之间以及三桓与其他

---

① 如钱穆先生所言，可以说孔子为后世树立了这样一种中国读书人的典范和榜样，即“中国的读书人，无有不乐于从政的。做官便譬如他底宗教。因为做官可以造福人群，可以发展他的抱负与理想”（《中国文化史导论》修订本，商务印书馆1994年版，第127页）。

贵族之间的矛盾斗争是相当尖锐的。昭公二十五年（前517年），孔子时年35岁，季平子与郈昭伯因斗鸡而发生龃龉，鲁昭公想借机打击、削弱掌权当政的季氏势力，结果由于三桓联合反击，昭公反被打败，亡奔齐国，后又由齐到晋而死于乾侯。昭公出亡不久，孔子也因对鲁国乱局失望不满而离开故国，东向游历齐国。

相传，孔子师徒东行来到了齐、鲁两国交界的泰山脚下，正行进于荒郊野岭之中，忽然从远处传来了阵阵悲凉的哭声。孔子师徒循声望去，原来是一位妇人正坐在一座新坟前哀哭。孔子让子路上前询问情由，子路问妇人："听你的哭声，像是特别地哀伤，你为什么哭得这么伤心呢？"妇人说："先前我公公被这座山里的老虎咬死了，我丈夫后来也是被老虎咬死的，现在我儿子又被老虎咬死了，我怎能不伤心呢？"孔子问："那你为什么不离开这个地方呢？"妇人回答道："这里没有缴不完的苛捐杂税啊！"孔子感叹地说："弟子们，你们应该牢记，苛政猛于虎呀！"（《礼记·檀弓下》）"苛政猛于虎"，虽是孔子因偶感而发的愤慨之词，然非深刻洞悉苛政之害者不能发，故不可等闲视之。直到晚年，当他的弟子冉求为季氏聚敛财富时，孔子愤慨依旧，并号召其他弟子"鸣鼓而攻之"（《论语·先进》）。

孔子居齐期间，齐景公尝问政于孔子，孔子答之曰："君君，臣臣，父父，子子。"意即社会政治秩序的稳定，端赖于为人君者要像人君的样子，为人臣者要像人臣的样子，为人父者要像人父的样子，为人子者要像人子的样子，并且各安其位、各尽其道。他日，景公复问政于孔子，孔子回答说："政在节财。"景公对孔子的回答十分满意，于是想将尼谿的田地封赏给孔子，但因齐相晏婴的反对而作罢。晏婴反对的理由是：

> 夫儒者滑稽而不可轨法；倨傲自顺，不可以为下；崇丧遂哀，破产厚葬，不可以为俗；游说乞贷，不可以为国。自大贤之息，周室既衰，礼乐缺有间。今孔子盛容饰，繁登降之礼，趋详之节，累世不能殚

其学，当年不能究其礼。君欲用之以移齐俗，非所以先细民也。（《史记·孔子世家》）

上引晏婴的这番说辞，可以说深深地切中了孔儒之学的要害。若将晏婴的话译解为孔子的正面主张，则是孔子“尊德性”而看重人独立的人格和意志，即所谓“匹夫不可夺志也”（《论语·子罕》）；孔子重孝行，劝人行三年之丧，以极尽孝子之道；孔子“道问学”，以精通古代礼乐（“礼仪三百，威仪三千”）为能事。姑且不论孰是孰非，但齐自开国之初，一向以“因势利导”“尊智尚功”“因俗简礼”为基本国策，孔学与齐俗相悖明矣，故景公此后虽“敬见孔子”却“不问其礼”。后来，齐大夫欲加害孔子，景公亦对孔子讲：“吾老矣，弗能用也。”于是，孔子返鲁。（《史记·孔子世家》）

二、仕鲁为官

孔子游齐返鲁之后，鲁国的政局更趋动荡混乱。鲁定公五年（前505年），季平子卒，其子桓子嗣立，家臣阳虎趁桓子新立未稳之机，铲除其党羽，囚禁、挟制季桓子，从而控制了鲁国政局。因此，这时的鲁国不仅是季氏“僭于公室”，更出现了“陪臣执国政”的局面，正所谓“鲁自大夫以下皆僭离于正道”（《史记·孔子世家》）。孔子因之而不仕，专心于授徒讲学，声望日隆。

平心而论，阳虎不失为一个颇具胆识的政治强人，他为了稳固自己的政治地位并想在政治上有所作为，有意邀请声望日隆的孔子出山与他合作，但孔子对阳虎采取敬而远之的态度。据《论语·阳货》记载：

阳货（名虎）欲见孔子，孔子不见，归孔子豚。

孔子时其亡也，而往拜之。

遇诸途。

谓孔子曰：“来！予与尔言。”曰：“怀其宝而迷其邦，可谓仁乎？”曰：“不可。——好从事而亟失时，可谓知乎？”曰：“不可。——日月逝矣，岁不我与。”

孔子曰：“诺，吾将仕矣。”

阳虎有心劝孔子出仕，孔子却不愿见他，趁阳虎不在家时前往答谢其馈豚之礼，偏巧在路上与阳虎遇个正着，阳虎便用“仁”“智”之言激孔子，孔子答以“诺，吾将仕矣”，虽是敷衍，但他既然怀抱着明道救世的宏愿，也就无法回避入仕从政的问题，所以孔子面对阳虎的诘问，实在别无推托之辞。

定公八年（前502年），阳虎的同党公山弗扰欲据费邑谋叛季氏，派人邀请孔子。长期怀才不遇的孔子便想应邀前往以施展自己的政治才能与抱负。子路很不以为然，便劝阻孔子，孔子说：“夫召我者，而岂徒哉？如有用我者，吾其为东周乎？”（《论语·阳货》）这是孔子真实的心声，但他终究还是没有前往。

定公九年（前501年），阳虎谋乱事败，奔齐，而后又逃往晋国，为赵简子所用。是年孔子五十一岁，终于时来运转，被鲁定公任命为中都宰（地方长官）。据《孔子家语·相鲁》记载：

孔子初仕，为中都宰，制为养生送死之节：长幼异食，强弱异任，男女别涂，路无拾遗，器不雕伪。

孔子照此治理中都（今山东省汶上县）一年，而“四方皆则之”，这当是孔子施行其“以礼让为国”之政治主张的初步成功的尝试。孔子因而被提拔为小司空，即鲁国负责国家工程事务的最高长官司空的副职；不久，又被晋升为鲁国的最高司法长官大司寇。

据说，孔子一出任司寇，那些不法奸商、行为不检之人、平日胡作非为者，因慑于孔子的声威，便都赶紧敛迹遁形、改邪归正（《荀子·儒效》《新序·杂事》）。

孔子居官认真负责、勤勤恳恳，待人谦和、礼让为怀，对国君更是毕恭毕敬。国君召请，他总是立即前往，有时来不及备车，便步行奔去朝见（《论语·乡党》）。孔子侍于君主，处处都依照臣子的礼节去做，以至于被人误解为是一种谄媚的行为，但其实孔子不仅“事君尽礼”，亦主张君主应“使臣以礼”（《论语·八佾》），这样才能构筑一种良好的君臣关系。

听讼断案是司寇的职责所在，孔子虽官居大司寇，却乐于听取各方面的建议和意见，然后择其善者而从之（《说苑·至公》）。更难能可贵的是，孔子反对“不教而杀”的虐政滥刑。孔子说：“听讼，吾犹人也。必也使无讼乎！”（《论语·颜渊》）意即听讼断案，我和别人一样，所不同的是能使类似的案件不再发生。也就是说，听讼折狱不只是一种判定是非曲直的法律手段，更是一种使民辨知是非的教育手段。若能使民众受到教育而明晓是非，类似的讼案自然就不会再发生，否则只会徒“繁其刑”，并不能真正制止犯罪行为。

不过，孔子任司寇期间，最能表现其政治才干与抱负的，莫过于他参与过的“夹谷之会”和“堕三都”两件政治大事了。

先说“夹谷之会”。

鲁国小弱，地处晋、楚、齐诸大国强国之间，正所谓“鲁小弱，附于楚则晋怒；附于晋则楚来伐；不备于齐，齐师侵鲁”（《史记·孔子世家》）。在齐、晋争雄对峙的情势下，定公十年（前500年），齐鲁两国打算会盟媾和，约定两国国君会于夹谷（春秋齐地，又名祝其，故址说法不一，一说在今山东省济南市莱芜区）。

鲁国这方决定由孔子代本应随行的季桓子担任相礼（司仪），陪同鲁定公赴会。孔子对齐国会盟媾和的诚意心存疑虑，何况“弱国无外交”，故而建议定公赴会时应注意防范，增加武备措施。果不其然，齐国景公君臣预谋会盟时以武力劫持、要挟鲁君，而且低估了孔子的政治胆识，以为“孔丘知礼而无勇，若使莱人以兵劫鲁侯，必得志焉”（《左传·定公十年》）。两君相会，“以会遇之礼相见”，礼毕，齐方假称表演当地乐舞助兴，于是一群莱人手持枪矛剑戟，挥舞盾牌旌旗，鼓噪而至。孔子见此情景，知事有蹊跷，急忙命鲁国卫兵挡阻这群莱人，并厉声责问齐景公：“我们两国君主友好会盟，怎么能表演这种夷狄的乐舞？”景公心虚，自知礼亏，赶忙挥手斥退莱人。然而，当两国盟誓时，齐人又单方面在盟书上加了一项不平等条文，即若齐国出师征伐，鲁国必须派出三百辆兵车相随，否则鲁国即为破坏盟约而应受到惩罚。孔子亦不甘示弱，当机立断指令鲁大夫兹无还回敬齐人说：“你们齐国如果不归还鲁国的汶阳之田，而要我们听命于齐，那也是破坏盟约！”

夹谷之会后，齐景公颇感失礼的难堪，为了改善齐鲁两国的双边关系，只好履行盟约，先归还侵占的汶阳地区的郓、讙、龟阴等三邑给鲁国。夹谷之会是鲁国在外交上取得的一次以弱抗强的重要胜利，其间，孔子应对裕如、据理力争，既维护了自己国家的利益和尊严，又充分展示了他智谋超群、胆识过人的政治、外交才干和人格魅力。

再说“堕三都”。

夹谷之会的胜利，无疑大大提高了孔子的政治声望，使他进一步赢得了鲁定公和季桓子的赏识与信任。定公十二年（前498年），孔子五十四岁，由大司寇行摄相事，与闻国政。所谓“摄相事”，即受鲁执政（最高行政长官“相”）季桓子委托，代理或协助其治国理政。这是孔子一生政治生涯的巅峰，于是孔子面露“喜色”而不免欣欣然。他终于走上了政治前台，担纲主角以施展其政治抱负，即加强君主的权威，重振式微的公室。而欲“张公室”，则必先裁抑、削弱擅权专政的“三桓”的势力。于是，孔子运筹帷幄，向定公提出了“堕三都”的建议，后由子路出任季氏宰（季孙氏家的总管），具体实施这一政治方案。

“堕三都”，即拆毁季孙氏、叔孙氏、孟孙氏“三桓”的费邑、郈邑与成邑。对孔子的建议，三桓最初是赞同的，因为替三桓管理这些采邑的家臣往往据邑反叛，与三桓作对，如季孙氏家臣南蒯、阳虎据费邑而叛，叔孙氏家臣侯犯据郈邑为叛。诚如叔孙武叔所说：“郈非唯叔孙氏之忧，社稷之患也。”（《左传·定公十年》）因此，为了消除自家乃至国家的心腹之患，他们也就不得不忍痛毁掉自家实力所在的采邑。

“堕三都”如期进行。叔孙氏首先顺利地堕毁了郈邑的城堡，接下来该季孙氏堕费了。然而，盘踞费邑而早有叛心的公山不狃（即曾召孔子的公山弗扰）和叔孙辄等人在堕费之前抢先发难，率领费人偷袭鲁都。猝不及防之下，鲁定公和季桓子、武叔懿子、孟懿子等人匆忙逃奔到季氏家中，登上武子台凭高抵抗。孔子闻讯火速赶到，命申句须、乐颀率兵击退费人。接着，国人又乘胜追击，在姑蔑（今山东省泗水县东）打败了费人。公山不狃、叔孙辄逃奔齐国。叛乱平定后，遂堕费。

行将堕成之际，成邑宰公敛处父警告孟懿子："堕成，齐人必至于北门。且成，孟氏之保障也。无成，是无孟氏也。子伪不知，我将不堕。"（《左传·定公十二年》）公敛处父一向忠于孟孙氏，其言更是道破了"堕三都"旨在抑三家、强公室的真实政治意图，于是，孟懿子任其据成抗堕。直到这一年的十二月，鲁定公亲自帅师围城，无功而返，"堕三都"的计划最后以失败告终。

孔子提议"堕三都"，本欲借"三桓"与其家臣之间的矛盾斗争，削弱三桓的势力，以加强鲁公室的政治核心地位，不料这一政治策略的真实意图终究还是被人窥破。由此，"三桓"特别是当权的季氏对孔子必生嫌隙，有一个名叫公伯寮的人（据说也是孔子的弟子），这时又向季桓子毁谤子路，致使子路也受到桓子的疑忌（《论语·宪问》）。既然失去了季氏的信赖与支持，孔子若再想在鲁国政坛上有所作为已是不可能的了。此后，等待他的将是周游列国而"面有菜色"的漂泊生涯，而那"由大司寇行摄相事"的"喜色"终不过是昙花一现而已。

三、周游列国①

正当孔子、子路师徒与鲁国当权贵族之间产生嫌隙而日渐疏远之际，北邻的齐国亦深恐鲁国用孔子为政，必励精图治而霸，于齐不利，于是"选齐国中女子好者八十八，皆衣文衣而舞《康乐》，文马三十驷，遗鲁君"，诱使鲁国君臣耽

① 关于孔子周游列国的行迹经历，古籍记载互异，前人疑辨者亦甚多，本节只述其大要，重点在描述其曲折而无所遇的政治活动与经历。

溺于声色犬马之中，从而迷乱其心、腐蚀其志。齐国的这一政治阴谋果然奏效，季桓子接受了齐国的女乐，并与鲁定公一起整日逸乐其中而不理国政。

合则留，不合则去。

既然孔子已难以再为季桓子信任、重用，定公亦受桓子摆布，国是日替，于是子路便劝孔子到他国另图施展其政治抱负的机会。不过，孔子对季桓子、鲁定公仍心存一丝幻想。鲁国即将举行郊祭，按礼，郊祭结束后应将祭祀用的烤肉分赐给大夫，以示礼敬与尊重。定公十三年（前497年）的春天，鲁国依礼举行了郊祭，但事后并未分赐祭肉给身列大夫之位的孔子。显然，这是桓子有意为之。孔子知其执迷不悟，不会再礼敬、信用自己，便也痛下决心，带着子路、颜回、子贡、冉求等数十位弟子，匆匆弃官离鲁，开始了他长达十四年之久的颠沛流离的羁旅生涯。这一年，孔子已经五十五岁了。

孔子去鲁，心情十分复杂，既怀有对鲁国当权贵族深深的失望，又怀有对生于斯长于斯的父母之邦依依不舍的眷恋；既满怀着到他国实现其理想与抱负的激情与希望，也抱持着义无反顾、直道而行的执着与悲壮。就这样，孔子师徒踏上了上下求索、奔走列国的漫漫之路。

（一）适卫：富而教之

孔子师徒决定西行先去卫国，那里有正在做官的、子路的妻兄颜浊邹，而且卫是鲁国西邻的“多君子”的兄弟之邦。

孔子师徒驾乘马车，一路奔波，不几日便来到了卫国。

一进入卫都城郊，孔子便禁不住发出了一声赞叹：“卫国的人口真多啊！”

驾车的冉有不失时机地向自己的老师请教治国之策：“人口已经很多了，然后该怎么做呢？”

孔子说：“让他们过上富裕的生活。”

冉有接着问道：“人们已经富裕起来了，而后又该怎么做呢？”

孔子说：“那就再教化他们。”（《论语·子路》）

一个国家的人口“既庶（众多）矣”，而后“富之”；“既富矣”，又当“教之”。

所谓的“教之”，乃旨在提升人民的道德品格或文明教养，并非实施道德或思想的意识形态驯化与控制。这是孔子一到卫国即提出的第一条重要的政见。孔子诚恳地期望一个国家的人民不仅数量众多，而且能过上一种繁荣富裕、富有道德教养的小康生活。

孔子一行来到卫都帝丘（今河南省濮阳市西南），先到子路妻兄颜浊邹家住下，不久便受到卫灵公的接见。

卫灵公问孔子：“你在鲁国做官时，一年拿多少俸禄？”

孔子回答说：“俸粟六万斗。”

于是，卫灵公就照孔子仕鲁时的俸粟，也给孔子六万斗的优厚待遇。

但好景不长，有人向卫灵公讲孔子的坏话，卫灵公听信谗言，派了一个名叫公孙余假的人出入于孔子的住所，以便窥探监视孔子师徒的行动。

孔子见卫君不信任自己，担心住久了会惹来灾祸，所以在卫国只住了十个月，就带着弟子离卫他往。

（二）蒙难匡蒲：斯文在兹

离开卫国，他们打算到陈国去。

当他们从卫都帝丘朝西南方向走了六十余公里的行程，路过匡邑（原属卫，后被郑国占领）时，驾车的颜刻手挥马鞭指着匡邑城墙的一处缺口说：“当年我们就是从这里打进去的。”不料这话险些给孔子惹来杀身之祸。

原来，阳虎曾于鲁定公六年（前504年）带兵侵郑，攻打过匡地，至今还为匡人所忌恨。颜刻当年曾随阳虎攻打匡地，他的话正好被匡人听到，而孔子又长得很像阳虎，所以匡人以为阳虎又来了，于是把孔子拘禁了起来。

混乱中，孔子的弟子被匡人冲散了，他们发现匡人拘留了老师，便相继回到孔子身边。颜回最后一个到达，孔子见他平安无事，便如释重负地对爱徒幽默地说了一句：“我还以为你死了呢。”颜回也风趣地答道：“您老人家还健在，我怎么敢死呢！”

匡人把孔子足足拘禁了五天，弟子们都十分担心孔子的安危，但孔子镇定自若地说：

文王既没，文不在兹乎？天之将丧斯文也，后死者不得与于斯文也；天之未丧斯文也，匡人其如予何？（《论语·子罕》）

最后，匡人经过数日的审查，发现被拘禁者文质彬彬，不似阳虎的为人。既然是一场误会，匡人就给孔子放了行。

经匡人这一拘禁，孔子师徒南下去陈国的计划便被搅乱了，他们又折返卫都。然而，只走了十几里，路过匡邑东北的蒲邑时，适逢卫国贵族公叔戍被卫灵公驱逐，正据蒲策动叛乱，故孔子一行又遭蒲人劫持胁迫。

以私车五乘随行的弟子公良孺，英武勇猛，他愤慨地说：“我们刚从匡邑逃难出来，却再次遭难于此，宁可拼死而战！”于是率领众人与蒲人展开了一场拼杀搏战。

蒲人一时难以制服孔子师徒，心生惧意，便与孔子讲和，应允只要孔子不带弟子到卫都帝丘去，他们就放行。孔子表示同意，并与蒲人举行了盟誓。

孔子一出蒲城东门，便吩咐弟子取道北上，直奔卫都而去。子贡不解地问：“我们怎么能不遵守盟约呢？”

孔子说：“他们强迫我们订立的盟约，即使是神灵也不会认可，我们当然不必遵守。”

（三）彷徨于卫：我岂匏瓜

卫灵公很高兴孔子师徒能重新回到卫都，于是亲自到郊外迎接。

孔子这次回到卫国，住在他所景仰的卫国贤大夫蘧伯玉的家中。孔子在鲁时，蘧伯玉曾经派使者拜访过孔子（《论语·宪问》），孔子亦尝称赞他：“君子哉蘧伯玉！邦有道，则仕；邦无道，则可卷而怀之。”（《论语·卫灵公》）两人可说是彼此心仪已久的同道。

孔子这次返卫，不仅受到卫灵公的郊迎，更惊动了灵公的夫人南子。南子深得卫灵公的宠爱，她想见一见这位来自异国他乡的名士，于是派人传话说："四方来的贤人名士，凡是想与我们卫君结下深厚友谊的，都要前来拜见我，我也想见见四方的贤人名士。"孔子虽再三辞谢，最后还是不得已去见了南子。

南子坐在帷帐之中接见了孔子，两人彼此施礼相拜，孔子只听见南子身上佩戴的玉饰发出悦耳的碰撞声。

事后，孔子对南子能够以礼答拜比较满意，所以就将会见南子时的情景讲述给弟子们听，但子路对老师去拜见这位风流夫人之举表现出一脸的不悦。孔子为了表示自己的清白，便对天发誓说："若是我做错了事，老天会惩罚我！老天会惩罚我！"(《论语·雍也》)

有一天，卫灵公与夫人南子同车出游，却让孔子坐后面第二辆车，招摇过市。这件事令孔子大感不快，遂生去卫之心，并慨叹道："吾未见好德如好色者也"。

灵公日渐衰老了，他怠于政事，也无心起用孔子。孔子曾感叹说："苟有用我者，期月而已可也，三年有成。"(《论语·子路》)孔子对自己的政治才能很是自信，他认为只要有人任用他治理国家，一年就能使这个国家走上正轨，三年就会大有成就。但孔子在卫期间迟迟得不到重用，渐渐地，孔子在卫国又待不下去了。

鲁哀公元年(前494年)，晋国贵族之间发生了内讧，执政的赵简子帅军讨伐范氏和中行氏，范氏、中行氏的家臣中牟宰佛肸盘踞中牟抵抗赵简子。佛肸知孔子在卫郁郁不得志，便邀请孔子师徒来中牟以壮大自己的声威。

孔子欲应召前往中牟，一如欲应据费以叛的公山弗扰。这次又是鲠直的子路挺身而出，劝阻孔子说："从前我听老师说过：'亲自干坏事的人那里，君子是不去的。'家臣佛肸占据中牟反叛执政，您却要去，那怎么说得过去呢？"

孔子回答说："对，我说过这话。但是，你不知道吗？最坚固的东西，磨也磨不薄；最洁白的东西，染也染不黑。我难道是苦而不能吃的匏瓜（葫芦）吗？怎么能只是悬挂在那里而不让人食用呢？"（《论语·阳货》）

孔子心存从政行道之念，子路劝其不应到叛逆之人那里去。而孔子虽有入乎污泥而不染之志，亦终未应邀前往。

孔子虽未应佛肸之召，却又不得用于卫，与卫一水之隔的晋国是当时的一大强国，于是孔子决定西行到晋国去会晤一下赵简子。

孔子师徒西行赴晋，来到了黄河边，正准备渡河时，一个不幸的消息传来，说是赵简子把晋国的两位贤大夫舜华和窦犨杀害了。孔子闻之，感慨万端，临河而叹曰："美哉水，洋洋乎！我孔丘不能渡河赴晋，这大概就是命运吧！"

子贡问道："敢问先生为何发此感叹？"

孔子解释说："舜华、窦犨，是晋国的贤大夫。赵简子不得志的时候，必须依靠他们；等他执政掌权了，便把他们杀掉。我听说，杀害幼兽，麒麟就不出没于郊外；竭泽而渔，蛟龙就不腾游降雨；覆巢毁卵，凤凰就不盘旋翱翔。为什么呢？因为物伤其类啊！鸟兽尚能如此，又何况是我呢？！"

孔子以贤士自居，并为自己的同类被杀害而伤感。就这样，他打消了赴晋见赵简子的想法，回车返回卫都，仍住到蘧伯玉家中。

孔子赴晋，真可谓乘兴而去、扫兴而归。

此时，卫晋两国关系正日趋紧张。鲁定公十四年（前496年）秋天，卫国发生了灵公太子蒯聩刺杀卫灵公夫人南子未遂事件。刺杀失败后，蒯聩逃往宋国，然后又逃到晋国，其同党也被卫灵公驱逐出境。在晋国，知、赵、韩、魏四族与范氏、中行氏的矛盾斗争也趋于激化，鲁哀公元年（前494年），赵简子讨伐范氏、中行氏，而卫国则与齐、鲁等国联合伐晋，以救援范氏、中行氏。

在这种局势下，卫灵公对孔子赴晋之举自然会心生芥蒂。所以，孔子返卫后，卫灵公只与孔子谈论行军打仗的事，而这恰是孔子慎重对待且不愿多谈的。

据《史记·孔子世家》记载：

灵公问兵陈。孔子曰："俎豆之事则尝闻之，军旅之事未之学也。"

明日，与孔子语，见蜚雁，仰视之，色不在孔子。

灵公心不在焉的轻慢之色，更坚定了孔子离开卫国另谋出路的念头。

鲁哀公二年（前493年）四月，在位四十二年的卫灵公去世。接着，在卫国，围绕君位继承问题，蒯聩父子间的权力之争便拉开了序幕。蒯聩正逃亡在晋，灵公死后，其子辄被立为国君，是为卫出公。晋国执政赵简子却竭力扶持蒯聩回国继灵公为君，灵公死后两个月，赵简子便派阳虎帅师护送蒯聩以奔丧为由回国，但遭到卫师的阻击。在齐国的帮助下，卫出公派兵把他父亲围困在距卫都仅二十公里左右的戚邑。

蒯聩父子为了争权夺位，各自在晋、齐大国的支持下，剑拔弩张，兵戎相见，一时间，卫国的政局陷于波诡云谲之中。

面对这样的局势，弟子们很想知道孔子持什么样的政治态度和立场。

冉有环顾了一下同学，问："老师会介入卫国的君位之争吗？"

子贡应声答道："好吧，我去问问我们的老师。"

于是，子贡进入孔子屋里，试探地问道："伯夷、叔齐是什么样的人呢？"

孔子说："那是古代的贤人啊！"

子贡又问："他们会为自己的行为而怨悔吗？"

孔子说："他们追求仁德，从而成就了仁德，又有什么值得怨悔的呢？"

伯夷、叔齐是古代孤竹国国君的两个儿子，其父死后，兄弟俩相互推让，都不肯做国君，便一起逃遁隐居于首阳山中，最终双双饿死。孔子很赞赏他们二人以辞让为怀的仁德。子贡从孔子的这一态度推想自己的老师必不会介入蒯聩父子的君位之争，于是他出来向同学们宣布："老师对他们谁都不支持！"（《论语·述而》）

卫国祸乱在即，鲁哀公二年七月前后，在卫国彷徨滞留了四年之久的孔子失望地离开卫国，再次取道东南，奔赴陈国。

（四）伐树于宋：天生德于予

“危邦不居”的孔子一行离卫赴陈，中途路过曹国，未作停留，然后来到了宋国。

宋是孔子的祖籍、孔子夫人亓官氏的家乡，而且孔子年轻时曾到此地考察过殷礼。照理讲，孔子来到这里，自应油然而生一种踏上故国乡土而望之畅然的亲切之感。可是，孔子的到来，却引起了一场风波。

宋司马桓魋[①]骄横奢靡，妄想死后不朽，就命工匠在他活着时为他打造一口巨型石椁。工匠们辛辛苦苦干了三年，竟然还没完工。孔子听说这事，很是不满，于是批评桓魋：“与其这样奢侈浪费，倒不如死后快点烂掉的好！”

这话令桓魋十分恼火，以至于怀恨在心，意图伺机加害孔子。

一天，孔子师徒正在一棵大树下演习礼仪，桓魋派人前来寻衅滋事，把大树砍倒，欲杀害孔子。

弟子们深恐老师横遭杀身之祸，就催促孔子快些动身离开宋国。

孔子则从容不迫地对弟子们说：“天生德于予，桓魋又能把我怎么样呢！”

不过，为防意外，孔子师徒还是匆匆离开了宋国。大概是为了不让桓魋知道去向而来追击，他们临时改变了南下陈国的路线，连夜改道西行，先去郑国稍事休整。

行进中，孔子与弟子们不慎走散了。到达郑都新郑（今河南省新郑市）后，孔子独自站在郑都城的东门外等候弟子们前来会合。子贡等人一到郑都便四处打听老师的下落，一位当地人告诉子贡说：“城东门那里站着一个人，他的额头像尧，脖子像皋陶，肩膀像子产，但从腰以下比禹短了三寸。他那副狼狈不堪的样子，活像一只失去主人、到处流浪的丧家狗。”

---

① 宋桓公之后，春秋时期首倡诸侯国“弭兵”的宋国著名大夫向戌的孙子；孔子弟子司马牛的兄弟。

子贡到城东门找到了孔子，并把当地人说的话如实讲给孔子听。孔子听后，不仅不在意，反而欣然笑着说："说我的相貌长得如何如何，这并不重要。说我的样子像只无主流浪的丧家狗，倒是的确如此，的确如此啊！"

孔子师徒相交情真意笃，谈笑间坦荡无忌；他们为了共同的理想和目标，相濡以道而生死不悔；他们奔走四方，上下求索，遭逢许多劫难，留下千古美谈；他们因落魄而自嘲，以自嘲烘托绝望者的希望，诠释矢志不渝的信念。

孔子曰："岁寒，然后知松柏之后凋也。"（《论语·子罕》）

（五）绝粮陈蔡：孔子的旷野呼告

孔子师徒在郑国都城的东门会合后，继续赶路，并顺利抵达陈国。这一年是鲁哀公三年（前492年），孔子已六十岁了。

孔子到陈后，先投奔陈国大夫司城贞子，并受到陈湣公的敬重和礼遇。于是，孔子便在陈国暂住下来。

这一年的秋天，鲁国执政季桓子病重。一天，他乘着辇车望见鲁城，感叹地说："以前这个国家几乎是可以强盛起来的，只因为我得罪了孔子，没有好好信任重用他，所以才没有兴盛啊！"接着又对他的嗣子季康子说："我死后，你必然会接掌鲁国的政权；你执政之后，一定要请孔子回来。"过了几天，季桓子死了，季康子继承了卿位。办完父亲的丧事后，季康子就想召孔子回国，公之鱼劝其先召回冉求。于是，季康子派人来召聘冉求。

冉求决定应召回鲁，临行前，孔子高兴地说："鲁国当局来聘请冉求，不会是小用，肯定会重用他的。"

这事也激起孔子的思乡之情，他对弟子们说："回去吧，回去吧！我们家乡的年轻人奋发上进、志向远大、文采斐然可观，我真不知该如何调教他们呢！"子贡知道老师也想回国了，在送冉求走时，特意叮嘱他："在鲁国受到重用后，别忘了也请老师回去。"

孔子居陈三年，主要从事文化教育活动。

陈国是南方的一个弱小国家，地处吴、楚两个大国之间。鲁哀公六年（前489年），吴军攻打陈国，楚昭王率师前来救援，驻扎在陈国东北部的城父（今河南省平顶山市西北）。不料，昭王在军中生了病，占卜者认为是神怪作祟所致，并建议昭王向神灵祈祷，把灾病转移到左右大臣身上，或者祭祀河神以消灾免祸，但昭王不信这些，也不愿嫁祸于他人。孔子在陈听说后，对昭王的行为大为赞赏。孔子不迷信神怪，他认为楚昭王不愧是一位懂得大道的君主，昭王在位期间虽曾遭吴人入侵，却没有失掉自己的国家，是理所应当的。

而楚昭王听说他十分景仰的孔子正居留陈国，便派人礼聘孔子到楚国去，还准备把一处方圆七百里的地方封给孔子。楚国的令尹子西劝阻道："大王的出使各诸侯国的使臣，有像子贡这样称职的吗？"昭王说："没有。"子西又问："大王的左右辅政大臣，有像颜回这样贤能的吗？"昭王说："没有。"子西又问："大王的将帅，有像子路这样英勇的吗？"昭王说："没有。"子西再问："大王的各部主事官员，有像宰予这样干练的吗？"昭王也说："没有。"子西接着说："我们楚国的祖先在受周天子分封时，名位只是子爵，土地跟男爵相等，只有方圆五十里。如今孔丘遵循三皇五帝的遗规，效法周公、召公的德业，大王如果任用他，那么楚国还能世世代代安然保有几千里的土地吗？想当初文王在丰邑，武王在镐京，凭借百里小国，经营两代就统一了天下。现在孔丘如果拥有了那七百里土地，又有那么多贤能的弟子辅佐，对楚国来说并不是什么好事啊！"楚昭王听从子西的劝说，打消了封地给孔子的念头。这年秋天，昭王病逝于城父。

然而，楚国既然发出了邀请，孔子也便决定到楚国这个南方大国游历一番。

孔子一行自陈赴楚，中途需经过蔡国故地。蔡国最初受封建都于上蔡（今河南省上蔡县）；鲁昭公十三年（前529年），蔡迁都新蔡（今河南省新蔡县）；鲁哀公二年（前493年），蔡因畏避强楚而投靠吴国，又迁都到州来（今安徽省寿县北），是为下蔡。鲁哀公四年（前491年），楚把侵蔡时俘虏的蔡人及不愿迁往州来的蔡人迁移到负函（楚国的边邑，今河南省信阳市）聚居，也可称作蔡。从陈到蔡人聚居的负函之间的广袤地带，由于吴楚交争、蔡民迁徙，已变得荒凉空旷而杳无人烟。

孔子师徒启程赴楚，朝负函方向进发，行进于陈、蔡之间的旷野之地。陈、蔡用事大夫深恐孔子受到楚国的聘用而于己不利，便合谋计议说："孔子是一位有才德的贤者，他的讽刺讥评，都切中诸侯的弊病所在。如今他长久留住在我们陈、蔡之间，各位大夫的所作所为，都与他的观点不合。如今强大的楚国来礼聘孔子，如果真聘用了他，那我们陈、蔡掌权的大夫可就危险了。"于是，他们派人把孔子师徒围困在陈、蔡之间的旷野中，使他们不能到楚国去。

孔子师徒被围于旷野之上，陷入了"无上下之交"的困境。几天过去了，他们吃光了随身携带的食物，以至于绝粮断炊，只能挖些野菜充饥。弟子们一个个面带饥色、疲惫不堪，有的弟子还病倒了，而孔子依然神情自若地讲诗诵书、弹琴唱歌。但这一次的"绝粮"困境在弟子间引发了极强烈的、前所未有的心灵冲击和情感上的波动。

性情率直的子路早已捺不住性子了，他面带愠色地去见孔子，并向老师提出了一个尖锐的问题："有德行操守的君子也会遭受如此穷困吗？"孔子对他说："君子自然是难免会遭受穷困的，但他仍能坚持他的操守和理想。而缺乏操守的小人便不同了，他们一遭受穷困，就什么事都做得出来。"

孔子体察到弟子们普遍有一种因受困而抑郁不平的悲观情绪，于是决定逐个找他们谈话，分别给予开导。

孔子先把子路叫来，问道："《诗经》中说：'不是犀牛猛虎却似困兽一般，在那荒芜的旷野中奔突徘徊。'我的主张错了吗？为何我落魄到这个地步？"

子路说："想必是我们的仁德修养还没有达到人们的期望吧？所以人家不信任我们；想必是我们的智慧还不够练达吧？所以人家不愿推行我们的主张。"

孔子教导说："仲由呀，真的是这样的吗？假如人有仁德便能使人信任，那伯夷、叔齐又怎会饿死在首阳山呢？假如人有智慧就能行道无碍，那忠直的王子比干又怎会被暴虐的商纣王剖了心呢？”

子路无言而退。

孔子又叫来了子贡，问他同样的问题。子贡回答说：“老师，您的理想和主张是十分高明远大的，也正因为这样，世人才不能理解和接受。您为何不稍微降低、迁就一些呢？”

孔子针对子贡的想法，语重心长地说：“端木赐（子贡的名字）呀，一个好农夫虽然善于耕种，却不一定有好收成；一个好工匠虽有精巧的手艺，却不一定尽合人意。同样，一个有仁德的君子虽能尽心修治自己的道术，却也不一定就会被人理解和接受。现在你不勤修道术，却只是想着去迎合世人的俗好，端木赐呀，你没有远大的志向啊！”

最后，孔子叫来了颜回，还是问同样的问题。颜回却这样回答：“老师，您的理想和主张十分高明远大，所以人们才不能理解和接受。但是，您仍矢志不渝地去推行自己的理想和主张，即便不被人们理解和接受，又有什么关系呢？我们修治的道术很高明，却不被人所用，那是各国当权者的耻辱。世人不理解和接受您，又有什么关系呢？正因为不能被人容纳，才显出您是真正的君子呀！”

孔子听了颜回的话，欣慰地笑了，并打趣地说：“是这样的吗？颜家的子弟呀！如果有一天你成了富翁，我就做你的家宰，替你管理财务！”这是一种感染力极强的心心相印的心灵共鸣。

经过开诚布公的对话、交流与沟通，弟子们的疑虑和不良情绪渐渐消除了，他们商定由辩才出众的子贡只身前往楚国求援。孔子师徒绝粮后的第七天，楚国派的救援军队赶到了他们被围困的地方，并将他们接到了负函。

孔子后来说：“夫陈、蔡之间，丘之幸也。二三子从丘者，皆幸人也。吾闻人君不困不成王，列士不困不成行。”（《说苑·杂言》）历经劫难的孔子不仅坦然直面厄运，更将厄运视作衡量生命价值的“试金石”，从而将其转化为人生历程中促人奋发上进的内在精神动力。因此，他为了考验弟子们“守死善道”的自信力，向弟子们提出了一个异常尖锐的问题：“吾道非邪？吾何为于此？”（《史记·孔子世家》）然而，这毋宁说是孔子为了拷问自己而发出的一声悲壮的旷野呼告！

（六）遭遇隐者：“道之不行”的觉悟

孔子一行到蔡（负函）后，受到了时任负函守将叶公沈诸梁的礼遇与款待。

叶（在今河南省叶县南）是沈诸梁的采邑，故而人们称他叶公。叶公除了在他治下的负函居住外，还经常到他的采邑叶居住。

孔子居蔡期间，曾到叶邑拜访叶公。叶公向他请教为政治民的问题，孔子答以“近者悦，远者来”（《论语·子路》），即建议叶公施以惠政，使近处的人安居乐业、心悦诚服，使远方的人愿意前来投奔。这正是孔子一贯的政治主张。

过了几天，叶公问子路“孔子的为人如何”，子路没有作答。孔子听说后，就对子路讲：“仲由，你为何不回答他说‘其为人也，学道不倦，诲人不厌，发愤忘食，乐以忘忧，不知老之将至’，不过如此而已。”（《史记·孔子世家》）这可说是孔夫子的一幅自画像，体味这话愈久，则愈觉夫子之可爱。

离开了叶，在返蔡的路上，孔子一行看到长沮、桀溺两人在田里耕作。孔子认为他们可能是隐居的高士，就叫子路前去向他们打听渡口在哪里。

长沮问子路：“那车上手执马缰绳的人是谁？”

“是孔丘。”子路答道。

长沮又问：“是鲁国的孔丘吗？”

“是的。”

“那他该知道渡口在哪里了。”长沮的话中含着讥讽。

桀溺又问子路：“你是谁？”

“我是仲由。”

"你是孔丘的门徒吗？"

"是的。"

桀溺说："天下哪里都是一样的动荡，又有谁能改变这种局势呢？况且你与其跟着那躲避暴君乱臣的人到处奔波，还不如跟着我们这种避开整个乱世的人来得安逸自在呢！"说完，就只管耕他的地去了。

子路把他们的对话禀告了孔子，孔子怅然地说："人总该尽做人的一份责任，怎可自顾自地隐居山林，终日与鸟兽生活在一起。我们不同世上的人打交道，又同什么打交道呢？如果天下清明太平，那我也就用不着到处奔走来挽救世道人心了。"

又有一天，子路行路落了后，遇到一位用拐杖挑着锄草工具的老人，便向他打听道："您看见我老师了吗？"

老人奚落道："你们这些人四体不勤、五谷不分，谁晓得你的老师是谁？"说完，便扶着拐杖去锄草了。

子路仍不走，拱着手恭敬地站在那里。

老人便让子路到他家住宿，杀鸡做饭款待子路，还叫他的两个儿子出来与子路相见。

第二天，子路赶上了孔子，禀告了这件事。

孔子说"这是一位隐士"，并让子路回去再见见那位老人。子路折返回去，老人却已经离开了。

子路颇为感慨，于是发了一通议论："隐居起来而不愿入仕做官，这不符合道义。长幼之间的礼节尚不可废，君臣之间的忠义难道就可以废止吗？原想隐居以洁身自好，却不知这是违背人伦常理的。君子出来做官，正是为了履行自己的责任和义务。至于我们的政治主张无法实现，我们早已知道了。"（《论语 · 微子》）

还有一次，楚国的一位狂人接舆一面走过孔子的车子，一面高声唱道："凤凰呀，凤凰呀！为什么这么倒霉？过去不能再挽回，将来若不再执迷不悟还来得及。算了吧，算了吧！现在的从政者危险啊！”

这位狂人倒有些同情孔子的良苦用心和不幸遭遇，想用歌声来规劝孔子迷途知返，赶快从社会矛盾和政治斗争的旋涡中抽身而出。

孔子下车，想同他谈谈，他却避开了，使孔子没法同他说话。（《论语·微子》）

上述孔子居蔡游楚期间遇到的隐者，是一些以农夫、劳力或狂人等面目隐藏自己的“遁世者”。与这些隐者的相遇，更加彰显出了孔子那“知其不可而为之”的可贵品格。这些隐者的话语，无论是讥讽奚落，还是同情的忠告，都未能使孔子放弃自己的理想；而为了理想，孔子选择的是将自己流放，这不仅是身体意义上的四处奔波，更是精神意义上的学道不倦、乐以忘忧。当然，居蔡游楚期间与隐者的相遇，也使孔子师徒更真切地意识到，他们在南方的楚国同样是难行其道的。这时，孔子的很多弟子都在卫国做官，他们带来消息，说卫君出公有意请孔子回卫国，并打算任用他佐理政事。于是，孔子决定结束在南方的游历，重返卫国。

（七）返卫：必也正名乎

鲁哀公十年（前485年），孔子一行北上，路经陈国稍事停留，再取道卫国的仪邑、蒲邑，最终回到了卫都帝丘。

在途经仪邑时，当地的边防官（仪封人）请求拜见孔子，说：“凡是到了本地的有道德学问的君子，我没有不见上一面的。”孔子在弟子们的请求下会见了他。他辞出之后，对孔子的弟子们说：“你们又何必患得患失呢？天下无道已经很久了，上天就是要让你们的老师来行道施教，做警醒和教化世人的木铎（喻指孔子将成为世人的精神导师）呢！”（《论语·八佾》）

仪封人的话对孔子师徒来说无疑是一个极大的鼓舞。振奋之余，孔子师徒又谈起了返卫后如何从政施教的问题，一如十几年前初次适卫时的情形，孔子依然满怀着激情与希望。子路问孔子："卫君想要老师帮他佐理政事，老师打算先做什么呢？"

孔子说："那我一定要先正名！"

子路有些疑惑，并批评老师的主张太迂腐而不切合实际。

孔子则严厉斥责子路不明事理："野哉，由也！君子于其所不知，盖阙如也。"并接着说：

> 名不正，则言不顺；言不顺，则事不成；事不成，则礼乐不兴；礼乐不兴，则刑罚不中；刑罚不中，则民无所错（同"措"）手足。故君子名之必可言也，言之必可行也。君子于其言，无所苟而已矣。（《论语·子路》）

孔子返卫后欲推行其正名的主张，而卫出公辄与其父蒯聩的君位之争并未结束，直到鲁哀公十五年（前480年），卫国政变再起，蒯聩入国夺取了君位，是为庄公，这是后话。很显然，在当时的政治情势下，孔子是难以施行其正名主张的，卫出公亦不会委孔子以重任。因此，孔子返卫后虽受到出公的礼遇，但他在卫从政的希望再次落空。

鲁哀公十一年（前484年）春，齐师伐鲁，归鲁后担任了季氏总管（家宰）的冉求为季氏将兵，与齐国军队战于城郊，并打败了齐军。季康子问冉求："你带兵的军事才能是学来的呢，还是天生的禀赋呢？"冉求回答说，是从孔子那里学来的。于是，季康子就进一步询问孔子究竟是怎样的一个人，并说："我想召请他回来，可以吗？"冉求答道："如果您真想召请我老师回来，就要信任他，不能听小人的阻挠。"季康子遂下定决心，派人去卫国礼聘孔子。于是，在异国他乡客居淹滞十四年之久的孔子，于鲁哀公十一年秋终于又回到了鲁国。

综上所述，在孔子周游列国的这十四年间，他遭受了冷遇（或者虽礼遇但又敬而远之）、诋毁、谗害、困辱、讥讽、奚落乃至弟子们的愠色，亦挥洒了一路的"无用的激情"。正所谓"夫子逐于鲁，削迹于卫，伐树于宋，穷于陈、蔡，杀夫子者无罪，藉（凌辱）夫子者不禁，夫子弦歌鼓舞，未尝绝音”（《吕氏春秋·慎人》），孔子自己亦言：“丘，东西南北之人也。”（《汉书·楚元王传》）这真是一语道尽了夫子一生的行状及其艰辛。

四、晚年居鲁论政

孔子归鲁后，名义上虽被尊为“国老”，但终究没能在鲁国受到真正的重用，晚年的孔子也不再汲汲于入仕做官。

但是，作为“国老”与德高望重的政治顾问，孔子不仅享受着退休卿大夫的待遇，也可与闻政事，针对鲁国国内外的时事发表一系列极重要的政见，这些政见可以说是他一生重要政治阅历和人生经验的智慧结晶。

（一）反对“用田赋”

鲁哀公十一年（前484年），孔子归鲁后不久，执政季康子即以行政大事征询孔子的意见。《左传·哀公十一年》详记其事，其文如下：

> 季孙欲以田赋，使冉有访诸仲尼。仲尼曰：“丘不识也。”三发，卒曰：“子为国老，待子而行，若之何子之不言也？”仲尼不对，而私于冉有曰：“君子之行也，度于礼：施取其厚，事举其中，敛从其薄。如是，则以丘（指丘甲）亦足矣。若不度于礼，而贪冒无厌，则虽以田赋，将又不足。且子季孙若欲行而法，则周公之典在；若欲苟而行，又何访焉？”弗听。

鲁国一直处于强齐的威胁与侵扰之下，为了对付齐国，成公元年（前590年）曾“作丘甲”，即以丘（古代社会的基层组织）为单位，每丘应征出一定数量的军赋，据孔颖达《正义》：“《司马法》方里为井，四井为邑，四邑为丘。丘出马一匹，牛三头。”而季孙此次“用田赋”，较之“作丘甲”更是加倍征收军赋，孔子认为季孙此举加重了人民的负担。孔子一向主张惠民、富民而反对苛政暴敛，所以这次对季孙“用田赋”之问默不作答，以示反对，并私下建议自己的弟子、时任季氏宰的冉有（求）劝季氏依周公之礼典，“施取其厚，事举其中，敛从其薄”。冉有、季氏并未听从孔子的劝告，令孔子极为不满，特别是冉有，更让其师十分失望，孔子因此号召其他弟子将冉有逐出师门，此即《论语·先进》所载：“季氏富于周公，而求也为之聚敛而附益之。子曰：‘非吾徒也。小子鸣鼓而攻之，可也。’”

（二）与鲁哀公、季康子论政

孔子归鲁后，鲁君哀公和执政季康子曾多次问政于孔子。据《论语·为政》记载，哀公问曰：“何为则民服？”孔子对曰：“举直错诸枉，则民服；举枉错诸直，则民不服。”意即将正直的人举而置于邪枉的人之上，人民就会服从，反之就不会服从。季康子亦曾问孔子：“使民敬、忠以劝，如之何？”孔子答曰：“临之以庄，则敬；孝慈，则忠；举善而教不能，则劝。”（《论语·为政》）孔子的这两次回答，其意思是相同的。而且，孔子认为，这是一种很高的政治智慧，所以，当弟子樊迟向孔子请教什么是“知（智）”的问题时，孔子答以“知人”（知人善任），亦即“举直错诸枉，能使枉者直”（《论语·颜渊》）。

显然，上述孔子对鲁哀公、季康子之问的回答也体现了他一贯的政治主张。孔子特别强调人本身的因素，尤其是执政者个人的品德和修养在政治生活中的重要作用。在另一次哀公问政时，孔子回答说：“文武之政，布在方策。其人存，则其政举；其人亡，则其政息。”（《中庸》）这就是说，执政者个人的品行对政治的成败兴衰具有决定性的影响作用，这也就是孔子期望君子为政或圣贤在位的根本原因。

另外，孔子在回答哀公、季康子问政时，还明确提出了两个更为重要而著名的政治命题，即“人道政为大”和“政者正也”，表达了他对政治的本质性认识与理解。据《大戴礼记·哀公问于孔子》：

> 孔子侍坐于哀公。哀公曰：“敢问人道谁为大？”孔子愀然作色而对曰：“君及此言也，百姓之德也，固臣敢无辞而对。人道政为大。”公曰：“敢问何谓为政？”孔子对曰：“政者正也。君为正，则百姓从政矣。君之所为，百姓之所从也。君所不为，百姓何从？”

另据《论语·颜渊》所载：

季康子问政于孔子。孔子对曰："政者，正也。子帅以正，孰敢不正？"

由上可见，在孔子看来，政治实处在人类生活的核心地位，而政治的实质问题说到底也就是正己以安人的问题，这正是孔子在政治上反复强调申论的一个核心理念。

（三）请讨弑君者

鲁哀公十四年（前481年），齐国发生内乱，齐相陈恒（又叫田成子）弑杀了齐君简公。孔子一向认为，僭越礼制、犯上作乱乃当时统治阶层内部最严重的危机和难题，所以陈恒弑君事件令孔子十分愤慨。于是，孔子斋戒沐浴后去朝见鲁哀公，郑重请求出兵讨伐陈恒。哀公让孔子禀告"三桓"，但"三桓"不肯出兵。事后，孔子私下对人讲："因为我忝列大夫之位，所以不敢不禀告这起严重事件。"（《论语·宪问》）

请求讨伐齐国的弑君者陈恒，是孔子晚年在鲁国发出的最后的微弱的政治声音，虽未产生任何反响，但体现了其政治信念的老而弥坚。这一年，孔子已年届七十一岁高龄。

孔子生在一个周王室式微，乃至"强者胜弱，众者暴寡，以兵相残，不得休息"（《吕氏春秋·谨听》）的时代，在统治阶层内部的政治斗争中，谁拥有实力，谁能赢得国内外政治势力乃至民众的支持，谁就能翻手为云覆手为雨。而他却一心要将周代礼乐文明复兴于东方，以重建"礼乐征伐自天子出"的有道之世。孔子的这一政治理想与追求无疑是具有保守性的，它的幻灭与落空在当时也是必然的。然而，意图虽然具有保守性，其结果却有可能是革命性的。在我看来，孔子为复兴周代礼乐文化传统而采取的行动本身，及其对政治所做的深刻的本质性的严肃思考，恰恰开辟了一个士人参与政治的崭新的公共领域，正如文士阶层的兴起那样，这也可以说是中国政治演进史上的一件具有革命性历史意义的大事，对此，我们应给予充分的肯定和积极的评价。

第五章　孔子何以为孔子

在详细叙述了孔子一生的生平事迹之后，我们现在有必要来思考和讨论一下孔子究竟是“谁”，或者孔子何以为孔子的问题，以便消除一些不必要的误解和误读。

孔子是谁？

孔子何许人也？

孔子何以为孔子？

这几个问题实在不像初看上去那么容易回答。

当然，我们可以通过讲述其生平概略，通过对他的家世、他一生的行状、他的性情与品格做出一种客观的描述来回答上述问题，甚至可以采用一种世俗的成功和失败的标准去对孔子的一生评头论足，给出自己主观印象式的衡量和评价。然而，这些还都不足以揭示孔子是“谁”这一问题的实质，并让人对此问题获得某种深刻的理解。据我所见，阿伦特（1906—1975）这位20世纪最富原创性的犹太裔美国女政治哲学家对人类事务领域富有启发意义的深刻洞见及其“行动”理论，则可以为我们重新认识和理解孔子是“谁”的问题及孔子的思想世界提供一种极富启发意义的独特的理论视角。

一、人的境况与人类事务领域的根本特征

阿伦特在《人的境况》一书中系统阐述了她对人类事务领域的独特看法及其关于行动的理论。

在阿伦特看来，有三种活动对人来讲是最基本的，它们分别是劳动、工作和行动，而与之分别对应的则是拥有有限生命的世人的三种基本境况，即生命本身、世界性和复数性（或译为“多样性”“多元性”）。

劳动是为了维持生命而生产生活必需品或消费品所进行的人的活动，它控制着人的整个生命历程，甚至可以说，“劳动的人之境况是生命本身”[①]，只有劳动，我们才能维持单个人的生存和整个人类生命的延续。

工作是为了建造“一个完全不同于自然环境的‘人造’事物世界”而进行的人的活动，“作为工具制造者”的技艺人（工匠或艺术家）通过发明工具和器械或制作使用品的工作，在自然的地球环境中创建了一个人们在其中居住和生活的、由物质构成的“人造世界”或尘世中的“人造家园”。在这个世界上，人们生生死死，而这个世界本身却可以超越我们所有个体的生命而绵延持续。因此，“工作的人之境况是世界性”[②]。

相对于“身体的劳动”和“双手的工作”而言，“行动是唯一不需要以物或事为中介的，直接在人们之间进行的活动”，而“复数性”或“多样性”则构成了行动的人之境况。复数性之所以是人类行动的境况，那是因为“我们所有人在这一点上都是相同的，即没有人和曾经活过、正活着或将要活的其他任何人相同”[③]，我们每一个“单个的人”都是“一个独一无二、无法替代、无法重复的

① ［美］汉娜·阿伦特：《人的境况》，王寅丽译，上海人民出版社2009年版，第1页。
② ［美］汉娜·阿伦特：《人的境况》，王寅丽译，上海人民出版社2009年版，第1页。
③ ［美］汉娜·阿伦特：《人的境况》，王寅丽译，上海人民出版社2009年版，第2页。

个体”[①]。正是由于人的复数性这一基本境况，所以人们需要以言行（言说和行动）“进入”这个人类世界，“必须与他人交往，聚集在一起，找到共处的办法，协调彼此的差异，交换意见”[②]。

在上述三种活动中，劳动和工作都可以独自或孤立地进行，“只有行动才完全依赖于他人的持续在场”，“被他人的在场所激发的”，这是一些“我们想要加入他们”、成为他们的伙伴而又不完全为其左右的人。[③]除了上述三种活动及其相应的境况之外，还有其他人类生存的一些最基本的境况，例如出生和死亡、诞生性和有死性等。阿伦特特别指出，“行动与人的诞生性境况联系最为紧密”，而“我们能在世界上感触到诞生内在具有的新的开端，仅仅因为新来者具有全新地开始某事的能力，也就是行动的能力”[④]，也就是说，在阿伦特看来，行动是人一出生就具备的一种能力，或者说，“行动的能力是人的基本属性”[⑤]。由于我们“每个人都是独特的”，所以“每个人的诞生都为世界带来独一无二的新东西”，“我们以言说和行动让自己切入人类世界”，这个“切入”的动力正“来自我们诞生时带给这个世界的开端”而“我们又以自身的主动性开创了某个新的东西，来回应这个开端”，因此，“去行动，在最一般的意义上，意味着去创新、去开始，发动某件事”，即“开端启新”。[⑥]也就是说，行动是一种开端或创始，它能够揭示“一个人究竟是什么人”，这个人既“不同于其他所有人，却又

---

① ［美］汉娜·阿伦特：《人的境况》，王寅丽译，上海人民出版社2009年版，第71页。

② ［美］伊丽莎白·扬－布鲁尔：《阿伦特为什么重要》，刘北成、刘小鸥译，译林出版社2008年版，第56页。

③ ［美］汉娜·阿伦特：《人的境况》，王寅丽译，上海人民出版社2009年版，第15、139页。

④ ［美］汉娜·阿伦特：《人的境况》，王寅丽译，上海人民出版社2009年版，第2页。

⑤ ［加拿大］菲利普·汉森：《历史、政治与公民权：阿伦特传》，刘佳林译，江苏人民出版社2004年版，第4页。

⑥ ［美］汉娜·阿伦特：《人的境况》，王寅丽译，上海人民出版社2009年版，第139—140页。

与所有的人相关，潜在地和整个人类相连”。[①]

特别需要强调指出的是，阿伦特并不把人的境况等同于人的本性，因为尽管“人是被处境规定的存在者”，或者说“人类存在是受制于处境的存在”，但是，“与人的境况相应的所有人类活动和能力的总和”，并“不构成任何类似于人的本性的东西”。依阿伦特之见，作为处于一定生存境况约束下的存在，虽然“我们能认识、确定和定义我们周围的万物的自然本性，但是我们无法对自己做同样的事”，“企图定义人的本性的各种尝试，都不可避免地终结于某个神的建构”，或者说，“定义人的本性的尝试很容易导致我们产生某种‘超人’的观念，从而把它等同于神”，而“这一事实足以使人对‘人的本性’的概念投去怀疑的目光”；另一方面，“人存在的境况——生命本身，诞生性和有死性，世界性，复数性以及地球——从来不能‘解释’我们是什么或回答我们是谁的问题，原因很简单，这些境况从来不能绝对地限制我们”。[②]

从人的复数性或多样性境况来讲，对人类本性的各种形而上学的假设都是不真实的，也可以说，“类本质是多样性的对立面”[③]。而且，试图确定和解释我们是“什么”即“人是什么”，或者对人的本性或类本质进行界说和定义，具有一种“不可能性”，而这种“不可能性”正“与我们首要作为言说和行动的存在者，存在于其中的整个人类事务领域大有关系”。而所谓“人类事务领域”，严格来说，是“由人际关系网组成”的，而“这个网络存在于任何人们一起生活的地方”。[④] 作为行动者，人通过言说与行动来进行自我彰显和展现，揭示自己

---

① ［美］伊丽莎白·扬－布鲁尔：《阿伦特为什么重要》，刘北成、刘小鸥译，译林出版社2008年版，第60页。

② ［美］汉娜·阿伦特：《人的境况》，王寅丽译，上海人民出版社2009年版，第3—4页。

③ ［加拿大］菲利普·汉森：《历史、政治与公民权：阿伦特传》，刘佳林译，江苏人民出版社2004年版，第28页。

④ ［美］汉娜·阿伦特：《人的境况》，王寅丽译，上海人民出版社2009年版，第143—144页。

"独特的差异性"，表明自己是"谁"，使自己"切入"人类世界（人类事务领域），并"使自己与他人区别开来"。[①] 然而，"言说者和行动者作为不可替代的'谁'的展现，虽然清楚可见，却始终有一种奇特的无法把握的性质"，这种无法把握性会挫败所有旨在揭示"某人是谁"而进行"明确语言表述的努力"[②]，特别是"经由言说对'谁'的彰显，和经由行动的开端启新"，都不可避免地要陷入"包含着无数相互冲突的意志和愿望"的"业已存在的人类关系之网"中。因此，"行动从来都达不到它的目标"，不过也正因为如此，行动才能有意或无意地"生产"出许许多多讲不完的"故事"，"因为行动者总是在其他行动的人当中活动的"，行动一旦开始，它便会引发一种行动与反动的"连锁反应"。[③] 正是人具有"既能开始某种新的东西又不能控制或预见其结局"的行动能力，导致了"人类事务的脆弱性"和行动本身的困境，即在人类事务领域，由行动所开启的过程具有一种不可逆转的特点，而且没有一个可预见的终结。

二、对夫子自述的重新诠释和解读

根据上述阿伦特对人的境况和人类事务的看法，每个人都是有生有死的有限个体生命，人们必须在人类公共事务领域中通过言说和行动来彰显自我卓越的品格，成就自我不朽的声名，职是之故，"在诞生和死亡之间的个人生活最终能够被讲述为一个有始有终的故事"[④]，而且，只有在一个人离开人世、生命已逝时才能形成"某人是谁的本质"[⑤]，这一本质，既"不是一般意义上的人的本性（这样的本性不存在），也不是一个人优点和缺点的总和"，而是一个人通过

① ［美］汉娜·阿伦特：《人的境况》，王寅丽译，上海人民出版社 2009 年版，第 138 页。
② ［美］汉娜·阿伦特：《人的境况》，王寅丽译，上海人民出版社 2009 年版，第 142 页。
③ ［美］汉娜·阿伦特：《人的境况》，王寅丽译，上海人民出版社 2009 年版，第 149 页。
④ ［美］汉娜·阿伦特：《人的境况》，王寅丽译，上海人民出版社 2009 年版，第 145 页。
⑤ ［美］汉娜·阿伦特：《人的境况》，王寅丽译，上海人民出版社 2009 年版，第 152 页。

言说和行动彰显出的自我独一无二、与众不同的身份。然而，“尽管每个人都经由言行对人类世界的切入而开始了他的生活”，而且是其整个生活故事的主体或主角，但是“没有人是他自己生活故事的作者或制造者”，也就是说，一个人的生活故事作为言行的结果虽然揭示了“某人是谁”，但他不是其故事的创作者或制造者，尤其不是其“故事最后结局的作者”，“即使故事是行动不可避免的结果，理解和‘创作’故事的也不是行动者，而是讲故事的人”。①

我们所谓“孔子何以为孔子”的问题，事实上也就是孔子之为“谁”的问题，亦即孔子以其言行展示出来的他的独一无二的“本质性”的身份问题。这样一种“本质性”的身份，既不是指孔子本人“优点和缺点的总和”，更不是指从一般意义上的人的本性来说，孔子天生就是一个什么样的人，如过去尊孔时代的人们相信，孔子天生就是一位生而知之的圣人，而是如阿伦特所言，孔子何以为孔子或孔子是谁，是孔子本人在其言行中无形地展示出来的，它只有在作为行动者和言说者的孔子的生活的故事中才能成为有形的，并被我们感知和把握。然而，正如我们每个人都不是自己故事的作者或制造者那样，孔子也不例外，理解和创作孔子故事的人是我们这些后来的“讲故事的人”，而非作为“行动者”的孔子本人。

如果我们如是理解孔子的故事以及他是“谁”的问题的话，那么，孔子晚年对自己一生所做的回顾和评述，即我在第一章中讲到的他那最广为人知的“夫子自述”，便可以得到更好的理解和阐释，从而使一些不必要的臆解和误读得以厘清。

两千多年绵延持续而又不断流变的经典诠释活动，积累下了大量有关《论语》的注释文本，它们基于各自不同的理解而对《为政》所载夫子对其“一生年谱”或“一生学历”的自述做出的诠释和解读，既可以帮助我们，也可能误导我

① ［美］汉娜·阿伦特：《人的境况》，王寅丽译，上海人民出版社2009年版，第144—145、151页。

们对孔子本意的领悟。下面，我将主要参照程树德先生的《论语集释》（其中汇集了古代各种最有代表性的注释性观点）、钱穆先生的《论语新解》和冯友兰先生的《中国哲学史新编》中对夫子自述其“一生年谱”或“一生学历”的注释和解读，从阿伦特的视角来谈谈我个人的一些理解和看法。

“吾十有五而志于学”——皇侃《疏》曰：“志者，在心之谓也。孔子言我年十五而学在心也。十五是成童之岁，识虑坚明，故始此年而志学也。”朱熹《集注》：“古者十五而入大学。心之所之谓之志。此所谓学，即大学之道也。志乎此，则念念在此而为之不厌矣。”周制，国学分大、小学，但后世儒家学者对成童何时入小学和大学，在年岁的说法上有分歧，一说年八岁入小学、十五入大学，一说年十五始入小学、十八入大学，一说十五入小学、二十入大学。但诚如程树德先生所言，孔子所谓“志于学”，与古时入学年岁“无涉”。①

钱穆先生解“志于学”说：“志者，心所欲往，一心常在此目标上而向之趋赴之谓。故有志必有学，志学相因而起。孔子之所志所学，当通读本章自参之，更当通读《论语》全书细参之。能志孔子之所志，学孔子之所学，乃为读《论语》之最大宗旨。”② 对于孔子之所志所学，钱先生虽未明言，但其所指还是相当明确的，即如冯友兰先生所言：“这个学不是关于知识的学。这个学就是学‘道’。就是说，他十五岁就‘志于道’以求得到他所理想的道德品质，‘仁’。”③ 若通观孔子一生所志所学，即追求道义、成就仁德，这样解释当然是不错的，但我们必须假定孔子在十五岁时就已经对“道”和“仁”有了最充分的领悟和自觉，在我看来，这是不可能的，因此，这样解释有刻意拔高孔子形象之嫌。孔子虽然讲过“志于道”（《论语·述而》）与“苟志于仁矣，无恶也”（《论语·里仁》）的话，但我们并不能因此就断言他十五时的“志于学”就是以“仁”与“道”为

① 程树德：《论语集释》，中华书局1990年版，第71页。

② 钱穆：《论语新解》，生活·读书·新知三联书店2005年版，第27页。

③ 冯友兰：《中国哲学史新编》上册，人民出版社1998年版，第190页。

具体内涵的，尽管孔子所谓的“仁”与“道”有着引领人生向上之志与提升生命之道德价值的意义，但他所谓的“学”及其“好学”的自许，就实而论，乃强调“学”本身的独立价值和意义。而且，孔子所谓的“学”，也不仅仅是关乎“道”的，同时包含着知识的学习，如孔子所谓学诗以“多识于鸟兽草木之名”（《论语·阳货》）之类，而时人以孔子为“博学”之人，也主要是认为他是一个知识广博的人，故每当遇到不识之物的时候，多是向他请教。因此，所谓“志于学”，即指心之所志，“念念在此而为之不厌”者，唯“学”而已。孔子由此而确定了自己整个人生的方向与目标，这也是孔子整个生命历程中从自然生长到自主自觉成长的一个至关重要的转折点，而且，“志于学”本身对于孔子来讲自有其独立的人生价值与意义，而不必自其“志于学”之初就以“仁”与“道”为其唯一内涵。对于孔子而言，志于学并好而乐之、为之不厌所具有的独立的人生价值和意义就在于：唯有通过学，一个人才能够充实自己的人生、提升自己的修养和完善自己的人格，而“好学”本身也正是孔子本人自我认同、称许和能够展示他之为“谁”而不同于他人的最突出的品格。

“三十而立”——《集解》曰：“有所成立也。”皇侃《疏》曰：“立，谓所学经业成立也。”朱熹《集注》曰：“有以自立，则守之固而无所事志矣。”《论语发微》曰：“立也者，立于礼也。”程按：“陆稼书曰：‘立是道理大纲能守之定。’窃谓立止是学有成就之义。刘宝楠曰：‘诸解立为立于道，立于礼，皆统于学，学不外道与礼也。’斯持平之论矣。”[①]

钱穆先生解“而立”之义说：“立，成立义。能确有所立，不退不转，则所志有得有守。此为孔子进学之第一阶段。”[②] 冯友兰先生则主要从“立于礼”的角度解读“而立”之义：“所谓立就是学礼已经达到一定的程度。”至于究竟达到了什么样的程度，冯先生推测说：“也许是已经达到‘非礼勿视，非礼勿听，非礼

① 程树德：《论语集释》，中华书局1990年版，第72页。

② 钱穆：《论语新解》，生活·读书·新知三联书店2005年版，第27页。

勿言，非礼勿动’（《颜渊》）那‘四目’所能够达到的程度。达到这种程度，视、听、言、动，都可以循规蹈矩，不至于违反周礼，可以站得住，这就是‘立’。”[①]

可见，对孔子所言“而立”之意，大体有这样几种解释，一是指孔子学有所成而立于学，其中皇侃《疏》以后世经生“所学经业”解读孔子“所学”，明显带有时代误置的“成见”，恐怕不符合孔子所言的本意。二是指孔子生而知之而立于道，如宋儒程颐说：“孔子生而知之也，言亦由学而至，所以勉进后人也。立，能自立于斯道也。”朱熹亦曰：“愚谓圣人生知安行，固无积累之渐。”（见朱熹《集注》）宋儒的解读以孔子为“生而知之”的圣人这样一种本质主义的“偏见”为前提，实不可为训；不过，当今学人亦有据此而更进一步推衍，将“立”解释为“仁心的挺立”或“仁心朗现”之义者[②]，在我看来，这将孔子所谓“立”的含义做了过于抽象化的哲学诠释，有太多的想象或臆测的意味。三是指孔子已精于（懂得）礼仪而立于礼，这在孔子本人的话语中能找到直接的证言，即“不学礼，无以立”（《论语·季氏》）或“不知礼，无以立”（《论语·尧曰》），较为符合孔子的本意，不过也显得较为拘泥。

那么，孔子所谓“立”究竟是“立”什么呢？这样问问题本身也许就隐含着一个陷阱，问题的实质也许不是立“什么”，而是“谁”之“立”，即“孔子是谁”之“立”，当然，这是孔子学有所成之后，以其言行“进入”世界、展现并表明他是“谁”的第一阶段的“立”。因此，我们可以在综合上述三种解释的基础上，结合“谁”的问题意识来理解孔子所谓“立”的含义。从孔子实际的人生经历和学问进境的阶段性来讲，孔子立志求学之后，应该说需要也必须经过一个十多年汲汲于学习和探求周礼的阶段，才会在三十岁左右学有所成而能自“立”。三十岁的孔子，也许他通过学习已经精通周礼而足以立于学了，也许他通过学习已经能够以礼立身处世而立于礼了，也许他通过学习已经对人生之“道”有

---

① 冯友兰：《中国哲学史新编》上册，人民出版社1998年版，第190—191页。

② 李翔海：《三十而立：传统流变与当代诠释》，见2007年10月11日《光明日报》国学版。

所体认、有所领悟而立于道了。然而，如果说孔子所谓“立”，不是强调立“什么”，而是强调“吾”（作为说话者主体的孔子本人）之“立”的话，那么，孔子“而立”之后的人生之境便不能被想当然地比照他十五岁时“志于学”（以什么为志或志于什么）来理解和诠释了。我们只能根据孔子在各个人生阶段的言行做综合的理解和把握，而“而立”无疑是孔子在学业上已有所成就、人格上渐趋成熟、创办私学事业也已起步的第一个阶段性标志和特征，特别是他在礼学方面的成就，不仅仅是一般意义上的能够立于礼或者以礼立身处世，为他赢得了颇有助于他创办私学、设教授徒的社会声名和威望。正如孟僖子所言“吾闻将有达者曰孔丘”，可以说，孔子之为“谁”，正是首先因其礼学方面的成就而为时人所了解和认识的，我认为，“三十而立”之“立”当作如是理解，至于“仁心的挺立”或“仁心朗现”，恐怕是后一阶段的事了，即随着孔子私学事业的继续发展，孔子在教弟子演习礼仪并答弟子问的过程中，逐渐挺立和朗现其仁心并阐释和抉发其仁道之创见。

“四十而不惑”——《集解》：“孔曰：‘不疑惑也。’”皇侃《疏》曰：“业成后已十年，故无所惑也。”按字面意思讲，即孔子年至四十而“不疑惑”或“无所惑”。朱熹《集注》曰：“于事物之所当然皆无所疑，则知之明而无所事守矣。”黄氏《后案》曰：“立，守经也。不惑，达权也。”①

钱穆先生解“不惑”说：“人事有异同，有逆顺，虽有志能立，或与外界相异相逆，则心易起惑。必能对外界一切言论事变，明到深处，究竟处，与其相互会通，而皆无可疑，则不仅有立有守，又能知之明而居之安，是为孔子进学之第二阶段。”② 冯友兰先生则认为，孔子“到了四十岁，就能不迷惑了”，这是说孔子已经达到“知人”之境了，“‘知人’就是对于人之所以为人有所理解，有所体会。这就是人对于自己的自觉。有了这种自觉，就可以‘不惑’。也可以说，这

① 程树德：《论语集释》，中华书局1990年版，第73页。

② 钱穆：《论语新解》，生活·读书·新知三联书店2005年版，第27页。

种自觉，就是‘不惑’”①。

而依我之见，平实地讲，孔子既有“知者不惑”（《论语·子罕》《论语·宪问》）、“知人”为“知”（《论语·颜渊》）与“不知言，无以知人也”（《论语·尧曰》）之言，又曾答子张、樊迟“辨惑”之问而曰：“爱之欲其生，恶之欲其死。既欲其生，又欲其死，是惑也”“一朝之忿，忘其身，以及其亲，非惑与”（《论语·颜渊》）。可以说，“四十而不惑”乃孔子自述其在人格上已趋于成熟的一个重要的阶段性标志与特征，此时的孔子已经成长为一个明达事理、理性成熟、有着坚定的人生信念的智者，他已能洞悉人言之情伪，并懂得如何恰当地对他人表达自己情感上的好恶爱憎。

“五十而知天命”——《集解》：“孔曰：‘知天命之始终。’”皇侃《疏》曰：“天命，谓穷通之分也。”朱熹《集注》曰：“天命即天道之流行而赋于物者，乃事物所以当然之故也。知此则知极其精，而不惑又不足言矣。”刘氏《正义》曰：“知天命者，知己为天所命，非虚生也。盖夫子当衰周之时，贤圣不作久矣。及年至五十，得《易》学之，知其有得，而自谦言无大过，则知天之所以生己，所以命己，与己之不负乎天，故以知天命自任。命者，立之于己，而受之于天，圣人所不敢辞也。……是故知有仁义礼智之道，奉而行之，此君子之知天命也。知己有得于仁义礼智之道，而因推而行之，此圣人之知天命也。”②

钱穆先生解“知天命”之义说：“虽对事理不复有惑，而志行仍会有困。志愈进，行愈前，所遇困厄或愈大。故能立不惑，更进则须能知天命。天命指人生一切当然之道义与职责。道义职责似不难知，然有守道尽职而仍穷困不可通者。何以当然者而竟不可通，何以不可通而仍属当然，其义难知。遇此境界，乃需知天命之学。……故知天命，乃立与不惑之更进一步，更高一境，是为孔

① 冯友兰：《中国哲学史新编》上册，人民出版社1998年版，第191页。

② 程树德：《论语集释》，中华书局1990年版，第73—75页。

子进学之第三阶段。”[1] 而按照冯友兰先生的理解，“‘知天命’就是‘知天’”，而“天命”在孔子那里是一种支配性的力量，“人的生死、贫富、贵贱，以及成功、失败，都是由天命决定的”；但是，另一方面，“人还是可以尽自己的力量，做他自己所认为是应该做的事，不管成功或失败”，特别是人的道德品质，“是人的自己的努力所决定的，与天命完全无关”。[2]

依我之见，我们同样需要结合孔子的言行，特别是他五十岁前后的言行来理解孔子所谓“知天命”的真切含义。在我看来，从孔子整个人生历程来看，我们不难想见，孔子自十五岁而志于学，此后随着学识的不断增长和人格的日趋成熟，孔子必定逐渐树立起了以“仁”与“道”为根本志向的坚定的人生信念，而至五十岁前后，孔子得志行道或明道救世之念亦必是愈来愈强烈，诚如《史记·孔子世家》所述：“公山不狃以费畔季氏，使人召孔子。孔子循道弥久，温温无所试，莫能己用，曰：‘盖周文武起丰镐而王，今费虽小，傥庶几乎！’欲往。子路不说，止孔子。孔子曰：‘夫召我者岂徒哉？如用我，其为东周乎！’然亦卒不行。”孔子时年五十岁，他虽然终究没有应公山不狃之召而前往费邑，然而不久之后，于定公九年（孔子五十一岁）便出仕而任中都宰。如果说孔子所谓的“知天命”与他五十岁前后行道用世的心境直接相关的话，那么，所谓的“知天命”，无疑是钱穆先生所诠解的那样——此时的孔子对自己应担负的“人生一切当然之道义与职责”实有了一种充分的自觉，正因有了这一份自觉，孔子才决心舍身用世以行道而不惮遭遇任何艰险与困难。“不知命，无以为君子也”（《论语·尧曰》），在道义担当的意义上，所谓的“知命”或“知天命”，可以说正是志在躬行君子之道的孔子对自己所应担负的道义与职责拥有了一种“天职”般的积极意义上的自觉意识。不过，冯友兰先生对“天命”的解读亦有其道理，因为在孔子的整个认识中，“天命”又的确作为一种支配性的力量而对

① 钱穆：《论语新解》，生活·读书·新知三联书店 2005 年版，第 27 页。

② 冯友兰：《中国哲学史新编》上册，人民出版社 1998 年版，第 191、173 页。

人世和君子的行动构成了一种限定和制约，从而成为君子敬畏的对象，正所谓“君子有三畏：畏天命，畏大人，畏圣人之言。小人不知天命而不畏也，狎大人，侮圣人之言”（《论语·季氏》）。但这种对“天命”的消极意义上的认识和理解，恐怕与后来孔子在短暂仕鲁之后不得已而周游列国，途中屡遭困厄的人生体验有着更为密切的关联。不过，我们只有综合“天命”积极和消极两个方面的含义，才能更全面而深切地了解和把握孔子“知其不可而为之”的“入世”品格。在孔子看来，道之行与不行、成与败，虽然决定于“命”[①]，然而为与不为却在自己，故在奔波游说于各诸侯国之间而不能“得君行道”之后，虽然已经明知“道之不行”了，孔子却依然不愿避世隐居而放弃自己的努力。这种“入世”品格正是孔子区别于同时代的隐者而独具的显著特征。

“六十而耳顺”——《集解》：“郑（玄）曰：‘耳顺，闻其言而知其微旨也。’”或言：“耳顺者，听先王之法言，则知先王之德行。”《笔解》：“韩（愈）曰：‘耳’当为‘尔’，犹言如此也。既知天命，又如此顺天也。”朱熹《集注》曰：“声入心通，无所违逆，知之之至，不思而得也。”焦氏（循）《补疏》曰：“耳顺即舜之‘察迩言’，所谓善与人同，乐取于人以为善也。顺者，不违也。舍己从人，故言入于耳，隐其恶，扬其善，无所违也。学者自是其学，闻他人之言多违于耳。圣人之道一以贯之，故耳顺也。”[②]

钱穆先生解“耳顺”之义说：“外界一切相异相反之意见与言论，一切违逆不顺之反应与刺激，既由能立不惑，又知天命而有以处之，不为所摇撼所迷惑，于是更进而有耳顺之境界。耳顺者，一切听入于耳，不复感其于我有不顺，于道有不顺。当知外界一切相反相异，违逆不顺，亦莫不各有其所以然。……斯无往而不见有天命，所以说耳顺，此乃孔子进学之第四阶段。”[③]而冯友兰先生

① 子曰：“道之将行也与，命也；道之将废也与，命也。公伯寮其如命何！”（《论语·宪问》）

② 程树德：《论语集释》，中华书局 1990 年版，第 75—76 页。

③ 钱穆：《论语新解》，生活·读书·新知三联书店 2005 年版，第 28 页。

解“耳顺”说：“据近人的研究，‘耳’字就是‘而已’。而已两个字的连读，念得快了，就成为‘耳’。‘六十而耳顺’，就是六十而已顺。顺什么呢？联系上文，顺是顺天命。”①

据郑玄所注，“耳顺”意为孔子一听别人的言论就能深切地了解和洞察其隐含的微妙意旨。这样解释似有所不及，即不能透彻地阐明“顺”字的含义。而韩愈“好变易经文”，似亦“不可为训”。②至如冯先生所言，若依“近人的研究”，“耳”就是“而已”的话，那么，所谓“六十而耳顺”就是“六十而而已顺”，去掉其中的一个“而”字，则《论语》之文便当为“六十耳顺”而不是“六十而耳顺”，反不如韩愈改“耳”为“尔”语句通顺，似更“不可为训”。

那么，究竟应如何来理解“耳顺”的意思呢？我认为钱先生的解释当近是。而且，依我之见，六十岁的孔子已周游列国多年，历经了各种困厄和挫折，还将面对茫然未卜的前途，不知有多少艰险和困辱在等待着他，此时的孔子应对人的多样性及由人际关系之网（包含着无数相互冲突的意志和愿望）组成的人类事务领域的性质有了更为全面而深刻的理解和领悟，故而当他听到各种不同的意见与言论，甚至是刻薄的批评和讥刺时，既能不为其所动摇和迷惑，又能做到莫逆于耳的顺听。正因为孔子在六十岁时已达“耳顺”之境界，故他在几年后游历南方楚国并遭遇到许多批评和讥刺他的隐者时，依旧愿意与这些隐者交谈，想与他们交流对世事的看法和观点，对他们的批评和讥刺之言也并不在意。孔子说：“道不同，不相为谋。”（《论语·卫灵公》）虽然我们不能确知这话是孔子何时所言，但可以肯定的是，这话非洞彻“道”的多元性者不能言。六十岁前后颠沛流离的阅世经历，特别是与隐者的相遇，无疑使孔子师徒对世人各不相同乃至相互冲突的愿望和意图、对“道”的多元追求，有了更为深切的体会和领悟，特别是对他们自己所追求的“道”的难以推行即“道之不行”，有了更加

---

① 冯友兰：《中国哲学史新编》上册，人民出版社1998年版，第191页。

② 程树德：《论语集释》，中华书局1990年版，第75页。

明确而充分的自觉，但他们并未因此而对自己的信念产生任何动摇和迷惑，因此，我们也可以说，此时的孔子已达到了“顺天命”的境界，如钱先生所言“斯无往而不见有天命，所以说耳顺”。

“七十而从心所欲，不逾矩”——皇侃《疏》曰：“从，犹放也。逾，越也。矩，法也。年至七十，习与性成，犹蓬生麻中，不扶自直。故虽复放纵心意，而不逾越于法度也。”朱熹《集注》曰：“从，随也。矩，法度之器，所以为方者也。随其心之所欲，而自不过于法度，安而行之，不勉而中也。”焦氏《补疏》曰：“矩即絜矩之矩。己欲立而立人，己欲达而达人，以心所欲为矩法，而从之不逾者，所恶于上不以使下也，所恶于下不以事上也，所恶于前不以先后也，所恶于后不以从前也，所恶于右不以交于左，所恶于左不以交于右。”程按：“皇《疏》较为得之，《集注》因用其师说，所言几毫无是处。”[①]

钱穆先生解“从心所欲，不逾矩”之义说：“从，遵从义。或说：从字读如纵，放任义。矩，曲尺，规，圆规。规矩方圆之至，借以言一切言行之法度准则。此处言矩不言规，更见其谨言。圣人到此境界，一任己心所欲，可以纵己心之所至，不复检点管束，而自无不合于规矩法度。此乃圣人内心自由之极致，与外界所当然之一切法度规矩自然相洽。学问至此境界，即己心，即道义，内外合一。我之所为，莫非天命之极则矣。天无所用心而无不是，天不受任何约束而为一切之准绳。圣人之学，到此境界，斯其人格之崇高伟大拟于天，而其学亦无可再进矣。孔子此章，仅自言一己学问之所到达，未尝以天自拟。然孔子弟子即以孔子之人格拟于天之不可阶而升。如上阐述，亦未见为逾分。”[②]而冯友兰先生解其义说：“这个矩，就是礼的矩，就是‘天命’的矩。孔丘说，到七十岁的时候，他就能随心所欲而自然不超过规矩，在这个时候，他仍然是‘非礼勿视，非礼勿听，非礼勿言，非礼勿动’。在表面上看，他似乎还是像三十岁那个样子，其实呢？照他说，完全不是。因为经过了不惑、知天命、顺天命这三个阶段，

① 程树德：《论语集释》，中华书局1990年版，第77—78页。

② 钱穆：《论语新解》，生活·读书·新知三联书店2005年版，第29页。

他的循规蹈矩完全是出于自然，没有一点勉强造作。这就是后来儒家所说的：'从容中道，圣人也。'（《中庸》）这就是他的精神完全达到自觉的程度。"①

从孔子学问的进境、德性的修养、人格的成熟与完善程度及其所能达到的人生精神境界的高度来讲，不管在具体字义或语义上如何注释和理解，"从心所欲，不逾矩"无疑体现和代表了孔子整个人生最后也是最高的一种阶段性特征。按照传统儒家的说法，这说明孔子已经达到了圣人的境界，不过，现代学者在这一问题上的争议和分歧却是最大的，如上述钱、冯二先生（作为现代新儒家的代表人物）所言，虽然他们已不再像传统儒家那样认为孔子是天生的圣人，"从心所欲，不逾矩"只不过是其圣人本质的彻底实现而已，但在他们看来，至少从孔子本人自述其人生学问和精神境界所能达到的高度来讲，能够做到"从心所欲，不逾矩"说明七十岁时的孔子确乎已经"优入圣域"了。除了钱、冯二先生外，美国著名汉学家郝大维和安乐哲更是匠心独运地将孔子的"成人""成圣"思想与其一生的生命成长历程有机地结合起来，极富创意地为我们精心打造或揭示了孔子"作为一个真正的'圣人'的本来面目"②，在他们看来，"孔子是第一个也是最重要的教育家、沟通大师"③，同时"又是最优秀的思想家"④，不仅"孔子思想的顶端是'圣人'这一概念"⑤，而且他本人也最终修养成了"圣人"。因此，他们在《通过孔子而思》一书中，"从15岁的孔子这位文化的新信徒立志学习传统写起，一直讲到他70岁"，而"70岁的孔子已修养成一位

① 冯友兰：《中国哲学史新编》上册，人民出版社1998年版，第191页。

② ［美］郝大维、安乐哲：《通过孔子而思》，何金俐译，北京大学出版社2005年版，第27页。

③ ［美］郝大维、安乐哲：《通过孔子而思》，何金俐译，北京大学出版社2005年版，第305页。

④ ［美］郝大维、安乐哲：《通过孔子而思》，何金俐译，北京大学出版社2005年版，第369—370页。

⑤ ［美］郝大维、安乐哲：《通过孔子而思》，何金俐译，北京大学出版社2005年版，第305页。

具有完善人格”因而“可随心而行事”的“圣人”，当然，他们眼中的孔子并“不是一个遥不可及的偶像，而是一位有血有肉极为具体的圣人”，是一位“充分体现了‘和’这一中国文化”的沟通大师和圣人。①

当然，在当代学人中，孔子的“圣人”形象并不是人人都能认同和接受的，姑且不论“五四”和“文革”期间对“孔子”的掊击和批判，今天反对把孔子看作“圣人”甚至刻意贬抑孔子者亦不乏其人，如《孔子批判》一书的作者就曾这样评述夫子的一生自述：“这是孔子讲他一生的思想修养、发展过程，但不能认定它完全符合孔子的思想历程，孔子思想中‘命’与‘仁’的矛盾，到死也没有解决……孔子晚年心情是相当悲观和痛苦的，并不是‘随心所欲’而怡然自得。”②而刻意要“去圣乃得真孔子”的李零先生更是与“孔子热”“《论语》热”大唱反调，他在《丧家狗：我读〈论语〉》一书中极力向世人展示了一个完全失败、“只”承认自己是“丧家狗”的知识分子形象的所谓孔子的“本来面目”。不过，他在注释孔子的“耳顺”之境和“从心所欲，不逾矩”的“最高境界”时，也讲过几句有意思的话，如说六十岁的孔子“阅世既久，毁誉置之度外”，如说“孔子志在天下，但命途多舛”，故“孔子是赍志而殁，并非如愿以偿”。③

上述批评并非毫无道理，而且，孔子在自述中并未明言“从心所欲，不逾矩”就是圣人的境界，孔子本人也从不以圣人自居，对他而言，“博施于民而能济众”的圣人之功业与境界连尧舜都“其犹病诸”（《论语·雍也》），我们又怎能称孔子是“圣人”呢？这不明显违背孔子的本意吗？的确，当我们称许孔子是“圣人”时，需要谨慎小心，仔细想个明白，但像钱穆先生所言，特别是郝大维、安乐哲二先生从“沟通大师”的角度称许孔子为“圣人”，似乎“亦未见为

① ［美］郝大维、安乐哲：《通过孔子而思》，何金俐译，北京大学出版社 2005 年版，第 380 页。

② 古棣、戚文、周英：《孔子批判》下册《〈论语〉译说》，时代文艺出版社 2001 年版，第 28 页。

③ 李零：《丧家狗：我读〈论语〉》，山西人民出版社 2007 年版，第 74—75 页。

逾分”或者并非全无道理。不过，我本人更愿意把孔子“七十而从心所欲，不逾矩”之境放到孔子本人以言行使自己“进入”世界、向世人展现“他是谁”的自我特性的整个生活经历和生命成长历程的叙事脉络中来加以审视和阐释。质言之，在自述中，孔子要告诉我们的并不是他是“什么”（“圣人”或者“丧家狗”），而是他一生的阶段性的成长经历，只有通过这样一种独特的人生成长经历，我们才能了解和把握他是“谁”的本质特征。

的确，孔子志在修己以安人乃至修己以安百姓和平治天下，然而，他必须“切入”现实世界，即由业已存在的“包含着无数相互冲突的意志和愿望”的“人际关系网”所组成的人类事务领域之中去实现他的志愿、理想和抱负，而这也注定了他的这一“切入”的行动不可能完全达成和实现他追求的目的。这是由人类事务领域的根本特征决定的，而并非孔子本人是不是“丧家狗”或者“丧家狗”是不是知识分子的宿命的问题。大概李零先生不了解这一点，故而才会像发现新大陆一样地乐于宣称孔子“只”承认自己是“丧家狗”，似乎不如此就不足以言孔子“本来面目”的“真相”。但其实，孔子之为孔子，正在于他明确而充分自觉地意识到了其行动必然遭受挫折以致“道之不行”的现实境遇，但他又不像隐者那样采取鸵鸟式或犬儒式的避世姿态，而是宁愿“知其不可而为之”，即不顾穷通、不患得失、不问成败地坚持在现世中，以言行向世人展示自己的品格、追求、理想、抱负和主张，或在言行中展现和表明自己之为“谁”的独特性。《论语·宪问》载：“陈成子弑简公。孔子沐浴而朝，告于哀公曰：‘陈恒弑其君，请讨之。’公曰：‘告夫三子！’孔子曰：‘以吾从大夫之后，不敢不告也。君曰“告夫三子”者！’之三子告，不可。孔子曰：‘以吾从大夫之后，不敢不告也。’”孔子晚年居鲁，本可以颐养天年而不问世事，又何必如此郑重其事地沐浴而请讨弑君者呢？问题的关键是，孔子之为孔子，就在于他乐于以言行来向世人和统治者表达和展现自己的主张和理念，如反对僭越与弑君，哪怕他非常清楚地知道他的努力必定是徒劳无功的。综合其一生的言行，如果说孔子之所希冀者，在兴复周礼，在明道救世，在躬行君子，在践行仁道，在知天命而畏，在忠恕以待人，那么，他所不逾之矩，就是周礼之矩、道义之矩、君子之矩、仁道之矩、天命之矩、忠恕絜矩之矩，概言之，亦可说是他那一以贯之的人生道德信念之矩。因此，所谓的“从心所欲”，绝不是毫无规矩操守地恣意妄为，而是在经受住了各种质疑和批评的人生考验之后，对于规矩操守无须刻意为之而只是顺乎自然地践行。人生七十古来稀，而孔子认为自己正是在这古稀之年向世人充分展现出了一种“从心所欲，不逾矩”的自我形象。

因此，不管孔子是不是“圣人”，或者是不是“丧家狗”，他在晚年都更加从容、自信而“从心所欲，不逾矩”地在言行中使自身的独特品格、个人特征在世人面前做了最充分而卓越的展现。也许正如李零先生所说，“孔子是赍志而殁”而“并非如愿以偿”，也许孔子因兴复周礼、平治天下的愿望和目标没有实现和达成而在晚年表露过“天下无道久矣，莫能宗予”的悲观和失望的情绪，但孔子毕竟是孔子。尽管孔子有时也会心生归隐之念，有时也产生过“予欲无言”(《论语·阳货》)的念头，但终其一生，他主要都是“在行动和言语中展现和证实自己”的，而且，他的这种独特的自我展现的最内在意义是“与成败无关，与最终结局无关，也不受效果好坏的影响”的[①]。如果说“人能赢得的最大成就是他的自我显示和实现”[②]，而“行动只能以是否伟大的标尺来衡量，因为它本质上突破了所有通常接受下来的标准而达到了非同寻常的程度”的话[③]，那么，孔子从“志于学”到“而立”“不惑”“知天命”“耳顺”乃至“从心所欲，不逾矩”之境的整个生命成长历程，和他在言行中所做的最充分而卓越的自我展现及其因追求兴复周礼和“明道救世”的梦想而采取的积极“入世”的行动，在我看来，都当得起“伟大”一词。

① [美] 汉娜·阿伦特：《人的境况》，王寅丽译，上海人民出版社 2009 年版，第 161 页。
② [美] 汉娜·阿伦特：《人的境况》，王寅丽译，上海人民出版社 2009 年版，第 163 页。
③ [美] 汉娜·阿伦特：《人的境况》，王寅丽译，上海人民出版社 2009 年版，第 161 页。

除了上述诸家对夫子自述的理解和解读以及我个人的看法之外，还有三种较有代表性的观点和看法，值得在下面稍作介绍和评述。

一是近世谭嗣同尝以孔佛互诠互证的方式发明孔子“成圣成佛”的至极的人生境界与内圣形象，他说：“夫孔子大圣，所谓初发心时，即成正果，本无功夫次第之可言。若乃现身说法，自述历历，亦诚有不可诬者。十五志学也者，亦自意诚入手也；三十而立，意已一而不纷矣，然犹未断也；四十不惑，意诚转为妙观察智矣；五十知天命，我执断矣，然犹有天命之见存，法执犹未断也；六十耳顺，法执亦断，为平等性智矣；七十从心所欲不逾矩，藏识转为大圆镜智矣。”（《仁学》二十六）谭氏是从其“孔子大圣”的“先见”和佛家“成佛”的修养境界来解读夫子自述的，这对谭氏也许是有意义的，但显然有些“过度诠释”而与孔子的“入世”品格、精神及其人生轨迹、生命历程的“真相”不相契合。

二是梁漱溟先生反对把孔子的学说“忙着往高深处讲”，因为那样的话，会“越讲越分歧，越讲越晦暗”，以至于“讲孔子学说的人越多，孔子的真意思越寻不出”，因此，梁先生希望“从粗浅的地方脚踏实地地来确定孔子是怎么回事”，以便重新认识孔子学说乃至使其发扬光大。于是，梁先生便在孔子的学问中发现了夫子自述这“最显著的一条”，但是，最耐人寻味的是，梁先生并不望文生义地胡乱猜测孔子所讲的“他自己学问的进境与次第”究竟是什么意思，而只是指出：“他（孔子）仿佛是说他自己，说他自己的生活，说他自己的生命，说他自己这个人。仿佛可以说，他由少到老，从十五到七十，所致力用心的就是关乎他自己个人的一生。……照我所体会，他的学问就是要自己了解自己，自己对自己有办法……孔子毕生所研究的，的确不是旁的而明明就是他自己；不得已而为之名，或可叫作‘自己学’。”但梁先生认为，正因为如此，所以可以说，“孔子的学问是最大的学问，最根本的学问。明白他自己，对他自己有办法，是最大最根本的学问，我们想认识人类，人是怎么回事，一定要从认识自己入手。……只有深彻地了解自己，才能了解人类”，而“孔子学说的真价值，就在他自己对自己有办法，用他自己的话说，就是从心所欲不逾矩”①。

梁先生自有梁先生自己的独到见解，特别是梁先生对孔子讲自己一生的“学问的进境与次第”采取谨慎的处理方式而不作任何具体解释，尤其别具一格而具有启发性。我们可以推衍梁先生的意思说，夫子自述或讲他自己的根本用心所在，是要我们认识和了解我们自己，而不是简单地模仿或学习“做”“孔子”，因为每个人独特的生活经历和人生体验都是不可复制和模仿的，模仿只会产生拙劣的戏仿效果。但人生是一个阶段性的生命成长历程，这一点倒是夫子自述能够给我们带来的具有真实意义的启示，不过我们需要自己去反身实践或体证，而不同的阶段性究竟具有什么样的特征和含义，不同的人可能有不同的体验和证悟。或者如钱穆先生所言：“孔子自述其一生学之所至，其与年俱进之阶程有如此。学者固当循此努力，日就月将，以希优入于圣域。然学者所能用力，亦在志学与立与不惑之三阶程。至于知天命以上，则非用力所及，不宜妄有希效。知有此一境，而悬以存诸心中则可，若妄以己比仿模拟之，则是妄意希天，且流为乡愿，为无忌惮之小人，而不自知矣。……无所凭依而妄冀骤入，则转成谈空说玄，非孔子以平实教人之本意。”②

三是于丹教授在《于丹〈论语〉心得》一书中从现代人讲求“效率”的观念出发，对夫子自述的启迪意义与价值做了全新的解读，其最具新意的解读就在于，她认为，“孔子所描述的人生境界，越到后来越强调内心，越到后来越从容和缓”，尽管“在这从容之前，其实是要经历千锤百炼的”，可是，我们大可不必再像孔子那样等到七十岁时才“从心所欲”地“淡定从容”。“在当今这样一个加速发展的社会里，我们需要更加有效率的生活”，通过“学习《论语》”，我们可以提升我们的生命的效率，可以缩短达到孔子人生体验之最高境界的历程，

---

① 梁漱溟：《孔子学说之重光》，见《梁漱溟先生论儒佛道》，广西师范大学出版社2004年版，第4—11页。

② 钱穆：《论语新解》，生活·读书·新知三联书店2005年版，第29页。

这可以“让我们每一个人真正建立起来有效率、有价值的人生”[①]，也似乎可以让我们每一个人一下子顿悟般地做到孔子七十岁时的“从容淡定”，并获得超乎任何社会历史境遇的永恒的个人幸福，不管你处于什么样的年龄阶段、生存状态和生活环境。尽管我们应对于丹教授的“心得”在向大众推广和普及儒学方面所做出的杰出贡献给予充分的肯定，但笔者依旧不敢苟同她对孔子的人生之道所做的上述解读。诚然，渴望“建立起来有效率、有价值的人生”，本是无可厚非的，但假如说仅仅通过“戏仿”就能够富有“效率”地做到千锤百炼出来的“淡定从容”（且不说讲求“效率”与“淡定从容”的人生态度之间的关联是多么不协调且具有一种明显的悖论意味），并能够获得绝对的个人幸福感的话，那么，这不是一种基于虚幻臆想的自欺欺人之谈，就是一种钱穆先生所说的由于“妄以己比仿模拟之”而“流为乡愿”的“无忌惮”之见。

最后，我想特别强调的一点就是，不管我们如何来具体地理解和解读孔子的生命历程、生活经历、各种作为以及夫子一生的自述，孔子的故事都没有随其个体生命一道走向终点，而是融入了中国人或中华民族的伟大故事——由政治、思想、学术、文化、伦理、教育等共同编织而成的叙事当中去了。在中华民族文明演进的历史及伟大故事中，孔子的声名、影响和命运都充满了耐人寻味的悖论意味。两千五百多年间，在赞誉与讥毁、尊崇与诅咒之间，在幸与不幸之间，正是孔子其人、其道、其学说实实在在而又确乎诡异地广布于古来中国人的心中了。他被后人、不同时代的中国人不断地谈论、讲述和评说着，竟至演绎成了一个诠释的神话！

依我之见，人们对孔子的谈论和评说主要涉及三个层面的问题或三种面相的“孔子”——“实在的孔子”、“历史的孔子”（这两个概念由李大钊先生首先提出[②]）、“符号的孔子”。所谓“实在的孔子”，是指我们所能确认的真实具体的孔子这个人及其所言、所行、所思的实在性；“历史的孔子”，是指历史上

① 于丹：《于丹〈论语〉心得》，中华书局2006年版，第116—117页。

② 李大钊：《李大钊选集》，人民出版社1959年版，第481页。

由人们对“实在的孔子”的认识或再认识而形成的各种不同的有关孔子的形象或概念，即种种孔子观；而“符号的孔子”，则是指孔子之为孔子，不再是一种纯个人的私名，而是一个文化符号，一个人们在交流与对话、对抗与互动时共同运用的公共的符号，如孔子之为先秦诸子思想论域中的诸子共同的“假想敌手”或“公共论敌”；孔子之为人间唯一正确的绝对真理、永恒之“道”或天理的象征与化身；孔子之为历代帝王共尊的“至圣先师”或“历代帝王专制之护符”；孔子之为一个不断发展、变迁、丰富和转化的“活的传统”，或代表了一种复古、倒退、守旧而必须予以彻底清除的死的历史遗产；孔子之为中国文化的代名词，象征着一种人们或者用来借以与西方文化相抗衡，或者必须加以毁弃以便引进西方文化的“文化边界”或“文化壁垒”。因此，我曾经这样讲：

孔子何许人也？

这个问题回答起来实在不像问题问得如是简单！春秋时期的孔子绝非子虚乌有，而“真孔子”在历史上却是一个千面圣人，是一个诠释的神话，是诸子充分展开思想冲突与对话的驱动器，是人们进行思想斗争与政治斗争的锐利武器，是中国文化的代名词。问题具有多层面性和复杂性，因此，当人们谈论孔子时，我们只有廓清其谈论的层面及所涉及问题的性质，才能真正把握人们所谈问题的实质，并进入谈论者生存意识的核心地带。

孔子，挥之不去的孔子，我们无论认同他还是超越他，他都是“摆在我们面前的一道难题”！[①]

---

① 林存光、郭沂：《旷世大儒——孔子》，河北人民出版社2000年版，第216—217页；林存光：《儒教中国的形成——早期儒学与中国政治文化的演进》，齐鲁书社2003年版，第14页。

下篇　道不远人——孔子的思想世界

孔子是中国历史上第一个创办私学并获得了巨大成功的伟大的教育家，也是中国历史上第一个因整理编修经籍“六艺”而著称的伟大的文献整理家，更是一位通过“志于学”而成长为新兴文士阶层中的杰出代表、以其优秀品质和独立人格傲然卓立于时代的政治活动家。正是在这多重意义上，我把孔子看作中国“轴心时代”具有开端和创始意义的最为重要的阿伦特意义上的行动家，而且，他不仅以其言行展现了自己之为“谁”并证实了自己的“伟大”，还和世界上的另外三位大哲学家——苏格拉底、佛陀和耶稣一样，同属“思想范式的创造者”（如德国哲学家雅斯贝尔斯所言），是一位在中国历史上产生过广度与深度都无与伦比的历史性影响的“最优秀的思想家”。

那么，孔子所开创的究竟是一种什么样的“思想范式”呢？

由于立场、观点、视角和方法的差异，不同的学者可能会有相当不同甚至截然相反的理解和解读。人们或是同情，或是批评，或是赞赏称颂，或是不屑一顾，而立场和观点的不同肯定会带来解读效果与认知评价上的极大差异。但不管人们喜不喜欢孔子，喜不喜欢他的思想和学说，我们都不能不认真地对待他与他的思想和学说，也不能否认孔子的言、行、思的确具有一种承上启下甚至开端启新的独特的“范式”意义。

对于这一“思想范式”，学者们可以从不同的角度、依不同的方法去理解和把握，譬如从发展演变的过程的角度去解读孔子思想的阶段性特征，把孔子的思想看作一个从礼学（早期）到仁学（中期）再到中庸理论或易学（晚期）的发展演变历程；或者依孔子的人生成长阶段来阐释孔子的思想，把孔子的思想看作一个随着其人格的成长而不断趋于成熟和完善的体系。另外，也可以分专题探讨孔子的哲学思想、伦理思想、政治思想、教育思想、经济思想、文艺思想、史学思想及其思想的基本范畴和概念等，或者对孔子（或《论语》中）的心灵之道、处世之道、君子之道、人生之道、孝敬之道、治世之道、忠恕之道、仁爱之道等进行分门别类地阐述。学者们研究孔子思想所采取的方法，既可以是阶级分析的方法，也可以是诠释学的方法，还可以是“考察中国人在其生存与历史境遇下的思维过程”的思想史的方法。

上述种种视角和方法，无疑为我们进一步理解、把握和解读孔子的思想世界，提供了极富参照价值和借鉴意义的诸多启示，值得我们吸取并适当地加以运用。但就其作为一种“思想范式”而对后世产生了深远影响而言，我本人更愿意尝试对孔子的思想世界做一种整体的理解和把握，毕竟它是由传统、人及其所处的世界、教育、美德、政治等既不同而又密切相关的诸多主题或思想元素共同构建而成的。而且，在我看来，用“道不远人”一语来概括这一具有“范式”意义的思想世界的根本性的核心特征，是再恰当不过了。

第六章　扎根于传统之中

孔子的思想深深地扎根于传统之中，他的整个思想世界就建筑在传统的根基之上，或者说传统直接构成了他整个思想世界的根基。因此，当我们尝试深入孔子的思想世界并开始进行系统解读的时候，首先遇到并需要恰当处理的一个最大的文化难题就是人及其传统的问题。

孔子是一位好古敏求的学者，他赋予自身一种“述而不作，信而好古”（《论语·述而》）的文化角色与使命，这使他留给后人一种仅仅作为叙述者而一心守护、维系旧传统的保守形象。那么，孔子为什么要保守传统？这种保守体现了一种什么样的文化意识？他对传统的保守仅仅是一种守旧的行为吗？我们究竟应如何看待孔子好古敏求、“述而不作”的文化诉求？我将在本章中尝试回答这些问题并力求做出相对合理的解释。

一、我们自身的解释学处境

要想深切地理解“传统”对孔子的影响及在其思想世界中的地位和意义，必须首先弄清三个彼此密切相关的问题，即我们自身的解释学处境、我们对于“传统”的基本看法以及“传统”之于我们自身所处时代生活环境的当下价值与意义，它们是由近代以来中国社会政治的变革进程及相关的文化问题所限定的。

自晚清以来，我们受到了来自西方强势文明的极具颠覆性的全面冲击与挑战，迫使我们不得不调整自身的文化认同意识并走上了一条日益脱离自身价值观体系和文明路径（即去传统化）的连贯的、“不断激进化”的变革和革命的历史道路。这使我们与自身的文化传统一直处在一种“充满疑问的关系”当中。

近百年间，这样一种文化意识一直在人们的头脑中占据着主导地位，即中国追求实现现代化建设目标的诉求意味着去传统乃至全面地反传统，这一意识在“文革”期间一度演化成一场对我们自身整个文化传统不加分析地一概批判和蔑弃的非理性的群众运动。然而，事过境迁，现如今，另外一种文化意识似乎又占据了上风，即唯有在传统在场或文化认同的条件下，我们才能构建或成就我们自身真正良性的现代性乃至后现代性。似乎我们越反叛，就越会导致回归，犹如秦汉之际，统治者越是焚书坑儒，就越是导致了后来的儒术独尊那样，晚清以来“不断激进化”的对传统的背离与反叛的历史运动，似乎在今天更加导致了对传统的全面“回归”和对文化认同的一味强调。

上述文化意识的两度转变（由传统到反传统，再由反传统到传统的认同与回归），当然不是仅仅由文化问题本身的性质所决定的，它是在一种错综复杂的历史变革进程和不断变化的生活情境中发生的。我们只有在深刻了解和全面把握近代以来中国社会的历史变革进程和不断变化的生活情境的基础上，才能认清上述文化意识转变问题的实质。

那么，中国近代以来的历史变革进程及与之呼应而密切相关的文化意识的转变，究竟是一种什么性质的问题呢？我们究竟应如何合理地看待我们与自身文化传统之间的关系问题，又如何正确地处理传统与现代之间的关系问题呢？在我看来，金耀基先生的下述论断可以说抓住了问题的实质，他说：近代以来中国人所走的是一条“现代转向”的“长期革命”的道路，而“放在历史的视角下，中国的‘现代转向’是一个文明的转变，而且中国的现代化目标绝不仅限于建设一个现代化的中国。换句话说，一种新的中国文明秩序”[①]。果如是言，那我们必须以建设“新的中国文明秩序”这一中国“现代转向”的根本目标诉求的视角，去审视中国近代以来的整个历史变革进程和不断变化的生活情境及文化意识的转变问题。

“新的中国文明秩序”的建设事业是在不断深入认识或充分意识到古今之不同和不同文化形式的生活世界之间的相对性和差异性这样一种解释学处境中进行和展开的。然而，近代以来的中国人对这一处境做出的反应是各不相同的，甚至是截然相反的。可以说，在近代以来的古今中西之争或文化上的自我再估价的论域中，传统之于我们已经不再是一种无须质疑就可以接受和认同的东西。依我之见，在对传统的盲目认同、一味肯定与一味否定、简单蔑弃这两极之间存在着“一片重要的中立地带”，我们必须站在这一中立地带，即在简单而盲目的认同、遵从与绝对自由的开新、创造之间，重新审视和估价我们的文化传统对于我们自身、对于构建“新的中国文明秩序”究竟具有一种什么样的价值和意义。

作为对西方文化冲击的一种回应，构建“新的中国文明秩序”必然包含着对西方文明（特别是西方近现代文明）成果和资源的合理吸收与借鉴，这似乎是题中应有之义。然而，如何汲取我们自身的文化传统资源，使之在构建“新的中国文明秩序”的过程中发挥有益的作用，反倒成了一大难题。清理和批判历史传统中的消极因素与阴暗面，曾经是摆在我们面前的一个首要的文化任务，以至于以西方文化之所长为标准来评断我们自身文化之所短的所谓“强人政

① 金耀基：《全球化、多元现代性与中国对新文化秩序的追求》，见周晓虹主编《中国社会与中国研究》，社会科学文献出版社 2004 年版，第 44 页。

策”[1]，近百年来长期支配着中国人的文化意识。那么，我们今天能否只是将这一“强人政策”简单地倒转过来就可以解决我们所面临的文化难题呢？问题当然不会是如此简单易行的，那样只会导致不敢正视自身文化传统中的消极因素与阴暗面的弱者心态泛滥成灾。在经历了近百年中西文明价值理念激烈冲突的洗礼之后，在走过了近百年异常艰辛曲折的中国“现代转向”的历史进程之后，我们必须在对我们所走过的许多弯路和因政治上的过激与文化上的偏见而付出的沉痛代价痛切反思的基础上，努力寻求和探索一条在“适度的理性”引导下的新的文明建设和文化发展之路，它应该是一条既富有自身文化特色又富于开放性的文明建设和文化发展之路。

在我看来，“新的中国文明秩序”的建设必定是一项“综合创新”的伟大事业，它不可能只由某种单一的因素所决定，我们既需要充分吸取和借鉴西方文明中有益的成果，也应当有意识地发掘我们自身文化传统中的合理成分和有益资源并使之发挥建设性的作用。同时，我们也必须对中西文化传统中过时且不合理的因素认真地加以批评性的系统反思，以便尽量减少其负面的消极影响。因此，重要的是我们需要培养和发展一种“鉴别传统的能力”，而不是对传统乃至“从传统中解放出来的传统”或“反传统的传统”做出一种笼统的论断。为此，我们应进一步澄清我们看待“传统”的基本立场、观点和态度，阐明我们对“传统”的一些一般性的认识和看法，以之作为我们进一步讨论“传统”对孔子的影响以及在其思想世界中的重要地位和意义的必要前提。

美国著名社会学家爱德华·希尔斯曾经专门写过一部《论传统》的皇皇巨著，对“传统”的问题进行了综合性的系统探讨并“证明我们需要传统”。他在该书中提出的许多重要见解发人深思，值得我们认真对待。根据希尔斯的研究，我们知道：

第一，传统是一种世代相传而且至少要持续三代人的东西。

---

① ［美］杜维明：《继承五四　发展儒学》，《读书》1989 年第 6 期。

第二，“几乎任何实质性内容都能够成为传统”，如人类过去所创造和成就的所有的精神、信仰或思维范型，已形成的价值观念、行为模式、生活方式或社会关系范型，深深渗透着传统的制度以及技术惯例和物质制品等，都可以成为持续延传的对象并成为传统。[①]

第三，许多东西“在代代相传的过程中不会完全保持其同一性”，传统在继承和延传的过程中是会发生变化的，因此，传统又是一种“延传变体链”，即“作为时间链，传统是围绕被接受和相传的主题的一系列变体”[②]。

第四，传统总是无所不在的，它也总是受到或接受或拒斥、或遵奉或背离、或认同或反对它的人们的行动的影响；“没有传统，人类便不能生存”[③]，然而，人们的行为、信仰和生活也从未完全受制于传统的支配，甚至“对大多数人来说，尊重传统并非是他们主要的关心对象”[④]。

第五，“并不是所有的传统都是有益于人的；也不是所有的传统都值得保存”[⑤]，在传统的变迁和更新中，人们“不可避免地要进行选择”[⑥]；而且，“传统依靠自身是不能自我再生或自我完善的”，“只有活着的、求知的和有欲求的人类才能制定、重新制定和更改传统”[⑦]。因此，可以说，在人与传统的关系中，人才是主体，而不是相反。

第六，与传统对立的启蒙运动的兴起将追求“进步”“理性化”的理想和个人解放的目标等带入人类历史发展的进程，并极大地改变了人类生存的状况，“社会已变得更加人道和公正了”[⑧]。然而，启蒙运动所带来的结果却是自相矛

① ［美］E. 希尔斯：《论传统》，傅铿、吕乐译，上海人民出版社 1991 年版，第 21 页。
② ［美］E. 希尔斯：《论传统》，傅铿、吕乐译，上海人民出版社 1991 年版，第 17 页。
③ ［美］E. 希尔斯：《论传统》，傅铿、吕乐译，上海人民出版社 1991 年版，第 429 页。
④ ［美］E. 希尔斯：《论传统》，傅铿、吕乐译，上海人民出版社 1991 年版，第 36 页。
⑤ ［美］E. 希尔斯：《论传统》，傅铿、吕乐译，上海人民出版社 1991 年版，第 438 页。
⑥ ［美］E. 希尔斯：《论传统》，傅铿、吕乐译，上海人民出版社 1991 年版，第 34 页。
⑦ ［美］E. 希尔斯：《论传统》，傅铿、吕乐译，上海人民出版社 1991 年版，第 19 页。
⑧ ［美］E. 希尔斯：《论传统》，傅铿、吕乐译，上海人民出版社 1991 年版，第 433 页。

盾的，如基于全盘理性化规划理想和政府全能信仰之上的现代化事业及工具理性的扩张和统治，也给当今世界遗留下了诸多难题甚至是灾难性的后果。但是，“作为一项非常伟大的成就”，启蒙运动毕竟“已经成了我们传统的一部分”，正像我们沿袭过去的传统应有所选择那样，我们也应对“启蒙传统中仍有生命力和已经过时的东西”有所“甄别”①。

在基于对“传统的涵义”的辨析和界定，对传统的变迁、对启蒙运动及其对“传统的前景”所产生的影响等问题进行系统反思的基础上，希尔斯得出的主要结论就是：“我们对待传统应该相当慎重，传统不应仅仅被当作是障碍或不可避免的状况”，“传统应该被当作是有价值生活的必要构成部分”。②

我认为，对于我们重新反思和定位“新的中国文明秩序”的建设事业、厘清我们自身的解释学处境乃至解读“传统”对于孔子的影响及在其思想世界中的重要地位和意义来讲，希尔斯的上述论述具有重要的启迪意义。具体而言，深深渗透着启蒙精神的五四新文化运动可以说是“新的中国文明秩序”建设事业的一个重大的转折点，它是一场吸取西方启蒙价值（如民主、科学、自由、理性、人权、法治、个人的解放与尊严等）并努力“从传统中解放出来”（“打倒孔家店”）的文化运动，它对中国旧文化、旧传统、旧道德等所做的全面反省和彻底批判，对于清除中国文化传统中的过时的东西的确功不可没，而且这本身亦形成了一种传统。然而，不可否认，它也有过激之处，即轻率地抛弃中国过去的文化传统，而欲以西方文化整体性地全盘替代之。这一点值得我们认真反思，但我们也不应只因这一点就全盘否定五四新文化运动的功绩和成就。我们不仅应慎重地区别对待传统中的积极与消极、合理与不合理的因素和成分，同样应慎重地看待五四新文化运动的现代启蒙事业，而不是简单而轻率地将其视为一种“激进主义”的有害物并加以否定和抛弃。如果说传统和启蒙可以同时作为

① [美] E. 希尔斯：《论传统》，傅铿、吕乐译，上海人民出版社 1991 年版，第 441 页。
② [美] E. 希尔斯：《论传统》，傅铿、吕乐译，上海人民出版社 1991 年版，第 440 页。

我们建设“新的中国文明秩序”的两大重要资源的话，那么，我们当下急需要做的工作正可以从两方面着手，一方面是继续努力推进和实现五四新文化运动未竟的启蒙事业，但对其极端片面的启蒙心态的弊病和不良影响与后果也要保持清醒的反思意识并努力做出修正，另一方面则是重新审视并发掘我们自身文化传统中的有益、合理的成分与资源，但对其消极因素和阴暗面也应继续给予深入系统的批判性的反思和清理。

希尔斯通过对“理性化的限制”和“进步主义的挫折”的反思来探讨“传统的前景”问题，也使我们认识到，人类生活的目标并不是完全能由全盘理性化规划的启蒙理想及其理智手段来建构和实现的，“新的中国文明秩序”的建设亦是如此。因此，文化传统中有益与合理的成分和资源在经过创造性的转化之后，是完全有可能对人类生活或“新的中国文明秩序”的建设事业之目标的实现做出建设性的积极贡献的，传统也会因此而成为我们富有价值和意义的生活实践的“必要构成部分”。“那些对传统视而不见的人”实际上仍然有可能“生活在它的掌心之中”①，而轻率地“抛弃一种传统”也“并不能保证它可以被取代”，“它可能会由某种更加糟糕的行为或信仰范型所代替”②。不过，我们也应牢记一点，现代化的革命进程毕竟使“现代社会中的人的态度、价值、知识和文化极大地不同于传统社会”，使现代文明和传统文明之间产生了许多重大的差别③，因此，“新的中国文明秩序”的建设注定是一项新的事业，而文化传统的复兴或文化认同的重建绝不是它追求实现的主要的（更不是唯一的）目标，更不用说什么“复古”了。另外，我们还应牢记的一点就是，正如希尔斯所言，如果说“大自然是一种产生问题的系统”的话，那么，“人类则是一种制造问题的动物”，无论是启蒙运动的手段“理智”还是传统，“不管是单独一种手段还是两者合在

① ［美］E. 希尔斯：《论传统》，傅铿、吕乐译，上海人民出版社 1991 年版，第 415 页。

② ［美］E. 希尔斯：《论传统》，傅铿、吕乐译，上海人民出版社 1991 年版，第 439 页。

③ ［美］塞缪尔·亨廷顿：《文明的冲突与世界秩序的重建》，周琪等译，新华出版社 1999 年版，第 58、59 页。

一起”，可能都不足以解决人类所面临的许多重要而持久的问题①，尤其是人类当今面对的许许多多的全球性生存难题。事实上，这些都有赖于我们进一步提升创造性地应对问题的能力才有希望得到解决。

除了希尔斯的“传统”论，美国著名政治学家亨廷顿的“文明”论同样对我们具有重要的启迪意义。与阿伦特关注揭示“某人是谁”（一个人在其言行中展现出来的某人的独特的身份 / 特性）的问题不同，亨廷顿主要关注的则是另一个有关“谁”的问题，即“我们是谁”（国民身份 / 国家特性）的问题，其中文化（最突出的是语言和宗教）认同居于中心地位。依亨廷顿之见，当今我们主要生活在一个“多元化的世界”和“许多不同的文化和文明相互并存”的时代，人们正在试图根据文化来重新界定自己的身份认同，而文明便是“最大的‘我们’”②。如果说传统是我们的文化习性和文明生活之根的话，那么传统就不仅应“被当作是有价值生活的必要构成部分”，它还涉及另一重要层面的问题，即“我们是谁”的文化上的自我认同问题。依亨廷顿之见，对于美国人的身份 / 特性来说，在人种、民族、意识形态和文化四个主要因素中，“三个世纪以来一直居于中心地位”的是“盎格鲁—新教文化”③。而对于我们中国人的身份 / 特性来讲，问题似乎要更加复杂一些，从历史上来说，当然是“儒教”文化一直居于中心地位，不过，今天我们中国人的身份 / 特性却不再那么相对单一和单纯，在我看来，就目前或从前瞻性的角度来讲，它应主要取决于对建设“新的中国文明秩序”这一“综合创新”的伟大事业的认同。所谓的“综合创新”，是指在由返本、鉴西和开新三者综合构造的思维框架下的中国文明的新开展，而绝不是由“全盘西化”或“儒教”复兴与重建等单一因素所决定的。我们生活在一个

① ［美］E. 希尔斯：《论传统》，傅铿、吕乐译，上海人民出版社 1991 年版，第 431 页。

② ［美］塞缪尔·亨廷顿：《文明的冲突与世界秩序的重建》，周琪等译，新华出版社 1999 年版，第 26 页。

③ ［美］塞缪尔·亨廷顿：《我们是谁？——美国国家特性面临的挑战》，程克雄译，新华出版社 2005 年版，前言。

多文明并存的时代，如果说每一种文明的价值“不在于它是普遍的，而在于它是独特的”，而且我们有责任保存、维护和复兴我们自身文明独一无二的特性的话[①]，那么，返本以重建对我们自身文化传统或中国文明的认同就是必要的。但是，我们在汲汲于重建文化认同的时候，需要对那种旨在以对自身“文化自性”的封闭性认同来拒斥和对抗文化“他者”的所谓儒家（或文化）“原教旨主义”的思想动向保持高度警惕，这不仅因为其他文明中含有许多值得我们学习和借鉴的有益而合理的成分和资源，而且因为多文明的共存更需要各国人民以开放和包容的心态接受文化的多样性并努力“寻求和扩大与其他文明共有的价值观、制度和实践”，也就是说，承认并努力寻求和扩大各文明中包含的具有人类共同价值的“文明的共性”，而不是强制推行所谓“普世主义”，即将自己的文明作为所谓的“人类共法”或全球“单一的普世文明”强加给世界而让其他文明接受，这对于维护和促进多文明间的对话与和平共处具有更为重要的建设性意义[②]。再者，我们也千万不要忘记，“作为主体的人”，并“不完全地被内在于社会生活的一些规律或规定所制约”，他还具有一种“超越性”的“开创能力”，“一种在思想、社会、历史中创新局面的能力”[③]，或者说，虽然文化传统不能再像过去那样被看作一个旧的物件而被轻率地抛弃或处理掉，但人除了能够认同文化传统之外，还具有一种改变和改造自身的文化传统的能力[④]，而且，“国

---

① “西方文明的价值不在于它是普遍的，而在于它是独特的。因此，西方领导人的主要责任，不是试图按照西方的形象重塑其他文明，这是西方正在衰弱的力量所不能及的，而是保存、维护和复兴西方文明独一无二的特性。”见［美］塞缪尔·亨廷顿：《文明的冲突与世界秩序的重建》，周琪等译，新华出版社 1999 年版，第 360 页。

② ［美］塞缪尔·亨廷顿：《文明的冲突与世界秩序的重建》，周琪等译，新华出版社 1999 年版，第 368—370 页。

③ ［瑞士］毕来德：《对李春青教授文章的回应》，《中国图书评论》2008 年第 6 期。

④ “一个人改变不了自己的祖先和皮肤颜色，但能够改变自己的文化。人们能从一种宗教皈依另一种宗教，学习新的语言，接受新的价值观和信念，认同新的标志符号，让自己适应新的生活方式。”见［美］塞缪尔·亨廷顿：《我们是谁？——美国国家特性面临的挑战》，程克雄译，新华出版社 2005 年版，第 28 页。

民身份 / 国家特性的不同组成部分的相对重要性是可变的”，譬如，“在 20 世纪后期，德国人和法国人都抛弃了历史上有过的专制成分，将民主制纳入其自我形象”①，我想我们中国人也能够并应该做到这一点，我们的身份 / 特性也能够并应该朝着更加合理、开放而文明化的文化认同方向延传和改变。

总而言之，上述种种限定了我们当下的解释学处境，我想将这一解释学处境扼要概括为创造性地对待传统、开放性地面向未来、合情理地活在当下，并希望立足于这样的解释学处境，能够更好地回顾和反观孔子思想世界中的“传统”这一主题及其对中国“轴心文明”的贡献，看看孔子如何看待“传统”以及这样的看法在中国人的文化意识和文明特性上究竟产生了什么样的影响。

二、孔子的“述而不作”及其文化贡献

孔子自称“述而不作，信而好古”（《论语 · 述而》），而且坦言“我非生而知之者，好古，敏以求之者也”（《论语 · 述而》），《中庸》亦说“仲尼祖述尧舜，宪章文武”。可见，孔子称述古圣先王，具有一种很深的探求和维护古老传统的价值偏好和心理情结，对此，孔子本人及其弟子后学均直言不讳，这是其心智生活的显著特征之一。

那么，我们能否据此而认定孔子就是一个厚古薄今的复古主义者、一个一心主张因循守旧的思想家？我们能不能既把他看作或称作一位文化保守主义思想家而又给予他一种客观而公允的评价呢？

关于孔子思想的复古守旧性或保守性，的确是一个不易回答而又不容回避的问题。

孔子曾经因此而遭受过最为严厉的批评，尤其是在急剧变革和一味破旧立新的时代精神氛围中，批评者往往说孔子是一个主张复古或开历史倒车的思想

① ［美］塞缪尔 · 亨廷顿：《我们是谁？——美国国家特性面临的挑战》，程克雄译，新华出版社 2005 年版，第 29 页。

家，而为之辩护者大概也不免要背上复古、保守之名而备受讥斥。然而，在今天，尽管还是存在着这样那样的争议，但相对来讲，我们不再像从前那样对我们自身的文化传统反感到切齿痛恨的程度，我们经过重新发现，已经深切地感到有必要对在革命进程中已被淡忘或轻视的“自己固有传统”给予“应有的重视”[①]。此时此刻，我们再来反观和审视孔子的保守情结，也许更能心平气和地讨论问题了。

不过，我本人虽然认为孔子是一个思想倾向于文化保守主义立场的思想家，但并不赞成把他看作一个一味主张因循守旧的复古主义者。这倒不是因为要与时下的“孔子热”保持步调一致而刻意为孔子辩护（也没有必要隐讳不讲孔子的保守性，或者故意与时下的“孔子热”唱反调），我只是希望我们能够客观而公允地看待和评价我们自己固有的传统以及孔子维护和保守传统的基本立场。我们之所以判定孔子只是一个值得我们同情的文化保守主义思想家而不是一个一味主张因循守旧的复古主义者，我想我们是有充足而正当的依据和理由的。试分述如下：

一是孔子的好古敏求主要基于一种强烈的历史责任心和文化使命感。

“述而不作，信而好古”，或者说“祖述尧舜，宪章文武”，乃至敏以求之，意味着孔子对自身作为文化传统的传承绍述者有一种充分的自觉意识，体现了孔子本人的一种强烈的历史责任心和文化使命感。为此，孔子甚至认为自己拥有某种天赋的道德责任或神圣的文化使命，如：

> 子曰：“天生德于予，桓魋其如予何？”（《论语·述而》）
>
> 子畏于匡，曰：“文王既没，文不在兹乎？天之将丧斯文也，后死

① 如德国波恩大学汉学系主任顾彬教授在雅斯贝尔斯《大哲学家》一书的中文版序《“紧随你自己！”——卡尔·雅斯贝尔斯对中国可能具有的意义》中所言：“中国在其革命的进程中常常淡忘了对自己固有传统应有的重视，取而代之的却是对所有所谓新生事物的偏爱。”见［德］卡尔·雅斯贝尔斯：《大哲学家》，李雪涛主译，社会科学文献出版社2005年版。

者不得与于斯文也；天之未丧斯文也，匡人其如予何？”（《论语·子罕》）

显然，在孔子看来，文化传统的延续与丧失、传承与废弃、复兴与衰落，并不完全受个人的努力与作为影响和左右，而是最终由上天所决定。对于孔子身处其中的历史生活环境或遭遇的文化困境，我们完全可以从纯粹世俗的、人类事务本身的视角去做出合理的解释，即在人类的整个生活世界与人间秩序中，真正在起最终决定作用或发挥支配影响的是一种能够决定具体人事之兴衰的总体客观情势及其必然趋向，它是不以人的主观意志为转移的，当人们困穷呼天的时候，所谓的“天”或“命”，其真实的含义也许正是这样一种总体的客观情势及其必然趋向。在上述引文中，那种能够决定斯文沦丧与否的“天”未必不是潜藏着这样一种含义，然而，在更为根本的超越性的意义上，孔子所谓的“天”，作为一种令人敬畏的客观的外在威权，更多地具有一种深刻的宗教性的含义，它明显是由传统至上神意义上的、具有人格意志的神秘的支配或主宰力量脱胎转化而来的，但孔子将其内化为一种自觉的文化担当的“天职”意识，我认为这也正是孔子所谓的“知命”“知天命”的真实含义。

而由上述引文可知，孔子显然把自己看作一位自觉担负维系传统、传承斯文之重大历史责任和文化使命的特殊人物，他的那份其奈我何的自信与达观，一方面与他对当下情势的判断相关，即认为情势还未发展到上天要让斯文丧失殆尽的地步，另一方面与他对天命的体认与信仰及由此生发出的一种天命天德在我的自觉的文化担当的“天职”意识密切相关。

正因为孔子深信自己秉承或肩负着一种天赋的道德指令、重大的历史责任与神圣的文化使命，故而尽管事情的成败最终取决于上天而不是个人的努力，尽管他后来更清醒地意识到“道之不行”的困难与挫折，但他仍然坚守积极入世、“知其不可而为之”的人生态度和文化立场，不计成败、无怨无悔地尽力维护和兴复正日趋衰落废坏的礼乐文化传统。

那么，这究竟是一种逆历史潮流而动的“因循守旧”的“好古癖”行为，还是一种为维护和传承自身文化传统而勇于担当的值得我们同情的正当行为？要合理地回答这一问题，还需结合以下几个方面的问题来综合考量。

二是孔子的好古敏求激发和寄托了他对理想社会的美好向往与拨乱反正的治道诉求。

孔子认为他生活的时代是一个“礼崩乐坏”“天下无道”的时代，时代已堕入历史灾难的深渊；而他心向往之的则是尧、舜、禹、文、武、周公等古圣先王统治下的“天下有道”的、理想化的“黄金时代”。

孔子曾盛赞尧舜禹之为君曰：“大哉尧之为君也！巍巍乎！唯天为大，唯尧则之。荡荡乎，民无能名焉。巍巍乎其有成功也，焕乎其有文章！”“巍巍乎，舜禹之有天下也而不与焉！”（《论语·泰伯》）意思是说，唯独尧之为君能像天一样高明广大；对他广施的恩德，人们难以用语言来形容；他的功业伟大卓著，他的礼乐法度焕然生辉。舜、禹同样伟大，他们贵为天子，富有四海，任贤使能而治天下。

另据《礼记·礼运》记载，孔子曾与他那“犹然而材剧志大”的弟子子游有过一番对话，表达了他内心深处对“大同”“小康”之世的美好向往。其言如下：

> 大道之行也，与三代之英，丘未之逮也，而有志焉。
>
> 大道之行也，天下为公（东汉郑玄注曰：“公犹共也，禅位授圣，不家之。睦，亲也。”唐孔颖达疏曰：“天下为公者，谓天子位也。为公，谓揖让而授圣德，不私传子孙，即废朱均而用舜禹是也。”），选贤与（举）能，讲信修睦。故人不独亲其亲，不独子其子，使老有所终，壮有所用，幼有所长，矜寡孤独废疾者皆有所养。男有分（职分），女有归（婚嫁）。货恶其弃于地也，不必藏于己，力恶其不出于身也，不必为己。是故谋闭而不兴，盗窃乱贼（止）而不作，故外户而不闭。是

谓大同。

> 今大道既隐，天下为家，各亲其亲，各子其子，货力为己。大人世及（国君传位于儿子或兄弟）以为礼，城郭沟池以为固，礼义以为纪，以正君臣，以笃父子，以睦兄弟，以和夫妇，以设制度，以立田里，以贤勇知，以功为己。故谋用是作，而兵由此起。禹、汤、文、武、成王、周公，由此其选也。此六君子者，未有不谨于礼者也。以著其义，以考其信，著有过，刑（型）仁讲让，示民有常。如有不由此者，在势者去，众以为殃。是谓小康。

这一首理想社会的畅想曲，格外美好而动人视听。尽管有人怀疑《礼运》的作者只是假托孔子之口而发表自己的心声，但大体说来，这一对理想社会蓝图的构想毕竟是合乎孔子“祖述尧舜，宪章文武”之“真意”的。所谓的“大同”“小康”之世，也正是分别以传说中被理想化了的上古尧舜时代和夏商周三代特别是周初的“盛世”为历史蓝本的。

孔子的理想社会畅想曲当然不是展望未来，而是将人类社会生活的“黄金时代”设定在过去的某一历史时期，而且，在他看来，时代愈古，其道德政治愈美好隆盛。毋庸讳言，这种美化历史的论调，无疑会误导人们走向一味发思古之幽情的虚妄。然而，另一方面，一种用以批判和超越“现实世界”的社会理想的提出，其意义并不决定于它对历史的看法是否符合实际或者这一理想能否实现，而关键是它是否意味着人类的存在作为历史而成为反思的对象，是否提供了一种审视、评判现实社会状况的可资凭据的蓝图与标准，是否能够激发起人们改进现状的意愿、热忱和行动，以及是否可以反映出那个时代人们的“最一般的和最本质的要求”，从而构造一个时代精神的生长点。

而且，孔子之所以称述上古三代的圣王之治，显然并不是因为“世俗之人，多尊古而贱今，故为道者，必托之于神农、黄帝而后能入说”（《淮南子·修务训》）而采取的一种说服策略，更非单纯为了发思古之幽情，而是认为它对于后人特别是执政当权的统治者，具有规范性的现实指导意义，正如朱熹《集注》所言，“祖述者”旨在“远宗其道”，而“宪章者”旨在“近守其法”。如果说远宗尧舜之道显得理想太过高远的话，那么孔子则更愿意考求三代之礼、修习文武之道，因为这在孔子看来更加现实可行[①]。因此，孔子虽然盛赞尧舜，远宗其道，追寻上古圣王的足迹，但他将自己的梦想最终落脚在维系斯文（周代礼乐制度文明与文化传统）于不坠乃至兴复周制周道于东方，并自命为文王、周公的当代传人而乐于担负这一历史责任与文化使命。他念兹在兹，对周代的礼乐制度与文化传统推崇备至，崇尚周代礼乐文明之治与道德教化的治道之方，极言“礼之急”，对“制礼作乐”的周公更是魂牵梦系，所谓“周之德，其可谓至德也已矣”（《论语・泰伯》），所谓“如有用我者，吾其为东周乎”，所谓“甚矣吾衰也！久矣吾不复梦见周公”（《论语・述而》），一言以蔽之，上古三代寄托着孔子对理想社会最美好的向往与追求，以及用于拨乱反正的治道诉求。

三是孔子的“从周”是对他所处的生活环境有意识地做出的一种自觉反应。

孔子汲汲于探求上古三代的文化传统，又是与他对自身的时代处境与生活环境的认知与感受密不可分的。所谓“世衰道微”、“礼崩乐坏”、人伦不治，乃至于“邪说暴行有作，臣弑其君者有之，子弑其父者有之”（《孟子・滕文公下》），这可以说集中反映和体现了孔子及其后学最真实而强烈的现实感与时代意识。战国中期的孟子与春秋末年的孔子虽然相距百年，但他们的现实感与时代意识具有高度的连贯性与一致性。不过，他们在现实感与时代意识上的某些具体而细微的差别也非常值得注意，需要我们审慎地加以辨析与区分。清儒顾

① 有学者认为，“通过‘大同’‘小康’的对比，《礼运》的作者强调，天下为公、权力公有是公正、合理的，而天下为家、权力私有则是不公正、不合理的”（梁涛：《论早期儒学的政治理念》，《哲学研究》2008年第10期）。然而，根据孔子在阐述完大同、小康的理想之后与子游围绕“礼之急”的问题所做的进一步对话来看，大同与小康显然没有公正与不公正、合理与不合理这样的二分对立的含义，相反，孔子是在认可这两种社会理想同样合理的前提下更急于追求以礼治世而实现小康之治境。

炎武曾就春秋与战国两个时代的不同做过极精辟的概括与论述，他说：

如春秋时犹尊礼重信，而七国则绝不言礼与信矣。春秋时犹宗周王，而七国则绝不言王矣。春秋时犹严祭祀，重聘享，而七国则无其事矣。春秋时犹论宗姓氏族，而七国则无一言及之矣。春秋时犹宴会赋诗，而七国则不闻矣。春秋时犹有赴告策书，而七国则无有矣。[1]

顾氏的上述概括与论述，阐明了孔孟生活环境上的时代差别，正因为如此，他们各自对其时代处境或生活环境的意识反应也表现出明显的差别[2]，如对春秋诸侯之霸者及其在政治上的作为与贡献，他们的评价就是截然相反的，孔子持一种积极肯定的态度和立场，而孟子则持排斥否定的态度和立场；孔子遵奉周制周礼的政治态度和立场，虽然较之时人僭越破坏礼制的行为而言具有维护传统的保守色彩，但毕竟与他所处的时代生活环境并不完全背离，而孟子“言必称尧舜”，理想主义的色彩更加浓厚，也使人感到他的理想与他所处的时代生活环境相去更远，而且其思想自身亦在对上古道德（尧舜孝悌之道）的抽象继承与对具体制度的“复古”“守旧”（主张恢复井田制）之间形成了一种鲜明的反差与内在的张力，以至其主张愈激烈，其与时代生活环境和现实状况之间的对抗与差距就愈扩大化，故而“所如者不合”而“见以为迂远而阔于事情”，这与孔子同时代的人对孔子的评价是大为不同的，尽管孔子遭受过时人的各种诋毁和讥刺，但认为孔子是他们那个时代的一位贤达之士，并担心其“为政必霸”、得土必王者也是不乏其人的（如齐楚君臣）。

果如上言，遵循“知人论世”的原则，当我们将孔子追迹三代礼文而“好古敏求”的情结放在他的时代处境与生活环境中来认识和评价的时候，我们不难发现，孔子对于上古三代文化传统的维护与保守似乎并不像我们主观想象的那

① 顾炎武：《日知录》卷十三，“周末风俗”条。

② 萧公权先生曾就孔孟对于周室和封建制度的态度之间的差别做过精到的辨析和论述，参见《中国政治思想史》，新星出版社 2005 年版，第 65—68 页。

样具有浓厚的“复古”“守旧”意味。如孔子曰：

> 夏礼，吾能言之，杞不足征也；殷礼，吾能言之，宋不足征也。文献不足故也。足，则吾能征之矣。(《论语·八佾》)
>
> 我欲观夏道，是故之杞，而不足征也，吾得《夏时》焉。我欲观殷道，是故之宋，而不足征也，吾得《坤乾》焉。《坤乾》之义，《夏时》之等，吾以是观之。(《礼记·礼运》)
>
> 殷因于夏礼，所损益，可知也；周因于殷礼，所损益，可知也。其或继周者，虽百世，可知也。(《论语·为政》)
>
> 周监于二代，郁郁乎文哉！吾从周。(《论语·八佾》)
>
> 吾说夏礼，杞不足征也；吾学殷礼，有宋存焉；吾学周礼，今用之，吾从周。(《中庸》)

孔子对于文献的不足或缺失，无疑是深感遗憾的，不过，孔子并不是一个无视事实或完全缺乏历史感的人，他从对三代礼文的系统探求与考察中得出了一个非常重要的结论，那就是经过对夏、商两代之礼的鉴取与损益，周代的礼制礼文（即周代的制度文明与礼乐文化）已经趋于完备，故孔子乐于以遵奉和维护周代的礼乐制度与文化传统为己任。“郁郁乎文哉”是孔子“从周”或维护周代礼乐制度与文化传统的一个重要理由，不仅如此，孔子虽然生活在一个周代礼乐制度与文化传统遭到严重破坏而日趋解体与衰落的时代，但“周礼”显然还是春秋时期人们生活实践的一部分，对人们的行为和价值观念产生着这样那样的影响与作用，所谓“今用之”，意即周礼仍然是“现在通行的”[①]，这是孔子“从周”的另一重要理由。

就第一个理由来讲，孔子无疑有对周礼推崇过甚的毛病，以至于在他看来，礼文的沿革只是一种改良性的损益式延续的问题，而没有意识到这一传统在即将到来的战国之世就要面临断裂的命运，故而他还充满信心地说：“其或继周

① 林语堂：《中国哲人的智慧》，中国广播电视出版社 1991 年版，第 91 页。

者，虽百世，可知也。”但他不知道，在他之后，整个时代的急剧变化，仅仅以损益的观点已不可能解释清楚了，正是在古今相反不同或“世异则事异”的意识日趋强烈的战国之世，孔子被视为一个主张“复古”“守旧”的历史人物而遭到了其他学派思想家（道家和法家）的尖刻批评。然而，我们既不能苛责孔子没能预见到后来时代发展和生活环境变化的情况，也不宜像战国之世的思想家那样指责孔子“复古”“守旧”，而应把孔子本人的“好古”“从周”与孔子后学在他的感召下日趋“复古”“守旧”区别看待，因为孔子的“从周”还有另外一个重要理由，就是“今用之”，特别是孔子的父母之邦鲁国——至少从形式上来讲，仍然较完备地延续和保存着周礼，即所谓“鲁不弃周礼”或“犹秉周礼”（《左传·闵公元年》），甚而还有“周礼尽在鲁矣”之说[①]。因此，对孔子而言，他所面对的最大的时代性问题是周礼被僭越与破坏，而不是周礼被完全地抛弃或废止，如“孔子谓季氏，‘八佾舞于庭，是可忍也，孰不可忍也？’”（《论语·八佾》）因此，孔子问题意识的重心或者说他最为关注的，主要是遵循还是僭越、维护还是背离周礼的问题，也就是说，就周礼作为一种活的文化传统[②]，仍然是孔子所处时代现实生活的一部分而对人们的生活实践与行为模式产生实际影响这一点来讲，遵循和维护周礼还说不上是一种纯粹“复古”性的诉求。

四是孔子在维护古代文化传统的同时，又特别强调发挥人的主体性。

过去的历史记忆与文化传统中汇集着人类成长的故事和集体生活的经验，作为一个“好学”的人文学者，孔子关心的主要是如何从中获取可用于认识、了

---

① 据《左传》载，昭公二年，晋侯使韩宣子聘鲁，观书于大史氏，见《易》《象》与《鲁春秋》，曰：“周礼尽在鲁矣，吾乃今知周公之德与周之所以王也。”

② 有学者如庞朴先生认为应对“文化传统”和“传统文化”作必要的区分，即所谓“文化传统”是指活在现实中的文化，是一个动态的流向；而“传统文化”应是指已经过去的文化，是一个静态的凝固体。这一区分对于我们更好地理解孔子好古敏求的文化动机及其维护和传承传统的诉求是大有裨益的，孔子“好”而敏求或乐于称“述”的，可以说主要是那种仍然为“今用之”而构成现实生活一部分的“文化传统”，故而我在行文中有意识地使用“文化传统”而不是“传统文化”一词。

解和改进现实世界的有用的知识与学养，因此，好古敏求便成了孔子获取这种实用性知识与人文学养的主要途径，而上古三代的历史与文化传统也就构成了孔子所具备的知识与学养的主要根基与内涵。

毋庸置疑，并非“生而知之”的孔子对于上古三代的历史与文化传统的学习、探求与考察经历了一个逐步深入的过程，他所追求的绝不是一种一般性的学习、了解与探求，不是单纯为了沿袭而沿袭、为了传承而传承，更不想培养一种“不知其所以然”的盲目的“文化认同”意识。孔子对上古三代的历史与文化传统，从事的是一种系统全面而富有深度的学习、了解与探求，因为在学习、了解与探求的过程中，只有充分发挥主体之人的潜在的移情与领悟的能力，才能真正地深入其中，孔子“学鼓琴师襄子”而习《文王操》时，由“习其曲”而“得其数”，以至“习其志”而“得其为人”（《史记·孔子世家》），正是这种能力运用的最佳例证。

在对上古三代的历史与文化传统进行系统的学习、深度的了解和充分的领悟的基础上，孔子对于自己要继承和传承什么以及传统中的哪些东西需要修正和改进，应该说是有着自己的鉴别、辨识和选择的，譬如：

子曰：“麻冕，礼也；今也纯，俭，吾从众。拜下，礼也；今拜乎上，泰也。虽违众，吾从下。”（《论语·子罕》）

子谓《韶》，“尽美矣，又尽善也”。谓《武》，“尽美矣，未尽善也”。（《论语·八佾》）

颜渊问为邦。子曰：“行夏之时，乘殷之辂，服周之冕，乐则韶舞（武）。放郑声，远佞人。郑声淫，佞人殆。”（《论语·卫灵公》）

子曰：“盖有不知而作之者，我无是也。多闻，择其善者而从之；多见而识之；知之次也。”（《论语·述而》）

卫公孙朝问于子贡曰：“仲尼焉学？”子贡曰：“文武之道，未坠于地，在人。贤者识其大者，不贤者识其小者。莫不有文武之道焉。

夫子焉不学？而亦何常师之有？”（《论语·子张》）

很显然，孔子对上古三代的礼乐制度与传统持一种有所损益、择善而从或综合其善者而从的文化观点，孔子“从周”的基本主张也正是基于这样一种文化观点。韩非曾经批评孔子和有着与之相似的文化保守主义立场的墨子：

孔子、墨子俱道尧、舜，而取舍不同，皆自谓真尧、舜；尧、舜不复生，将谁使定儒、墨之诚乎？殷、周七百余岁，虞、夏二千余岁，而不能定儒、墨之真，今乃欲审尧、舜之道于三千岁之前，意者其不可必乎！无参验而必之者，愚也；弗能必而据之者，诬也。故明据先王，必定尧、舜者，非愚则诬也。（《韩非子·显学》）

韩非的批评实在耐人寻味，他本想站在讲求功利的实效主义政治立场上，将儒墨两大“显学”作为“无参验而必之”“弗能必而据之”的“愚诬之学”批倒批臭，然而，他的批评恰恰从另一个角度证明了孔墨对于从尧舜禹等古圣先王那儿流传下来的文化传统各有取舍，而且是极为不同甚至截然相反的。儒墨两派在战国之世的激烈论辩更凸显了这一点，而且应该说是推进和深化了人们对上古历史与文化传统的自觉认识和了解，尽管可能不尽符合历史的真相，但有一点是确定无疑的——他们的不同选择说明了所谓的传统从整体上来说是不可能被简单而直接地完全恢复的，对于“传统”，人们不可避免地要进行甄别和选择。

另外，需要特别强调的是，孔子虽然主张遵循礼仪，但他所谓的“礼”，如同他同时代的人对礼与仪所做的区分那样（见《左传·昭公五年》《左传·昭公二十五年》），已非单纯指一种行为规范的外在形式或揖让周旋的仪节，而是更注重“礼之本”或礼的精神实质，强调遵从古代礼乐文化传统应合乎以仁为本的人道原则，或者说作为主体的人依仁而行的能力对于传承、践习和弘扬古代礼乐文化传统可以发挥决定性的关键作用，如：

林放问礼之本。子曰：“大哉问！礼，与其奢也，宁俭；丧，与其

易也，宁戚。”（《论语·八佾》）

子曰：“礼云礼云，玉帛云乎哉？乐云乐云，钟鼓云乎哉？”（《论语·阳货》）

子曰：“人而不仁，如礼何？人而不仁，如乐何？”（《论语·八佾》）

子曰：“制度在礼，文为在礼。行之其在人乎！”（《礼记·仲尼燕居》）

据《史记·老子韩非列传》记载，孔子适周问礼于老子，老子对孔子谆谆教导说：“子所言者，其人与骨皆已朽矣，独其言在耳。”这一教导实隐含着对孔子热衷于探求古礼的严厉批评，虽然我们不能确定这话对孔子是否产生了直接的影响，或者孔子是否真正听进并领会了老子的这一忠告，但从上述引文可知，孔子探求古代礼乐文化传统显然并不是要单纯地遵从和传承业已流于空言的礼乐文化传统的死的形式，而是希求在以仁为中心的人道主义价值信念的指引下，以主体的行动激活礼乐文化传统并赋予其当下性的价值与意义。

再者，正如《礼记·学记》的作者和孔子本人所言，“记问之学，不足以为人师”，而“温故而知新，可以为师矣”（《论语·为政》），作为一位卓越的人师，孔子要将自己对文化传统的理解与领悟，以及身体力行地传承、践习和弘扬文化传统的用意与心得体会传达给弟子，他要和弟子交流他自己通过学习和思考而获得的对传统之价值与意义的新的理解和认识，那么他就不可能只是单纯地传述或简单地传授关于古代历史与文化传统的某种知识，而是必然要在传述中赋予文化传统新的内涵和意义，将新的理解和释义带入关于文化传统的交流与对话的语境当中，并对人们为何遵从文化传统给出正当的理由和依据，做出合乎情理的说明。如孔子在与弟子宰我讨论遵循“三年之丧”这一古老礼制的合理性时，强调说：“子生三年，然后免于父母之怀。夫三年之丧，天下之通丧也。”并斥责主张缩短丧期的宰我“不仁”（《论语·阳货》）。显然，在孔子看来，“三年之丧” 的古老礼制，从充分表达和彰显人的伦理情感的角度来讲，是完全合情合理的。另如孔子在与弟子讲论诗书礼乐时，主要强调其用于修身、治世的道德价值与政治意义，如子曰：“《诗》三百，一言以蔽之，曰：‘思无邪’。”（《论语·为政》）“小子何莫学夫诗？诗，可以兴，可以观，可以群，可以怨。迩之事父，远之事君；多识于鸟兽草木之名。”（《论语·阳货》）“诵《诗》三百，授之以政，不达；使于四方，不能专对；虽多，亦奚以为？”（《论语·子路》）

可见，孔子在实际的教学活动中，对诗书礼乐的文化传统给予了合情合理的论证和说明，对其价值和意义也根据自己的理解和领悟做了新的解释，诚如冯友兰先生所言，孔子已“不只是单纯地传述了”，而是“在‘述’里‘作’出了一些新的东西”①。传统一旦被给予合情合理的论证和说明，其价值和意义一旦被做了新的解释，它也就不再是“如其所是”的一种“自在”性质的存在于过去的传统，而是在人的主体性和自觉意识的参与下被转化成一种“自为”性质的活在当下的传统，反之，人的主体性也因此而成为一种有着深厚的历史感与文化传统根基的主体性了。总之，传统之为传统，只有经过作为主体的人的学习与领悟、鉴别与选择、修正与改进、损益与完善、论证与释义，它才能真正对人有意义并成为人们“有价值生活的必要构成部分”。

五是孔子“述而不作”，致力于经籍六艺的编修整理工作，并做出了自己独特的卓越贡献，这恰恰奠定和成就了孔子在中国文化史上承前启后的文化伟人的历史地位。

孔子虽然自称好古敏求、“述而不作”，但他并未对好什么、求什么、述什么以及何谓“不作”做出明确的具体说明，但综合孔子的相关言论，我们知道孔子的“好古”并非一般意义上的旨在“守旧”的喜好，他的所“求”所“述”也非一般意义上的旨在“复古”的探求与称述。如上文所言，如果说在学习与反思

① 冯友兰：《中国哲学简史》，涂又光译，北京大学出版社1985年版，第48页。

的基础上对诗书礼乐的文化传统做出新的解释也可称作一种“作”的话，那么孔子其实是“述”中有“作”的。不过，孔子既言“述而不作”，那么他所谓的“作”当然是有特定含义的。在孔子及后世儒家的整个话语系统与思想脉络中，“作”的含义主要是“制礼作乐”的“制作”，而且，在他们心目中，唯有圣王功成治定之后才有资格制作，此即《礼记·乐记》所谓：“作者之谓圣，述者之谓明。明圣者，述作之谓也。”“王者功成作乐，治定制礼。”“圣人作乐以应天，制礼以配地。”此义至为明确，儒者对此是从不含糊其词的。孔子所谓的“述而不作”，显然是指礼乐制度意义上的制作，而孔子不以圣人自许当非自谦，实为不敢僭居圣王之功而在整套礼乐制度的架构层面妄加造作，《中庸》对此讲得再明白不过了，即所谓“非天子，不议礼，不制度，不考文。……虽有其位，苟无其德，不敢作礼乐焉；虽有其德，苟无其位，亦不敢作礼乐焉。子曰：‘吾说夏礼，杞不足征也；吾学殷礼，有宋存焉；吾学周礼，今用之，吾从周。’”如此来说，孔子之所以只是主张“从周”，显然也是与他不敢出位妄想“作礼乐”有关，正所谓“不在其位，不谋其政”“君子思不出其位”（《论语·宪问》）。

然而，除了制作礼乐的特定含义之外，“作”在后世儒家的话语系统和思想脉络中，还有另外一种文化上的重要含义，那就是孔子对经籍六艺的编修整理也被视为一种“作”，孟子首言《春秋》为孔子所“作”，汉儒则进一步阐扬《五经》皆为孔子所“作”，所谓“圣人作经”“《五经》之兴，可谓作矣”（《论衡·对作》）或“仲尼作经”（《申鉴·时事》）者，均指此义。

上述古今三种“作”的含义，当然不能被混为一谈，不过它们之间也存在着内在的联系，不是截然分离的。可以说，孔子虽然自称“述而不作”，但他在系统探求和反思上古三代的历史与文化传统的基础上，并不只是传述古圣先王制作之迹并赋予其新义，他还做了另一项传之久远的重要工作，那就是对流传下来的散乱的历史文献、文化典籍和礼乐传统进行系统的编修整理，这不仅是一项具有开创性的经籍整理的工作，而且使上古三代的文化传统得以载诸经籍。散乱的、处于自然流传状态的文化传统无疑是最易失传的，孔子对夏商两代文献不足或无征的感叹便是明证，但经过系统的甄别、鉴识、梳理、编选、整理，传统被经典化了，这不仅有利于人们对文化传统的研习和传承，将人们对自身文化传统的认识和理解提升到了理论自觉的反思水平，而且借助经典化的“传统”，也更便于对人们进行旨在培育德性教养与健全人格的全面而完整的人文经典教育，如孔子曾就“六艺”的教育作用做过这样的阐述：“其为人也，温柔敦厚，《诗》教也；疏通知远，《书》教也；广博易良，《乐》教也；洁静精微，《易》教也；恭俭庄敬，《礼》教也；属辞比事，《春秋》教也。”（《礼记·经解》）汉儒更进一步，将“五经”与人的“五常”之性一一对应并阐述其道德教养的作用：“经，常也。有五常之道，故曰《五经》。《乐》仁，《书》义，《礼》礼，《易》智，《诗》信也。人情有五性，怀五常不能自成，是以圣人象天五常之道而明之，以教人成其德也。”（《白虎通·五经》）当代新儒家的薪火传人杜维明先生则又别出新解，认为五经分别代表和象征着五种视界，即《诗经》《礼记》《春秋》《书经》和《易经》这“五经”分别代表和象征着诗艺的、社会的、历史的、政治的与形而上学的五种视界，这五种视界又体现了孔子由对“人”的全面反思而形成的对人类状况的系统看法。①

根据孔子整理编修经籍“六艺”的文化贡献及其历史影响，我们完全可以说，孔子不愧是一位在中国文化发展史上承前启后的文化伟人。

六是孔子通过好古敏求、“述而不作”而在中华文明史上做出的独特贡献，还在于他提炼出了一种影响中国人的文明意识至深至远的文明特性及与之相关的“文化中国”的特殊理念。

由以上几点可知，孔子的好古敏求、“述而不作”及种种“作为”，在中国

---

① ［美］杜维明：《东亚价值与多元现代性》，中国社会科学出版社 2001 年版，第 182—186 页。相关论述又见《道、学、政：论儒家知识分子》（上海人民出版社 2000 年版）一书第一部分《古典儒学中的道、学、政》。

“轴心文明”孕育和形成的关键期，对于提升中国人的“文化自觉”、增强其文化上的自我认同意识来讲，无疑发挥了至关重要的“轴心”作用。这与孔子对以礼制礼文的损益沿革为中心的上古三代文明史所做的系统深入的历史考察与反思是密切相关的，“礼崩乐坏”的现实文化状况激发了孔子好古敏求的热忱，同时也成就了孔子作为中国历史上承前启后的第一位真正意义上的礼学大师的地位。

就孔子的时代生存处境来讲，可以说主要有两大时代性的文化难题困扰着孔子及其同时代人，一是诗书礼乐文化传统遭到破坏并日趋衰落，面临着中绝之虞。破坏和衰落得愈厉害，像孔子这样钟情于传统的人的忧患意识也就愈强烈。不过，忧患归忧患，在观念意识上还没有出现像战国之世的法家那样全盘反传统的政治与文化意图，即通过彻底的弃旧立新和变法改革，以便达到富国强兵的纯粹功利化的目的；二是“中国”本身亦面临着四夷交侵、岌岌可危的倾覆之虞，正所谓“南夷与北夷交，中国不绝若线”（《春秋公羊传·僖公四年》），这一点在情势上与战国之世亦有很大的不同。春秋时期的人要比战国之世的人感受到更大更急迫的压力，这主要是因为时至战国，一方面，原先一些被看作能够对华夏世界构成很大威胁的夷狄性质的国家（如楚国等）已经“中国”化，另一方面，各诸侯大国（战国七雄）均忙于追求富国强兵，国家富强乃至统一天下成了压倒一切（也压倒了夷狄威胁的问题）的头等重要的大事。

对于生活在春秋晚期的孔子来讲，上述两大文化难题可说是同样急迫而需要做出认真回应的，而且，对孔子来说，两大难题错综交织，实是一而二、二而一且密不可分的，只有连贯一体的应对之方才能从根本上同时解决这两大难题。孔子针对上述两大难题所提出的应对之方，显然不是通过全力发展和使用一个国家的军事武力来解决问题，而是通过对“中国”自身内部文化传统损益沿革的历史进行系统考察，以及对中国与夷狄的文化比较，提炼出了华夏中国的一种文明特性及与之相关的“文化中国”的特殊理念，他认为，充分彰显和发挥这一文明特性的辐射影响力、强化人们对“文化中国”的认同意识，就能感化同宗和异族的人，从而实现平治天下的根本目标。当然，孔子并不完全否定或一概鄙弃“中国”诸侯的军事实力，只是对兵、战、军旅之事抱持谨言慎行的立场和态度，如孔子对诸侯霸者的“尊王攘夷”之功倍加激赏。“尊王攘夷”不可能不以军事实力为基础，但孔子所激赏者则是诸侯霸者不以逞强用兵来“尊王攘夷”，所以他格外称赞齐国桓公与管仲君臣：“桓公九合诸侯，不以兵车，管仲之力也。如其仁，如其仁！”（《论语·宪问》）也就是说，对孔子而言，霸之为霸，正在于其能“率诸侯朝天子，正天下之化，兴复中国，攘除夷狄”[①]，因此，孔子肯定诸侯霸者的“尊王攘夷”之功，这与他那“文化中国”的“文明”理念是完全一致的，孔子作《春秋》所寓含的根本大义之一也正是“尊王攘夷”，只是到了孟子那里才开始将王道与霸道根本二分、对立起来，并极力主张将“尊王黜霸”作为“文化中国”奉行的根本政治路线或政治“文明”特性。

那么，孔子所提炼出的究竟是一种什么样的“文化中国”的特殊理念与文明特性呢？

我们可以从春秋时人及孔子本人的华夷之辨入手来一探究竟。

据于省吾先生的研究，“自商代以迄西周，中国与四夷还没有完全对称。自东周以来，才以南蛮、北狄、东夷、西羌相对为言”[②]。华夏、中夏、中华等，是“中国”的不同名称。春秋以降，正是在四夷交侵而“中国不绝若线”的生存状况下，华夷之辨才发展起来。孔子之前的华夷之辨主要有三种观点：其一，华夷种属不同，先天有优劣之分，如晋国士季认为华夏与戎狄不通礼，不能以礼相待，而且根本不把戎狄当作人，说戎狄“血气不治，若禽兽焉”（《国语·周语中》）。其二，四夷是历史上被淘汰的罪人的后裔，原先与华夏本是一家，由

① 如《白虎通·号》曰：“昔三王之道衰，而五霸存其政，率诸侯朝天子，正天下之化，兴复中国，攘除夷狄，故谓之霸也。”

② 于省吾：《释中国》，见《中华学术论文集》，中华书局1981年版，第2页。

于不遵守礼义，被处罚流放到了边远地区，“于是乎有蛮、夷之国”（《国语·周语上》）。其三，华夏与戎狄本是同族同姓，因地域的不同和文化生活习性的差异而形成不同的族群，所谓“诸戎饮食衣服不与华同，贽币不通，言语不达”（《左传·襄公十四年》）。不过，戎狄与华族也是可以相互转化的，如周大夫辛有路遇有人“被发而祭于野”（杜预《集解》：“被发而祭，有象夷狄。”），便感慨说：“不及百年，此其戎乎！其礼先亡矣。”（《左传·僖公二十二年》）由上可知，春秋人对夷狄多持一种种族和文化上的鄙薄态度，第三种观点还较为平和。对夷狄的鄙薄之论当然主要是来自“用我们自己的文化眼镜去观察其他民族的生活方式”[①]的“民族中心主义”的狭隘心理，不过，春秋时代的华夷之论也表达了这样一种文化观点，即以“礼”来衡量一个民族的文明程度，也就是说，生活方式上“礼”化的程度，既是同一民族在不同历史时期文明程度差异的根本标志，也是不同民族之间文明程度差异的根本标志。说到底，这种文化观点主要凸显了这样一种“文化中国”的信念，正如庞朴先生所说：

> 文化中国，这是春秋时代我国政治家、思想家的一个伟大理想。当时他们所谓的“中国”既不是一个地理概念，又不是一个政治概念，也不是一个种族概念，而是一个文化的概念，即与野蛮相反的“文明”；有所谓中国而失礼义则夷狄之，夷狄而能礼义则中国之的说法。[②]

到了孔子这里，“文化中国”的信念得到了更加明确而系统的理论化表达。在他看来，华夏民族（特别是夏商周三代）的生活方式是以礼为中心的，“中国”的文明演进史正是以礼的不断损益完善为根本特征的，这一文明特质从根本上决定了华夏与夷狄之间的文明分野。如孔子曰：“吴越之俗，男女同川而浴……由无礼也。中国之教，内外有分（别）……由有礼也。”（《尚书大传》）孔子在

---

① ［美］R.M. 基辛：《文化·社会·个人》，甘华鸣等译，辽宁人民出版社 1988 年版，第 33 页。

② 庞朴：《文化的民族性与时代性》，中国和平出版社 1988 年版，自序。

齐鲁夹谷之会上，也曾根据这一文明分野严词拒斥“夷狄之乐”的进用，从而阻止了齐国君臣精心设计的一场政治阴谋的发生，正所谓“裔不谋夏，夷不乱华”（《左传·定公十年》），“吾两君为好会，夷狄之乐何为于此”（《史记·孔子世家》）。

通过梳理孔子对上古三代的历史与诗书礼乐文化传统的系统考察与探求，我们可以毫不夸张地说，相对于其同时代人来讲，孔子对“文化中国”的文明特性有着更为深切而完备的体认、领悟、理解和把握，也有着更为明确而坚定的文化认同意识。正因为如此，他才一再称扬管仲帮助齐桓公实现“尊王攘夷”之霸功的伟大历史功绩，所谓“管仲相桓公，霸诸侯，一匡天下，民到于今受其赐。微管仲，吾其被发左衽矣”（《论语·宪问》）。因为“尊王攘夷”使“文化中国”的文明特性与文化传统命脉得以维系不坠，以至“中国”之人能够免于沦为“被发左衽”的夷狄之人。然而，孔子之世，“文化中国”的文明特性及其礼乐文化传统正日趋沦丧，故而孔子发愤担负起了维护这一文明特性与文化传统的道德责任和历史使命。为此，孔子也像其同时代人一样，带着一种文化或文明意识上的优越感，坚持守护华夏“中国”与四夷之间的文明分野与文化边际，认为诸夏之国即使无君，其文明程度也会因其以礼为中心的生活方式而优胜于有君之夷狄[①]。然而，分野与边际并不是绝对封闭和隔绝的，孔子“文化中国”的信念更多地带有一种开放性的文化理想色彩，即“中国”之为“中国”，其实是指一种文化的生存共同体，凡接受和认同以礼为中心的生活方式或以礼为特色的文明特质者，都可以成为“中国”人，成为这一文化共同体中的一员，也就是说，“中国”若丧失其文明特质就会沦为夷狄，反之，夷狄若习得“中国”性的文明特质也会转进为“中国”。正因为如此，当难以在诸夏之国实现其治国安

① 据《论语·八佾》，子曰：“夷狄之有君，不如诸夏之亡也。”对此，有两种解释，一说“夷狄亦有君，不像诸夏竞于僭篡，并君而无之”，另一说“夷狄纵有君，不如诸夏之无君”。钱穆先生认为“后说为胜”（《论语新解》，生活·读书·新知三联书店2005年版，第56—57页），今从之。

邦、兴复中华文明的伟大梦想而失望无奈之际，孔子又时常萌生流露出一种“道不行，乘桴浮于海”（《论语·公冶长》）或“欲居九夷”（《论语·子罕》）的念头和想法，显然，孔子“欲居九夷”的想法正体现了他那开放性的“文化中国”的理想。如果说文明就是“最大的‘我们’”的话，那么，孔子对“文化中国”的理念及其文明特性的维护和系统提炼，乃至使其上升到理论化的自觉意识水平，对于“我们”（中国人）来讲，无疑是最伟大最重要的“作”！在这一意义上，孔子厥功至伟，诚不愧为“文化中国”、华夏或中国文明的最真诚的守望者！当然，相较于我们今天建设“新的中国文明秩序”的“综合创新”的事业，孔子的“作”主要是一项“返本开新”的伟大事业。

综合上述诸点，我们从孔子“述而不作，信而好古”的自我文化角色定位，似乎并不能直接推导出孔子是一个纯粹为守旧而守旧的复古主义者。“事情不可能通过直接恢复得到解决”[①]，孔子“多闻阙疑”（《论语·为政》）、择善而从的谨慎态度也使他不可能轻率地提出救世的“复古”方案或简单地效仿过去的主张。不过，维护过去时代文化传统的延续与传承乃至使其发扬光大，的确是他整个人生的主要奋斗目标，是他人生志向的底色基调。当然，孔子也是“述”中有“作”、即“述”而“作”的，特别是在凝练、提升、卫护和弘扬“我们”的文化意识和文明特性方面，孔子在他那个时代做出了自己最独特而卓越的历史贡献并产生了深远影响。鉴于此，我们完全可以说，孔子是他那个时代也是中国历史上第一位最伟大最重要的文化保守主义思想家。

---

① ［德］伽达默尔：《科学时代的理性》，薛华等译，国际文化出版公司 1988 年版，第 141 页。

第七章　生存与历史境遇

春秋是中国历史上的一个特定的历史时期，有其特定的现实生活环境或生存与历史境遇，我们必须在此时代背景下来考察孔子的所思所行。换言之，作为一个教育家、思想家和政治活动家，孔子的所思所行无疑都是针对他所处的现实生活环境或生存与历史境遇所做的一种自觉回应。然而，这究竟意味着什么？或者更准确地讲，孔子所处的现实生活环境或生存与历史境遇究竟对他意味着什么？他是如何看待他生活其中的生存环境与历史境遇的？他本人的时代意识、处世态度或立身意向如何？基于其特定的时代意识和处世态度，孔子思想所关涉的核心主题及其基本内涵究竟是什么？这就是我在本章和接下来几章中所要讲述和阐明的一些主要问题。在我看来，我们只有在对春秋时代的现实生存状况及其时代精神的根本特征与基本趋向有了深入而透彻的了解和感知之后，才能真正理解和领悟孔子本人的时代意识、处世态度、人生追求、世界观及其思想世界的主题与内在意涵，故本章首先来描述一下孔子所处的春秋时代的生存与历史境遇。

一、春秋时代的一般生存状况

在前面几章中，我已从政治形势的激变、“封建”宗法秩序的解体、社会结构与世袭等级制度的裂变以及礼乐文化传统的崩坏等方面，对孔子所处的春秋时代的特定生活环境或生存与历史境遇多有说明。本章中，我将集中探讨和论述春秋人（主要指当时的贵族阶级）在行为和观念上表现出的一般生存状况、人文道德意识及其极富生存张力的文化价值取向等方面的问题。

首先来看春秋时代的一般生存状况。

春秋无疑是中国历史上的一个极具典型意义的“乱世”。我们今人已习惯于从“变革”的历史性意义上对这一时代进行正面的认识和理解，把它看作一个在变乱中孕育新事物并促进其生长、朝着新的时代趋向发展演进的过渡性时期。然而，就当时人直接而强烈的生存感受、时代意识乃至我们今天所能了解的那个时代的生存与历史境遇的基本事实来讲，孔子所生活的春秋时代都呈现出一种鲜明的“乱世”特征——当然，它既呈现出“乱世”的一般性特征，也呈现出它自身所独具的突出特征，即使与紧跟其后的战国时代存在着某些相似的特征，但它们之间的实质差别也是绝对不容轻忽的。诉诸武力（或暴力）手段来解决利益争端、各诸侯国之间的征伐交战愈演愈烈、思想观念与价值理想之间的冲突愈加尖锐且上升到了理论化的层面，这些都表明了春秋和战国这两个时代之间存在着一些共有的连续性的特征——尽管在程度上可能有很大的差别，但就这两个前后相连的时代而言，春秋的时代状况无疑是战国时代状况的前奏，或者说在很多方面，前者导致了后者。但是，正如顾炎武所指出的，这前后两个时代之间又毕竟存在着一系列重要的实质性差别，这些差别决定了二者之间并不仅仅是一种连续的线性发展，而是还有更值得人们注意和重视的转折性甚至突破性的演进变化，而孔子就处在这样一种时代性的转折点上。

关于春秋和战国两个时代之间的一系列实质性差别，除了顾炎武所列举的那些现象性的具体差别之外，我还想强调三点：第一，就其实质意义来讲，顾氏的说法实际上道出了这样一种春秋战国之间的时代性差别，即旧的世袭宗法贵族的势力和周代礼乐文化传统的影响尽管正在日益走向衰败和没落，但又正是它们的存在，决定着春秋时代的生存状况与历史境遇。然而，战国之世，它们的微弱存在虽然在行为和信仰层面可能仍会产生某些影响（如阻碍各国的改革变法），但已不能决定整个时代的生存状况和历史走向了。第二，就春秋这一“君不君，臣不臣，父不父，子不子”的“乱世”而言，人们受一种历史的盲目冲动力的支配而喜欢运用武力或暴力手段来解决由各种原因引起的争端问题，这种现象从个人微观层面，到家族中观层面，再到国家宏观层面，遍及社会政治生活的各个领域；而战国之世，暴力特征更加突出，特别是国家间的战争更趋激烈化和扩大化，而且，各国统治者和政治家均汲汲于变法改革以实现富国强兵乃至称霸天下，相对来说，产生于个人微观和家族中观层面的暴力问题逐渐被国家层面的治理和争霸问题压制和遮盖，特别是在旧的世袭贵族势力基本被消灭之后，国家宏观层面的内政外交问题遂占据了整个时代意识的核心地位。尽管在理论的层面上存在着思想、信念与价值理想的激烈的对立、矛盾和冲突，但纵横家合纵连横的基本策略和法家富国强兵的根本目标最终成为战国之世最合乎时代需要、最具吸引力的思想因素。这说明战国已日益脱离春秋时代的那种历史的盲目冲动力的支配，朝着功利化和理性化的方向奋力迈进，通过兼并战争来实现天下统一的历史目标。因此，可以说，春秋时期的诸侯争霸及其“政由方伯”的霸权体制，虽不乏“尊王周室”乃至意图通过盟会来“弭兵”的和平理想诉求，但是，这种试图维持周朝旧统现状以及向往在霸主权威和各国盟约的基础上缔造天下和平之局的理想诉求，终究抵不过历史盲目冲动力的冲击而彻底落空，与之相反，战国时期的诸侯争雄力征及其意在兼并天下的强权体制，则在一种日益明朗化的历史方向感的指引下，努力摆脱历史盲目冲动力的支配，转而寻求通过“革故鼎新”性质的自觉的变法改革以及以一强国吞并天下的兼并战争来加速推进和实现由分裂走向统一的历史进程，这在王权理念与时代意识上的具体体现，即所谓的“王，有天下也”（《战国策·秦策》）或“夫王者，能攻人者也”（《韩非子·五蠹》），而“秦之欲并天下而王之也，不与古同”（《战国策·韩策》）。第三，以孔子和老子为界线或分水岭，相较于春秋时代，战国之世的精神生活明显发生了一种突破性或超越性的转进跃升，如雅斯贝尔斯所言，如果说中国的“轴心期”由孔老所肇端、奠基、开启和引领，并以战国诸子的“精神觉醒”与学术争鸣为根本特征的话，那么，春秋时期只不过是这一“精神觉醒”的前夜，带有显著的过渡时期生存状况的基本特征，人们在行为、信仰与价值观念上虽然存在着“多元化”的追求与选择，但这种“多元化”的追求与选择带来的并不是“和而不同”的自由秩序状态，而是其社会生活内部的一种呈现出极端张力性特征的乱象，这是由高尚与卑劣、公心与私欲、宽和与残忍、礼让与争斗、谦恭与傲慢等交织而成的一种乱象，仅就这一点而言，春秋无疑是一个乱象丛生的时代，是一个变与乱、破坏与新生相伴而生的时代。正因为如此，生活在春秋晚期这一时代转折点上的孔子才会极力去寻求对这一时代生存状况的超越之道。

正是在上述与战国之世一系列实质性差别的意义上，我们说春秋是一个生活环境与历史境遇极为特殊的过渡性时期①，它既可以说是古代贵族文化发展的最高阶段，又可以说是其最衰败的阶段。之所以这样讲，是因为春秋时期的人在行为方式、信仰和价值取向上表现出的一个最突出的特征就是“两极化”的现象成为当时人们生活中的一种“常态”，人们不是坚守和遵循传统的文化习性，就是采取一种极端的“行险以侥幸”的破坏性行动，不是尊奉和崇尚一种崇高的人生价值和道德信念，就是采取一种只关心自身吉凶祸福的极端个人化的

---

① 钱穆先生曾就“春秋时期之一般文化状态”有如是精到的评述：“春秋二百四十二年，一方面是一个极混乱紧张的时期；但另一方面，则古代的贵族文化，实到春秋而发展到它的最高点。春秋时代常为后世所想慕与敬重。……春秋时代，实可说是中国古代贵族文化已发展到一种极优美、极高尚、极细腻雅致的时代。”（《国史大纲》，商务印书馆 1996 年版，第 69—71 页）

处世态度和生存策略。崇高与卑劣、克制与纵情、忠诚与背叛、仁惠与暴虐、廉让与贪婪、友信与欺诈、英雄气概与懦夫行径……这些人性中的光明面与黑暗面都在这一历史时期集中地凸显出来并形成一种鲜明的对照，使人可以充分地感受到一种极度的生命张力。其具体表现如下：

为人君者，或身为人民、社稷之主者，有的期期于勤政爱民，养民如子，不肆不淫，不绝民望；反之，则亦有沉溺于挥霍无度，暴虐无道，穷兵黩武，疲敝百姓，至死而不悟者，如《管子·形势解》所说："乱主淫佚邪枉，日为无道，至于灭亡而不自知也。"

大国之君，有的如齐桓、晋文，在饱经流亡他国的艰险与磨难之后，成为一代奋发有为之君，治强一国，称霸诸侯而"尊王周室"；亦有如楚庄王者，即位三年，日夜逸乐，而后听政，称霸诸侯而问鼎周室，故有"不飞则已，一飞冲天；不鸣则已，一鸣惊人"之美谈佳话[①]。

小国之君，有的如邾文公，"知命"而以体恤、关切民利为怀[②]；亦有如莒子庚舆者，暴虐而好剑，草菅人命，"苟铸剑，必试诸人"（《左传·昭公二十三年》）。

为人臣子者，有的将君和君命尊奉为"天"而忠贞不贰，有的孝亲死节而不顾性命，有的让国让禄而甘心守节退隐（如吴公子季札和晋文侯亡命之从臣介之推）；反之，则亦有行险以侥幸，为争夺君位而父子兄弟相残，为泄一时之愤而不惜杀父弑君、变乱篡夺者。

---

① 据《史记·楚世家》载，楚庄王即位三年，不出号令，日夜为乐，伍举入谏曰："有鸟在于阜，三年不蜚不鸣，是何鸟也？"庄王对曰："三年不蜚，蜚将冲天；三年不鸣，鸣将惊人。"

② 《左传·文公十三年》载其事："邾文公卜迁于绎。史曰：'利于民而不利于君。'邾子曰：'苟利于民，孤之利也。天生民而树之君，以利之也。民既利矣，孤必与焉。'左右曰：'命可长也，君何弗为？'邾子曰：'命在养民。死之短长，时也。民苟利矣，迁也，吉莫如之！'遂迁于绎。五月，邾文公卒。君子曰：'知命。'"

诸侯卿大夫，有的贤明如郑国子产，治国有方，慎之以礼，择能而使之，不毁乡校，夫子称“仁”[①]；反之，则更有昏聩无能、蝇营狗苟、专权陵人、僭礼逾制、贪求无厌、奢侈无度者。

对于周代之礼文，有以生命为代价尊奉而践行者[②]，亦有泥守其外在仪节而不知礼之大义者，更有“数典而忘其祖”（《左传·昭公十五年》）乃至僭越、破坏而致使斯文丧尽者。

对于宗教之信仰，有仍然坚信“天威不违颜咫尺”（《左传·僖公九年》），“天道不謟（疑），不贰其命”（《左传·昭公二十六年》）或“天命不謟”（《左传·哀公十七年》）者，亦有认为“天道远，人道迩，非所及也”（《左传·昭公十八年》）者，更有一意孤行而诟天者，如楚灵王“卜，曰：‘余尚得天下。’不吉。投龟，诟天而呼曰：‘是区区者而不余畀，余必自取之。’”（《左传·昭公十三年》）

对于人生之价值，有认为人生真正“不朽”之价值不在其“世禄”，而在于“立德”“立功”“立言”者（《左传·襄公二十四年》），如鲁之穆叔（叔孙豹）；更有为了固位邀宠而甘心沦为无耻卑劣之奸佞小人者，如楚平王太子建之少师

---

① 据《左传·襄公三十一年》载，“郑人游于乡校，以论执政。然明谓子产曰：‘毁乡校何如？’子产曰：‘何为？夫人朝夕退而游焉，以议执政之善否。其所善者，吾则行之；其所恶者，吾则改之，是吾师也。若之何毁之？……’仲尼闻是语也，曰：‘以是观之，人谓子产不仁，吾不信也。’”

② 如鲁大夫庆父之子穆伯公孙敖，娶莒女戴己和声己，分别生子穀（文伯）和难（惠叔）。戴己卒后，公孙敖又欲娶莒为妻，莒人以声己犹在而拒绝，并将莒女己氏许聘给公孙敖的从父昆弟襄仲，公孙敖到莒为襄仲迎娶莒女己氏时，见莒女己氏美而自娶之。鲁文公八年秋，周襄王崩，公孙敖奉命如周吊丧，但为了莒女己氏，半道上违命奔莒，在莒与己氏生下二子。后来，公孙敖请求回国，不料于文公十四年卒于齐。“他年，其二子来（莒女己氏所生二子来鲁），孟献子（文伯穀之子仲叔蔑）爱之，闻于国。或谮之，曰：‘将杀子。’献子以告季文子。二子曰：‘夫子以爱我闻，我以将杀子闻，不亦远于礼乎？远礼不如死。’一人门于句鼆，一人门于戾丘（晋杜预《集解》：‘句鼆、戾丘，鲁邑。有寇攻门，二子御之而死。’），皆死。”（《左传·文公十五年》）

费无极，先是为太子建迎娶秦女而劝平王自娶之，而后深恐太子建于己不利，故又谮太子建与其师傅伍奢“将以方城之外叛”，太子建逃奔宋、郑，而平王遂杀伍奢（《左传·昭公十九年》《左传·昭公二十年》）。

面对人世的无常、生命的短促，有如郑国执政大夫子产者，其言曰：“苟利社稷，死生以之。”（《左传·昭公四年》）亦有如鲁之孟孝伯者，不思“树善”而苟且偷生，其言曰：“人生几何，谁能无偷？”（《左传·襄公三十一年》）

朋友之相交，有志同道合、相知相惜如鲍叔与管仲者，亦有仇怨与忠诚截然对立如伍子胥与申包胥者。鲍叔向齐桓公举荐管仲，其言曰：“臣之所不若夷吾者五：宽惠柔民，弗若也；治国家不失其柄，弗若也；忠信可结于百姓，弗若也；制礼义可法于四方，弗若也；执枹鼓立于军门，使百姓皆加勇焉，弗若也。”（《国语·齐语》）鲍叔荐之坦诚无私，桓公用之不疑而卒霸诸侯，故管仲有言：“吾始困时，尝与鲍叔贾，分财利多自与，鲍叔不以我为贪，知我贫也。吾尝为鲍叔谋事而更穷困，鲍叔不以我为愚，知时有利不利也。吾尝三仕三见逐于君，鲍叔不以我为不肖，知我不遭时也。吾尝三战三走，鲍叔不以我为怯，知我有老母也。公子纠败，召忽死之，吾幽囚受辱，鲍叔不以我为无耻，知我不羞小节而耻功名不显于天下也。生我者父母，知我者鲍子也。”（《史记·管晏列传》）交友如斯，夫复何求？诚所谓“人生得一知己足矣”！反之，则如卑劣之徒费无极谗害伍奢父子。奢之长子伍尚“慈孝而仁”，随父死节，次子伍员（子胥）“智而好谋，勇而矜功”，亡奔吴国而誓将兴兵报楚以雪父兄之仇，临行前谓其友楚大夫申包胥曰：“我必复楚国。”申包胥曰：“勉之。子能复之，我必能兴之。”后来，伍子胥教吴王阖闾分兵扰楚，彼出则归，彼归则出，使楚军疲于奔命，最终于鲁定公四年（前506年）攻陷楚国郢都。楚昭王逃入云梦泽中，险被“盗”袭杀，后逃奔随。“及昭王在随，申包胥如秦乞师”，秦君哀公初时不肯出兵相救，于是申包胥“依于庭墙而哭，日夜不绝声，勺饮不入口七日”，最后终于感动秦哀公出师救楚（《左传·定公四年》）。

在君臣之大义、兄弟之亲情与嬖昵之私交之间，有守君臣之大义、贵兄弟之亲情重于私昵者，如齐庄公与崔杼之妻棠姜私通，崔杼弑庄公，庄公随从之嬖臣勇士贾举、州绰等八人一并被杀。晏婴闻难而来，人疑晏婴会随君死难，晏婴则以君臣皆当为社稷之公义死难为说，其言曰："君民者，岂以陵民？社稷是主。臣君者，岂为其口实？社稷是养。故君为社稷死，则死之；为社稷亡，则亡之。若为己死，而为己亡，非其私昵，谁敢任之？"故晏婴枕庄公尸股哭，"三踊而出"，不为死难（《左传·襄公二十五年》）。反之，更有不胜其宠嬖之私情而致兄弟争斗、君臣反目者，如宋景公有宠嬖司马桓魋，而其庶母弟公子地宠嬖蘧富猎，"十一分其室，而以其五与之"。据《左传·定公十年》载，"公子地有白马四，公嬖向魋，魋欲之。公取而朱其尾鬣以与之。地怒，使其徒抶（鞭打）魋而夺之。魋惧，将走，公闭门而泣之，目尽肿。"景公胞弟公子辰欲从中调解景公与公子地君臣兄弟间的纠纷，劝公子地佯装奔陈以示退让，则景公必然挽留他，不料景公不仅不挽留，也不听公子辰的请求，结果公子辰以自己诓骗了兄长公子地，随后亦奔陈，并于次年与公子地据宋邑萧以叛。又如燕简公君臣各以嬖宠朋党比周而引发相互残杀的激烈政治斗争，"燕简公多嬖宠，欲去诸大夫而立其宠人"，而"燕大夫比以杀公之外嬖"，结果简公惧而出奔于齐（《左传·昭公三年》）。

至如人民之归向，在上位而施惠于民者，则人民必悦德而归服，即使是弑君为乱者亦不得不考虑民望之所归，如齐崔杼弑君，晏婴来哭，人谓崔杼："必杀之！"崔杼曰："民之望也，舍之，得民。"（《左传·襄公二十五年》）在上位而不思振作乃至恣意妄为者，则人民亦会"从乱如归"（《左传·昭公十三年》）。尤其令人惊奇的是，在祸乱频仍、为君不君的生存境况下，饱受暴君刑戮之辱的匹夫匹妇对人君世主怨毒至深而终得反报其君者，竟有如莒之寡妇与卫之己氏者。据《左传·昭公十九年》载，莒国有一妇人，因其夫被莒子所杀而成为寡妇，年老寄居于莒邑纪鄣，暗自度量城墙高度，纺绳索而藏之，等待别国军队进犯攻打莒国，以便伺机报复莒子。功夫不负有心人，昭公十九年（前523年）秋，齐师伐莒，莒妇将准备好的绳子投到城外，齐师援绳而登城，登城之兵与城下之兵一起鼓噪，莒子惧而仓皇逃奔，齐师得以顺利进入纪鄣。另据《左传·哀公十七年》载，卫侯庄公无道，下令削坏戎州邑聚，奴役匠人，又欲驱逐卫卿石圃。石圃借助匠人首先发难而攻庄公，庄公逾墙出逃时摔断了腿，后逃到戎州己氏的家中。当初，庄公在戎州城上曾见己氏之妻有一头美发，便命人剃下来做成其夫人吕姜的假发，而今庄公逃难到了己氏家中，欲以身上佩带的玉璧换取一条生路，曰："活我，吾与女璧。"而己氏却必欲杀之以报剃发之辱，纾解积压在心头多年的怨毒仇恨，故曰："杀女，璧其焉往？"遂杀之而取其璧。在匹夫匹妇仇怨报复的决绝之心面前，人君世主的权威是多么黯然失色！

在上述"两极化"的生存状态与行为模式之间，在混乱与险恶的生存与历史境遇下，当然还存有一个灰色而暧昧的人生态度与生存状况的中间地带，譬如在国与国、君与臣、大夫与大夫之间的斗争、残害与内讧中，为了逃责避祸，对于遭遇到而又不愿牵扯其中的事情，不管自己是否有责任，是主动还是无奈，春秋人常常采取一种既不协助亦不阻止的"勿与知"或不敢"与知"的模棱两可的消极立场，但这其实既非不知亦非不敢，只是不愿承担相应的行为责任而招致祸患而已，哪怕对方在做违礼悖德的事情。再如"智"以卫身或"愚"以处世的态度，尤其是后者，也是春秋时人常常采取的立身处世的生存策略，但在祸难不已的生存压力之下，为了保全性命于乱世，无论是"智"还是"愚"，都可能只是一种精明的伪装，故孔子曰："古之愚也直，今之愚也诈而已矣。"（《论语·阳货》）还有如《春秋》《左传》记事之始年，即鲁隐公元年（前722年），发生了"郑伯克段于鄢"的著名历史事件。贯穿于该事件始末的，名义上是所谓的"多行不义必自毙"的堂皇道理，其实却是一种"理性狡计"意义上的政治阴谋。事情的经过是这样的：郑庄公和共叔段乃郑武公和武姜所生的同胞兄弟，姜氏在生庄公时因受惊吓而厌恶庄公，对共叔段却格外喜爱，故请求武公立段为嗣子以继承君位，武公不许。后庄公即位，武姜为段请封，庄公使段居京邑，谓之京城大叔。后来，大叔段不仅修建京邑都城逾制，而且大势扩张，但庄公不加制止，其言曰："多行不义必自毙。"直至大叔段欲兴兵叛乱，庄公才趁机出师伐京，京人叛大叔段，大叔段逃奔鄢，庄公又伐鄢，大叔段出奔共。《春秋》书曰："郑伯克段于鄢。"《左传》释之曰："段不弟，故不言弟；如二君，故曰克；称郑伯，讥失教也；谓之郑志，不言出奔，难之也。"意即段之所为有失为弟之道，所以不言他为庄公之弟；段与庄公犹如两国之君，故曰"克"；称"郑伯"，意在讥刺庄公对大叔段不是及早地加以教导制止，而是纵容姑息而"养成其恶"；段实际上最后出奔共，却言"克"之而不言"奔"，意在表明郑伯之志实是要除掉大叔段，故"难言其奔"。可见，郑庄公兄弟君臣之交恶，各怀残杀、背叛之心，而庄公之用心尤其险恶，既纵容姑息以养成其恶，又言之堂皇师出有名，所谓的"多行不义必自毙"，暗自运用的实为一种"将欲弱之，必固强之；将欲废之，必固兴之；将欲取之，必固与之"（《老子》三十六章）的"理性的狡计"。

以上所言种种，均体现了春秋这一"乱世"的生活常态，由此我们不难想见，春秋之世究竟是一种什么样的时代生存状况了，那可以说是一种充满了极度张力感的时代生存状况。一方面，如顾炎武氏所言，春秋犹"尊礼重信"云云，而另一方面，春秋亦的确是一个残贼怨毒之祸日深而礼文、君主之权威几乎丧失殆尽的"乱世"。而这，就是孔子身处其中且对之有着明确的自觉意识的一种特殊的现实生活环境与历史生存境遇。

二、人文意识与道德精神的觉醒与高扬

春秋时代，一方面，周代的礼文传统犹在，在其熏陶下形成的文化习性依然对宗法贵族阶级中的相当一部分人的行为、意识与情感发挥着重要的甚至是支配性的影响和作用；而另一方面，世风浇薄，世袭宗法贵族文化日趋没落，

乃至陷入极度衰败而不可救治的境地。这种“两极化”的历史发展趋势和时代潮流彼此激荡，又直接造成了这样两种对照鲜明、反差极大的历史现象，一方面是在历史盲目冲动力的支配下，后者压倒了前者而演变成了一种总体历史状况上的“乱世”之局，另一方面则是春秋时代又始终贯穿着一种令人惊异的人文意识与道德精神，它在春秋这一乱世之中绵延不绝，涌现、跃动、觉醒、高扬着。

就后一方面来讲，这究竟是一种什么样的人文意识与道德精神呢？要想深切地了解并很好地回答这一问题，还需要回溯一下殷周之际宗教思想文化的演进转变。

依徐复观先生之见，中国的“道德的人文精神”发端于周初，可谓是独具慧眼的一大卓见。[①] 王国维先生在其《殷周制度论》中亦曾言：“中国政治与文化的变革，莫剧于殷、周之际。”周人经过武王“革命”而取代了“大邦商”，并认为自己的王朝拥有了在新的天命基础上对天下进行政治统治的合法权力，正所谓“周虽旧邦，其命维新”（《诗经·大雅·文王》）。不过，在周初对天和天命的宗教信仰中，却跃动着一种新的人文精神，即殷周之际天命（政权）转移的“革命”性事件引发了周人基于“从当事者对吉凶成败的深思熟考而来的远见”之上的深切“忧患意识”，他们对于“吉凶成败与当事者行为的密切关系，及当事者在行为上所应负的责任”有了一种自觉的精神[②]，并由此而“建立了一个由‘敬’所贯注的‘敬德’‘明德’的观念世界，来照察、指导自己的行为，对自己的行为负责”，徐复观先生认为，“这正是中国人文精神最早的出现”，“而此种人文精神，是以‘敬’为其动力的，这便使其成为道德的性格”[③]。如果说周初宗教中的“道德的人文精神之跃动”是中国人文精神之“第一波”觉醒的话，那

① 徐复观：《中国人性论史》（先秦篇），上海三联书店2001年版，第二章《周初宗教中人文精神的跃动》。

② 徐复观：《中国人性论史》（先秦篇），上海三联书店2001年版，第18—19页。

③ 徐复观：《中国人性论史》（先秦篇），上海三联书店2001年版，第21页。

么，徐复观先生所谓的春秋时代“以礼为中心的人文世纪之出现”则可以说是中国人文精神之“第二波”觉醒与跃动；而如果说“第一波”的中心人物是周公的话，那么，“第二波”的中心人物便是孔子。

众所周知，周公旦在周初发布了一系列重要的诰命，对殷亡周兴的历史经验教训做了系统深入的反思，极富创见地提出了许多宗教、道德、伦理和政治的重要观念，如敬天、敬德、明德、慎罚、尊礼尚施、孝友、保民等，这些观念因受到孔子和儒家的推崇而发扬光大并影响深远。周初人的宗教信仰以天命王权为中轴，仍然弥漫着一种敬畏天和天命的神秘气息，他们仍诚惶诚恐，满怀着虔信之情敬畏上帝、孝祀祖先、典祭百神以祈福求寿。然而，众所周知，周公对于殷商时期的上帝信仰和神佑王权的观念做了相当程度的重要修正和创造性转化，即作为至上神的昊天上帝虽然拥有至高无上的绝对权威，天命亦是周人政权的根源及统治行为的最终依据，但周公认为天命并不是固定不变的，而是会因统治者之有德无德发生转移的，如《尚书·康诰》曰“惟命不于常”，天只授命于有德者并予以辅助，如《尚书·蔡仲之命》曰“皇天无亲，惟德是辅”；而且，与“殷人尊神，率民以事神”（《礼记·表记》）而无事不进行占筮的传统宗教信仰大为不同的是，周人主要不是依靠占卜的技术手段，而是认为天命“显现于民情之中”，故转而直接“从民情中去把握天命”[①]，如《尚书·康诰》曰“天畏（威）棐（辅助）忱，民情大可见”，《尚书·酒诰》曰“人无于水监，当于民监”。由此可知，“这和过去认为天命是无条件地支持一个统治者”是“大异其趣”的[②]，如商纣王之言“我生不有命在天”（《尚书·西伯戡黎》）。

当然，就周初宗教信仰与人文精神或者说神与人的主次本末关系来讲，周初的人文精神仍然是以敬畏天威天命的宗教信仰为主体、为本位的，人自身的存在价值乃至王者之德与民情之所呈现仍然是以服从神意为归依的。因此，尽

---

① 徐复观：《中国人性论史》（先秦篇），上海三联书店2001年版，第27页。

② 徐复观：《中国人性论史》（先秦篇），上海三联书店2001年版，第23页。

管在殷周之际政治与文化的急剧变革中，周人的宗教信仰发生了上述重要的转变，我们从周初统治者极力倡导的“敬德”“保民”的思想观念上也可以深切地体认到一种“道德的人文精神”的跃动，但是，敬天畏天及王权天命神授的宗教信仰在周人的政治生活中仍然处于主导地位，反之，周人“德”与“民”的观念相较于以敬天畏天为中心的宗教信仰则仍然处于从属地位，而且，此时的“德”与“民”的观念也主要与王权的统治合法性相关联，即周王之德与周天子之为“民主”或“民之父母”乃是整个王朝赢得与维系其天命合法性的重要政治资源，如《尚书·吕刑》曰：“惟克天德，自作元命，配享在下。”《尚书·召诰》曰：“肆惟王其疾敬德。王其德之用，祈天永命。”《尚书·洪范》曰：“天子作民父母，以为天下王。”

不过，周人以敬天畏天为中心的宗教信仰到厉、幽二王的时代却发生了严重的动摇，这在《诗经》中被称为变风、变雅的那些充满了对天的怨恨、谴责与咒骂的讥讽诗中有着充分的体现和反映，从中可以看出“天的权威坠落的开始”乃至“权威扫地”，甚至可以说“周初所继承转化的宗教观念，几乎可以说是完全瓦解了”①。天作为至上神的绝对权威地位的动摇，预示了周人宗教信仰与思想文化的根本转向，对于人世灾祸特别是民乱的根源，人们开始完全从“人”（特别是执政当权的统治者）自身行为的后果的角度来加以认识、理解和说明，如《诗经·小雅·十月之交》所谓“下民之孽，匪降自天。噂沓背憎，职竞由人”。

降至春秋时代，中国的“道德的人文精神”经历了“第二波”觉醒与跃动，而这一次的觉醒与跃动对于中国人文精神的成熟与中华文明的成长来讲，有着更加非同寻常的重要意义，因为它与“第一波”的觉醒与跃动的不同之处在于它是以凸显“人”自身的主体地位、挺立人的道德主体性乃至实现人自身的人格尊严及神圣性价值为根本特征的，它意味着一种真正的“人”的精神的觉醒。

① 徐复观：《中国人性论史》（先秦篇），上海三联书店2001年版，第33页。

因此，它不仅孕育出了春秋晚期两位中国最伟大的哲人——孔子和老子，而且继而激发和催生出了战国之世诸子百家的勃兴与争鸣，而诸子百家之学对于此后中国思想文化的发展更具有精神奠基的“轴心”意义。对此，我认为，我们可以从以下几个方面来全面了解、把握和领会春秋时代中国人文意识与道德精神的“第二波”觉醒与跃动。

（一）宗教信仰的深刻变化

殷周时期，帝与天因具有主宰一切、赏善罚恶、支配命运的无限神力以及人类父母的伦理角色而成为人们敬畏、信仰的对象，如所谓“天道福善祸淫”（《尚书·汤诰》），“今天其命哲，命吉凶，命历年”（《尚书·召诰》），“悠悠昊天，曰父母且”（《诗经·小雅·巧言》），“皇矣上帝，临下有赫。监观四方，求民之莫”（《诗经·大雅·皇矣》）。而且，这样一种对上帝、昊天的宗教信仰与神佑、天命王权的政治合法性观念是密切相关的，所谓“天佑下民，作之君，作之师”（《尚书·泰誓》），“天子作民父母，以为天下王”（《尚书·洪范》），乃至殷周之王在人间独自占有和垄断了对上帝昊天的神性信仰，如殷商最后二王自称帝乙和帝辛，以及周王自成王始而称“天子”，意指周王作为天之“元子”而上应天命、作配在下。因此，我们完全可将殷周时期的宗教信仰称作一种政治性的宗教信仰，尤其是周初宗教更是一种将天命、王者之德与民情融为一体的政治性宗教信仰。尽管在周初宗教信仰中跃动着一种“道德的人文精神”，即认为天命依统治者（王者）之德而转移并可以通过民情来加以体认和把握，但周初的宗教信仰与其“道德的人文精神”之间显然是由论证王权统治合法性的问题意识来贯通关联为一体的。

尽管如上文所言，天的权威在厉、幽二王的时代发生过严重的动摇，但周初那种融天、德、民于一体的政治性宗教信仰，作为一种延续已久的文化传统，在春秋时期的政治生活中仍然有着广泛而深切的影响，正如有的学者所指出的，传统的天命观在春秋时期“仍是占据统治地位的思想”①，证之《左传》《国语》二书，如所谓的“天威不违颜咫尺”（《左传·僖公九年》），“天之所启，人弗及也”“天将兴之，谁能废之？违天，必有大咎”（《左传·僖公二十三年》），“天之所置，其可废乎”（《左传·僖公二十八年》），“齐晋亦唯天所授”（《左传·成公二年》），“晋楚唯天所授”“国之存亡，天也”（《左传·成公十六年》），“天之所废，谁能兴之”（《左传·襄公二十三年》），“天道不謟，不贰其命”（《左传·昭公二十六年》），“天之所坏，不可支也”（《左传·定公元年》），“天之所启，十世不替”（《国语·郑语》）等相关材料，可谓俯拾皆是。显然，春秋人仍然普遍认为，国家的存亡成败主要由上天或天命来决定，而构成天命归向之依据和国家兴亡之根基的也主要在德而非其他，无德只会导致败亡祸乱，如宫之奇曰：“臣闻之，鬼神非人实亲，惟德是依。故《周书》曰：‘皇天无亲，惟德是辅。’……如是，则非德，民不和，神不享矣。神所冯依，将在德矣。”（《左传·僖公五年》）另如范文子曰：“国之存亡，天命也。”又曰：“吾闻之，‘天道无亲，唯德是授’……夫德，福之基也，无德而福隆，犹无基而厚墉（城墙）也，其坏也无日矣。”（《国语·晋语六》）再如楚子（庄王）问周鼎之大小轻重，周大夫王孙满对曰：“在德不在鼎。……天祚明德，有所厎（至）止。成王定鼎于郏鄏，卜世三十，卜年七百，天所命也。周德虽衰，天命未改。鼎之轻重，未可问也。”（《左传·宣公三年》）反之，“天之假助不善，非祚之也，厚其凶恶而降之罚也”（《左传·昭公十一年》）。

然而，在传统天命观仍然占据统治地位的春秋时期，深陷于祸乱不已的险恶生存环境之中的春秋人的宗教信仰也已发生了一系列深刻变化。具体表现如下：

首先，春秋人有关鬼神的宗教信仰呈现出一种个体化、多元化的分裂特

---

① 黄开国、唐赤蓉：《诸子百家兴起的前奏——春秋时期的思想文化》，巴蜀书社2004年版，第35—37页。

征。譬如，有人仍然坚持认为鬼神对于人类命运的关切意向在于人德，所谓“鬼神非人实亲，惟德是依”（《左传·僖公五年》）；也有人认为鬼神与人类只存在一种族类性的亲和而关切的关系，所谓“神不歆非类，民不祀非族”（《左传·僖公十年》），“鬼神非其族类，不歆其祀”（《左传·僖公三十一年》）；更有人认为鬼神对人类福祉的关切意向只与个人的祭祀行为相关，所谓“吾享祀丰絜，神必据我”（《左传·僖公五年》），另如梦天使谓己：“祭余，余福女。”（《左传·成公五年》）楚子玉亦梦神谓己曰：“畀余！余赐女孟诸之麋。”（《左传·僖公二十八年》）另外，还有人对鬼神的存在与否采用一种假设性的说法来表达自己的信念与态度，如谓“无神，何告？若有，不可诬也”（《左传·襄公十四年》），“犹有鬼神，吾有馁而已，不来食矣”（《左传·襄公二十年》）。显然，这一说法在一定意义上透露出了当时有神论者的一种信仰焦虑。但不管怎样，上述现象说明了春秋人的鬼神信仰具有了一种更加强烈而鲜明的个人主观属性的色彩，而且，它与个人的、族类的和国家的祸福命运有着一种普遍而泛化的关系，不再重点指涉与天子或王者之德密切相关的整个王朝及其政治统治的合法性问题。

其次，春秋人对天命神意的尊信与解释呈现出一种更加强烈的民意化和人本化色彩。譬如，《尚书·泰誓》所言“民之所欲，天必从之”，即常被春秋时人所引用（《左传·襄公三十一年》《左传·昭公元年》），不仅如此，在春秋人的民神或人神关系论说中，还出现了民为神主、民先神后和神“依人而行”的观念，如随之季梁曰：“所谓道，忠于民而信于神也。”“夫民，神之主也，是以圣王先成民而后致力于神。”（《左传·桓公六年》）虢之史嚚曰：“吾闻之：国将兴，听于民；将亡，听于神。神，聪明正直而壹者也，依人而行。”（《左传·庄公三十二年》）宋司马子鱼曰：“祭祀以为人也。民，神之主也。”（《左传·僖公十九年》）楚右尹子革曰：“民，天之生也，知天，必知民矣。”（《国语·楚语上》）可见，春秋人对天命神意的尊信是直接以民欲、民意和民望为准的来构想和设定天神意向的。而在上引春秋人从天命神意的角度解释国家存亡兴衰的问题时习用的种种说法中，其实亦隐含着一种对所处的现实生活环境与客观时势的真切认识与理性判断，或者是将这种富有人本化色彩的对人类事务及其客观情势的认识与判断投射到对上天意向的考量与衡准上去了。尤其值得我们注意的是，在春秋人的政治权威观念中，君和君命还直接被等同于天，如谓“君，天也”（《左传·宣公四年》），“君命，天也”（《左传·定公四年》）。相对于春秋时期的神佑王权或君权神授观念，这种直接将君、君命视同天的绝对君权观念实为天的“人化”，即将天“君”化了。

再次，在春秋人的思想观念中，自然化的天道观念以及强调天人相分的思想倾向日益凸显。相对于传统的天命信仰与神秘天道观念，春秋人还从自然化的天道观的角度来解释自然的灾变、人的禄命祸福和疾病的发生等，如所谓“天道皇皇，日月以为常”（《国语·越语下》），“天反时为灾，地反物为妖”（《左传·宣公十五年》），“盈而荡，天之道也”（《左传·庄公四年》），“盈必毁，天之道也”（《左传·哀公十一年》），“民受天地之中（指天地中和之气）以生，所谓命也”（《左传·成公十三年》），“天有六气，降生五味，发为五色，征为五声。淫生六疾”（《左传·昭公元年》）；所谓“君人执信，臣人执共。忠、信、笃、敬，上下同之，天之道也”（《左传·襄公二十二年》），则是将维系君臣关系的道德规范直接视作“天之道”的基本内涵。而最能体现当时时代思潮的一种新趋向而具有代表意义的，则是天人相分的观念，如周内史叔兴对发生在宋国的陨石现象所做的解释，即认为这不过是“阴阳之事”，而“非吉凶所生”，并提出了“吉凶由人”的看法（《左传·僖公十六年》），而郑国执政大夫子产更进一步提出“天道远，人道迩，非所及也”的思想命题（《左传·昭公十八年》），显然他们都意在将自然现象与人事吉凶、将福善祸淫的神秘天道与“吉凶由人”的人道事务加以明确区分，而认为两者完全不相干。当然，春秋人不仅仅是简单地将天人二分，而是在将人事吉凶、人道事务与自然阴阳之事和神秘天道相区分的同时，还致力于探究自然天道与人道事务之间的相关性问题，如效法天地之经、自然之道而以礼制序的问题，如子产所谓“夫礼，天之经也，地之义也，民之行也”，而子大叔解释说：“天地之经，而民实则之。”（《左传·昭公二十五年》）

（二）重民思潮的兴起与道德人文精神的高扬

春秋时期，仍然居于统治地位的宗法世袭性的贵族阶级尽管在争权夺利的内讧和激烈的政治斗争中日趋衰败和没落，但其中亦不乏一些开明和优异的精英分子，即所谓的贤人君子。在他们的思想观念中，体现了许多富有时代特色和积极意义的进步因子，其中一个重要的方面就是他们对民、民生、民利的重视、同情与体恤，由此彰显了一股时代性的重民思潮在涌现与兴起。在动荡不安的混乱时局下，当时的许多贤人君子已深切地认识到国人或民的向背决定着人君世主和贵族阶级统治地位的稳固与否，乃至决定着整个国家的存亡兴衰和政权的得失更替，正所谓“无民而能逞其志者，未之有也”（《左传·昭公二十五年》），而“国将兴，听于民”（《左传·庄公三十二年》）。因此，他们主张应信用其民，并以德政治民，即“以德和民”，而不是“虐用其民”（《左传·隐公四年》），所谓“大上以德抚民，其次亲亲，以相及也”（《左传·僖公二十四年》）；认为“上思利民”者为“忠”或“忠于民”之道（《左传·桓公六年》），或有“恤民之心”者“宜为君”（《左传·庄公十一年》），反之，“凡君不道于其民，诸侯讨而执之”（《左传·成公十五年》）；或以为善政之为善政，“务三而已：一曰择人，二曰因民，三曰从时”（《左传·昭公七年》），或以为“国之兴也，视民如伤（杜注：‘如伤，恐惊动。’），是其福也；其亡也，以民为土芥，是其祸也”（《左传·哀公元年》）。而仅从君民关系的角度来讲，春秋时期的重民思潮总的可以归结为一点，即君主应以爱民利民、关切民生为怀，绝不应凌驾于人民之上而恣意妄为，如“邾文公卜迁于绎。史曰：‘利于民而不利于君。’”而邾子曰：“苟利于民，孤之利也。天生民而树之君，以利之也。民既利矣，孤必与焉。”（《左传·文公十三年》）而晋之师旷则曰：“夫君，神之主而民之望也。……天生民而立之君，使司牧之，勿使失性。……天之爱民甚矣，岂其使一人肆于民上，以从其淫，而弃天地之性？”（《左传·襄公十四年》）另如齐之晏婴亦有名言曰：“君民者，岂以陵民？社稷是主。”（《左传·襄公二十五年》）

除了上述重民思潮的兴起，最能体现春秋人之时代精神特征的还有道德人文精神的高扬。正是在僭越礼制、失道败德的行为乃至暴力苛政肆虐流行的时代背景下，道德人文精神的高扬与重民思潮的兴起彼此呼应，共同塑造了春秋极富时代特色的精神特征，具有照亮其时代之意义的特殊价值。如钱穆先生所言，春秋时代虽然“臣弑其君，子弑其父，为中国一大乱世”，但“中国社会上之道德观念与夫道德精神，已极普遍存在，并极洋溢活跃，有其生命充沛之显现”。对于春秋人的道德人文精神，钱穆先生尝予以系统的梳理论次，以为其具体体现，一是凡生而为人，无论是为人子、为人父，还是为人臣、为人君，自当尽人道之天职（或义务）。所谓“人道者，乃所以完成其人生”，故于生死之际，至有“不计私人一己之一切利害祸福”而视死如归，或“宁愿舍其生命，至死不反顾”者。如邾文公以为“死之短长，时也”，而己之为君之“命”（天职或人生价值）则在“养民”而已；齐崔杼杀其君庄公，而齐大史兄弟不畏强御，前赴后继，不惜杀身以直书“崔杼弑其君”等。二是“春秋时代人之道德精神，亦可谓是一种礼教精神”，而“礼贵让，不贵争”，如“权利名位富贵，皆人之所争也”，而“于此而能让”，正是“一种道德精神之表现”，“至于能让国让天下，此真人情所难，诚可谓是一种道德精神之至高表现也”。[①] 依我之见，概括而言，春秋时期道德人文精神的高扬可以说是以尊礼尚德为中心或准的的，春秋人认为人

① 钱穆：《论春秋时代人之道德精神》，《中国学术思想史论丛》（一），安徽教育出版社 2004 年版，第 175—219 页。

生自有其高于个体生命或比个体生命更为重要的价值，那就是对德、礼的践行，而人生之所以崇高而不朽，也正在于其人能够挺立和成就此种人生价值，如鲁大夫叔孙豹曰：“豹闻之：‘大上有立德，其次有立功，其次有立言。’虽久不废，此之谓不朽。”（《左传·襄公二十四年》）即肯认人生“三不朽”之首要者在立德，或者认为“远礼不如死”（《左传·文公十五年》），故于生死之际有立德行义、尊礼践信，“至于虽死而不顾”者。诚如钱穆先生所言，春秋人的此种道德人文精神，“其惟一最要特征”即“自求其人一己内心之所安”，此道德人文精神亦正是中国文化精神之特殊体现。①

（三）伴随个体生存焦虑感而生的个体生命意识的凸显与春秋人的个体德性观念

与上述以尊礼尚德为中心的道德人文精神密切相关的，则是一种伴随个体生存焦虑感而生的个体生命意识凸显，而且，它们共同促成了春秋人独特的个体德性观念的形成。春秋人的个体生存焦虑感及与之相伴而生的个体生命意识凸显，集中体现在春秋人对“身”的关注上。譬如：

服之不衷，身之灾也。（《左传·僖公二十四年》）

礼，身之干也；敬，身之基也。（《左传·成公十三年》）

信以守礼，礼以庇身，信、礼之亡，欲免，得乎？（《左传·成公十五年》）

会朝，礼之经也；礼，政之舆也；政，身之守也。怠礼，失政；失政，不立，是以乱也。（《左传·襄公二十一年》）

汏侈已甚，身之灾也，焉能及人？（《左传·昭公五年》）

君子之言，信而有征，故怨远于其身。小人之言，僭而无征，故怨

① 钱穆：《论春秋时代人之道德精神》，《中国学术思想史论丛》（一），安徽教育出版社2004年版，第175页。

咎及之。(《左传·昭公八年》)

君子贵其身，而后能及人，是以有礼。……无礼，必亡。(《左传·昭公二十五年》)

由上可见，生当乱世，对“身”的关注在春秋人的生存意识中构成了一个最重大的问题。或者说，在春秋时代动荡不安、生命缺乏保障的严酷的社会生存条件与政治环境下，个体生命的吉凶祸福成了人们最为关注的核心或焦点问题。从对“身”或个体生存安全感的需要的关注，我们可以深切地体认到春秋人关于个体之人吉凶祸福之命运的焦虑感及其个体生命意识的觉醒与凸显。而且，在当时贵族精英们的个体生命意识中，占据主导地位的乃是以“惧而增德”(《左传·文公二年》)的方式或践礼守信的努力来消除祸患以赢得个体生存安全感这样一种观念。因此，春秋人尊礼尚德的道德人文精神，一方面体现了对崇高而不朽的人生价值的追求，另一方面也体现了对个体生存安全感的需要的现实考量。正因为如此，在中国人德性观念的演进、转变过程中，春秋人发展出了一种极具时代特色的个体德性观念。

对春秋人来讲，德、礼不仅关涉着能否赢得护佑国祚绵长的天命神意的眷顾，对于“民之行”具有一种天经地义式的普遍规范意义，乃至拥有一种超越性的价值而构成立国为政之本与国家和政治生活的根基，即所谓“德，国家之基也”(《左传·襄公二十四年》)，更关涉着个体之“身”“命”的生死存亡、个体生存命运的吉凶祸福而构成个人安身立命之本与个体生存之基。换言之，德、礼不仅与统治者政治统治的天命合法性或道德正当性问题密切相关，更与每个人的生存命运有着直接而普遍的相关性，特别是面对动荡不安的社会时局与日趋险恶的生存环境，春秋人深切地意识到，个体的人完全处于一种生命有限且极为脆弱、易于丧失的在世状态或生存境况中，正所谓“人生几何”(《左传·襄公三十一年》)、“人谁不死”(《左传·昭公二年》)、“人生实难”(《左传·成公二年》)，故而个体之人如何“安身立命”的问题遂进入了春秋人个体生命意识的核心地带。而在个体生存的意义上，礼不仅是约束人的行为举止的外在社会性规范，而且被赋予作为“身之干”的“庇身”“定命”的生命价值，所谓“礼，人之干也。无礼，无以立”(《左传·昭公七年》)，“信以守礼，礼以庇身”(《左传·成公十五年》)，“民受天地之中以生，所谓命也。是以有动作礼义威仪之则，以定命也”(《左传·成公十三年》)。同样，德也不仅指涉施惠于民的问题，所谓“德以施惠，刑以正邪”(《左传·成公十六年》)，更构成个体吉凶祸福之生存命运的根基，所谓“夫德，福之基也”(《国语·晋语六》)，反之，“苟非德义，则必有祸”(《左传·昭公二十八年》)，至于服饰、言语、举止行为不当失宜，如“服之不衷”、“汰侈已甚”、言而无信，以及“语犯”“语迂”“语伐”“语尽”等，皆足以招致亡身之祸。据此，我们可以将春秋人的个体德性观念概括如下：在春秋人看来，一个人的德性是由一个人的言语和行为所决定的，而德性反过来亦直接决定着个体之人的吉凶祸福，如“孝敬、忠信为吉德，盗贼、藏奸为凶德”(《左传·文公十八年》)，而且，一个人的德性只与自身的生存命运相关，与他人甚至父子兄弟都是“不相及”的。正因为如此，故而每个人都应对自己的言语和行为负责并承担其后果，人君世主、诸侯国君亦不例外。在我看来，有两个词最集中地反映了春秋人这种鲜明而强烈的个体德性的意识和观念，即“咎由自取”和“惧而增德”。前者表达的是一个人的祸福命运完全是由其自身德性决定的，无关乎其他，正所谓“善败由己，而由人乎哉”(《左传·僖公二十年》)；而后者则表达了春秋人面对人生的吉凶祸福或个体时遇命运问题时产生的强烈的生存焦虑感，人们需要通过个体德性的修为与增进来消除这种生存焦虑感。

综上所言，降至春秋之世，随着整个宗法封建天下秩序的解体与礼乐制度的崩坏，人生路向的多样化、价值选择的多元化、宗教信仰的深刻变化、重民思潮的兴起、道德人文精神的高扬，以及新型个体德性观念的出现，可以说构成了春秋之世时代精神的最重要的特征。虽然春秋时代的人并未完全摒弃对天、天命或神性的传统信仰，甚至传统的天命信仰在当时仍然占据着统治地位，但处于整个文化价值系统主导地位的核心观念已开始发生根本转变，“人”及其行为的后果与责任问题开始成为人们现实关怀和德性意识的焦点。而且，德、礼的规范，实质性地构成了春秋人约束个体行为的强烈的内在驱动力，而无论是出于对崇高而不朽的人生价值的追求，还是出于对维护和保全个体生命安全的现实考量，春秋人有关个体德性或人文礼教的观念都要求个体之人必须对自己的言行负责。在此要求下，德、礼的规范构成了人之为人的最本质的因素，或者说，一个人的德性是其最本己的、具有本体意义的自我呈现。因此，对一个人行为的德与不德、礼与非礼的品评与判定，构成了一种人与非人的文化生存张力，正所谓“人之能自曲直以赴礼者，谓之成人”（《左传·昭公二十五年》），而“教（德礼之教）备而不从者，非人也”（《国语·楚语上》）。总而言之，在春秋时代“礼崩乐坏”的生存状况之下，德、礼仍然对春秋人生活的各个层面构成一种普遍性的价值规范，尽管在“礼崩乐坏”的生存状况下，人们可以做出各种不同的选择——或是追求立德践礼的崇高而不朽的人生价值，或是为求一己之私欲私利而不惜“行险以侥幸”，但不管怎样，春秋人个体德性的观念都要求一个人必须为个体自我的行为抉择负责，承担其后果，哪怕付出个体生命的代价。个体自我的自由选择，无疑可以为个体生命开辟各种可能的生存空间，而唯有做出立德、践礼、守信的人生承诺并为之负责，才能真正为整个社会生活的良性运转与秩序整合提供坚实的根基。

最后需要指出的是，从西周宗教化、政治化的德性观念到春秋生命化、个体化的德性观念，从体现着殷鉴未远的政治忧患意识的“敬德”观念到作为个体之人祸福命运之基的德性观念，无疑彰显了中国人道德意识和道德观念上的一场深刻的划时代的大变革。在我看来，春秋人对德、礼的人之为人的本体意义的意识自觉与价值体认，最终决定了商周神本文化向春秋人本文化的根本转向，从而使中华民族的历史自春秋时代起便真正迈入一个我们至今仍“与之共同生活”的“人”的时代[①]。

① 依德国哲学家卡尔·雅斯贝斯之见，正是在他所谓的轴心时代，“我们今天所了解的人开始出现”（《历史的起源与目标》，魏楚雄、俞新天译，华夏出版社1989年版，第8页），或者说“才形成今天我们与之共同生活的这个‘人’”（《智慧之路》，柯锦华、范进译，中国国际广播出版社1988年版，第69页）。

第八章　孔子的思想主题

孔子不是一个思想体系的建构者，但他仍不愧为一位卓越的思想家；孔子扎根于上古三代的文化传统，追寻古圣先王的治理之道，向往大同小康的治世理想，并以传统为典范来构想天下有道的未来愿景。然而，孔子并不是一个完全脱离实际或缺乏现实关怀的复古主义者或空想家，而是一个有着强烈现实感的思想家，是一个试图通过传统来发现自己的当下使命和奋斗目标，并在传统的根源中找寻到当下人类事务的意义根基的文化保守主义者。他为此而做出的种种努力极富“开端启新”的时代性意义，譬如他打破地域、国别和阶级的界限，兴办“有教无类”的私学教育事业，不仅具有划时代的意义，而且为造就新型士人阶层铺平了道路，为其在人类公共事务与政治生活领域的崛起准备了必要的历史条件。因此，孔子实则又是一位具有原创力的思想家，他在教育事业上的作为和对人类事务领域、人的伦理与政治生活的意义的看法，为我们提供了许多重要的洞见与启示，而所有这些，都与他对其所处时代的生存环境与历史境遇所做的意识上的自觉反应有着密不可分的关系。那么，对于他所处时代的生存环境与历史境遇，孔子究竟做出了什么样的意识反应？基于这种意识反应，其思想关切的核心主题又究竟是什么呢？这就是我在本章中尝试着予以回答的两大问题。

一、孔子的时代意识与处世态度

我在上一章中所做的工作，是对孔子所处的春秋时代的生存环境与历史境遇的“重构”，这不是在一般意义上，而是在特定的方法论自觉意义上的“重构”。正如对古人思想的“重构”，首先“意味着以一种与古人之真实意图相应的方式——如果我们对于这些意图的理解是正确的话——对其思想加以重新整合，而取代复述他们那些相当庞杂不清的立论”[①]，同样，在我看来，对于古人所处历史生活环境的“重构”，也首先意味着以一种与古人所处历史生活环境的真实的时代趋势与特征相应的方式来对其历史生活环境加以重新整合。而且，“重构”绝不意味着“随意推断”，如果说为了避免误解，对古人思想的“重构”需要“文献学方面的精确性”或是“要处处与经典的原文记载相匹配”的话[②]，那么，对古人所处历史生活环境的“重构”也同样需要“文献学方面的精确性”或是要处处与历史事实的原始记载相匹配。其次，对古人所处历史生活环境的“重构”，除了应与历史事实的原始记载相匹配之外，还必须审慎地考量历史生活环境对于身处其中的思想家而非我们今人来讲究竟意味着什么。只有弄清了历史生活环境对于身处其中的思想家的真实“意味”，所谓的“重构”对于我们理解思想家的思想取向及其理论建构活动才是真正富有意义的，即只有通过“重构”历史生活环境并弄清其对于思想家的真实“意味”，思想家的思想取向及其理论建构活动对于我们来讲才是真正可理解的。总之，对历史生活环境的“重

① ［德］罗哲海：《轴心时期的儒家伦理》，陈咏明、瞿德瑜译，大象出版社2009年版，第7页。

② ［德］罗哲海：《轴心时期的儒家伦理》，陈咏明、瞿德瑜译，大象出版社2009年版，第7—8页。

构”，既要符合基本的历史事实，又要将其对于身处其中的思想家的真实“意味”阐述清楚，而在做这样一项“重构”工作时，应特别注意避免按照我们自己的主观想象来“随意推断”。

那么，根据我们的“重构”，对于孔子来讲，上述历史生活环境究竟意味着什么呢？在此，我们有必要引入这样一种对“思想史”的看法。在美国著名汉学家史华慈看来，思想史的中心课题或根本兴趣所在，并不仅仅是“观念本身的内容”，更主要是“人类对于他们本身所处的‘环境’（situation）的‘意识反应’（conscious responses）”①。这样一种思想史的研究，“主要是把观念放在人类对于他所处的生活环境的脉络之中”，当然，“观念与观念之间的关系是不容忽视的，因为前代的思想潮流以及当代的思想潮流正是构成环境本身的一个重要而不可或缺的部分”，而“另一方面，除了思想潮流本身以外，举凡制度、技术成就、政治环境等等，也都是这个环境的一部分”②。尤其耐人寻味的是，依史华慈之见，“历史环境事实上总是充满着模糊与暧昧”，“它在本质上具有高度的问题性与不确定性”，在“环境以及由于环境而产生的各种意识反应两者之间”，并非“只是一种简单的因果联合”，换言之，“即一种特定的环境只能‘导致’（causes）一种特定的反应”③。而且，史华慈认为，所谓“思想”，不是“可以决定一切”的④，而人类对他们所处环境产生的意识反应也“并非完全处于被决定的状态”，而是有一些“有限的自由”或“有限的创造力”。正因为如此，“人类对其环境所产生的意识反应”才构成了“变迁的环境之中的动因之一”或“整个人类行为的动因之一”⑤。

依据上述史华慈的看法，不管孔子是一位文化保守主义的思想家，还是一

① 许纪霖、宋宏编：《史华慈论中国》，新星出版社 2006 年版，第 4 页。

② 许纪霖、宋宏编：《史华慈论中国》，新星出版社 2006 年版，第 6 页。

③ 许纪霖、宋宏编：《史华慈论中国》，新星出版社 2006 年版，第 5 页。

④ 许纪霖、宋宏编：《史华慈论中国》，新星出版社 2006 年版，第 21 页。

⑤ 许纪霖、宋宏编：《史华慈论中国》，新星出版社 2006 年版，第 9、11 页。

位富有原创力的思想家，其思想无疑都是针对他所处的春秋时期的特定历史生活环境做出的意识反应，然而，正如史华慈所言，历史生活环境对于身处其中的人来讲，“总是充满着模糊与暧昧”而“在本质上具有高度的问题性与不确定性”，正所谓“当局者迷”，孔子所处的春秋时代及继之而孕育产生诸子百家的战国之世的历史生活环境尤其如此，因此，孔子的意识反应绝不是当时的历史生活环境所导致的唯一的“一种特定的反应”，譬如当时隐者的意识反应便与孔子截然不同，而老子的意识反应更是开创了一种与孔子迥然有异的思维路向。因此，生活在春秋这样一个具有错综复杂的问题性与高度不确定性的特定历史生活环境之中，作为对其做出的自觉的意识反应之一，孔子本人的“意识反应”自然具有其自身独有的特点，甚至孔子之为孔子，也因之而有自身特定的人生遭遇、时代意识和处世态度，这需要我们通过“明辨区分”来把它从当时春秋人各种不同的意识反应中辨识出来，并在同情理解的基础上加以审慎的考量和评判，而不是简单地抱持肯定或否定的态度，把它看作当时唯一合理的一种反应，或者看作彻底失败而毫无意义的一种反应。

孔子所处的春秋时代无疑是一个日趋“礼崩乐坏”的乱世，是一个子弑其父、臣弑其君而“天下无道”的混乱时代。对此，孔子本人有着充分自觉的意识和反思，并做了如下清晰而简洁的表述，如：

天下有道，则礼乐征伐自天子出；天下无道，则礼乐征伐自诸侯出。自诸侯出，盖十世希不失矣；自大夫出，五世希不失矣；陪臣执国命，三世希不失矣。天下有道，则政不在大夫。天下有道，则庶人不议。(《论语·季氏》)

禄之去公室五世矣，政逮于大夫四世矣，故夫三桓之子孙微矣。(《论语·季氏》)

八佾舞于庭，是可忍也，孰不可忍也？(《论语·八佾》)

由上述引文可知，孔子判定天下有道与无道的基本标准，是看礼乐征伐与国政禄命之大权究竟是依循自上而下的位阶来实施与推行的，还是被处于下位的大夫和陪臣篡夺和僭取了，整个天下秩序的和谐稳定需要靠前者来支撑和维系，而后者只会导致天子和诸侯国君权威丧失，而天下一旦礼崩乐坏、伦范失序，即使是执政大夫亦很难长期把持国政大权，其子孙必然会走向没落。因此，最令孔子痛心疾首而难以容忍的就是在下位者对于神圣的传统礼制的僭越所造成的危害，如鲁国执政大夫季氏对天子礼乐的僭用——作为孔子父母之邦的鲁国的情况如斯而令其深感切肤之痛，更遑论其他了。可以说，因礼崩乐坏而走向天下无道的时代状况，是孔子本人的时代意识所面对的最大的时代性生存难题与困境。

那么，如何化解难题而走出困境呢？

孔子所采取的是一种积极入世而“思以其道易天下”（章学诚《文史通义·原道中》）的处世态度和立场。据文献记载，孔子师徒在周游列国时曾遇到不少隐者，对于孔子积极入世而欲改变天下无道的混乱现实状况的态度和立场，这些隐者是大不以为然的，甚至对孔子采取嘲讽与讥刺的态度，而在与隐者长沮、桀溺相遇的那次，隐者与孔子分别阐明了他们各自不同的处世态度与立场，双方形成的鲜明对照最能彰显孔子处世态度与立场的基本特征。据《论语·微子》载：

> 长沮、桀溺耦而耕，孔子过之，使子路问津焉。长沮曰：“夫执舆者为谁？”子路曰：“为孔丘。”曰：“是鲁孔丘与？”曰：“是也。”曰：“是知津矣。”问于桀溺。桀溺曰：“子为谁？”曰：“为仲由。”曰：“是鲁孔丘之徒与？”对曰：“然。”曰：“滔滔者天下皆是也，而谁以易之？且而与其从辟人之士也，岂若从辟世之士哉？”耰而不辍。子路行以告。夫子怃然曰：“鸟兽不可与同群，吾非斯人之徒与而谁与？天下有道，丘不与易也。”

显然，在隐者的时代意识中，他们有着与孔子同样的对时代混乱状况的判定，但他们采取了与孔子完全不同的愤世嫉俗而逃避现世的态度与立场。与隐者不同，孔子则抱定道德理想主义的信念，采取积极入世的行动，欲变无道为有道。之所以采取这样的处世态度和立场，是因为孔子不愿与鸟兽同群，而乐于与人打交道，不愿因天下无道的混乱状况而背弃自己的时代和人民，或置天下万民苍生之生死祸福于不顾，而是乐于献身于救世济民的伟大事业，即使时遇不济或遭遇不幸，也绝不轻言放弃，宁肯“知其不可而为之”，即使明知“吾道不行”，也要通过“因史记作《春秋》”的历史撰述行为来端正现实生活中被滥用而搞混了的名分。孔子立身于理想与现实之间而汲汲于行道救世，既不为现实而放弃理想，亦不因理想而逃避现实，这正是孔子不同于遗世而独立的隐者的地方，亦正是孔子之为孔子的根本特征之所在。

尽管意识到自己处于礼崩乐坏的乱世，而且这种现实状况令人难以容忍，但孔子从未完全丧失掉挽救它的信心与希望，因为礼乐虽日趋崩坏，但仍然存在恢复的可能，时世虽日趋混乱，但只要人心不死，就存在拨乱反正的可能。换言之，尽管整个时代君不君、臣不臣、父不父、子不子且背离礼义的种种行为成为普遍现象，令孔子不得不发出“中庸之为德也，其至矣乎”而“民鲜久矣”（《论语・雍也》）的慨叹，但孔子从未完全丧失掉对人自身上达向善之心的信心与希望。因此，尽管礼崩乐坏的现实混乱状况直接引发了孔子对其时代进行批判与反思的意识反应，并构成了激发孔子采取“以其道易天下”的积极入世行动的最强劲的驱动因素，但是，孔子对于人性的体认并不是完全负面而阴暗的，毕竟在现世之中，在孔子同时代的人当中，既有乱臣逆子，亦不乏贤人君子，正是通过向后者的广泛学习，孔子获取了大量有关上古三代文化传统或诗书礼乐方面的知识与资源，也正是从后者身上，孔子汲取了道德人文精神方面的无穷力量和治国理政方面的丰富智慧，并不遗余力地致力于充分调动这些知识、资源、力量和智慧，将之发扬光大，以便能够挽救时世，走出时代性的生存困境。不管孔子所付出的努力的成效如何，能否成为其时代“变迁的环境之中”的重要动因之一，孔子都是一位既以传统为取向又面向未来的思想家，也是一位活在当下的思想家，他既不是一个完全逃避现实的愤世嫉俗者，也不是一个彻底革新现实的激进主义者，他只是希望通过积极的入世行动参与到改良现实生活状况的历史进程中去，无论结果如何，都义无反顾而无怨无悔。

二、道不远人：孔子思想的核心主题

孔子的所思所行是对其所处历史生活环境的自觉反应。然而，历史生活环境对于身处其中的人们来讲却具有各不相同甚至截然相反的"意味"，人们据此而与其时代建立起一种多维度的反思性关系，并采取不同的处世态度、立场与行为策略。只有对此有所了解和体认，我们才能深切地领悟和把握不同的思想家所处时代的"环境本身的真实面目"及内含着"富有成果的含混性"的"问题情境"对于他们来讲分别具有什么样的含义，甚至就同一个思想家来讲，在面对时代苦难时，也会产生种种"不相容的关怀和思维"，形成其"内心的张力"，而"这种内心的张力正是刺激他思考的动力"①。

就上述孔子本人的处世态度与立场而言，孔子无疑是一位基于对其时代的批判性反思而"思以其道易天下"，即致力于改善混乱的现实生存状况的改良主义思想家。但是，正是由于环境本身所内含着的高度的问题性与含混性，孔子的所思所行不可避免地激起和引发了各种不同的反应，如人君世主的弗能用、执政大夫的排挤、时人的诋毁、隐者的嘲讽，以及弟子和同道们的赞赏与维护等。譬如，有郑人把周游列国途中狼狈不堪的孔子形容为"累累若丧家之狗"(《史记·孔子世家》)，反之，亦有仪封人认为"天下之无道也久矣，天将以夫子为木铎"(《论语·八佾》)；有人诋毁孔子，并认为孔子贤不如子贡，子贡则认为："仲尼不可毁也。他人之贤者，丘陵也，犹可逾也；仲尼，日月也，无得而逾焉。人虽欲自绝，其何伤于日月乎？多见其不知量也。"并说："夫子之

① 许纪霖、宋宏编：《史华慈论中国》，新星出版社 2006 年版，第 198 页。

不可及也，犹天之不可阶而升也。夫子之得邦家者，所谓立之斯立，道之斯行，绥之斯来，动之斯和。其生也荣，其死也哀，如之何其可及也？”（《论语·子张》）可以说，在礼崩乐坏而急剧变革的春秋战国时代，无论是生前还是死后，孔子都是一位最具争议性的思想家，他的保守与开新、崇礼与贵仁、好学与饰知、成功与失败等，无不引起了激烈的争议。

时至今日，当两千多年前的种种历史迷雾渐渐散去，当“孔子”置身于我们所处的新的历史生活环境之中，由于我们所处的环境也同样“充满着模糊与暧昧”并“在本质上具有高度的问题性与不确定性”，因此，围绕着“孔子”而引发的种种争议也依然十分激烈。譬如，孔子不是被人称作“信而好古”而仅仅热衷于“述而不作”、固守传统的文化保守主义者，就是被人视为富有思想上的独创性而致力于倡导与促进社会和政治革新的“未来的先知”①，直至今日，“在东亚，孔子的名字仍然引发着思想最保守者与最激进者之间的意识形态斗争”②；同时，关于孔子思想学说的核心观念是贵仁还是重礼的问题，亦一直存在着学术观点上的歧见而莫衷一是。那么，对于我们而言，孔子究竟是一个什么样的思想家呢？其思想关切的主题究竟是什么呢？在此，我只能根据自己对孔子所处的历史生活环境的“重构”和对孔子思想的“自我理解”，从如下几方

① 美国著名汉学家顾立雅在其著作《孔子与中国之道》（高专诚译，大象出版社2000年版）中为我们精彩地描绘了一幅与传统说法极为不同的孔子画像。按照传统的说法，“孔子被说得毫无独创性，仅仅是热衷于复兴古代的习俗”（见该书英文版自序），而在顾氏看来，孔子则是一位有着“独创性”的、“激进的”甚至是“最具革命性的”思想的“未来的先知”（散见于该书第130、45、144、174、63页）。《孔子与中国之道》开篇第一章的第三段文字可以说最集中也最能代表顾氏对孔子的基本看法：“在政治上，孔子通常被称做保守分子，甚至还有人说他的首要目标是复古和增强世袭贵族的政治权威。事实上，孔子倡导和促进了一场彻底的社会和政治革新，所以，他应被看做是一位伟大的社会变革者。在他去世后的几个世纪之内，盛行于他那个时代的世卿世禄的政治制度最终在中国消亡了。对于这一制度的崩溃，孔子的贡献大于任何人。”（见该书第1页）

② ［美］顾立雅：《孔子与中国之道》，高专诚译，大象出版社2000年版，英文版自序。

面来尝试做一评估与定位。

第一，孔子是一位“道的追求者”。

作为一个思想家，孔子无疑是中国的“轴心时代”所孕育、产生的一位思想的先驱人物，不论是保守还是创新，孔子都自觉扮演了一个思想者的角色。那么，他思考的动力究竟来自哪里？他思考的关键问题究竟是什么？如上文已指出的，我们只有将这些问题放置于孔子所处的历史生活环境的脉络之中，才能得到一个恰切的答案。不过，我们也可以换一种视角，即从比较哲学的角度来看，或许问题同样能够得到一个恰当的答案。诚如英国著名汉学家葛瑞汉所说，中国古典时期的哲学家关切和思考的关键问题“并不是西方哲学的所谓‘真理是什么’，而是‘道在哪里’的问题，这是规范国家与指导个人生活的道”①。由此推言，中国古典时期的哲学家思考的动力便可以说是来自对“规范国家与指导个人生活”之“道”的追问与寻求。对此，美国的另两位著名汉学家郝大维和安乐哲亦从比较哲学的视角进一步对葛瑞汉的这一论点做了更为精到而详尽的分析与阐发。根据郝大维和安乐哲在中西哲学之间、在真理的寻求者与道的寻求者之间所做的初步对比，我们可以知道：

> 中国人的“哪里”问题导致寻找正确的道路，以及那些引导人们遵循那种道路的恰当的行为方式，这种道是一种生活方式和安身立命之处。
>
> 在西方，真理是那种真实的知识，它反映了实在。对于中国人来说，知识不是抽象的，而是具体的；它不是表象的(representational)，而是履行的(performative)和参与的(participatory)；它不是推论的，作为关于道的一种知识，它是一种实际技巧(know-how)。
>
> 真理的寻求者希望最终弄清奥秘，确立说明事物存在方式的那些

---

① ［英］葛瑞汉：《论道者：中国古代哲学论辩》，张海晏译，中国社会科学出版社2003年版，第4页。

> 事实、原理和理论。道的寻求者力图发现促进社会和谐地存在的种种行为方式。[①]

尽管郝大维和安乐哲先生并不想停留或止步于这样一种对比之上，尤其是他们“不希望”在这种对比中长久地保留一种陈旧的解释，即“它将西方说成是爱好理论的，好冷静地反思，将中国的思想说成是充满了对社会和谐的要求”，而在他们看来，“这两种文化共有一个对于社会的人来说是惟一明智的目标——达到社会的稳定，可能还有社会的和谐”[②]，不仅如此，他们还力图进一步探询并回答这样一个问题——“在中国传统中，是否确实存在关于真理的富有生命力的概念”[③]，为此，他们主要立足于与中国思想传统最为近似的美国实用主义关于认识和真理的认识来理解中国人对真理的态度[④]。但是，在我看来，上述比较哲学的视角已给我们提供了一个具有非常重要的启示意义的观点，即中国古典时期的思想家乃是“道的追求者”，而不同于西方哲学意义上的“真理的寻求者”。然而，由于“道的追求者”对其历史生活环境做出的意识反应不同而不可避免地产生思维路向上的歧异，因此，只有在深入了解和系统比较不同思想家的思维路向上的实质性差异的基础上，我们才能真切地把握孔子作为“道的追求者”的本真含义。

就孔子而言，最好的参照和比较的对象便是老子，因为这两位思想家虽生活在同一个时代，但其“意识反应”的取向在性质上是截然相反的。众所周知，孔老生活在晚周衰世，天下秩序解体，封建贵族政治衰败，宗法道德生活发生

---

① [美] 郝大维、安乐哲：《汉哲学思维的文化探源》，施忠连译，江苏人民出版社 1999 年版，第 106、107 页。

② [美] 郝大维、安乐哲：《汉哲学思维的文化探源》，施忠连译，江苏人民出版社 1999 年版，第 109 页。

③ [美] 郝大维、安乐哲：《汉哲学思维的文化探源》，施忠连译，江苏人民出版社 1999 年版，第 109 页。

④ [美] 郝大维、安乐哲：《汉哲学思维的文化探源》，施忠连译，江苏人民出版社 1999 年版，第 114 页。

危机……正是在这些现实问题的刺激之下，他们才成为在理论反思的层面追问和探求“道在哪里”的思想先驱。探询“道在哪里”，说到底不外乎要寻求一条在批判和反思其时代问题的基础上旨在超越现实的正确的人类生活之路。然而，他们探求的结果却是大异其趣的，大体而言，老子试图在人类之外的自然法则当中发现“道”，而且自然之“道”乃是化生天地万物的根源，它独立自在地运行不息，人类所需做的唯一一件正确的事就是因循、效法和顺应自然之道；孔子则致力于在人类自身、社会生活内部及其历史过程之中寻求“道”，它需要或必须经由人类的践行与弘扬才能得以具体实现乃至不断扩展与宏大。老子主张绝学无忧、见素抱朴而以自隐无名为务，孔子则重视人文、历史、知识、伦常与名教等；老子贵自然，孔子则重人事；老子贵柔弱，孔子则尚仁义；老子是一位玄思冥想的哲人，孔子则是一位行动的君子。因此，对于人类事务，老子是一位冷静的旁观者，孔子则是一位积极的参与者。在我看来，孔子之“道”更接近“路”的本义，路是多歧的，道亦是多元的，故为了弘扬人间之“正道”，孔子极力倡导以真诚忠信的道德行为或弘扬、践行正确行为的方式来抵制和消解人世间种种巧伪僭越的行为；而老子喜以江海来譬喻自然大“道”，江海谦恭处下而容纳百谷川流，“道”虽无为无名却终能成其为“大”，故老子极力倡导以无为无事的精神来消弭、化解人世间种种虚妄欺盗的行为。总而言之，作为道的追求者，孔子可以说是仁爱精神的代表，而老子则是形上智慧的象征。

第二，关于孔子所谓“道”的基本含义。

对于孔子而言，“道”可以说是其一生追求实现的志业，“朝闻道，夕死可矣”（《论语·里仁》）一语最能体现孔子的这一追求。而作为道的追求者，孔子以“志于道”（《论语·述而》）或“笃信好学，守死善道”（《论语·泰伯》）作为自己的人生志业，汲汲于“学以致其道”（《论语·子张》）或修德以行其道。那么，孔子所谓的“道”究竟何所指呢？首先，它是指做人的一种正确的行为之道，并可引申指富有道德意义的善人、君子之道，而且，在这一意义上，它既可以指一般意义上的立身、处世、待人之道，亦同时可以指为政、治国、理民之道，如“子谓子产有君子之道四焉：其行己也恭，其事上也敬，其养民也惠，其使民也义”（《论语·公冶长》）。其次，它是指由人们的正确的“行为之道”交织而成的个人的、社会的、国家的“理想生活方式”[①]以及一种整体性的、包容一切的社会政治秩序[②]。最后，它还特指孔子本人之“道”，如孔子自称“吾道”，而弟子则称之为“夫子之道”，孔子本人向以躬行君子之道自任，所谓孔子之道自是指孔子本人对于君子之道独到而极富创见的理解和体认，如孔子讲“君子道者三”，即“仁者不忧，知者不惑，勇者不惧”（《论语·宪问》），尤其是他将“道”与“仁”“义”联系起来，强调君子无论是通达、富贵，还是穷困、贫贱，其行止出处皆应以仁道或道义为依归，即“无终食之间违仁”（《论语·里仁》）或“行义以达其道”（《论语·季氏》），这可以说体现了孔子本人所追求的君子之道的最鲜明而突出的人格特征。

由上所言，孔子所谓的“道”，从正面意义上讲，既是个体行为之道，亦是社会生活之道，又是天下国家秩序之道。不过，由于“道”也可以在负面意义上加以使用，如不善人之道、小人之道或无道之道，因此，对孔子而言，“道”实是多元分歧的，是不同的，甚至是截然相反的。因为多元分歧，故需要有人去探求寻找正确之道；因为不同，故人与人有时不能“相谋”（《论语·卫灵公》），或者需要寻求志同道合者的支持和帮助；因为相反，故人分有道与无道，邦国分有道与无道，天下亦分有道与无道，而且，此道消则彼道长，故有道之道需要人去探求、去发现、去笃信、去志学、去修为、去践履、去推行乃至去弘扬。总之，对孔子而言，“道”似乎是现成的，是一直存在着的，它就在延续至今的历史文化传统之中，就在经由损益而不断完善的社会生活形式之中，就在当下人

---

① ［美］顾立雅：《孔子与中国之道》，高专诚译，大象出版社 2000 年版，第 149 页。

② ［美］本杰明·史华兹：《古代中国的思想世界》，程钢译，江苏人民出版社 2004 年版，第 31、190、425—426 页。

的正确行为之中，但“道”本身不是一种能动性的力量和因素，它不会自动呈现出来，而是有待于具有主体自觉的有德之人去体察、发现、践行与弘扬，正所谓“人能弘道，非道弘人”（《论语·卫灵公》），而且，人求则得之，不求则失之，故“道”之于志士仁人和有德君子，是其人生信念之所系，亦是其安身立命之所在。

具体就孔子本人来讲，孔子之所以立志以求道，是因为他自觉意识到自己生活在一个“礼崩乐坏”时代，诚挚地希望通过道德君子的正确行为来引领整个国家乃至全天下的统治者和人民都能够走上正确的道路，以实现“有道之世”的社会理想与政治目标。所谓的“有道之世”，是指一种理想而美好的社会秩序与治理状态，即人们生活在尊礼尚义、好仁崇德、等级和谐的美俗良序之中，人人各安其位、各尽其责，过着其乐融融、安定富庶而又富有道德教养的美好生活。因此，当遭到避世之隐士的讥讽嘲弄时，孔子如是表白自己的心迹与追求：“鸟兽不可与同群，吾非斯人之徒与而谁与？天下有道，丘不与易也。”（《论语·微子》）以“有道”易“无道”，这就是“知其不可而为之”的孔子的人生追求，而对“道”的矢志不渝的追求，对据以批判、反思和审视统治者政治权力之正当与否的超越性的理想标准的坚持和维护，也足以证明孔子是一位富有道德理想、社会责任和历史使命感的思想家。

第三，孔子对“人”的全面反省。

在阐明孔子之道的基本含义之后，我们仍需追问：究竟什么是孔子思想最为关切的核心主题，或者说孔子之道一以贯之的特殊意涵究竟是什么？

关于孔子的一贯之道或孔子思想的核心范畴与中心观念，历来有各种不同的概括与描述。孔子的弟子曾子曾将“夫子之道”概括为“忠恕而已”（《论语·里仁》），《吕氏春秋·不二》称“孔子贵仁”，王充谓“孔子所以教者，礼让也”（《论衡·问孔》），亦有将孔子之道称为“君子之道”者，当今之学者或将孔子之学概括为心性、为己之学，或将孔子之教概括为成人、成德之教，或认为孔子的思想有一发展演变的过程，或认为孔子的思想体系是以仁为核心的，或认为孔子的思想体系是以礼为核心的，等等，不一而足。每一种概括性的说法可以说都向我们揭示了孔子思想的某一个重要方面。

孔子曾言“古之学者为己，今之学者为人”（《论语·宪问》），通过比较古今两种学者的目的和态度，孔子本人表达了自己认同古之学者志在修养自身品格的为学旨趣与意向，为己、修己显然也正是孔子之学的一大教义。曾子以为“夫子之道，忠恕而已”，朱子《集注》曰“尽己之谓忠，推己之谓恕”，今人或以“己欲立而立人，己欲达而达人”（《论语·雍也》）解忠，推己之恕亦即“己所不欲，勿施于人”（《论语·卫灵公》）之义，据此而言，夫子之道可谓深中人己关系或人际交往理性之精义妙谛。成人、君子皆为有德者之称，孔子教人成人成德、躬行君子，故亦可说孔子之教为成德之教，孔子之道为君子之道。在孔子的思想体系中，礼为社会秩序、社会规范的根本支柱，仁为成德之教、主体修为的根本目标，或许推崇周礼使孔子的形象染上了浓厚的文化保守主义的色彩，而宣扬仁道又使孔子扮演了一种创新观念并引领时代精神方向的思想者的角色，但是，无论是仁的观念彰显了孔子思想的创新性的方面，还是礼的教义体现了孔子思想的继承与保守性的方面，我们都不可能抛开其中的任何一个方面来谈论和界定孔子思想的特质。

单纯强调孔子之学为己、修己的一面显然失之片面，因为孔子之学还有安人、化民的一面；忠恕之道虽然凸显了人际交往的道德理性，然而我们只有将孔子的忠恕之道置于现实的人伦关系网络中才能真正理解其所凸显的交往理性的真实含义。躬行君子之道、成为一个有德之人，的确是孔子教义的根本，然而，君子与小人、成德与缺德、有道与无道是相对而称的，孔子从来就不是在单义地宣讲某种人生理想或者仅仅是关注人的一些善良的品质，如果我们不了解孔子对人性阴暗面的生命体验，就不可能理解孔子君子之道、成德之教的真正含义，而仅仅强调孔子之道为“君子之道”、孔子之教是“成德之教”，只会让人误认为孔子的教义只是一种全然乐观的迂腐而无用的理想主义。而就仁和礼而言，我们实在没有必要在两者之间做一种非此即彼的取舍，执拗地就何者为孔子思想体系的核心范畴或中心观念无谓地争执不休，二者对于我们理解和诠释孔子与儒家思想的人本特质都是不可或缺的，只是在不同的儒家学者的思想里，二者的分量具有非实质性的孰重孰轻的区别而已。

因此，我们需要从一个可以融摄贯通以上各种概括与描述的解释视角，对孔子之道的中心观念或思想主题重新予以审视与阐释，以便对孔子的思想学说获得一种更为内在一致的融贯性的理解。那么，这一统合融贯性的解释视角究竟是什么呢？一言以蔽之，孔子思想的核心主题或中心观念与其说是关于“仁”或“礼”或其他种种，毋宁说是关于“人”的，即孔子最为关切的就是“人”本身的问题，正所谓“道不远人。人之为道而远人，不可以为道”（《中庸》），这同样也适用于界定整个儒家思想的核心主题。

正如人们所熟知的那样，《论语》中的两条材料可作为孔子关切“人”的最显著的例证。如《论语・先进》：“季路问事鬼神。子曰：‘未能事人，焉能事鬼？’曰：‘敢问死。’曰：‘未知生，焉知死？’”很明显，相对于事鬼和人死后的问题，孔子更关心事人和人活着的问题，也就是说，孔子更关切人生的价值与意义，也即与活着的人打交道的问题。另，《论语・乡党》：“厩焚。子退朝，曰：‘伤人乎？’不问马。”这也是孔子对“人”的关怀重于财物的明显例证。从关切“人”本身到对“人”进行全面反省，可以说正是孔子做出的最大的思想贡献。根据雅斯贝斯的看法，正是在轴心期，“我们同最深刻的历史分界线相遇，我们今天所了解的人开始出现”①，杜维明先生则认为“反思能力的出现，是轴心时代文明的突破”，而“中国的特色是对人本身的反省”，能够代表这一中

① ［德］卡尔・雅斯贝斯：《历史的起源与目标》，魏楚雄、俞新天译，华夏出版社 1989 年版，第 8 页。

国特色而凸显中国轴心文明的“超越的突破”特征的正是孔子和儒家[①]。职是之故，孔子之为孔子，并能够成为中国轴心期文明发展的引路人和思想先驱，正在于他对“人”本身的普遍关切与全面反省，可以说，正是孔子大大提升了我们对“人”本身的反思能力。那么，孔子是怎样对“人”做出全面反省的呢？杜维明先生曾经对此做过极富启示意义的系统疏解和概括，他把孔子由对“人”的反思而形成的对人类状况的系统看法归结为五种视界，它们分别是诗艺的、社会的、历史的、政治的与形而上学的视界，而且，这五种视界亦正是儒家“五经”即《诗经》《礼记》《春秋》《书经》和《易经》分别代表和象征的视界[②]。在杜先生看来，这种“关于人类状况的多重视界观”无疑体现了孔子“对人类状况独创性的深刻洞察”。据此，我们完全可以把由孔子思想及由孔子开创的儒学思想传统视作人类的一种自我反思的独具特色的思想形式，它代表了我们中国人理解自身及其在世界中的位置的一种特殊的努力与尝试。当然，与孔子同时代的思想家老子，对世界从何而来或怎样产生的根源问题的形上思考、探索与追问也是前无古人的，一如孔子对“人”的全面反省，在思想史上同样具有划时代的、典型的“超越的突破”的哲学意义。不同的是，老子由对人之“有为”的批判反思走向了对天道自然的崇尚，而孔子思考的出发点是“人”，归宿点亦是“人”，即对“人”本身进行全面反省，并希望以人自身的努力来改变和完善人类的生存状况。

第四，孔子以仁为中心的德性观念。

然而，当我说孔子思想的核心主题或中心观念是关于“人”的时候，也许会让人立刻想到一个已经被用滥了的讲法，即所谓的“人论”或“人学”。而在一般意义上，对于涉及或论述人的思想与学说，又有何不可称之为“人论”或“人

① 杜维明：《现代精神与儒家传统》，生活·读书·新知三联书店 1997 年版，第 35—36 页。

② ［美］杜维明：《东亚价值与多元现代性》，中国社会科学出版社 2001 年版，第 182—186 页。相关论述又见《道、学、政：论儒家知识分子》（上海人民出版社 2000 年版）一书第一部分《古典儒学中的道、学、政》。

学”的呢？譬如，西方有西方的“人论”或“人学”，而中国有中国的“人论”或“人学”；儒家有儒家的“人论”或“人学”，而墨家、道家和法家有墨家、道家和法家的“人论”或“人学”，等等。但是，问题的实质恰恰就在这种所谓“人论”或“人学”的泛称中被淡化了。因此，首先需要特别强调的就是，我本人并不是在“人论”或“人学”的一般意义上来申论孔子思想的核心主题或中心观念的。依我之见，孔子关于“人”的思想学说，乃是根源于人之为人的本体意识，并在对“人”的普遍关切与关爱的基础上对“人”做出的一种全面反省。而且，孔子对“人”的全面反省，即在如杜维明先生所说的“关于人类状况的多重视界观”中，还始终贯穿着一种独具特色的核心观念，它既构成了孔子思想学说一以贯之的根本纲领，亦体现了孔子对“人”的全面反省的基本特征。

那么，这又是一种什么样的核心观念呢？依我之见，这个核心观念就是关于人之为人的德性观念，而人所当修之德性，亦即人所当为之人道，此道德观念不顾利害祸福，不虑生死富贵，但求“其人一己内心之所安”。这正如钱穆先生所言，“孔门儒家之讲学立教，彻始彻终，纯为一种人道精神，此即谓之为一种道德精神”[①]。依据杜维明先生五种视界的说法，我们不妨先来简要梳理一下孔子那通贯五种视界的德性观。孔子重视对人的诗艺的教育，诚如杜先生所说，“诗艺净化人们的情感，使之成为人性的艺术化的表达”[②]，但对孔子来讲，诗艺教育的作用显然并不仅仅止于此，子曰：“《诗》三百，一言以蔽之，曰：‘思无邪’。”（《论语・为政》）又曰：“《诗》，可以兴，可以观，可以群，可以怨。迩之事父，远之事君；多识于鸟兽草木之名。”（《论语・阳货》）显然，孔子将诗艺净化人们情感的功能最终归于事父与事君的道德目的之上。就社会的视界而言，孔子推崇经由损益而臻于周详完备的周礼，以礼来规范人的行为、

① 钱穆：《论春秋时代人之道德精神》，见《中国学术思想史论丛》（一），安徽教育出版社 2004 年版，第 200 页。

② ［美］杜维明：《东亚价值与多元现代性》，中国社会科学出版社 2001 年版，第 182 页。

维系人际间的正常互动交往和整个社会的和谐秩序，说到底，在孔子看来，作为行为规范的礼主要发挥的应是维系社会道德生活之根基的功能。孔子之所以编修《春秋》，其兴趣也不仅仅在认识历史真相本身，还在于正名，可以说，正名既是孔子编修《春秋》的根本目的，亦是他编修《春秋》自觉遵循的根本原则，而正名的功能，正如孟子所说，是使“乱臣贼子惧”（《孟子·滕文公下》）。《书经》所象征的政治视界，主要寄托了孔子所向往的古圣先王的治道理想。在孔子心目中，古圣先王拥有着“维系政治秩序”的“道德权威”，他们是“以德而治”的理想化身[①]。最后，孔子之所以“晚而喜《易》”（《史记·孔子世家》）或“老而好《易》”（帛书《要》），其目的亦在“观其德义”“达于德”或“求其德而已”，并认为《易》道之要在于“德”，其用则在于“刚者使知惧，柔者使知图，愚人为而不妄，渐人为而去诈”[②]。可见，“德”乃是通贯五种视界的中心观念。而孔子何以以一“德”来贯通关于人类状况的五种视界呢？说到底，这根源于孔子对“人”的本体论看法，即人之所以为人者在其尽人道而修德性。

对于孔子所教或孔子之学的道德观念，钱穆先生主要着意于从春秋时代人的道德精神之活跃及其道德行为和观念之特征来探究“孔门教义渊源”，认为“孔子生当春秋时代，其时也，臣弑其君，子弑其父，为中国一大乱世。但即在春秋时代，中国社会上之道德观念与夫道德精神，已极普遍存在，并极洋溢活跃，有其生命充沛之显现。孔子正诞生于此种极富道德精神之社会中”，并强调孔子所教与孔子之学对于春秋时期的道德观念与道德精神“多所承宣阐扬”，“非尽出于孔子一人之所特创也”。[③]另如，陈来先生在其《古代思想文化的世界——春秋时代的宗教、伦理与社会思想》一书中，认为春秋时代出现的“人本思潮”和“实践理性自身的长足成长”，“为诸子时代的浮出准备了充分的文化

① ［美］杜维明：《东亚价值与多元现代性》，中国社会科学出版社2001年版，第184页。
② 郭沂：《帛书〈要〉篇考释》，《周易研究》2004年第4期。
③ 钱穆：《论春秋时代人之道德精神》，见《中国学术思想史论》（一），安徽教育出版社2004年版，第176、217页。

基础，成为儒家等思想文化发展的根源”，并明言“本书并不是春秋文化的全面研究，而是从思想史家的立场，把孔子以前的春秋文化作为诸子学发生的思想史前史来研究”[①]；黄开国、唐赤蓉所著《诸子百家兴起的前奏——春秋时期的思想文化》一书亦大体遵循着同样的立场和思路来探讨和考察春秋时期的思想文化[②]。而我想强调的是，我们似不能仅仅把孔子所教与孔子之学简单地视作对春秋时代人文意识与道德精神的承袭、延续与阐扬。依我之见，孔子所教与孔子之学对于春秋时代，包括人文意识与道德精神在内的整个时代精神状况，实具有一种激浊扬清、拨乱反正、去恶扬善、发扬蹈厉与转化提升之功。春秋这一“乱世”所呈现出的极度衰败的乱象以及由此而引发的个体生存的焦虑感和只与个体之吉凶祸福相关的德性观念，与其时涌现出来并一直跃动的人文意识与道德精神，这两个方面对于我们认识和理解孔子人之为人的德性观念都具有最为直接的意义而缺一不可。相对于前者来讲，孔子可以说开辟和引领了另外一种道德生命的精神方向，即从“善败由己”到“为仁由己”，从“惧而增德”到“内省不疚”而“不忧不惧”。一方面，孔子为道德生命、道德人格的成长与塑造树立了一个“志于仁”或“仁以为己任”的理想目标；另一方面，在孔子看来，实现仁德（亦即仁道）化的人生价值或健全人格的成长本身便是道德生命目的，因此，道德生命自我实现的人生意义是无关乎甚至超乎个体吉凶祸福乃至生死命运的时遇遭际的，纵然“穷达以时”，但“守死善道”终始如一，当下心安而不因境遇穷通变心易意，正如钱穆先生所言：“在中国人传统观念中所谓之道德，其惟一最要特征，可谓是自求其人一己内心之所安。”[③]这一说法最足以

---

① 陈来：《古代思想文化的世界——春秋时代的宗教、伦理与社会思想》，生活·读书·新知三联书店2002年版，第16、2页。

② 黄开国、唐赤蓉：《诸子百家兴起的前奏——春秋时期的思想文化》，巴蜀书社2004年版。

③ 钱穆：《论春秋时代人之道德精神》，《中国学术思想史论丛》（一），安徽教育出版社2004年版，第175页。

彰显孔子德性观念的本质特征。相对于后者来讲，孔子的德性观念虽脱胎于春秋时期的人文意识与道德精神，却并不仅止于对其“多所承宣阐扬”，尽管如钱穆先生所言，孔子所教与孔子之学“非尽出于孔子一人之所特创也”，但孔子对其确有发扬蹈厉、转化提升之功，这主要体现在孔子“提出了仁的观念”，将春秋时期一直跃动着的人文意识与道德精神提升到了对“人”的全面理论反省的层面，亦如牟宗三先生所言，孔子和儒家对人类的最重要贡献或“儒家之所以为儒家的本质意义”，就在于其以仁立教而“开辟价值之源，挺立道德主体”[①]。

总之，在中国轴心文明开始发育成长而世变之亟日趋剧烈的春秋时代，孔子之道的中心观念或孔子思想关切的核心主题是关乎“人”的，即由对“人”本身的关切而对“人”进行全面的理论反省，而这一反省又是围绕着以仁为中心的“人之为人”的德性观念而展开的。对孔子而言，人之为人，不是只有通过抽象的理性论辩，在哲学智慧或知识真理的照耀下才能走出被囚禁的洞穴而认清世界真相和自我本质的无知群氓，不是生来就背负原罪而只有借助宗教信仰才能获得救赎的上帝造物，也不是只有在先知先觉、慈悲为怀的佛陀的指引下才能从无穷轮回与无尽因缘中彻底觉悟而获得精神解脱的苦难众生，而是天地氤氲化育且生生不息的秀异生灵[②]，而作为一种德性生物，既易于受外在物欲的诱引而犯过错，又能够通过自我的努力与修养来成就和实现自己的道德品质，还能够过一种以尊礼贵仁为价值准则的社群伦理生活。因此，面对“礼崩乐坏”或“周文之疲弊”，孔子一方面亟欲兴复周礼以救时弊，另一方面又以仁立教以成就人德，前者为他的整个思想世界提供了一种具有浓厚传统色彩的文化根基，而后者则体现了他独具特色的思想创见，我们必须综合这两个方面才能得到一个最接近真实的孔子的“思想家”形象——中国历史上第一个在文化保守

① 牟宗三：《中国哲学十九讲》，上海古籍出版社 1997 年版，第 58—59 页。

② 如《礼记·礼运》曰：“故人者，其天地之德，阴阳之交，鬼神之会，五行之秀气也。……故人者，天地之心也，五行之端也，食味、别声、被色而生者也。”

与思想创新之间维持着微妙平衡的卓越“思想家”的典范！而作为一个思想家，孔子成其为孔子及其思想具有无穷魅力的原因，正在于他作为追问和探求“道”的先行者，作为中国思想史上最具影响力的儒家学派的宗师，开创和形塑了中国思想范式的儒家特性及其持久不衰的广泛影响力，不管你喜不喜欢或对他做出什么样的评价，这都是一个不争的历史事实。

第九章 孔子的人生观与世界观

在我看来，孔子是一位思如其人的思想家，他不仅力求以生命和行动来诠释和践履自己的人生信念与追求，而且，他对于人类的习性、教育、社会和政治问题的理论思考，更以反求诸己的自我生命体验及人生信念与追求为根柢。因此，只有通过深入了解他的整个人生历程和生命体验，以及他如何看待人生与世界，特别是他如何看待自己的人生、如何观察当下的世界并置身其中，我们才能更好地理解他的思想与信念，反之亦然。在此前相关论述的基础上，本章将首先尝试描述孔子和儒家的思想视野共同预设或构想的有关人及其世界的一般图景，然后再进一步深入考察孔子本人独具特色的人生观与世界观。

一、人及其世界

胡适先生尝言："中国哲学到了老子和孔子时候，才可当得'哲学'两个字。"[①] 而哲学性的基本问题大体可以分为两大类，一是关于世界从何而来的问

① 胡适：《中国哲学的线索》，参见姜义华主编《胡适学术文集·中国哲学史》上册，中华书局1991年版，第522页。

题，二是关于人生的价值与意义的问题。如果说老子主要关注与思考的是前一类问题的话，那么孔子主要关注和思考的则是后一类问题。世界从何而来或怎样产生的问题，事实上也就是世界的根源问题，老子对这一问题的追问、探索与思考及其以形上之道对这一问题所做的回答，与孔子对人本身的关切与反省，对人生的价值与意义的追问、探索与思考，及其以仁爱之道对这一问题所做的回答，可以说为我们展现了两种极为不同的有关人及其世界的哲学图景。当然，这并不是说老子就不关切人、人生的价值与意义的问题，孔子也不关切世界产生的根源问题，而只是说两者思维理路的重心不同罢了。不过，正是这种不同导致了他们思想上的种种实质性的差别，譬如老子强调和肯定人的自然属性，而孔子则强调和肯定人的社会属性；老子基于对人的自然化的道德属性的强调和肯定，认为正是人类礼仪生活的形式化的矫饰与造作导致了人类忠信之德的败坏与世间乱象的丛生[①]，并最终失望地走上了离弃礼仪化的现实世界的人生归隐之路，而孔子则基于对人的社会化的道德属性的强调和肯定，认为只有礼仪规矩的规范作用配以人类忠信仁义的德行，才能维持一种有意义的人类生活形式，故终其一生都对自己的人生信念坚守不渝，并致力于兴复日趋衰败的周文传统以重新构筑一个富有仁爱精神的人道化的礼仪世界。

由上所言，孔子之所以做出了与老子不同的人生选择，无疑与他看待人及其世界的方式密切相关。那么，在孔子的思想视野中，究竟潜在预设了一种什么样的不同于老子的有关人及其世界的一般图景呢？

在孔老之前，关于世界从何而来的根源性问题主要有两种回答或解释，一种是对世界所做的传统宗教神学的解释，即将世界视作由昊天上帝支配和主宰的、充满神意的人类和万物的居所，人和万物都是天神所生，正所谓“天生烝民，有物有则”（《诗经·大雅·烝民》），在《诗》《书》两经中占据主导地位

---

① 《老子》三十八章：“夫礼者，忠信之薄而乱之首。”

的"天命""昊天上帝"观念便是这种解释的代表[①]。另一种则是对世界所做的自然主义的解释，即将世界看作天覆地载的、纯自然的人类和万物的居所，人和万物是由天地阴阳氤氲孕育、自然化生出来的。

老子对世界根源问题的探究，可以说完全将宗教之天的神秘意味消解、摒除掉了，而且，老子不仅赋予天地一种纯粹自然化的含义，更将思维的触角伸展至天地之先的形上境域，他认为形上意义上的自然之道才是先天地而生、化生天地万物的真正的根源。比较而言，孔子对世界产生的根源问题的思考和看法，不像老子那样富有创见，而是具有一种常识性或通识性的色彩和意味，譬如：

子曰："予欲无言。"子贡曰："子如不言，则小子何述焉？"子曰："天何言哉？四时行焉，百物生焉，天何言哉？"（《论语·阳货》）

子曰："大哉尧之为君也！巍巍乎！唯天为大，唯尧则之。荡荡乎，民无能名焉。巍巍乎其有成功也，焕乎其有文章！"（《论语·泰伯》）

在孔子看来，天是无言的，但四时的运行、百物的生成正是以不言之天为最终根源或根本依据的，正因为如此，也就是这唯此为大的不言之天而非道构成了先王圣君据以治理人类生活世界的根本法则和终极依据，以及人类生活世界的价值与意义的终极根源。而且，很明显，上述引文中，孔子所谓的不言之天或唯天为大的天，像老子的天道观一样，也同样具有突出而鲜明的自然化的含义。不同的是，自然之道的概念构成了老子解释世界根源的最高范畴，而不言之天或唯天为大的天的概念构成了孔子解释世界根源的最高范畴。

然而，需要特别强调的是，孔子的天并不像老子的道的自然化的含义那样

① 相关材料可参看梁启超先生《先秦政治思想史》一书前论部分第二章之附录一《天道观念表现于〈诗〉〈书〉两经者》和附录二《天道观念之历史的变迁》，东方出版社2012年版，第32—40页。

纯粹，依我之见，在孔子的思想信念中，天的含义充满了歧义，这种歧义对于我们理解和领悟孔子本人独特的人生观和世界观来讲，具有不容轻忽的特殊意义，这一点留待下文详细解说。在此，我们首先要说的是，只就天的自然化含义来讲，在孔子有关人及其世界的一般图景的意义上，它构成了自然万物生生不息和人类世界治理之道的终极意义根源与根本价值依据。正如《易传》所言："天地之大德曰生"（《系辞下》）、"生生之谓易"（《系辞上》），而"天地细缊，万物化醇；男女构精，万物化生"（《系辞下》），或者如《序卦》所言："有天地然后万物生焉。……有天地然后有万物，有万物然后有男女，有男女然后有夫妇，有夫妇然后有父子，有父子然后有君臣，有君臣然后有上下，有上下然后礼义有所错（措）。"《易传》对宇宙生成演化过程与人类关系性角色的产生顺序所做的这种阐述，与孔子有关人及其世界的一般图景的构想或预设是相当契合的，可视作对孔子构想的最佳注脚。

天地可以说构成了孔子和儒家世界观信仰的终极依据，而其中最值得我们注意的是天地、万物、男女、夫妇、父子、君臣、上下这样一种发生演化过程及其顺序安排，尽管略显简化，但对于孔子和儒家来讲却具有特别的意味，它清晰地向我们呈现了构成孔子和儒家世界观信仰的一系列重要概念和范畴。从产生的先后次序来讲，前者较之后者，无疑具有更为根源性的本原或基础的意义，而后者较之前者，则具有结构性的上层或核心位阶的意义；而且，它们最终又构成一种共时性的存在，即它们共同作为一种不可或缺的结构性因素，彼此关联、相互依存，构成一个完整有序的生存世界，而对于构成这一生存世界的各种关系性因素和结构性秩序，能够发挥一种具有根本意义的规范性的措置安排作用的便是礼义。在上述生成演化的一般过程中，还需补充的最为重要的一点就是圣王的出现。在孔子和儒家看来，古圣先王在整个人类文明发展史上扮演着关键性或决定性的作用，因为正是古圣先王通过仰观天文、俯察地理而创制了人类文明生活所需的器物与礼仪等，也就是说，人类是在古圣先王引领下才最终走上了一种真正文明化的生活道路的。

就先秦诸子世界观信仰的类型而言，相对来讲，墨子的世界观信仰较接近于孔子和儒家的上述一般世界观图景，比如墨子像孔子和儒家一样强调君臣惠忠、父子慈孝、兄弟友悌、上下调和的人类关系秩序，并推崇古圣先王之治，但不同的是，墨子以天志为仪法的理念及其对民之始生“若禽兽然”的人类原初生存状态的历史构想或理论预设，使他建构了一套特色鲜明而不同于孔子和儒家的完全以政长为中心的社会政治学说，在他看来，正是政长的出现及其以天志为仪法的尚同一义之治才为人世间带来了真正的秩序，并强调人与人之间应“兼相爱、交相利”，而不是遵循礼仪的规范。法家更进一步以君臣上下的政治关系为中心，建构了一套君主仅需借助权势和法术就能强制性地使臣民受其绝对支配和全面控制的社会政治学说。道家的庄子学派则希望人类能“同与禽兽居，族与万物并”（《庄子·马蹄》），过一种无君臣上下之分、君子小人之别而彻底回归自然的生活。可见，墨法两家以政长或君臣上下为中心的思维理路所强调的，乃是自上而下地、强制性地人为建构一种社会政治关系秩序，而道家的庄子学派则希望彻底放弃这种人类性质的社会政治关系秩序。孔子和儒家的世界图景及其人类关系秩序观则介乎这二者之间。

对孔子和儒家而言，男女、夫妇、父子、君臣、上下的人类关系秩序，并不是人为建构的产物，也不能被人为强制性地改变，而是自然产生或自然演化的结果，因此是一种伦常性的社会角色与关系秩序，如荀子曰：“君臣、父子、兄弟、夫妇，始则终，终则始，与天地同理，与万世同久，夫是之谓大本。”（《荀子·王制》）而由人类（圣王）人为建构或创制的东西则是人类生活必需的器物和用以规范人类关系秩序的礼仪规矩。孔子和儒家最重视后者，认为正是礼仪将人类与动物本质性地区别开来，如《礼记·曲礼上》曰：“夫礼者，所以定亲疏，决嫌疑，别同异，明是非也。……道德仁义，非礼不成。教训正俗，非礼不备。分争辨讼，非礼不决。君臣、上下、父子、兄弟，非礼不定。宦学事师，非礼不亲。班朝治军，涖官行法，非礼威严不行。祷祠祭祀，供给鬼神，非礼不诚不庄。是以君子恭敬撙节退让以明礼。……夫唯禽兽无礼，故父子聚麀。是故圣人作为礼以教人，使人以有礼，知自别于禽兽。”可见，礼的作用和意义即在于对人类的伦常关系秩序及生活世界构成一种普遍规范，它是由圣人来制作、靠君子来维护而昌明的，当然，问题的发生亦源于人僭越和破坏礼制的行为，这种行为必然会导致人类关系秩序的失范或生活世界的混乱。

质言之，孔子和儒家是从关系性的伦理视角来审视和反省人类的生活世界及其秩序规范问题的，男女、夫妇、父子、兄弟等乃构成人类生活世界与人伦关系秩序的最基本的性别与家庭角色，君臣上下是最重要的政治角色，此外，还有朋友与师生等重要的社会角色。与墨法两家完全以政长和君臣上下为中心的社会政治观念不同，孔子和儒家虽然认为君臣上下为人伦之大者，是与父子一样重要的人伦关系角色，但毕竟不是全部，而只是整个人伦关系秩序中的一伦。而且，在孔子和儒家看来，在人类的日常生活世界和整个人伦关系秩序中，性别和家庭性的关系角色事实上占有更为基础性或根本性的地位与作用。正因为如此，孔子和儒家常常以家庭的伦理角色及其关系秩序模式为蓝本或理想来构想其他社会政治的关系角色与秩序模式，甚至认为，尽管生活在一个政治上君不君、臣不臣的混乱时代，但只要基本的家庭人伦关系及其伦理情谊还在，人生便自有其意义在，人们便能够从中体会到一种人类特有的充满亲情的天伦之乐。正如孟子所言，君子有三乐，其一便是“父母俱存，兄弟无故”，而“王天下”却不在其中（《孟子·尽心上》）。当然，统治阶级的所作所为，特别是权力倾轧和暴君苛政，也不可避免地对人们的日常生活乃至整个国家的社会关系秩序造成极为严重的破坏和干扰，因此，生活在礼崩乐坏的时代，孔子和儒家最为关切的就是人伦关系秩序中的君臣与父子二伦，并希望通过兴复周代的礼乐制度来重建以君臣、父子二伦为中轴的和谐有序的人伦关系秩序，故齐景公问政于孔子时，孔子对曰：“君君，臣臣，父父，子子。”（《论语·颜渊》）孔子所期望的就是一国之君能够首先从我做起，以身作则，遵循礼仪规范，并据以治政施教，进而重建已经被破坏的君臣父子等人伦关系秩序。

总之，对于孔子和儒家来讲，在日常生活的世界，每个人在特定的人际关系网络中都扮演着某一种角色或几种不同的角色，或男或女，或夫或妇，或父或子，或兄或弟，或君或臣，或长或幼，或师或友，并承担相互的对应性的职责与义务，人类的日常生活世界及其伦常秩序就因这些伦理的、社会的和政治的关系性角色的相互交往而形成。在其中，每个人都应各自依据自身所处的社会伦理关系中的名分或角色，修养和践行应有的德性，交互性地承担相应的职责和义务，如"父慈、子孝、兄良、弟弟（悌）、夫义、妇听、长惠、幼顺、君仁、臣忠"（《礼记·礼运》），或"为人君，止于仁；为人臣，止于敬；为人子，止于孝；为人父，止于慈；与国人交，止于信"（《大学》）之类，唯有如此，才能构建起富有意义的人类社群的和谐生活及其优良秩序，使每个人都能够从中获得一种伦理情谊的满足，体味到实现自身人生价值和意义的快乐，进而共享由人类道义价值的实现所带来的公共福祉。

二、社会的分工与职业的分途

除了区分并承担各种不同的关系性伦常角色之外，人类的日常生活世界及其伦常秩序要想持久而稳定地存在和延续，或者说人类要想维持其个体与族群的生存与延续，还需要在不同人群之间进行另外一种社会生态学的明辨区分，那就是社会分工，即从职业上将不同的人群划分为士、农、工、商，这就是所谓的"四民"。"四民"分业的社会安排在政治理念上明确地确立起来是从管仲主政治齐开始的，根据《国语·齐语》记载，齐桓公曾就"成民之事若何"的问题咨询管仲的意见，管仲对曰："四民者勿使杂处，杂处则其言哤（言语杂乱），其事易（改变）。"桓公又问："处士、农、工、商若何？"管仲进而对曰："昔圣王之处士也，使就闲燕；处工，就官府；处商，就市井；处农，就田野。"可以说，正是这种“四民”分业而“勿使杂处”的治理理念及其具体实施造就了此后传统中国“职业分途”的基本社会状况，也构成了孔子和儒家思考中国社会政治问题的基本前提条件。对于“四民”分业的基本社会状况，孔子是认可的，而孟子则在回应农家学者的质疑时对其正当性与合理性做了明确的辩护性论证，并提出了他那著名的劳心劳力二分法。我们先来了解一下孟子的看法与观点，然后再回头阐述孔子认可的态度。

据《孟子·滕文公上》记述，与孟子同时代而提倡“神农之言”的农家学者许行提出了一种激进的主张，即“贤者与民并耕而食，饔飧而治”，这是说所有人都应自食其力，即使是贤能之人甚至是为人君者，也须与人民一起耕作、自为炊爨而食。当许行弟子陈相去拜见孟子并向孟子阐述了许行的这一主张后，孟子与陈相之间便展开了一场著名对话。依孟子之见，从生存论的角度讲，即使是许行本人，也不可能将其主张贯彻到底，因为许行本人虽可以种粟自耕而后食，但他依旧不得不用自己耕种收获的粟米从他人那里交换他所需要的其他生活必需品，如穿戴的衣服和帽子、做饭用的锅甑以及耕作用的农具等，因此，无论是农耕之业还是百工之事，人们都可以各自为业，并通过交易活动，用自己生产的东西换取所需的其他物品，而不必“自为而后用之”，即不必在务农的同时兼做百工之事，这既不可能，也没必要。也就是说，农、工、商等各种不同的职业及其分工合作，对于维持人类的生存延续来讲，都是必不可少的。正是基于这种社会分工论的观念，孟子进一步提出了他那著名的劳心劳力二分法：“有大人之事，有小人之事。……故曰，或劳心，或劳力；劳心者治人，劳力者治于人；治于人者食人，治人者食于人，天下之通义也。”

孟子将上述二分法称为“天下之通义”，可见他认为自己表达的是当时的一种通见，而并非一种毫无根据的看法。譬如，墨子也明确地提出过一种“分事”论，其言曰：

君子不强听治，即刑政乱；贱人不强从事，即财用不足。今天下之士君子以吾言不然，然即姑尝数天下分事，而观乐之害。王公大人蚤朝晏退，听狱治政，此其分事也；士君子竭股肱之力，亶其思虑之智，内治官府，外收敛关市、山林、泽梁之利，以实仓廪府库，此其分事也；农夫蚤出暮入，耕稼树艺，多聚叔（通“菽”）粟，此其分事也；妇人夙兴夜寐，纺绩织纴，多治麻丝葛绪，綑（同“捆”）布縿（当作“缲”，即细绢），此其分事也。（《墨子·非乐上》）

墨子上述“分事”论的主旨，在于强调从王公大人至匹夫匹妇皆有其“分事”或所“从事”，每个人都应各尽其所能以完成其“分事”。仅就此而言，墨子实是极力“辟杨墨”的孟子的同道。如果再往前追溯的话，孟子劳心劳力的二分法，正是春秋时人“君子勤礼，小人尽力”（《左传·成公十三年》），“君子务治而小人务力”或“君子劳心，小人劳力，先王之训也”（《国语·鲁语》）之说法的儒家版本。从“劳动人民”的视角来看，孟子的观念也许明显带有为贵族统治阶级的剥削本质辩护并鄙视劳动人民的“反动”意味，然而，孟子又偏偏持有“民贵君轻”的激进的民本观点，这是不是孟子思想的一种矛盾呢？在我看来，对于孟子思想的这一所谓的“矛盾”，我们只有在其社会分工或职业分途的本来意义上来理解而避免做过度的诠释，如阿伦特对劳动、工作（或制造）和行动（或政治实践）三种人类活动形态做出“明辨区分”那样，才能将其合理地消解。

孟子的观点为我们理解孔子的态度提供了一种在理论上得到了更加充分而清晰的阐述的参照点。当我们说孔子对“四民”分业的基本社会状况持认可态度的时候，绝不是说孔子所持的只是一种简单承认或被动接受的态度，而是说他虽不曾像孟子那样在与农家学者的论辩中对社会分工的合理性做过明确而充分的思想阐述，然而，孟子对社会分工或劳心劳力问题的思想阐述则可说是对孔子的态度做出的一种理论化的概括与升华。有两条材料最能用来说明孔子的态度，一是当子路路遇一荷蓧丈人并向其打听是否遇见过孔夫子的时候，丈人的问答是："四体不勤，五谷不分。孰为夫子？"（《论语·微子》）二是当弟子樊迟向孔子请教"学稼"和"为圃"的时候，孔子不仅回答"吾不如老农""吾不如老圃"，而且竟对樊迟做出这样的评价："小人哉，樊须也！上好礼，则民莫敢不敬；上好义，则民莫敢不服；上好信，则民莫敢不用情。夫如是，则四方之民襁负其子而至矣，焉用稼？"（《论语·子路》）这两条材料最易引起种种误解，但也最能说明孔子的真实用心之所在。

首先看第一条材料，被孔子视作隐者的荷蓧丈人对孔子的嘲讽、批评和指责是否正当合宜有道理呢？从人人皆应自食其力的农家视角来看，当然是有道理的，而从当今劳动人民的阶级立场来讲，似乎也理所当然。然而，人类的生活世界是否仅靠人人自耕而食就能得以维持呢？这个问题在孔孟儒家看来，回答起来却似乎并不像隐者和农家所想象或认为的那样简单。再看第二条材料，孔子对樊迟的批评又是否正当合宜有道理呢？从孔孟儒家所持的应合理区分治人者与治于人者的立场来讲，孔子批评樊迟不思君子之务而欲学习从事小人之业，自然是理所当然的。然而，若从主张人人皆应自食其力的农家视角或当今劳动人民的阶级立场来讲，孔子的立场显然含有鄙薄劳动阶级、轻视劳动技能的倾向。

那么，上述材料所涉及的两种不同的立场与观点孰是孰非呢？在此，我不想对孰是孰非做一种简单的评判，只想指出一点——我认为，借助阿伦特对劳动、工作（或制造）和行动（或政治实践）三种人类活动形态所做的"明辨区分"带给我们的富有教益的启示，可以更好地理解孔孟儒家的立场与态度。当然，孔孟儒家所持的主要是一种劳心劳力上下二分法的观点，即从事农业生产、器具制造和商品交易的农民、工匠与商人属于在下位的"治于人者"，他们对于人类生活世界的维持与人类生存需求的满足来讲，是必不可缺的三种人，当然，相对而言，农民的作用要更为重要一些（后世儒家所持的重农抑商的观点主要是受法家的影响，另当别论），因为他们所从事的农业劳动主要生产的是粮食、蔬菜等人类生存必需的日常消费品，工商阶级总的来讲则处于服务性或辅助性的地位。而政治上的统治阶级或学务治人之道的士人君子则属于在上位的“治人者”，他们主要从事礼义道德教化的政治文化事业，以维持人类生活世界的伦常秩序，从而使人类世界真正成为人之为人的人道世界。正如阿伦特对人类活动形态所做的“明辨区分”那样，虽然她强调行动（政治实践）具有独立自主的特殊意义，但她同时也认为三者之间的平衡对于人类世界的良性运转来讲也是十分重要的，故对行动的强调并不意味着对劳动与工作的鄙弃。同样，孔孟儒家虽更加强调治人者的重要性及其维持人道化世界的特殊意义，但这并不意味着孔孟儒家就对劳动阶级及其从事的农业生产活动持鄙薄与轻视的态度，相反，孔孟儒家自居于民众（特别是劳动阶级）代表者的角色，抱持强烈、鲜明而坚定的为生民立命的民本政治立场。正因为如此，孔子才不仅在回答樊迟请教“学稼”“为圃”的问题时能够坦言“吾不如老农”“吾不如老圃”（基于分工不同的理念，我不认为这是孔子虚伪的自谦之辞），而且最为重视“民、食、丧、祭”的问题（《论语·尧曰》），甚至批评“苛政猛于虎”并明确提出“富民”和“因民之所利而利之”的政治主张。而孟子更是基于对“民事不可缓”的关切，极力倡导制民恒产、保障民生的仁政思想，甚至提出民贵君轻、与民同乐的激进而精彩的民本理念。

依据上述孔孟儒家的社会分工或四民分业的理念，要维持人类世界的存续与繁荣，使之越来越富有人道化的伦常色彩和道德内涵，就不仅需要有人为耕食而务农，有人为制器而做工，有人为交易而经商，更需要有人为治人而学习为政治国之道。而正是在为政治国方面，士人精英、仁人君子，特别是圣贤人物，能够发挥关键性或决定性的作用，如荀子所言：“先王案为之制礼义以分之，使有贵贱之等，长幼之差，知愚、能不能之分，皆使人载其事而各得其宜，然后使悫（一说为‘谷’）禄多少厚薄之称，是夫群居和一之道也。故仁人在上，则农以力尽田，贾以察尽财，百工以巧尽械器，士大夫以上至于公侯，莫不以仁厚知能尽官职，夫是之谓至平。”（《荀子·荣辱》）总之，古圣先王制礼作乐、创制垂统，贤明之人称述弘扬，士人君子躬行不倦，庶民大众在圣贤或仁人君子的引领下循道而行，这便是孔孟儒家所构想的一幅理想的人类世界图景。

三、孔子的人生观及其世界观信仰

上文简要概述的孔子和儒家共同预设或构想的理想的人类世界图景，为我们更好地理解孔子本人的人生观与世界观的深层意蕴提供了一条背景性的线索。只有循此线索进一步体察其心灵深处的内在活动意向，才有可能触摸到孔子本人独特的人生观及其世界观信仰的本质。对此，兹从如下几方面加以具体阐述。

首先，孔子与古典儒家的思维方式有个极重要的特点，就是即实然而言应然。

诚如谢扶雅先生所言：“盖吾族特有之名分思想，夙已发达。有名即有分，分得而名归。名其‘实然’，分其‘应然’。等‘应然’于‘实然’，乃中国思想之特色。君王之‘王’，名也；王道之‘王’，分也。既名为王，必无亏于王道。王道未尽即不足称为君王。此与‘君君，臣臣，父父，子子’‘仁者人也’‘义者我也’之例，皆属同科。”[①] 谢先生对具有中国思想特色之名分思想的精到阐释，可说与孔子的名分思想及正名主张的基本内涵与精神实质最相契合。所谓的“等‘应然’于‘实然’”，并不是说凡实际存在的即是应然而合理的，而是说现实世界中凡属天地化育生成的伦常性的实然存在皆是应然而合理的，譬如男女、夫妇、父子、兄弟、君臣等实然的伦常角色，皆具有其名分上的应然的合理性，反之，如暴君污吏、乱臣贼子、盗窃匪徒之类，虽在现实生活中实际存在，但因

① 谢扶雅：《中国政治思想史纲》，正中书局1954年版，第11—12页。

其与正常的伦常名分及相应的伦理道德上的规范要求相悖逆，故而属于一种虽实际存在但并不具有应然合理性的人类世界的异化现象。如果说前者属于“正”的话，后者则属于“乱”，拨乱反正正是身处乱世的孔子的根本用心所在，而拨乱反正的根本途径就是正名，即端正人的伦常名分，使每一个人既有其名，就当尽其分，也就是使每一个人的言行都符合其理想意义上的应然而合理的规范要求，而绝不是因有其名，便简单地肯定其实际的身份地位及其所拥有的权势的正当性。当然，不可否认的是，这种“等‘应然’于‘实然’”的名分思想，也存在着将实然与应然完全混同的天然的思维缺陷，以至于在后世，它总是被歪曲利用来肯定和维持现实世界中人们固有的伦常性的身份地位，最终发展出一种不管其要求是否合理都应做到“君要臣死，臣不得不死；父要子亡，子不得不亡”的极端谬论，从而导致“以理杀人”或以名教桎梏人心的惨祸烈毒。①尽管如此，我们在此仍然不得不指出的是，这并非孔子与古典儒家的名分与正名思想的本意，对于伦常性的名分角色，他们“即实然言应然”，提出的是一种双向调适的规范性要求，不同的伦常角色之间彼此构成一种对应性的权利义务关系，而不是只对处于弱势下位的一方提出一种片面性的单向服从的义务要求，其实，由于身处乱世，他们更加强调处于强势上位者端正自己、修德垂范、以身作则的政治责任与道德义务。

其次，作为新兴士人阶层的杰出代表，孔子抱持一种鲜明的士人精英主义的政治立场与道德理想主义的人文情怀。

从四民分业的角度讲，孔子不仅认可这一社会分工的正当性与合理性，而

① 如谭嗣同言：“仁之乱也，则于其名。……俗学陋污，动言名教，敬若天命而不敢渝，畏若国宪而不敢议。嗟乎！以名为教，则其教已为实之宾，而决非实也。又况名者由人创造，上以制其下，而不能不奉之，则数千年来，三纲五伦之惨祸烈毒，由是酷焉矣。君以名桎臣，官以名轭民，父以名压子，夫以名困妻，兄弟朋友各挟一名以相抗拒，而仁尚有少存焉者得乎？”（《仁学·八》）又说：“二千年来君臣一伦，尤为黑暗否塞，无复人理。”（《仁学·三十》）

且坚定地选择了“学以致其道”的士人的人生道路。然而，孔子却彻底改变了士的身份与性质。在孔子之前，作为士农工商四民之一的士，主要是指贵族等级中最低一级的、职责在于“执干戈以卫社稷”的武士；在孔子之后，作为士农工商四民之一的士，则主要指文士，而且，孔子还为这种新型士人的政治立场与人生路向注入了特殊的政治精英主义和道德理想主义的实质内涵，对于这一点，我们同样需要把它放在孔子所处的时代生活环境的脉络中来加以理解。

孔子自觉地意识到自己生活在一个圣人“不得而见”的衰乱之世，然而，他并没有因此而陷入一种被圣人遗弃的悲观绝望之中，相反，日益衰败的非人道化的乱世景象激发了他“知其不可而为之”的救世热情和躬行君子之道的自我期许。孔子的后继者孟子亦是如此(结合孟子，我们可以更好地理解孔子)，正因为自觉地意识到自己生活在一个“尧舜既没”“圣王不作”的混乱时代，故而呼唤“豪杰之士”奋然兴起[①]，并有一种“舍我其谁”、天命自当的浩然之气。可见，孔孟不是想当然地将救世的希望寄托于圣人再生的幻想中，而是倾注在奋然兴起的士人君子身上，并深切地希望通过自己和士人君子的道德修为与积极行动来扭转日趋衰败的时世，乃至将世人的生活重新引上伦常世界的正确轨道。显然，作为新兴士人阶层的杰出代表，孔孟不仅自己意在充当人类生活世界和政治共同体的领路人，而且也赋予其心目中理想的士人君子一种具有特殊含义的领路人的角色意涵。

诚如美国汉学家郝大维、安乐哲所言，“中国知识分子的作用”或“士大夫的传统”就是“为共同体领路”，或者“身处一定的政治、社会设施之中，肩负为政府和社会日常活动开辟道路的实际责任”[②]，而毫无疑问，正是孔子首先开创了这样一种“士大夫的传统”。这是一种具有中国特色的士人精英的传统，

① 孟子曰：“待文王而后兴者，凡民也。若夫豪杰之士，虽无文王犹兴。”（《孟子·尽心上》）

② ［美］郝大维、安乐哲：《汉哲学思维的文化探源》，施忠连译，江苏人民出版社 1999 年版，《汉人：叙述的理解——中文版作者自序》。

其特殊之处即在于孔子和儒家意义上的士人精英，虽是在与普通民众的一般特性形成鲜明对照的基础上来确立其自我身份的认同意识的，但二者之间在政治上绝不是相互对立与疏离的，相反，它们应是一种彼此支撑、相互依存的政治关系，正如孟子所言："无君子，莫治野人；无野人，莫养君子。"（《孟子·滕文公上》）当然，孔孟更加突出和强调士人君子对民众进行引领与教化的精英作用，而士之为士，正在于其不仅比一般民众在才智教养上拥有更广博的学识，而且在道德修养上拥有更高尚的境界与情怀，在政治追求上拥有更远大的理想与抱负。士人君子下学而上达，他们将个人道德修养与境界的提升、对民生民利的关切以及平治天下的宏伟目标放在优先考虑的位置，他们忧国忧民而汲汲于祖述尧舜、宪章文武、兴复周礼、倡言仁政，正如古圣先王那样，为了使人类在得到有效生存保障的基础上过上"有道"的生活，竟至忧心忡忡而无暇耕作[①]，士人君子亦当以"谋道不谋食""忧道不忧贫"为己任，苟道之不谋，虽耕亦不免乎贫馁之忧患，反之，苟能为谋道而学，虽不暇耕，亦可得禄食之养[②]。

正是孔子所持有的上述特定的儒家式精英立场，决定了他人生奋斗的方向与目标，故而孔子汲汲于修德求道，志尚仁义，深怀"德之不修，学之不讲，闻义不能徙，不善不能改"（《论语·述而》）之忧思，一生积极向上、守死善道而矢志不渝。

再次，最能体现或彰显孔子人生观与世界观之特色的，还有他对人性的深刻洞察及其天命信仰的内在张力。

---

① 孟子曰："当尧之时，天下犹未平……举舜而敷治焉。舜使益掌火（焚山泽，趋禽兽）……禹疏九河……后稷教民稼穑，树艺五谷；五谷熟而民人育。人之有道也，饱食、煖衣、逸居而无教，则近于禽兽。圣人有忧之，使契为司徒，教以人伦——父子有亲，君臣有义，夫妇有别，长幼有叙，朋友有信。……圣人之忧民如此，而暇耕乎？"（《孟子·滕文公上》）

② 子曰："君子谋道不谋食。耕也，馁在其中矣；学也，禄在其中矣。君子忧道不忧贫。"（《论语·卫灵公》）

孔子何以在做出学而为士的人生选择后，在立志求道并力行救世的生命历程中，虽屡遭种种挫折、打击与不幸，却仍然能够乐观自信且生死不悔？我认为，只有在对这一问题做出恰当的解释之后，我们才能说在一定意义上对孔子本人独具特色的人生观与世界观信仰获得某种更为深入而透彻的理解与领悟。这主要涉及孔子对性与习、智与德、天与命、穷与达等一系列问题抱持的观点与看法。

子贡曾经说过这样一句令人颇为费解的话："夫子之文章，可得而闻也；夫子之言性与天道，不可得而闻也。"（《论语·公冶长》）[①] 对这句话加以直译，就是：夫子讲论诗书礼乐（即所谓"文章"），是可以常常听到的；夫子讲论性与天道的问题，却是难得听到的。对于这句话的意思，历代注疏家各有不同的理解与诠释，大体而言，这是说孔子平日以诗书礼乐教群弟子，故孔子之文章人人皆可得而闻知，至于性与天道的问题，由于深微难言，孔子既罕言之，一般弟子便难得听到。故而《论语》所记孔子言性者仅一见，即："性相近也，习相远也。"（《论语·阳货》）性乃"人所禀以生也"（皇侃《疏》），意即人所禀受以生的天性是相近的，而后天的习染却使人与人之间产生差别。至于天道，或以为指吉凶祸福，如《国语·周语中》所谓"天道赏善而罚淫"之类，这是一种传统的神秘天道观，或以为道即是行，所谓天道，犹云天行，如《易传》所谓一阴一阳、消息盈虚、恒久不已等即是天道天行之体现——这是一种春秋时期新出现的自然天道观。孔子"获罪于天，无所祷也"（《论语·八佾》）之言，似有神秘天道观的意味，而其所言"天何言哉"云云，则具有自然天道观的含义。关于天道观的究竟义，孔子本人很少有明确的阐述，属于子所罕言一类，故而在后人看来，语义颇显含混，不过，孔子屡屡言天言命，并自言自己年五十始知天命，甚至将"知命"视为做"君子"必备的前提条件："不知命，无以为君子也。"

---

① 据《史记·孔子世家》，子贡曰："夫子之文章，可得闻也。夫子言天道与性命，弗可得闻也已。"

(《论语·尧曰》)由此足见孔子对天命的重视程度。那么,孔子之言性、言天、言命,究竟意味着什么呢?一般认为,孔子在人性论方面并没有“留下什么重要的见解”[①],其言天言命亦极含混,果真如此,则孔子何以成为一个重要的思想家便颇值得怀疑。但在我看来,尽管孔子本人对于人性极为罕言,对其含义亦未加明确阐述,使其弟子不能人人得而闻知,但其偶一言及的性与习,以及屡屡言及而语义含混的天与命,则透露出孔子对人类习性的深刻洞察,体现出孔子人生观与世界观信仰所蕴含的独特的生命意境。

在春秋时期,孔子的同时代人对人性问题已提出明确的看法,如谓“夫人性,陵上者也,不可盖也。求盖人,其抑下滋甚,故圣人贵让”(《国语·周语中》),这是“把反对欺压看作是人的本性”[②]。郑子产则曰:“夫小人之性,衅于勇、啬于祸、以足其性、而求名焉者,非国家之利也。”(《左传·襄公二十六年》)可见,在子产看来,君子小人存在性分上的差别。也有人认为:“夫戎狄冒没轻儳。贪而不让,其血气不治,若禽兽焉。”(《国语·周语中》)这是说戎狄有着不同于华夏族而近乎禽兽的血气之性。而在孔子之后的战国之世,人性问题更引起了思想家们热切的关注与理论上的激烈论辩,道家持人性自然说,法家主人性好利论,而孔子后学最喜以善恶界定人性。

比较而言,孔子“性相近也,习相远也”之说显得不是很具体而明确,或者也可以说,孔子所持的是一种相对温和而模糊的中性观点,这为后人的诠释留下了一定的余地或空间,从而引发了后人种种猜测推想,后儒的人性说特别是孟子的性善论也成为孔子人性观点的主流阐释。以善恶(或不善不恶)说性,不仅是一种先验的人性论,而且对人性本身往往采取一种肯定或否定的价值评判,乃至衍生出某种具有强烈的本质主义意味的对“人”的同质化看法。道家的人性自然说和法家的人性好利论,亦有同样的弊病甚至更为严重,如道家的人性自然说引申出了庄子学派希望人类完全回归自然的反人道化的关于社会理想的

① 韦政通:《中国思想史》下册,上海书店出版社2003年版,第712页。

② 刘泽华:《中国传统政治思想反思》,生活·读书·新知三联书店1987年版,第36页。

理论构想，而法家更视人性好利为可资利用的人性弱点，借此而鼓动专制君主运用法、术、势的统治手段或工具，将所有臣民置于自己整齐划一的绝对支配之下。而孔子只说性相近和习相远，所谓性相近，只是说人性大体相似，这可作两方面的理解，一是指绝大多数人的本性是相近的，只有少数人的本性与他人存在着较大差异，二是指所有人的本性都是相近的，只是在本性的某些方面存在着较大差异。但不管怎样理解，既然承认存在着少数的例外情况，就说明孔子并不把人的本性视为在本质上完全一致或绝对同一的。而所谓习相远，乃是说人与人之间的巨大差异主要是由人的生活环境和政教习俗造成的。相对来讲，孔子更为重视这后一方面的问题。

问题在于孔子何以会得出这样一种有关人类习性的看法？所谓的性相近、习相远，显然不是一种抽象的人性判断，在我看来，如果缺乏对人类习性的具体而微的深刻洞察，是不可能得出这一结论的。如果说孔子所谓的“性”，是指人天生的禀赋，即从化生万物的天地那里禀受而来的本性的话，那么，综合孔子的相关言论来看，人从天地那里禀受而来的本性不可能是某种单一性的因素或成分，因为只有根据某种单一性的因素或成分，我们才能抽象地判断人的本性是善是恶，是不善不恶，抑或是自然的或好利的，等等。既然孔子说性相近，那么要弄清如何相近，便需对人性所包含的诸多因素及人与人之间的差别加以比较分析。

大体而言，孔子对人的本性或天赋禀性的具体看法，可以说主要包括如下几方面的内涵：

其一，人是一种禀气而生的动物，如《后汉书·桓谭传》注引郑玄注曰：“性，谓人受血气以生，有贤愚吉凶。”而皇侃《疏》曰：“性者，人所禀以生也。……人俱禀天地之气以生，虽复厚薄有殊，而同是禀气，故曰相近也。”姑且不论人之贤愚吉凶是否由血气之性直接决定或造成，或者孔子说性相近只是就人同是禀气以生而言，单就人是一种禀天地之气或受血气以生的动物而言，这无疑是春秋时人的一种通见，如郑子大叔曰：“民有好恶、喜怒、哀乐，生于六气，是故审则宜类，以制六志。”（《左传·昭公二十五年》）齐晏婴则曰：“凡有血气，皆有争心，故利不可强，思义为愈。”（《左传·昭公十年》）而孔子亦有言曰：“君子有三戒：少之时，血气未定，戒之在色；及其壮也，血气方刚，戒之在斗；及其老也，血气既衰，戒之在得。”（《论语·季氏》）由此可见，孔子是接受和认同人禀血气以生这一通见的，他不仅像晏婴和子大叔一样，主张以礼义来节制、引导和约束人生于血气的情志与争心，而且结合着人生的不同阶段来谈对于血气的保养与约制的问题，故其看法更为具体而深微。

其二，正因为人禀气而生，所以好恶喜怒哀乐或喜怒哀惧爱恶欲等心志、情感和欲望才构成了人类“弗学而能”的天赋本性，如孔子曰：“富与贵，是人之所欲也”“贫与贱，是人之所恶也”（《论语·里仁》），“吾未见好德如好色者也”（《论语·子罕》）。可见，在孔子看来，人是一种天生就禀受了好恶之性的动物[①]，譬如欲富贵而恶贫贱、好色甚于好德，这可以说是一般人的天赋本性。而与此同时，孔子又言“君子喻于义，小人喻于利”（《论语·里仁》），“唯女子与小人为难养也，近之则不孙（逊），远之则怨”（《论语·阳货》），这是说君子与小人存在价值偏好上的本质差别，小人之好利可说是出于本性，而君子之尚义则是由于后天的“学以致其道”（《论语·子张》），而所谓的“唯女子与小人为难养”的问题[②]，若从现代人与人平等的理念去理解，则无疑具有歧视妇女和好利之小人的意味，但若从人性的角度，特别是从下文要论及的孔子所强调的人与人在智力和教育上的重要差别的角度来理解的话，则孔子所言显然是在强调女子和小人由于缺乏成熟人格的道德理性与礼仪教养，在与人的交

---

① 后儒言人之好恶性情盖有所本，而由后儒所言亦可推知孔子对人的好恶性情的基本观点和看法，譬如郭店楚简《性自命出》曰：“喜怒哀悲之气，性也”“性自命出，命自天降。道始于情，情生于性。始者近情，终者近义。……好恶，性也；所好所恶，物也”。《礼记·礼运》亦曰：“何谓人情？喜、怒、哀、惧、爱、恶、欲，七者弗学而能。……饮食男女，人之大欲存焉。死亡贫苦，人之大恶存焉。故欲恶者，心之大端也。”

② 钱穆先生云：“此章女子小人指家中仆妾言。”（《论语新解》，生活·读书·新知三联书店 2005 年版，第 464 页）。

往中往往不能以礼义约束和文饰自己发乎天性的性情和利欲，不能与人保持适当的距离以维持必要的礼节与彼此间的尊重，故而待之亲近则狎而不逊，待之疏远则心怀怨恨。而孔子之所以罕言利者，亦正是针对小人之好利，正所谓“放于利而行，多怨”（《论语·里仁》），故孔子罕言利以防怨原①。然而，孔子并没有给人的好恶之性或所好所恶之物简单地贴上一个善恶的标签，即如小人之好利，也并不以人性之“恶”视之，只是主张由尚义之君子来引导、教化好利之小人而使之有所节制而已，而论及“女子与小人”，亦仅以“难养”言之。当然，我并不是说孔子没有善恶的观念，只是想强调，孔子并未对人的本性简单地做一种善恶的本质界定，也就是说，发乎本性者并不必然就是恶的，道德的善恶主要是因习染不同而造成的。

其三，在人禀气而生的天性中，除了包含人的好恶情感因素之外，还包含着人的智力因素，如《礼记·乐记》所言：“夫民有血气心知之性，而无哀乐喜怒之常，应感起物而动，然后心术形焉。”而据上引郑玄注，孔子所言之“性”亦内含着这样一种意思，即人因“受血气以生”而有“贤愚”之别，荀子亦曾强调人与禽兽之别在于二者虽同为“有血气之属”，但“有血气之属莫知于人”（《荀子·礼论》）。可见，在他们看来，就同为禀受血气而生的物类而言，人与人、人与禽兽之间存在着贤愚和智力上的重要分别或根本差异。不愿与鸟兽同群的孔子虽然没有明确地辨析人禽之别，但他对人与人之间的智力差别问题给予了极大关注和明确论述。譬如：

子曰：“中人以上，可以语上也；中人以下，不可以语上也。”（《论语·雍也》）

子曰：“我非生而知之者，好古，敏以求之者也。”（《论语·述而》）

---

①《史记·孟子荀卿列传》：“夫子罕言利者，常防其原也。故曰‘放于利而行，多怨’。”

孔子曰："生而知之者上也，学而知之者次也；困而学之，又其次也；困而不学，民斯为下矣。"（《论语·季氏》）

子曰："唯上知与下愚不移。"（《论语·阳货》）

显然，在孔子看来，人的智力水平可分上中下，由于人在智力水平或理解能力上存在差别，故而只有对中等智力以上的人才可讲论高深的道理；生而知之者属于上知之人，困而不学者属于下愚之人，绝大多数人都属于"学而知之"或"困而学之"者，而孔子认为自己是学而知之者。所谓的"困而不学，民斯为下矣"，绝不是说孔子对民智抱有一种鄙薄的态度，因为此处的"民"不是全称判断，而是特指"下愚"之人；而所谓的"唯上知与下愚不移"，根据汉儒孔安国的注解，意为"上知不可使为恶，下愚不可使强贤"（见何晏《集解》）。由上所言，孔子显然认为大多数人禀赋的是中人的智力水平，正如后来荀子所说的"材性知能，君子小人一也"（《荀子·荣辱》），不过，孔子也明确指出人的智力存在着上中下的天赋差别以及"上知与下愚不移"的个别现象，从中可以引申出一种教育上区别对待的重要原则。但不管怎样，在人的天赋禀性中，除了情感之外，智力也是一个不可忽视的重要因素，因为对孔子而言，对诗书礼乐的学习，乃是成为君子的一个不可缺少的条件，正所谓"不学诗，无以言""不学礼，无以立"（《论语·季氏》），诵诗崇礼乃是君子言语立身的基本文化素养，亦是造成君子小人分化的一个决定性因素。

其四，与人的智力因素既有联系又有区别的是人的道德天赋因素。如上所言，孔子虽不以善恶界定人的本性，但并不是一个没有善恶观念的思想家。不仅如此，如果说孔子思想的重心在于教人"成德"的话，那么，其"成德之教"就必定要植根于一种强烈的善恶观念，正如孔子所言"笃信好学，守死善道"（《论语·泰伯》），"见善如不及，见不善如探汤"（《论语·季氏》）之所示，而且，孔子认为仅仅是"尽美"还不够，还要达到"尽善"，才是乐的最高意境（《论语·八佾》）。孔子所谓的"善"，主要是指人的美好德行，或者是一种正确的人道化的生活方式。然而，问题是人之善行，或者说人能够自我完善并过一种正确的人道化的社会生活的道德能力究竟来源于哪里呢？孟子认为来自人内在的心性本源，荀子认为来自“生礼义而起法度”的圣人的理性[①]，而孔子对这一问题并没有直接而明确的论述。但是，孔子在遭遇“伐树于宋”的人身安全危机时，说过一句极耐人寻味的话，即“天生德于予，桓魋其如予何？”（《论语·述而》）对于这句话的意思，古人曾囿于孔子乃天纵之圣人及圣人天德的成见而解释说：“天生德者，谓授以圣性，德合天地，吉无不利，故曰其如予何。”（《史记·孔子世家》集解引“包氏曰”）不过，这一解释显然不合孔子本意，因为孔子从不以圣人自居，其意不可能是“天生圣德于予”。依我之见，这是孔子在一种特殊情境下说的一句表达自己无所畏惧的话，它除了表明孔子“天命在我”的自信之外，还透露出了孔子的一种特殊的道德信念，即我所具有的一种道德的天赋，是任何人、任何危难都不可能扼杀掉的。而且，孔子不可能仅仅说他本人具有这种道德的天赋，更是要揭示一个普遍的命题，即人人皆具有这种道德的天赋，只是孔子在人生的磨难中对它有了充分的自觉意识，而其他人包括他的弟子未必能够意识到这一点。孔子汲汲于教人成德并主张“有教无类”，不仅将“无恒之庸人”（《论衡·率性》）子路循循善诱地引向了闻过则改的上达之路，而且亦激赏“难与言”的互乡人之童子的洁己上进之心（《论语·述而》），这难道不正说明了孔子的根本用心所在就是要唤醒人的道德天赋的自觉意识，通过激发人天赋的道德能力而引导人走向好学上达的人生之路吗？而孔子之所以强调学习与修德之间有一种相互促进的密切关系，也正是由于他认为除了“上知与下愚不移”，即“上知不可使为恶，下愚不可使强贤”之外，凡是具备“学而知之”的中人资质者，都可以通过好学和乐学来激发其人生向上的动力，并实现修身成德的人生目标。也就是说，人的道德天赋只是一种潜在的

---

① 如德国学者罗哲海所言，荀子所谓的圣人或古圣先王实“不过是人类特有之普遍理性的化身”（《轴心时期的儒家伦理》，陈咏明、瞿德瑜译，大象出版社 2009 年版，第 285 页）。

可能，它需要靠人的学习来激发、促进和实现。

果如上言，则孔子所谓的“性相近”，其实是一个具有丰富而复杂的具体内涵的命题，人性是不宜用善恶这样先验的抽象名词来笼统界定的。而所谓的“习相远”，就更是一个包含着极丰富而复杂的具体内涵的命题了，它可以被用来指称人类个体之间天赋材性与智力方面的差异，以及由其生活环境和政教习俗所造成的个人与群体间的种种差别，诸如个体之间伦常角色的不同、不同群体之间职业的分殊、君子小人之间道德的分际，乃至夷狄与华夏族群之间在衣冠发式、男女交往、婚丧嫁娶、往来礼节、宗教信仰、道德观念等生活习俗方面的巨大差别等。正如汉儒孔安国注所曰“君子慎所习”（见何晏《集解》），如果没有对人类天赋本性的具体内涵及个体在天赋材性与智力方面的差异的深刻洞悉，没有对各国的政教习俗做过广泛访求[①]，没有对华夏族群礼俗的历史沿革做过系统考察，没有对华夷之辨的问题做过深入比较，那么，孔子不可能谨慎看待“习相远”的问题。

以上对孔子性近习远之说的具体内涵所做的不惮其烦的阐释，或许在他人看来有过度诠释之嫌，但在我看来，孔子“性相近也，习相远也”一语，对于我们理解孔子的人生观、世界观信仰乃至其整个思想的主旨来讲，绝不是无关宏旨、泛泛而言的一句废话，亦不是笼统抽象而无实质内涵的一句空话，它实则蕴含着孔子思想上的深远之旨。因为人的天赋禀性是相近的，所以我们彼此之间可以交流沟通并能够达成相互理解，然而人的天赋禀性并不是由某种单一因素构成的，而是由好恶、情感、心志、欲望、智力以及道德能力等诸多具体而复杂的因素共同构成的，这些因素之间既可能构成一种相互促进和加强的关系，也可能造成不易消除的内在冲突与张力，正因为如此，孔子只说性相近，而没有对人性采取一种先验而抽象的本质主义的单一看法；也正是基于这样一种具体而复杂的人性内涵，再加上不同生活环境和政教习俗等外在因素的影响与作

① 据《论语·学而》：“夫子至于是邦也，必闻其政。”

用，“习相远”的人类状况自然会不可避免地产生。总而言之，对于孔子而言，人类生活的世界绝不是由本性完全一致的同质化的人在数量上简单叠加而构成的，犹如一堆毫无差别的土豆一样，而人之为人，就在于人在现实性上是一种性近习远的动物，正是人类性近习远的双重特性造就了人类事务错综复杂的根本特点，我们必须谨慎看待并妥善处理这一点。基于对人类本性的一种本质一致的简单看法，呼吁世人过一种回归自然的“天放”生活，或者用法、术、势的手段打造一个囚禁臣民并强制其屈服的政治铁笼，也许会获得一种精神幻想的满足，或者短期内迅速实现国富兵强的目标，但这不仅不能解决引领人类走上正确生活之道的问题，反而会将人类引向一种非人道或非人化的生存境况。

那么，孔子本人究竟是如何谨慎地面对和处理人类的性近习远的问题的呢？

如上文所言，孔子选择的是一条士人精英“学以致其道”或“躬行君子”之道的人生之路。既然孔子认为鸟兽不可与同群而只愿与人打交道，他就必须面对性近习远、复杂多样的人类特性，而面对性近习远、复杂多样的人类特性，士人君子亦即孔子本人又究竟能做什么、不能做什么呢？就此，我们可以循着孔子本人的人生进境及其思想发展的各个阶段略作阐述。

根据孔子本人的自述，孔子的人生进境具有鲜明的阶段性，而今人在解读孔子的思想发展历程时也常常采用一种阶段性的划分法，如郭沂先生就主要将孔子思想的发展过程划分为礼学、仁学和易学三个阶段[①]，这对于我们理解孔子的人生观无疑是大有裨益的。不过，我想补充强调一点，即孔子的人生进境与思想发展的阶段性，乃是一种随着其人生阅历及其学识的日益增加和丰富而不断转进和提升的复杂过程，后一阶段之与前一阶段，绝不是一种否定与替换的递进关系，而是进一步拓展、丰富、深化与提升的转进关系。

---

① 参见笔者与郭沂合著的《旷世大儒——孔子》（河北人民出版社 2000 年版）一书，该书于 2010 年由中国社会出版社再版重印时更名为《孔子评传》。

具体而言，当孔子毅然决然地选择了士人精英“学以致其道”的人生道路之后，他最初主要是想以一种历史主义的求知态度，通过对诗书礼乐所承载的上古三代文化传统的深入学习与系统探究，来寻求“被确证为可靠的那些行为规范”和人类合理而正确的生活道路，这就是孔子所谓的“礼”和“道”①，而孔子之所以对周礼推崇备至，也正是因为在他看来，周礼在经过夏商二代的因革损益之后，已趋于完备并被确证为是可靠的。故孔子终生以诗书礼乐设教授徒，并认为诗书礼乐所代表的文化传统蕴含着合理、正确而可靠的行为规范、生活道路以及修身为人与治国理民之道等。

而随着孔子对人类习性日益深入地了解与反省，对人类事务的参与热情不断高涨，孔子的思想及其人生意境在中年之后开始向内和外两个维度不断深化与拓展。所谓向内，即孔子从对上古三代文化传统的历史探究转向（不是放弃，只是重点的转换）越来越关注人的内在道德生活，乃至提出一种极富创见的仁道理想。诚如史华兹所言，仁是孔子“处理人的内在性的新术语”，“它指称的是个人的内在道德生活，这种生活中包含有自我反省与自我反思的能力”②。据我的理解，孔子正是在他对性近习远、复杂多样的人类特性的深刻洞察与全面了解的基础上来关注人的内在道德生活并提出其仁道理想的，性相近是人与人相互理解的基础，习相远既可能是人类相互冲突的根源，又凸显了人类的可塑性，在无须破坏人类习性的多样性的前提下，又希望以仁道理想来引领人类过上一种人道化的生活，这便是孔子所谓的君子之道。

根据我们上面所阐述的孔子的人类习性观，人的天赋禀性中其实包含着积极和消极两方面的因素，而孔子思考的重心则在于如何发挥人性中的积极面而克制其消极面，如何将人的好恶情志引向正确合理的轨道，如何充分激发人的

---

① ［美］赫伯特·芬格莱特：《孔子：即凡而圣》，彭国翔、张华译，江苏人民出版社2002年版，第94页。

② ［美］本杰明·史华兹：《古代中国的思想世界》，程钢译，江苏人民出版社2004年版，第76、75页。

天赋材知之性、诱导人的求知好学之欲以促进德性的修养并矫正各种习染之蔽。故孔子曰：

富与贵，是人之所欲也，不以其道得之，不处也；贫与贱，是人之所恶也，不以其道得之，不去也。君子去仁，恶乎成名？君子无终食之间违仁，造次必于是，颠沛必于是。（《论语·里仁》）

君子食无求饱，居无求安，敏于事而慎于言，就有道而正焉，可谓好学也已。（《论语·学而》）

好仁不好学，其蔽也愚；好知不好学，其蔽也荡；好信不好学，其蔽也贼；好直不好学，其蔽也绞；好勇不好学，其蔽也乱；好刚不好学，其蔽也狂。（《论语·阳货》）

对于孔子来说，由于人禀气以生，具有好恶喜怒哀乐等天赋的气禀之性，如果不用礼义对其加以节制和引导，人不可避免地会背离善道，正所谓人之所以为人者，“食味、别声、被色而生者也”（《礼记·礼运》），而“气为五味，发为五色，章为五声。淫则昏乱，民失其性”（《左传·昭公二十五年》），故而孔子反复强调的是君子之人应该注意“反求诸己”，时时注意“内省”“自讼”“修己”和“克己复礼”等。另一方面，孔子又强调“为仁由己”（《论语·颜渊》），也就是说，仁德的成就主要是靠个人的努力，既然如此，则仁德或仁道的理想便不可能是凭空设想出来的，或者是能够外在强加于人的，它必须具有道德天赋的人性根据，正如《中庸》所言：“天命之谓性，率性之谓道，修道之谓教。”然而仁德的成就又绝不是轻易能够达到和实现的，正如法家所批评的那样：“仁者能仁于人，而不能使人仁；义者能爱于人，而不能使人爱；是以知仁义之不足以治天下也。”（《商君书·画策》）姑且不论法家批评孔子和儒家的仁义之说不足以治天下是否中肯恰当，但就其所持理由来讲，则歪打正着地切中了孔子仁道理想的要害。一个人的仁德成就只能靠自己自觉地修为，仁道之为仁道，也只能通过诱导和教化的方式来使人们尽自己的伦常角色所要求应尽的职责和义务，因此，孔子的仁道理想是不能简单地通过将人类习性强制性地整齐划一的办法强加于他人的，否则仁也就不成其为仁了。而由于人类习性的复杂多样性难以消除，孔子的仁道理想也就天然只能是一种激励人们不断下学上达而又不易实现的理想了，故而孔子本人既不自许以仁，亦不轻许人以仁。

仁既非悬空虚设，亦不是轻易能够实现的。悬空虚设，就会与人相远；能够轻易地实现，也就不再是一种理想了。因为仁之为仁，必须在人类错综复杂的人际交往的关系网络和具体生活情境中来实践和实现，故而它的实践和实现可以说与性近习远的人类特性有着密不可分的关联——因为性近，所以才会有“人人”相交之际的忠恕待人之道；因为习远，所以仁道的实践与实现又不可避免地会遭遇“道不同不相为谋”乃至难以为人所知或无法相互理解的道德困境。

那么，孔子又究竟是如何面对和化解内在地受制于“道不同”“习相远”的人类自身习性及其生存状况的道德困境的呢？在孔子试图寻找超越他所面临的道德的生存困境时，他能够寻找到的最为重要的资源究竟是什么呢？我认为，那就是上达于天的宗教性信仰及其对人之命运的深刻反省。这无疑构成了孔子思想及其人生意境中向外拓展和向上提升的思维向度，所谓向外，也就是向上，即孔子所谓的“君子上达”或“下学而上达”（《论语·宪问》）。而所谓的“上达”，说到底其实就是“知天命”以及探求形上之易道。那么，所谓的“上达”，所谓的“知天命”，所谓的“老而好《易》”，对于孔子来讲，究竟意味着什么呢？我们必须将其置入孔子的整个生命历程与人生脉络中来加以理解，才能了解其真实的意蕴，反之，力求“上达”而“知天命”乃至“老而好《易》”以探求形上之易道，亦构成了孔子人生观的根本目标追求及其世界观信仰的终极意义根基。

孔子自述“五十而知天命”，这在孔子的人生七境——不断向上自我转进与提升的生命历程中应该说是殊为关键的一境。正是这一年，对“鲁自大夫以下皆僭离于正道”而日渐陷入混乱状况的鲁国政局有着痛切感受的孔子，发自内心地明确表达出了自己欲兴复周道的最强烈的心声与人生目标追求，即“如有用我者，吾其为东周乎”（《论语·阳货》），并于次年正式步入鲁国政坛，投身政治实践的事业。在其政治生涯遭遇挫折之后，孔子不仅没有放弃他的这一人生追求，反而毅然决然地踏上周游列国的旅途，期望能在其他国家找到实现其兴复周礼、以仁道救世的人生目标与政治抱负的机会，虽前途未卜，却义无反顾。如果说“怀其宝而迷其邦”不可谓“仁”的话，那么，所谓的“知天命”也正是指孔子于五十岁前后对自己所肩负的兴复周礼、以仁道救世这一由上天赋予的神圣使命具备了最充分的人生自觉。

而对于周游列国途中的坎坷经历，诸如执政当权者的疏远不信用、时人的不理解乃至谗害，以及隐者的嘲讽等，尽管孔子有时会生发出“道不行，乘桴浮于海”（《论语·公冶长》）的人生感慨与归隐念头，但是，孔子更多地表达和展现出的是“天生德于予”的自信、“知其不可而为之”的决心以及绝粮陈蔡之际仍然“讲诵弦歌不衰”的旷达。那么，他的这种自信、决心与旷达究竟来自哪里？在我看来，一是来自内心的道德修养，即所谓的君子“内省不疚”，故能“不忧不惧”（《论语·颜渊》），而且，在孔子看来，也正是“乐”构成了仁智之君子最突出的道德品格，故曰：“知者乐水，仁者乐山。知者动，仁者静。知者乐，仁者寿。”（《论语·雍也》）二是来自对天、天命与命的认知、敬畏与信仰，而且，在孔子看来，这同样构成了君子之为君子的必备条件，故曰：“不知命，无以为君子也”（《论语·尧曰》），“君子有三畏：畏天命，畏大人，畏圣人之言。小人不知天命而不畏也，狎大人，侮圣人之言”（《论语·季氏》）。

上述两个方面，内心的道德修养和对天、天命与命的认知、敬畏与信仰，对于我们理解孔子的人生观与世界观信仰的底蕴和意旨来讲，都有着最为直接而深切的关系。那么，对孔子来讲，它们究竟意味着什么？它们之间又究竟是一种什么样的关系呢？

如上文所言，在孔子看来，仁德的修养与成就主要是通过反求诸己的方式并靠个人的努力就能实现的。不过，仁德的修养并不意味着必然获得个人福禄的回报，而对道义执着不懈的追求也并不意味着必然达成其预期的目的，因为正是“道不同”“习相远”的人类状况构成了仁德修养与道义追求的一种必然性的外在环境与限制条件。然而，问题的关键在于仁德的修养与道义的追求本身自有其独立的价值与意义，并不因在外在环境与限制条件的制约下得不到个人福禄的回报或难以达成预期的目的而丧失其价值与意义。可以说，仅仅是仁德修养和道义追求本身已足以使孔子本人获得一种自我人生价值实现的满足，乃至由此而散发出一种自信与乐观的人格魅力。既然如此，那么孔子为何还要进一步提出上达而知命、知天命或畏天命的问题呢？我认为，正是孔子对天、命与天命的自觉认知与敬畏信仰，切断了仁德修养与福禄回报、道义追求与意图实现之间的直接而必然的联系，这一点才最足以彰显孔子人生观与世界观信仰最富个性色彩的独特意境。不过，也正是孔子的天命观，常常引发中外学者的争议，而依我之见，存在于不同学者之间认识上的歧异实则根源于孔子思想本身的内部张力。

大体而言，对于孔子的天命鬼神观，主要有三种代表性的观点和看法：

其一，认为孔子是一位有神论者，他主要继承了西周以来的传统宗教信仰或神秘的天道天命观，他所谓的“天”是能够主宰人事的吉凶祸福和自然的四时运行、百物生成的“有意志的人格神”，“天主宰一切”，“天命不可违抗”，而且孔子“承认有鬼神存在”，甚至对鬼神“表示了相当的崇拜”。当然，在孔子的天道观中，“也渗透了若干新内容”，甚至“提出了人事第一的道德化的新内容，以代替鬼神的宗教支配”，或者孔子虽然“承认鬼神存在”，却“并不提倡迷信鬼神”。[①] 正因如此，有的学者强调孔子是一位有着以“敬畏”为重要特征

① 侯外庐、赵纪彬、杜国庠著：《中国思想通史》第一卷，人民出版社1957年版，第153—155页；任继愈主编：《中国哲学发展史》（先秦），人民出版社1983年版，第193—197页。

的深刻宗教信仰的人文主义思想家，认为对孔子而言，“天”“命”乃是“不可化约的外在权威与精神支柱”，对于孔子传承文化具有至关重要的意义，即“孔子把自己一生的文化传承维系在独立而不改的天命之上，他以天命的独立不倚作为应对危难的终极依据，他以天为唯一的知己”，“孔子的天是人之为人的终极依据和最高权威”，它“不是一个可以通过人的解读予以消解的幻影，而是具有自主意志的他者”，“正是在对这样一个天的存心敬畏、谦卑受教、倾心聆听、全身依靠的过程中，孔子成为一个伟大的人文主义者，把文化的薪火传给了后人”①。也有学者认为“作为天的代言人”，孔子对天命的敬畏以及出于敬畏而与鬼神保持距离（远鬼神），其实正显示了孔子的“最高智慧”，即认识到并承认人类自身的限度，而且“限度是绝对必要的”，同时，承认限度又与“承认某种存在有关”，“这种存在比人自身的存在更崇高”，而“对孔子来说，这个更崇高的存在显然是天，但是同时也是一种我们无法清楚了解到的鬼神”，总之，“人们可以把孔子的立场称为内心世界形而上学的表现，一种敬畏的形而上学的表现”②。

其二，与上述学者的观点和看法完全相反，另外一些学者则对孔子的天命观抱持一种完全人文化与道德化的观点和看法。他们或认为“孔子以前，传统天神的权威早已坠落，所以像在殷、周之际，那种决定人间祸福的上帝，在孔子的思想里已完全不存在”，正是在孔子那里，原始的天神被完全“转变为道德意义的天命或天道”，而只有“天被道德化之后，与人的本性为同质，天人合一的思想才成为可能”③；或认为“孔子五十所知的天命，乃道德性之天命，非宗教性之天命”，“他的知天命，乃是对自己的性，自己的心的道德性，得到了彻底

① 张守东：《论孔子的天命观》，《中国政法大学学报》2008 年第 1 期。

② ［德］顾彬：《莫我知也夫——孔子与天》，见国际儒学联合会编、滕文生主编《儒学的当代使命：纪念孔子诞辰 2560 周年国际学术研讨会论文集》（卷一），九州出版社 2010 年版，第 15—19 页。

③ 韦政通：《中国思想史》（上），上海书店出版社 2003 年版，第 49 页。

底自觉自证"[①]；或认为"孔子所谓的知命，是认知自己的一种特殊方式"，即"与西周时期的天命观有所不同，孔子所谓'命'，主要指运命而言"，"但孔子不是宿命论者，他强调'知命'、'知天命'，要人们透过对命运的体知，认识自己，所以孔子所谓的'知命'就是'认识你自己'"[②]；或认为《论语》中所描述的"天"虽然"显然是拟人性的神"，但它不同于"西方的'deity'"，二者之间存在着"深刻的差异"，其差异"首先集中在西方'deity'的超验性和'天'无可置疑的内在性之间的不同"，乃至我们只能从天人合一的互动关系角度（个体及其世界的相互依赖、彼此限定）去理解孔子思想的宗教性，而"对孔子来说，宗教性需要坚持不懈的努力"，"人与神的适当关系只有通过一生的修身才能产生，而修身是奉行礼仪与个人能动性的彼此强化"，"因此，儒家传统中，不仅'天'是人格化的'天'，而人也是'神'化的人"[③]；或认为孔子是一个对于传统的天命鬼神信仰具有强烈的怀疑意识与批判精神的思想家，"孔子所说的'天命'，是以'德行'、'文'、'道'等为背景的"，"是指作用于人类、社会的根底之上的必然性规律"，作为一位宗教批评家，正是从孔子开始以"对'天'的宗教的批判性超越"为己任，"他批评了以往人类赖以生存的诸神格的旧的宗教，尤其在'天'、'礼'的领域，放弃了古老的内容，而于其中纳入了以人类为中心的伦理性、政治性的意义"[④]。

其三，不管是认为孔子是一个"基本上保持了传统宗教的信仰，但也革去一些宗教迷信"的思想家[⑤]，还是认为孔子是一个立"人文之学""德性之

① 徐复观：《中国人性论史》（先秦篇），上海三联书店 2001 年版，第 79 页。

② 杨庆中：《知命与知己——孔子命运观的新指向》，《齐鲁学刊》2010 年第 4 期。

③ ［美］郝大维、安乐哲：《通过孔子而思》，何金俐译，北京大学出版社 2005 年版，第 255、301—302 页。

④ ［日］池田知久：《孔子的宗教批判》，见国际儒学联合会编、滕文生主编《儒学的当代使命：纪念孔子诞辰 2560 周年国际学术研讨会论文集》（卷一），九州出版社 2010 年版，第 20—31 页。

⑤ 冯友兰：《中国哲学史新编》（上），人民出版社 1998 年版，第 177 页。

学”“教化之学”的纯粹的“人文主义”学者，而“俗说”中以为孔子崇信传统天命“实则大谬”[①]，与上述两种分别侧重于从传统宗教信仰和人文化、道德化的角度来理解和诠释孔子之天的意涵不同的是，还有的学者突出和强调孔子思想内部的张力性特征，即认为孔子的天命观透显出了一种德命或义命分立的观念，这一点对于我们理解孔子的思想及其人生观与世界观信仰的特色具有特别重要的意义。冯友兰先生认为，“孔子所说的天，基本上仍然是当时的传统的宗教所说的天、帝或上帝，是宇宙的最高主宰者”，孔子所谓的不言之天，亦是主宰之天，而非自然之天[②]，孔子不仅认为“自然界的事情是受上帝的命令支配的”，而且认为“人的生死、贫富、贵贱，以及成功、失败，都是由天命决定的”；但是，孔子在坚持传统宗教的天命信仰的同时，还特别强调人靠自己的努力来修养道德品质，也就是说，尽管人的生死、贫富、贵贱，以及成功、失败，都是由天命决定的，但“人还是可以尽自己的力量，做他自己所认为是应该做的事，不管成功或失败”，对孔子而言，所谓应该做的事主要是指个人道德品质的修养，这“是人的自己的努力所决定的，与天命完全无关”，因此，孔子虽然“没有否定天命”，但“对天命的威力加了限制”，“天命可叫人的道德行为不能成功，但不能叫人不做道德行为”，因为道德行为是人之为人所应该做的，它只需努力便可成就，只需尽伦尽职即可，做不做全在自己，至于结果如何可以完全不去计较。[③] 而劳思光先生则认为，孔子所谓的“知天命”不过是“知客观限制之领域是也”，孔子的立场乃是“先区分‘义’与‘命’，对‘自觉主宰’与‘客观限制’同时承认，各自划定其领域，然后则就主宰性以立价值标准与文化理念，只将一切客观限制视为质料条件”，道德意义的“自觉主宰”之领域是“义”之领域，

---

① 劳思光：《新编中国哲学史》（一卷），广西师范大学出版社 2005 年版，第 100、103 页。

② 孔繁先生亦持同样的观点和看法。参见任继愈主编《中国哲学发展史》（先秦），人民出版社 1983 年版，第 194—195 页。

③ 冯友兰：《中国哲学史新编》（上），人民出版社 1998 年版，第 177、171—177 页。

"在此领域中只有是非问题"，而事实意义的"客观限制"之领域是"命"之领域，"在此领域中则有成败问题"，"孔子既确切分划此二领域，一切传统或俗见之纠缠，遂一扫而清"，故"孔子对原始信仰中之天、神、鬼等观念，皆不重视"，而"孔子既划定'义'与'命'之范围，故不计成败，唯求完成理分"。[①]

结合上述学者的观点和看法，下面我来谈谈自己对孔子天命观的理解和看法。

依我之见，在孔子的思想信仰中，"天"是一个富有多义性的概念，孔子对于鬼神的存在亦的确持一种犹疑而不明确的态度，而孔子所谓的"天"与"命"、"天命"与"命"有的可以互易，有的则是不能互易的[②]。孔子是一个尊重并积极致力于弘扬传统的人，他对西周以迄春秋一直占据着统治地位的天命观或传统宗教信仰不可能采取一种基于理性批判而简单抛弃的立场和态度，也就是说，孔子不可能彻底斩断与传统天命观信仰的纽带联系。然而，孔子既不是一个一味固执地保持和维护旧传统的守旧主义者，也不是一个缺乏宗教情怀的狭隘的人类中心主义者，他在维持与传统天命观信仰的纽带联系的同时，显然又赋予了它许多重要的新的意涵，乃至使传统的天命观信仰获得一种创造性的转化。

诚如德国学者顾彬所言："孔子的伟大功绩在于他发现了作为'文化概念'的人，从而使人超越了作为'自然概念'的人。他认识到：人在代表文化时，会超越人的自然本性。"[③]然而，孔子的思想视野并未仅仅局限于人的"文化概念"的人文主义或人本主义内涵本身，他从西周的政治文化传统中继承了对天或天命的宗教信仰，对孔子而言，"天"是比人类更加崇高的神性存在，是古代圣君

---

① 劳思光：《新编中国哲学史》（一卷），广西师范大学出版社 2005 年版，第 100—108 页。

② 冯友兰：《中国哲学史新编》（上），人民出版社 1998 年版，第 177、174—177 页。

③［德］顾彬：《莫我知也夫——孔子与天》，见国际儒学联合会编、滕文生主编《儒学的当代使命：纪念孔子诞辰 2560 周年国际学术研讨会论文集》（卷一），九州出版社 2010 年版，第 18 页。

敬畏、效法的对象，故曰：“唯天为大，唯尧则之。”（《论语·泰伯》）然而，在孔子那里，天已不仅仅是圣君或帝王天子之神，天命也已不仅仅与有德之圣君或帝王天子政治统治的合法性相关，而是与整个人类的命运和前途、与孔子本人甚至每个人的道德禀赋相关，譬如：

公伯寮愬子路于季孙。子服景伯以告，曰：“夫子固有惑志于公伯寮，吾力犹能肆诸市朝。”子曰：“道之将行也与，命也；道之将废也与，命也。公伯寮其如命何！”（《论语·宪问》）

子畏于匡，曰：“文王既没，文不在兹乎？天之将丧斯文也，后死者不得与于斯文也；天之未丧斯文也，匡人其如予何？”（《论语·子罕》）

子曰：“天生德于予，桓魋其如予何？”（《论语·述而》）

子曰：“莫我知也夫！”子贡曰：“何为其莫知子也？”子曰：“不怨天，不尤人，下学而上达。知我者其天乎！”（《论语·宪问》）

由上述引文可知，在孔子看来，人间正道与周代斯文的实行与废坏、兴复与丧坠最终乃由天和命来决定，并非人力或个别人的意志所能左右，而孔子既以追求道义和兴复斯文为己任，故而天和命（或天命）在孔子的思想信仰中占有极为重要的地位。而且，所谓的天、命（或天命）并非孔子为建构其思想体系而使用的一种概念工具（孔子本人从未想过要刻意建构某种思想体系），而是他为了表达自己的人生观和世界观信仰而从传统的宗教信仰资源中援引和借助的终极依据，正是在这种援引和借助中，作为统治者之神的天和与统治者之德相关的天命被转化为孔子本人的天和天命，亦即被转化为作为道德主体之人或以追求道义和兴复斯文为己任的道德君子的天和天命，正因为如此，生活在政治陷于极度混乱衰败之世的孔子才会将天视为唯一的知己，并自信地说“天生德于予”和“知我者其天乎”。然而，这绝不是说天与天命只与孔子本人吉凶祸福的个体命运相关，恰恰相反，孔子所强调的乃是天和天命与正道斯文的兴废，也即与整个人类的命运与前途的相关性。正因为如此，基于对天和天命的敬畏与信仰，为了追求道义和兴复斯文的人间大业，孔子才能够以大无畏的勇气坦然面对个人所遭遇的各种挫折与不幸，乃至置个人生死安危于不顾。

天是比人类更加崇高而神圣的伟大存在，是人类生存最终依靠而不可化约的外在权威、价值根源与精神支柱，人必须敬畏这一崇高伟大的存在，感知它的神力，反省自身的限度。孔子之所以每遇“迅雷风烈”而必改变神情，正是出于对主宰之天通过自然现象表现出来的伟大神力的敬畏。然而，对主宰之天的信仰并不意味着必然排斥天的自然含义，四时和万物的运行变化体现的也许正是主宰之天的意志，但四时和万物的运行变化本身也能够向人类昭示一种值得人类学习和效法的不言而喻的自然法则。在天人关系方面，相对于老子对自然之道的不可言（名）而强言（名）的独白式描述和断言，强调人对自然之道单纯而消极的遵从与因循、效法与模仿，孔子更关注天对人不言而喻的启示作用以及人与天的积极互动，即人一方面可以通过观察自然现象而获得某种不言而喻而又取之不尽、用之不竭的精神与道德的力量资源[①]——在自然山水间蕴含着仁智之君子体认和领悟人生快乐的无穷源泉，另一方面亦能够通过对天命的自觉而积极投身到兴复斯文、以仁道救世的伟大人类事业的行动中去。

不过，天命的自觉对于君子及其兴复斯文、以仁道救世的伟大行动来讲，既是一种激发行动的力量源泉，亦构成一种自我的行动限制。就后者而言，在孔子看来，如果躬行君子之道的人认定自己从事的是一项伟大而正确的人类事业，那么，出于对天命的敬畏，你就不仅应该（且必须）首先修养自己的道德品

① 据《荀子·宥坐》：“孔子观于东流之水，子贡问于孔子曰：‘君子之所以见大水必观焉者是何？’孔子曰：‘夫水，大遍与诸生而无为也，似德。其流也埤下，裾拘必循其理，似义。其洸洸乎不淈尽，似道。若有决行之，其应佚若声响，其赴百仞之谷不惧，似勇。主量必平，似法。盈不求概，似正。淖约微达，似察。以出以入，以就鲜絜，似善化。其万折也必东，似志。是故君子见大水必观焉。’”

质，充分实现自己天生的道德禀赋，还应该（且必须）以合乎道义的正确正当的方式来从事这项人类事业，不管遭遇什么样的个人不幸与生存困境，故孔子曰："君子有三畏：畏天命，畏大人，畏圣人之言。小人不知天命而不畏也，狎大人，侮圣人之言。"（《论语·季氏》）天命是至高无上的宗教权威，大人是代天行事的政治权威，圣人是代天立言的理性权威[①]，对孔子来说，敬畏天命、大人和圣人之言，也就意味着君子应在行动上进行正当的自我限制，而不能像小人那样，对天命懵懂不知而无所敬畏忌惮，轻视大人，戏侮圣人之言，乃至恣意妄为、行险以侥幸。据《论语·卫灵公》："在陈绝粮，从者病，莫能兴。子路愠见曰：'君子亦有穷乎？'子曰：'君子固穷，小人穷斯滥矣。'"所谓的"君子固穷"，正是意在强调君子为人处世，即使身处穷困之境地，亦能坚守自己的理想与信念而不做违背道义的事，但小人身处穷困之地，就会无所不为，即使明知自己的行为会引发其他人行为上的不可预期的恶性连锁反应，乃至使所有人陷入万劫不复的境地，也在所不惜、无所顾忌。同时，孔子所谓的"君子固穷"或许还隐含着另外一层深切的意涵，在一个秩序失范的混乱时代，君子既然选择以正当的方式来行道救世，那么，他就必须做好充分的心理准备来勇敢而坦然地面对身陷穷困境地的个体命运并无怨无悔，"固穷"乃是君子自我人生选择的无可逃避的必然结果，孔子之所以说"不怨天，不尤人，下学而上达。知我者其天乎"者，其深层意旨即在此。可见，孔子之所以引"天"为知己，正因为"天"是支撑他人生信念的终极依据或信仰皈依。

是选择追求道义、行道救世的神圣职责与高尚人生，还是选择一心追求权势、富贵、利禄而只关切个人吉凶祸福的功利目标与卑俗人生？孔子的答案当然是前者。当然，孔子虽选择前者，却并不简单地鄙视后者，问题的关键是追

---

① 如孔繁先生所言，孔子"把天命、大人、圣人说成三位一体，是认为大人代天行事，而圣人代天立言，因而对三者都要敬畏"［任继愈主编：《中国哲学发展史》（先秦），人民出版社 1983 年版，第 194 页］。

求者为实现自己人生目标所采取的方式和手段是否正当，正所谓：

子曰："富与贵，是人之所欲也；不以其道得之，不处也。贫与贱，是人之所恶也；不以其道得之，不去也。君子去仁，恶乎成名？君子无终食之间违仁，造次必于是，颠沛必于是。"（《论语·里仁》）

子曰："富而可求也，虽执鞭之士，吾亦为之。如不可求，从吾所好。"（《论语·述而》）

子曰："饭疏食饮水，曲肱而枕之，乐亦在其中矣。不义而富且贵，于我如浮云。"（《论语·述而》）

以上即是孔子对他本人人生观的明确表述，亦是他对道德君子之人生追求与信念的一般期许，而且，这两者之间可以说是一种互证互诠、相互强化的关系。

然而，在上述"君子固穷"和求仁乐义的人生信念中，孔子一方面在天命与特殊个体之间建立起了一种富有意义的关联，即天命关乎整个人类及其文化的命运与前途，而特殊个体不是指特定的上帝的选民，而是指能够自觉地担负起天命的神圣职责的人，即孔子本人及其心目中理想的道德君子，另一方面又的确改造和放弃了传统的天命观信仰中的神正论的核心内涵，即"天道福善祸淫"（《尚书·汤诰》）或"天道赏善而罚淫"（《国语·周语中》）。对孔子而言，天命虽然可以决定人的生死、贫富和贵贱，却无关乎个体在人间的道德修养与穷达祸福，而且，在一个人的道德行为与其个体人生的穷达祸福之间也不存在一种必然的因果联系。据《荀子·宥坐》：

孔子南适楚，厄于陈、蔡之间，七日不火食，藜羹不糂（同"糁"），弟子皆有饥色。子路进问之曰："由闻之：为善者天报之以福，为不善者天报之以祸。今夫子累德、积义、怀美，行之日久矣，奚居之隐也？"孔子曰："由不识，吾语女。女以知者为必用邪？王子比干不见剖心乎！女以忠者为必用邪？关龙逢不见刑乎！女以谏者为必用邪？吴子胥不磔姑苏东门外乎！夫遇不遇者，时也；贤不肖者，材也。君子博学深谋不遇时者多矣。由是观之，不遇世者众矣，何独丘也哉！且夫芷兰生于深林，非以无人而不芳。君子之学，非为通也，为穷而不困，忧而意不衰也，知祸福终始而心不惑也。夫贤不肖者，材也；为不为者，人也；遇不遇者，时也；死生者，命也。今有其人不遇其时，虽贤，其能行乎？苟遇其时，何难之有？故君子博学、深谋、修身、端行以俟其时。”

我认为，从上引孔子对子路之问的回答，孔子对影响个体人生的材、人、时、命诸要素及其与君子之学的关系所做的“明辨区分”，可以说最充分而全面地向我们展现了孔子人生观与世界观信仰的实质内涵。

所谓“材”，指的是人的天资，人的贤愚主要是由天资决定的；所谓“人”，指的是人为的努力，人的道德品质的修养主要是靠个人自身的努力而成就的，就看你做不做了；所谓“时”，指的是由外在客观的环境、条件与时势所造成的个人时遇，人的穷达祸福主要是由时遇决定的；所谓“命”，指的是人的生命有生有死，或者说个体之人是一个有生有死的有限生命体。在上述诸要素中，君子之学只关乎人为，即个人道德品质的修养。人为善去恶的道德修养需要具备一定的天资条件，但除了“上知与下愚不移”的情况外，天资条件不起决定性的作用。时遇可以决定人的成败、穷达与祸福，但不能决定人的道德品质的好坏，反之，人的道德行为亦不能决定人的吉凶祸福，如春秋人的一般个体德性观所认为的那样，一个人的行为决定其德性，而其德性又直接决定其个体命运的吉凶祸福，故人的行为有好有坏，其德性亦有吉有凶（详见本书第七章）。相对于春秋人的这种德性二元论，孔子所持的则可以说是德性一元论，而且，在孔子看来，一个人的德性修养与其吉凶祸福的个体命运无关。劳思光先生所谓的事实意义的“客观限制”之“命”，其实便是孔子所谓的“遇不遇”之“时”，它可以说是由“道不同”“习相远”的人类多样性或人类不同取向的各种行为与错综复杂的人际关系网络所构成的一种客观环境、条件与状况，个体之人置身其中，不可避免地会受其制约，从而造成个体之人穷达祸福的命运。依我之见，所谓的“义命分立”，应仅限于指此而言，我们不宜将君子因力求“上达”而信仰的“天命”（关乎整个人类之命运与前途，旨在唤醒和激发君子担负起兴复斯文、行道救世的神圣使命的自觉意识）简单地等同于个体人生的时遇之“命”或命运之“天”，正所谓此“命”非彼“命”、此“天”非彼“天”也。而作为一个有限的生命体，个体之人生也不可避免地会遭受生老病死之不幸，从而给人造成无可奈何的哀伤与痛苦，正如德行科弟子冉伯牛身患恶疾，孔子自牖执其手，悲叹曰：“亡之，命矣夫！斯人也而有斯疾也！斯人也而有斯疾也！”（《论语·雍也》）最为好学的德行科弟子颜渊的英年早逝，虽令孔子更加悲痛，但他也只能是无可奈何地悲呼：“噫！天丧予！天丧予！”（《论语·先进》）

在孔子的上述人生观与世界观信仰中，所谓的“天”“命”“天命”显然不是一种具有单一含义的概念，而是在不同的语境中可能具有不同的含义或指称，其间甚至存在着某种难以消解的矛盾和张力。作为比人类更加崇高而伟大的存在，“天”无疑构成了孔子整个人生观与世界观信念的终极的意义依据和根本的信仰支撑，“天命”决定着人类及其文化的未来命运与前途，“天命”的体认与自觉不仅可以激发和促进君子的积极救世行动，而且能够赋予君子一种自我正当化的行动限制，在这一意义上，“天”与“天命”显然是道德君子之“天”与“天命”。然而，孔子之“天”和“天命”虽然具有不可欺诬和抗拒的主宰的神性①，却又不具有传统神正论的含义。这似乎是孔子的天命观信仰中内含的一种最大的悖论，这一悖论亦体现在他的鬼神信仰上，即一方面“不语怪、力、乱、神”（《论语·述而》），而且把“知生”“事人”看得比“知死”“事鬼”更为重要②，另一方面又怀抱着虔敬之心祭祀鬼神，正所谓“祭如在，祭神如神在”

① 子曰：“获罪于天，无所祷也。”（《论语·八佾》）“吾谁欺？欺天乎！”（《论语·子罕》）“予所否者，天厌之！天厌之！”（《论语·雍也》）

② 季路问事鬼神。子曰：“未能事人，焉能事鬼？”曰：“敢问死。”曰：“未知生，焉知死？”（《论语·先进》）这也许是孔子运用因材施教的教法而针对子路个人的一种特殊回答。

(《论语·八佾》)。对孔子而言,鬼神的问题显然不是一个简单的有无的问题,如何对待鬼神实际上关系着如何对待生者和看待人世。很显然,孔子的上述天命鬼神观往往不能为抱持传统神正论信仰的弟子与时人所理解[①],然而,正是上述天命观信仰中内在的悖论性张力构成了孔子思考人生与人类世界问题的独特的宇宙论背景。因为天是比人类更加崇高而伟大的存在,是四时运行变化和万物生生不息的终极依据,因此它是人类圣君和道德君子效法、学习和敬畏的对象;因为天命不再具有传统神正论的含义,所以道德君子必须在"义命分立"的人类境遇中进行个人道德品质的修养并积极采取仁道救世的行动,不管穷达、成败、祸福等个体命运如何,君子只需为所当为,尽自己的天职,而无须顾及其他——君子之学,如此而已。正所谓"不知命,无以为君子也"(《论语·尧曰》),综观孔子的人生观与世界观信仰,这句话无疑富含一种深刻的哲理,一种对于人生与世界问题有着深刻洞识的哲理,而所谓的"知命",其实包含两方面的含义,一是对天命的自觉体认与领悟,二是对个体时遇命运的认知与了解。正是基于这双重意义的"知命",孔子为人开辟了一块在道德修养上自作主宰和自我实现的宝贵空间或神圣领域,也就是说,一个人只有对这两个方面都具备一种深刻的洞见,既保持对天和天命的超越性信仰并从中获得一种源源不绝的向上的人生动力,又不至于陷入传统神正论的迷信,被受制于外在客观境遇的个体命运盲目支配,最终才能成为一个自作主宰和自我实现的真正的道德君子。孔子做到了这一点,故不愧是一位道德君子。

果如上言,则孔子的思想世界并不是由天人(个体及其世界)的二元关系构成的,而是由天、人与人类世界(天下)的三重关系构成的。其中的"人"并非指一般意义的"人",而是特指道德君子。君子必须通过"下学而上达"来转化

① 与孔子不同,后来的儒者有持"无鬼神"论者,并遭到了墨子"儒以天为不明,以鬼为不神"的激烈批评与指责(《墨子·公孟》)。我们不能从后来的儒墨分化的视角来理解和评价孔子的天命鬼神观。

和提升自己的人生价值和意义，因此，他既敬畏天命，又引天为知己，他与上天或天命之间的关系毋宁说是一种对话式的积极互动关系，深刻领悟并听从上天的指引或天命的召唤乃是道德君子的使命所在，是他整个人生价值和意义的终极依据和归宿。同时，君子不仅可以通过道德修养的实践与追求仁道的行动充实和丰富个体有限生命的价值和意义，而且可以反过来证成天命在己的真实意义。然而，君子不仅仅是仰望天空，而且还脚踏实地，活在当下的现实世界并关切天下的兴亡、人类世界的治乱，故而立志以兴复斯文、仁道救世为己任，反之，也正是天下的有道与无道或人类世界的生活环境与历史条件的客观限制，决定了君子的穷达、成败与祸福之个体命运。孔子生活在一个天下无道的乱世，他注定要遭遇“道之不行”“君子固穷”的生存困境，对此，孔子有着充分的体认与自觉。然而，君子是为仁道救世的行动和信念而活的，不是为求通达、成功、福报而活的，故而不会因为穷困、失败和祸患轻易放弃自己仁道救世的行动与信念，而是会明知不可而为之，并忧在其中乐在其中。无疑，孔子是一个既有着深刻的宗教信仰，又有着博大的现实关怀的思想家。孔子的深刻与博大就在于其人生观与世界观信仰，只有了解了这一点，我们才能真正理解为什么孔子“老而好《易》”或“晚而喜《易》”竟到了“居则在席，行则在橐”“韦编三绝”的痴迷地步。

孔子曰：“加我数年，五十以学《易》，可以无大过矣。”（《论语・述而》）这是一句令古今学者颇感费解的话，正如钱穆先生所言，“何以读易始可无过，又何必五十始学易”[①]呢？据郭沂先生考辨，“此章乃孔子在五十六七岁到六十岁之间说的，而孔子开始‘学《易》’亦大约在此时”[②]。而五十六七岁到六十岁之间，可以说是孔子整个人生历程中最艰难的一个时期，那是他周游列国的初期；自此以迄晚年，则恰恰是孔子对由客观限制所造成的“道之不行”的生存困

① 钱穆：《论语新解》，生活・读书・新知三联书店2005年版，第180页。

② 林存光、郭沂：《旷世大儒——孔子》，河北人民出版社2000年版，第158页。

境的感受越来越强烈的人生阶段，其间，他读《易》的兴趣却越来越浓厚，这是很耐人寻味的一件事——究竟是为什么？根据我本人研读《易传·序卦》的体会和理解，《序卦》对六十四卦的顺序安排所做的环环相扣的关联性解读，向我们展现了一幅始于天地生成万物，终至演生出世间众生之人事穷通、损益、忧乐、祸福、否泰等过程性的世界图景，尤其是在《既济》之后以《未济》为终的卦序安排最是富有深意。众所周知，虽不一定全由孔子本人所作但肯定与孔子有着密切关系的现存《易传》文本，最重要的思想贡献就是将源自远古卜卦算命的神秘巫术思维从根本上转化为道德化的哲理思维，而在我看来，《序卦》作者依据卦序所描绘的一幅以天地生万物为始、以《未济》为终的开放性、过程性的世界图景，尤其契合孔子人生观与世界观信仰的深层意蕴，在我看来，这也正是孔子“老而好《易》”或“晚而喜《易》”的根本原因所在。据宋儒朱熹《集注》，“学《易》，则明乎吉凶消长之理、进退存亡之道，故可以无大过”，不过，孔子是不会在学《易》之后才“明乎吉凶消长之理、进退存亡之道”的，而是在有了丰富的人生阅历并对“吉凶消长之理、进退存亡之道”明晓洞达之后学《易》，乃至发现易理易道之深刻邃远，故而深为喜好的。当然，学《易》之后，孔子必定对“吉凶消长之理、进退存亡之道”有了更加理性而自觉的认知，故而在依据易理易道反省自己的人生过往时，便意识到如果早数年学《易》，就不会犯大过失。那么，孔子究竟犯过什么大过失呢？孔子语焉不详，我们也无从得知，如果上推数年的话，那正是孔子为政鲁国之时，而所谓的“大过”，或许就发生在孔子为政鲁国之时。想来，孔子之所以被迫周游列国，乃与其欲削弱三桓势力以强公室而操之过急有关，孔子所谓“大过”，或许即指此。但不管怎样，孔子在学《易》之后，肯定对天地万物生成运行的道理、人世间错综复杂的人类事务和受“客观限制”的个体命运有了一种理论上的更加深刻而自觉的体认和领悟，在此体认和领悟的基础上，孔子最为关切的就是易理易道中蕴含的德义问题，故曰：“《易》，我后其祝卜矣，我观其德义耳也。……吾求其德而已，吾与史巫同涂而殊归者也。君子德行焉求福，故祭祀而寡也；仁义焉求吉，故卜筮而希也。”（帛书《要》）在此，孔子将德行仁义与吉凶祸福关联起来，表面上看似与我们上文所言君子之人不求通达、成功与福报相矛盾，实则不然。孔子在此处所说的以德行仁义求福求吉，其意显然不是求外在的福报与吉祥，而是求自我道德价值和人生意义之实现的一己内在的心安与满足，故而“祭祀而寡”而不必汲汲于祷告祈求鬼神福佑，“卜筮而希”而不必刻意地去追求趋吉避凶。

综上所述，孔子虽生在乱世，却抱定“笃信好学，守死善道”的人生信念，并为此而汲汲于“下学而上达”。在天命的召唤下，孔子积极地投身于兴复斯文、仁道救世的伟大行动，同时深切而自觉地意识到性近习远的人类特性及人类事务的错综复杂性。正是由性近习远的人类特性和错综复杂的人类事务构筑起来的人类世界，既是他以行动改造的对象，又构成了他行动的客观限制，甚至决定着他的个体命运。但是，一心躬行君子之道的孔子别无选择，也无意于做其他选择，他只希望通过修德讲学来正己正人，以期将他所处的乱世引领上人间正道，而如果说混乱而不确定是孔子所处时代的生存境况的本质特征的话，那么，孔子的努力便注定会因此而遭遇“道之不行”的困境。问题的关键也是最耐人寻味的，就是这一困境无疑是由孔子本人的人生观与世界观信仰本身导致的，甚至可以说体现和凸显了其人生观与世界观信仰的本质特征，而孔子本人不仅对此有充分的自觉，而且赋予它一种“君子固穷”的内在意涵，故而不会怨天尤人，反而以天为唯一的知己而不求人知，而“人不知而不愠”（《论语·学而》）也正是孔子本人与道德君子应有的品格。因此，当郑人以“丧家之狗”来形容并嘲笑狼狈不堪的孔子时，孔子不仅毫不介意，反而豁达地欣然笑曰：“形状，末也。而谓似丧家之狗，然哉！然哉！”（《史记·孔子世家》）思如其人，孔子的人生信念及其人生遭遇，就是他心目中理想的道德君子应有的人生信念和人生遭遇。在乱世之中，躬行君子之道而注定遭遇失败，但又绝不因失败而放弃自己的人生信念，这就是孔子，这就是大智大勇、大仁大义的孔子。正如受困于陈、蔡之际，孔子向弟子们严肃发问："吾道非邪？吾何为于此？"颜回如是回答："夫子之道至大，故天下莫能容。虽然，夫子推而行之，不容何病，不容然后见君子！夫道之不修也，是吾丑也。夫道既已大修而不用，是有国者之丑也。不容何病，不容然后见君子！"（《史记·孔子世家》）也许孔子之为孔子，是不可模仿而学之的，但他注定是一面镜子，是一杆标尺，身处混乱而不确定的生存境况中的人，可以拿他来比照或考量一下自己是否真的有躬行君子之道而不怕失败、追求道义而不顾生死的大智大勇和大仁大义！凡今之人不能体谅孔子之处境及其用心，不能深入透彻地体认和了解孔子的人生观与世界观，而徒以成败论孔子，徒以郑人"丧家狗"之嘲讽戏侮孔子，必是浅薄无见之辈也！

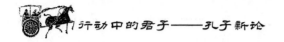

第十章　孔子的教育思想与教学理念

孔子是中国历史上第一位伟大的教育家，他一生孜孜不倦、矢志不渝地坚持兴办和从事私学教育并乐在其中，诚如有的学者所指出的："教育是他一生的主要事业，也是他一生的最大乐趣。"[①] 不仅如此，孔子更是一位伟大的教育思想家，他开创性地提出并亲身实践了许多富有人性光辉、影响深远且迄今仍然具有深刻的启示意义和实践价值的教育教学原则、理念和方法。尤其耐人寻味的是，孔子本人在对其个人形象的自我描述中，总是将"学而不厌"的"学"放在"诲人不倦"的"教"前面，显然意在把自己的形象优先定位为"学而不厌"的"学"者，然后才是"诲人不倦"的"教"者。细心体察此言微旨，我们或许更能深入孔子的心灵世界，以洞悉其教育思想和教学理念的深刻独到之处。

① 蒙培元：《蒙培元讲孔子》，北京大学出版社 2005 年版，第 137 页。

一、孔子所谓的“学”与“教”究竟意味着什么？

孔子是一位生活在乱世、孜孜于力行救世而又明知不可而为之的思想家，因为他深信“人能弘道，非道弘人”（《论语·卫灵公》）。然而，一个人的力量毕竟是非常有限的，置身于混乱而不确定的时代性的现实生存境况之中，孔子面临的最大的困惑可以说便是“道之不行”的无奈，故有时不免会发出几声“道不行，乘桴浮于海”（《论语·公冶长》）或“凤鸟不至，河不出图，吾已矣夫”（《论语·子罕》）的人生感叹，似乎是承认了自己救世行动的彻底失败和改善人类世界现实状况的希望的完全落空。但是，在我们对孔子整个人生观与世界观信仰的真实意蕴有所了解和领悟之后，我们便不会如是轻率地下结论，因为孔子“君子固穷”的人生信念告诉我们，躬行君子之道却因外在客观环境制约而导致的“失败”，是完全无损于君子之道本身所体现的独立且自足的人生价值与意义的，也是完全无损于君子之人对道德信念的坚守本身的正当性与合理性的，这绝不是出于迂腐而固陋的偏执心理，而是出于君子应有的“守死善道”而对世俗所谓“成败”无所萦怀的人生信念。因此，孔子的人生感叹乃是对混乱的现实状况得不到改善以及人类共享社群福祉的目标难以实现深感遗憾的表达，是对深切关怀他人、社会和整个人类共同体命运的忧患意识的表达，而绝不是对个人成败的斤斤计较。而且，尽管孔子对混乱的现实状况得不到改善以及人类共享社群福祉的目标难以实现深感遗憾和忧虑，但他从未放弃“笃信好学，守死善道”的人生信念，也从未丧失对人类本身的信心与希望，这显著地体现在孔子学而不厌、以学为乐的好学精神和有教无类、诲人不倦的教育思想方面。

任何人只要读一读《论语》，都会对孔子的那种可贵的孜孜以求的好学精神有很深切的感受，孔子敏而好学且以学为乐，最是善问且不耻下问。不仅如此，在另一方面，孔子对弟子则是循循善诱而诲人不倦，故子曰：“默而识之，学而不厌，诲人不倦，何有于我哉？”又曰：“若圣与仁，则吾岂敢？抑为之不厌，诲人不倦，则可谓云尔已矣。”（《论语·述而》）[①] 我认为，孔子以“学而不厌，诲人不倦”的形象自许，并把“学而不厌”放在首要位置，这并不是随意为之，而是在有意强调“学”的根本重要性，当然，孔子无意于贬损“教”的作用，但他优先考虑和重点强调的是“学”，可以说“学”之于人的根本重要性构成了孔子教学活动最重要的内容之一。孔子深以“学之不讲”为己忧，其讲学的重点之一便是讲论“学”之重要性以劝诲启发弟子的好“学”之心，而不是自居于“师”之“传道、授业、解惑”的权威地位以垂训赐教于他人，故曰：“当仁，不让于师。”（《论语·卫灵公》）据《孔子家语·致思》载，孔子尝谓其子伯鱼曰：“鲤乎，吾闻可以与人终日不倦者，其唯学焉！其容体不足观也，其勇力不足惮也，其先祖不足称也，其族姓不足道也。终而有大名，以显闻四方、流声后裔者，岂非学之效也？故君子不可以不学。”可见，在孔子看来，一个人的容体、勇力、先祖和族姓，皆不足以与其学识等类齐观，唯有“学”才能真正成就一个人的博大声名。而且，孔子认为，一个人若仅仅是喜好仁、知、信、直、勇、刚等美德之名，而不能“学”而时习之，则不仅不能“成德于己”[②]，反而会在德行上造成种种流弊（《论语·阳货》）。相对于空想之“思”，孔子特别强调“学”之有益，故曰：“吾尝终日不食，终夜不寝，以思，无益，不如学也。”（《论语·卫灵公》）

孔子后学对于“学”之重要性亦多有精彩论述，如孟子虽言君子有三乐，其一便是“得天下英才而教育之”（《孟子·尽心上》），但他更有名言曰：“人之患在好为人师。”（《孟子·离娄上》）显然，较之“好为人师”，孟子更加强调和重视反身以求的自得之“学”，因为“学问之道无他，求其放心而已矣”（《孟子·告子上》），孟子甚至认为，“人之所不学而能者”“所不虑而知者”的良能良知才是最值得人们珍视的（《孟子·尽心上》）。而荀子之书更是以《劝学》

① 据《孟子·公孙丑上》，孔子曰：“圣则吾不能，我学不厌而教不倦也。”

② 钱穆：《论语新解》，生活·读书·新知三联书店2005年版，第450页。

为首，其开宗明义之言即："君子曰：学不可以已。"另如《礼记·学记》则曰："君子如欲化民成俗，其必由学乎！"

那么，孔子和儒家为何如此重视"学"的问题、强调"学"的根本重要性呢？

就学校教育制度而言，孔子本人并未明确谈及其起源的问题，根据后来儒家学者回溯性的说法，学校教育制度起源于他们心目中理想的圣王统治的上古三代，所谓"古之教者，家有塾，党有庠，术有序，国有学"（《礼记·学记》）。孟子讲得更为详细具体：圣君尧帝因关切忧虑"人之有道也，饱食、煖衣、逸居而无教，则近于禽兽"，故"使契为司徒，教以人伦——父子有亲，君臣有义，夫妇有别，长幼有叙，朋友有信"，降至三代之时，更是"设为庠序学校以教之。庠者，养也；校者，教也；序者，射也。夏曰校，殷曰序，周曰庠；学则三代共之，皆所以明人伦也。人伦明于上，小民亲于下"（《孟子·滕文公上》）。春秋时代，贵族子弟的教育问题仍然受到一些有识之士的重视和强调，然而，"学在官府"的体制已渐趋衰败和崩坏，孔子在促使私学的兴起方面发挥了至关重要的引领和推动作用，大大推进了文化下移的历史趋势，即孔子在继承和发扬上古三代重视教育（以诗书礼乐或礼乐射御书数之六艺教育为中心）的贵族文化传统的同时，将教育或教化的对象范围扩大至所有国民或一般大众，故孔子特别强调和重视对民众进行道德礼义教化的社会政治问题。然而，就孔子的私学教育理念本身来讲，孔子将以"教"为中心的古老传统转化、调整为以"学"为中心的新型教学实践，乃至更乐于以"好学""乐学"的形象示人，其教学实践亦主要围绕着启发和诱导弟子向"学"好"学"而展开。这一创造性的转化究竟意味着什么呢？试从如下三方面稍作阐释。

其一，就教学模式和师生关系而言，孔子可以说开创了一种把激发弟子的学习兴趣放在优先考虑位置的自由平等而开放的私学教育模式和师生关系。

上古三代"学在官府"的世官之学具有一种官方垄断的权威性，师生关系犹如吏民关系，故清人章学诚有言："三代盛时，天下之学，无不以吏为师。"（《文史通义·史释》）而如章氏所说，秦代的"以法为教，以吏为师"体制，以及汉以后儒学独尊而立于官学的统治地位，在一定意义上皆可以说是对三代传统的恢复和延续。然而，孔子的私学教育既不同于三代世官之学的传统体制，亦不同于后世官学化的儒学教育体制，孔子本人只是一介布衣，作为人师，他并不具有学官的官方权威，他所拥有的知识与学问也不具有垄断性，因为孔子本人学无常师，所以他所拥有的知识与学问本身是完全开放性地从他人那里学习而获得的。正是这一点，在孔子的私学教育实践活动中打下了最深刻的烙印，使他能够以全新的视角来看待师生关系。子曰："三人行，必有我师焉：择其善者而从之，其不善者而改之。"（《论语·述而》）子曰："见贤思齐焉，见不贤而内自省也。"（《论语·里仁》）这可以说是孔子本人对自己学无常师而又善于择善而从的好学精神的最简洁、恰当而中肯的自我概括。在孔子看来，任何人都可以成为自己的老师，使自己受到某方面的教育，即使是不善不贤者，亦能激发自己的内省意识，使自己有所醒悟乃至弥补、改正自己的不足和过失。正是基于这一对"师"者的特定看法，作为人师的孔子并不僵固地看待自己"师"者的身份与权威，而是采取一种最为开放包容的态度来看待和处理师生之间的关系，进而开创性地提出"有教无类"的教育原则，并"正身以俟"而"欲来者不距，欲去者不止"（《荀子·法行》），允许弟子来去自由。而且，在其教学活动中，孔子师徒之间完全可以平等交流与对话，譬如他们常常坦诚地相互交流各自不同的志向和想法；孔子有时会严厉地批评弟子，而弟子有时也会毫无顾忌地以孔子之言反诘问难于孔子。孔子深知学是教的必备的前提条件，一个人只有先成为一个"学"者，才能为师教人，一个人只有本身好"学"向"学"，对其施教才能见效，因此，孔子不仅津津乐道于自己的"好学"，也最激赏弟子中的"好学"者如颜回，其目的便是激发弟子内在的对于学习本身的兴趣，故孔子曰："不曰'如之何，如之何'者，吾末如之何也已矣。"（《论语·卫灵公》）职是之故，从师生关系的角度来讲，孔子的整个私学教育活动首先是围绕着激发弟子本身的学习兴趣而组织的，是以弟子本身的学习积极性和主动性为中心展开的，身为人师者在其中只是学习的指导者与促进者，这不同于后世在“尊师重教”的名义下采取的以教师为中心的强制灌输与被动接受的教育模式。理解了这一点，我们才能真正了解，无论是作为“学而不厌”的学者，还是作为“诲人不倦”的人师，孔子更乐于以“好学”“乐学”的自我形象示人的真实用心。而且，孔子师徒之间的关系更像是一种师友关系，故《论语》开篇即言：“学而时习之，不亦说乎？有朋自远方来，不亦乐乎？”所谓“有朋自远方来”，既是指一般意义上的志同道合的朋友自远方而来，也是指特定意义上的求学的弟子自远方而来。当然，就实而论，孔子师徒之间建立起来的真挚的情感关系，已不仅仅是一种师友关系，实际上已是情同父子。孔子去世后，弟子们自发为其守丧三年，子贡甚至为其守丧六年，这是因为孔子的循循善诱赢得了弟子们的无限敬仰与尊重——并非如后世一般人名分观念中的“师徒如父子”，在孔门弟子的心目中，孔子甚至就是自生民以来而未有的、出类拔萃的天纵圣人。需要说明的是，无论弟子父事和圣化孔子的做法对后世“师徒如父子”的名分观念和孔子形象圣人化的演变产生了什么样的影响并被人们如何看待和评价，孔子本人“学而不厌，诲人不倦”的本意却只是要树立一种“不知则问，不能则学”（《荀子·非十二子》）的“好学”“乐学”典范，并以此激发和引导弟子的好学向上之心。

其二，就孔子所谓“学”的基本含义及其功效、作用和意义而言，孔子私学教育的重心或根本目的所在，就是所谓的为己之学、成德之教。

众所周知，孔子虽然以《诗》《书》《礼》《乐》教人，即教人“博学于文”，但孔子所谓的“学”绝非只是要人诵经读书而已，或者说，孔子所教者并不限于对文献的学习诵读，他更关注和重视道德品格的修养和道德行为的践履，故而孔子在教弟子“博学于文”的同时，更注重“约之以礼”，正如美国著名汉学家顾立雅所说："孔子把对文献的研究看做是君子教育的一部分，但也只是一部分。更基本的是品质的修养，以及学会与（作为社会存在的）亲戚和同胞一起生活。……孔子坚持认为，如果没有行动，仅仅记诵书本的内容是无用的。"[①]或者根据《中庸》"君子尊德性而道问学"的说法，孔子的整个教学活动主要是由"尊德性"和"道问学"两个维度构成的。当然，这两个教学的维度不是彼此分离而毫不相干的，"尊德性"需要建立在"道问学"的深厚根基之上，正所谓"不学诗，无以言""不学礼，无以立"（《论语·季氏》）；反之，"道问学"则必须贯彻"尊德性"的根本目的，也就是说，孔子在其"道问学"的教学活动中亦始终贯彻着培养和成就弟子的个人品德和健全人格的目的诉求。总的来说，孔子不仅教人读书以求知，更教人读书以求道明理，乃至修养和提升自己的道德品质，并以自己的道德行为来促进人类社群生活的和谐，譬如学诗，既可以"多识于鸟兽草木之名"，更可用以"迩之事父，远之事君"（《论语·阳货》）。因此，孔子所谓"学"的基本含义，除了指读书学文，更重要的则是指涵养个人的道德品质、培养个人的健全人格以及实现人类社群和谐生活所必需的道德行为，正所谓"学者为己"（《论语·宪问》），学习的根本目的乃是修养自己的学问道德、完善自己的人格品行。而且，在孔子看来，也唯有"好学"才能够使一个人拥有一种真正健全的道德品格，一种好仁、好知、好信、好直、好勇、好刚而无愚、荡、贼、绞、乱、狂之蔽的道德品格（《论语·阳货》）。正因为如此，孔子才以"不迁怒，不贰过"为"好学"（《论语·雍也》），以"食无求饱，居无求安，敏于事而慎于言，就有道而正焉"为"好学"（《论语·学而》）。可见，在孔子看来，"学"之为"学"，对于一个人道德品质的修养、健全人格的培养、人生价值的自我实现以及促进人类社群和谐生活的道德福祉来讲，具有根本意义上的重要性和必要性。当然，孔子教学之方的特点又是因材施教的，故教弟子则强调学有进阶、不可躐等，即行为品格或道德人格的养成、道德行为的实践

---

① ［美］顾立雅：《孔子与中国之道》，高专诚译，大象出版社2000年版，第116页。

应先于读书学文，正所谓“弟子（有两种含义，一是指学生，二是指年幼之人），入则孝，出则悌，谨而信，泛爱众，而亲仁。行有余力，则以学文”（《论语·学而》）。然而，对于为政治民者，他又强调必须先读书学文而后方能入仕为官，即应先读书明理、学以致其道，然后才能治政理民，故子路使子羔为费宰，孔子斥之曰：“贼夫人之子。”而子路争辩道：“有民人焉，有社稷焉。何必读书，然后为学？”孔子又斥之曰：“是故恶夫佞者。”（《论语·先进》）在孔子看来，让人不学、不读书而仕，实是害人之举，甚者会误国祸民而贻害无穷①，而子路“何必读书，然后为学”的巧言诡辩则是最令孔子讨厌的。然而，不管“尊德性”与“道问学”、力行修德与读书学文孰先孰后，对孔子而言，这两个方面总的来讲应是一种相互促进、彼此助益的关系，故孔子从四个具体的方面着手，以“文、行、忠、信”教人，事实上对于力行修德与读书学文两个方面的问题又是同等重视和兼顾的。总而言之，孔子所谓的“学”，并不拘囿于读书，更关乎道德品行、主乎文行忠信的健全人格教育，在这一意义上，孔子之学即“为己”之学，孔子之教也即“成德”之教。正因为如此，“学”之为“学”，才是一个人终身的志业，而“教”之为“教”，同样不是在某一固定时间段里封闭实施的事，而是在师生终其一生的平等交流与对话中，维持一种真正的教学相长而有益于师生道德人格成长与人生价值自我实现的良性互动关系！

其三，孔子的私学教育思想和教学实践理念中还蕴含着一种对“人”的根本看法，那就是除了极少数的上知与下愚之人之外，学而知之乃是一般人的天赋能力，正因为如此，人在本质上可以说是一种具有可塑性的动物，即人能够通过学习与受教育来改变和完善自我，因此，学习的能力实际上也就是人类能

① 无独有偶，相似的先例亦曾发生在郑国子产子皮的身上。据《左传·襄公三十一年》记载：“子皮欲使尹何为邑。子产曰：‘少，未知可否。’子皮曰：‘愿，吾爱之，不吾叛也。使夫往而学焉，夫亦愈知治矣。’子产曰：‘不可。人之爱人，求利之也。今吾子爱人则以政，犹未能操刀而使割也，其伤实多。子之爱人，伤之而已，其谁敢求爱于子？……侨闻学而后入政，未闻以政学者也。若果行此，必有所害。’”子产所言，亦即孔子之意。

够进行道德上的自我修养、完善和提升乃至实现转化事物和改变世事的能力。这正是孔子所持的“人能弘道”的根本希望所在，即在一个混乱而不确定的世界里，只要天命还在，只要人心不死，只要人能知命而行，尤其是只要人能学习而受教育，斯文正道的复兴和落实就会有希望！

正如有的学者所指出的，春秋是一个“人的发现”的时代，而孔子在其中尤其扮演了一个殊为重要的关键性角色[①]，然而，我们不能笼统地理解所谓的“人的发现”及孔子的贡献。依我之见，所谓“人的发现”，更重要的乃在对个体之人的发现，春秋人对个体人生的吉凶祸福所抱有的强烈的个体生存焦虑感及与之相关的个体德性观便充分体现了这一点。道家杨朱一派可以说正是将春秋人的这种个体生存意识发展为一种理论上强调个体有限生命之神圣与可贵的“贵己”“为我”之说，而孔子则试图将春秋时期的但求一己之心安而置个体生死祸福于不顾的道德人文精神发扬光大，以天命的自觉与道德上的自我完善来克服和超越个体生存焦虑感。对孔子而言，不管是天命的自觉意识，还是自我完善与自我实现的道德信念，事实上也都是植根于对个体之人的发现的时代性意识的基础之上的，孔子的教育思想和教学理念即集中体现了这一点，因为人的可塑性必须落实在个体之人的身上，所谓的教育教学也正是针对个体之人而施为的。最为关键和重要的是，孔子的私学教育蕴含着这样一种对人的具体看法，即作为个体之人，人事实上是一种多样性的存在，譬如彼此不同的个性特征、情感取向、志向追求、智力才能、意志品格等，孔子所提出的“有教无类”的教育原则及其采取的“因材施教”的教学方法，无不体现了这种对个体之人的具体看法，而这一对个体之人的具体发现也具有划时代的意义。正是基于这一对个体之人的具体发现，对孔子来讲，教育之为教育，绝不是要将所有这些多样性差异按照某种统一的模式、标准和尺度整齐划一地、强制性地抹杀或削平，

① 郭沫若：《十批判书》，科学出版社 1956 年版，第 88 页；冯友兰：《中国哲学史》上册，中华书局 1961 年版，第 57 页。

而是在承认弟子各自不同的天赋和能力、不抹杀弟子个性特点的前提下，引导和激励弟子通过学习来实现其德行、语言、政事、文学等方面的个体成就，实现自身的人生价值，甚而实现某种共同的道德理想。尤其耐人寻味的是，在私学教育中，孔子虽然提出了他最富创见的以仁道为中心的共同的道德理想，并试图引领和教导其弟子追求并实现它，但又正是仁道的实现，恰恰需要在具体的情境中进行具体化的个体实践，诚如杜维明先生所言，孔子的人道主义智慧“并不在于它的抽象的理想主义，而在于它的具体的实践性”①，也正是在具体的实践中，多样性的个体对于仁道的实现可以做出自己独特的贡献。

总括上述三个方面，我们可以说孔子无愧于伟大的教育思想家的称号，而恰恰是作为一位伟大的教育家和教育思想家，孔子不仅开创性地提出了一系列富有深刻哲理的教育教学思想、理念和方法，为我们留下了一笔珍贵的思想文化遗产，而且更为我们树立了一个终生好学并乐在其中的“学者”的不朽典范。诚如钱穆先生所言，如果说“中国传统文化最伟大处就是讲教育”②的话，那么，作为一位“学而不厌，诲人不倦”的学者和人师，孔子在教育事业上做出的最为独特而重要的贡献就是他强调和彰显了“学习”的根本重要性。孔子目光如炬地发现了人类具有学而知之的天赋学习能力、人在道德上具有自我完善的天赋潜能以及个体之人具有无限多样性，故而他才能提出并切实实践有教无类的普遍性教育理想与因材施教的个性化教学理念，他才会对个体之人通过学习来充实自我、提升自己的道德修养、完善自己的道德人格，乃至实现自己的人生价值并成为仁人君子充满信心和希望。也就是说，尽管道不同、习相远的人类状况构成了孔子道德理想实现的客观限制，但孔子仍然深信，人具备一种通过学习或受教育来进行自我完善、实现自我人生价值的能力——通过学习，一个人

① [美]杜维明：《儒家思想新论——创造性转换的自我》，曹幼华、单丁译，江苏人民出版社1991年版，第58页。

② 钱穆：《人生之两面》，见《灵魂与心》，广西师范大学出版社2004年版，第126页。

不仅可以获取关于外在事物的客观知识，更能够习得有关个体人生乃至整个人类事务的正确道理；不仅可以训练和发展自己某一方面的才能而使自己成为某一方面的特殊人才，更能够培养和陶冶自己的内在性情和人文情操，乃至不断修养和完善自己的道德和人格而成为君子或圣贤；不仅可以修德徙义、改过迁善、改变和完善自我而实现个人的人生价值，更能够促进整个人类社群生活道德秩序的形成与整体福祉的实现。正是基于这样一种学习观，“教”之所以为“教”的本质、作用和目的，正在于其能“达其天性”[①]而对“人”本身具有一种潜移默化的化育养成之功，在于其变化气质、陶冶性情、培养人格、化革人心乃至敦厉风习而化民成俗的功能与作用，而绝不是驯服或实施意识形态的思想控制，乃至致力于按照某种整齐划一的刻板模式，随心所欲地将“人”改造为易于操纵和控制的对象。

二、熠熠生辉的教学理念

有人说，“如果人类要在二十一世纪生存下去，必须回顾二千五百四十年，去吸取孔子的智慧”[②]。我认为这句话尤其适用于孔子的教育思想和教学理念，如果我们要在二十一世纪业已到来的今天，改革和拓展现代知识技能教育的教学体制与指导思想，挽救现代教育目标的迷失，真实贯彻立德树人的根本原则，办好令人满意的教育事业，那么，贯穿孔子整个私学教育中的一系列教学理念便仍然能够在新世纪里熠熠生辉并发挥其应有的功效。兹具体阐述如下。

---

① 如《吕氏春秋·尊师》曰：“且天生人也，而使其耳可以闻，不学，其闻不若聋；使其目可以见，不学，其见不若盲；使其口可以言，不学，其言不若爽；使其心可以知，不学，其知不若狂。故凡学，非能益也，达天性也。能全天之所生而勿败之，是谓善学。……孔子曰：‘吾何足以称哉？勿已者，则好学而不厌，好教而不倦，其惟此邪。’”

② 高尚榘、赵强编：《中外名人学者赞孔子》，陕西人民教育出版社 1993 年版，第 166 页。

（一）有教无类

当文化下移的历史趋势突破了“学在官府”的文化教育体制，孔子即应运而生，创办他自己的私学，而且在为人师表的职业上做出了特殊的创举和杰出的贡献，其中最值得后人称道的一点，便是他那“有教无类”（《论语·卫灵公》）的教育主张，即不拘一格地面向整个社会广泛招收弟子，不论其出身、地位、职业、国别、性格乃至品行志向如何，只要有志于从学，孔子便乐于收其为徒，并给予一视同仁的教诲。

毋庸讳言，孔子持有一种依据人的天资材性而将人区分为上中下等不同品级的观念，如谓：“生而知之者上也，学而知之者次也；困而学之，又其次也；困而不学，民斯为下矣”（《论语·季氏》），“唯上知与下愚不移”（《论语·阳货》），“中人以上，可以语上也；中人以下，不可以语上也”（《论语·雍也》）。而且，孔子也曾犯有“以言取人，失之宰予；以貌取人，失之子羽”（《史记·仲尼弟子列传》）的过错，并因“男女有别”的时代局限性，未曾收过一个女弟子。然而，孔子深信一个人的品行是可以通过学习和教育来转化和培养的，由他首次明确提出和倡导的“有教无类”的教育原则和主张更具有划时代的开放教育的深远历史意义。

“有教无类”的主张无疑树立了人人都应享有受教育的平等机会的教育理念，在实际的教学活动中，孔子正是本着“有教无类”的原则和精神广收门徒，并对前来求学的弟子施以一视同仁的教诲。孔子说：“自行束脩以上，吾未尝无诲焉。”（《论语·述而》）只要送上十条干肉作为见面礼或年满十五岁的（“束脩”主要有此两种解释），孔子都会尽心教诲，而且无所隐瞒，教弟子与教儿子一样，故而即使是儿子孔鲤，也未从孔子那里得到“异闻”（《论语·季氏》）。不仅如此，上至诸侯、执政，下至“难与言”的互乡人的童子（《论语·述而》），即便不是孔子的弟子，凡有所问，孔子也必有所答。

在孔子的弟子中，虽有富贵人家的子弟，但更多的是出身贫寒微贱的平民子弟，他们志向不同、性格各异，有犯过罪的，有做过强盗的，还有流浪汉，等等。孔子招收的弟子多达三千人，真可谓是一个历史的奇迹！孔门弟子之所以如此庞杂，正如子贡所言，是因为孔子正身以俟、来者不拒，犹如“良医之门多病人，檃栝之侧多枉木”（《荀子·法行》）。孔子正身以俟，来者不拒，既往不咎，善加诱导，正是这种开放、博大的胸怀使其成为中国历史上第一位以文教涵养德性的伟大教师，成为为人师者的卓越典范。

毫无疑问，“有教无类”作为孔子招收弟子的指导原则，不仅极大地扩大了教育对象的范围，而且在客观上有力地促进了文化下移的历史趋势与社会结构的活化，这是孔子教育理念的最大贡献。但是，孔子毕竟是他那个时代的人，他提出这一教育理念的目的又绝不是要打破、抹去现实社会的阶级界限。正如他在政治上主张统治者应以德礼化民，从而有力地冲击了西周“礼不下庶人，刑不上大夫”的制度框架，客观上促进了基于贵族与庶人之间“庄严的距离感”之上的社会结构的软化，但他又坚持“贵贱不愆”的原则。孔子在他那个时代可谓是一个“一团矛盾”的人物，我们今天评价他亦应实事求是，才不致“制造思想混乱”[①]。

（二）因材施教

孔子主张“有教无类”，并着意贯彻其一视同仁的教学原则与精神，这是其一贯的宗旨。但耐人寻味的是，他的施教方法又因人而异且最重弟子的个体材性差异。“因材施教”正是后人对孔子这一根本施教方法的理论概括，宋儒程颐即如此概括道：“孔子教人，各因其材，有以政事入者，有以言语入者，有以德行入者。”（《二程遗书》卷十九）明儒王阳明更有一绝妙的譬喻，即因材施教犹如医生治病，需“随其疾之虚实、强弱、寒热、内外，而斟酌加减”（《王文成公全书》卷五《与刘元道》）。

孔门弟子既以“杂”著称，则其年龄辈分、出身阅历、性格特点、智力水平、

① 蔡尚思：《孔子思想体系》，上海人民出版社1982年版，第194页。

品行志趣当然是各不相同甚至差距极大的，所以最理想而有效的教学方法自然是“因材施教”。孔子虽未明确将其教学方法概括为“因材施教”，但他在自己的教学实践中自觉地贯彻了这一卓越的教学方法。

归纳起来，我认为孔子的这一教学方法主要体现在三个方面：

第一，对于弟子提出的同一个问题，孔子的回答因人而异，即所谓的“问同而答异”，这是“或因人材性，或观人之所问意思而言及所到地位”（《二程遗书》卷十八）。而且，孔子答人所问，不仅因人而异，亦因时而异，如樊迟问仁，孔子彼一时答以“仁者先难而后获”（《论语·雍也》），此一时则答以“爱人”（《论语·颜渊》）。诚如清人尹会一《读书笔记》所说：“孔门教人莫重于仁孝，其答问仁问孝各有不同，皆因其材之高下与其所失而告之。故药各中病，非如后世之教，自立宗旨以待来学，所谓不问病症而施药者，药虽良无益而又害之者多矣。”[①] 此法的自如运用，需要老师对学生各方面的个体差异先有一个全面综合的了解，亦最能体现以学生自身的不断进步与成长为中心的教学过程的动态特点。

第二，孔子因材施教所殊重者，尤在于学生素质中的非智力因素，即针对学生各自不同的性格特点而施以不同的教诲。孔子对弟子们性格的优缺点可谓了如指掌：子路果断，子贡通达，冉求多才多艺（《论语·雍也》）；高柴愚笨，曾参迟钝，子张偏激，子路鲁莽（《论语·先进》）。冉求懦弱退缩，孔子便鼓励他，子路好勇急进，孔子便约制他（《论语·先进》）；司马牛多言而躁，孔子便教他“其言也讱（言语迟钝）”（《论语·颜渊》）；子路不好读书而尚勇，孔子便教他好学无蔽以及“义以为上”（《论语·阳货》）；子贡说“我不欲人之加诸我也，吾亦欲无加诸人”，孔子则认为这是子贡做不到的（《论语·公冶长》），便教他“己欲立而立人，己欲达而达人”（《论语·雍也》）；孔门弟子中多有出身于贫贱之家者，但孔子深知“好勇疾贫，乱也”（《论语·泰伯》），故而绝不引

① 转引自金景芳等著《孔子新传》，湖南出版社 1991 年版，第 138 页。

导他们妄求富贵，而是激励他们卓尔立德、“贫而乐道”，以至于孔门弟子中德行卓著者多出身贫贱，同时，孔子亦教导出身于富贵之家的弟子应“富而好礼”（《论语·学而》）。凡此种种，都足以彰显孔子“因材施教”之法的精妙与高明。此法运用得当，既可以充分激发学生各自材性与潜能的良性发展，亦能够有效克服学生性格缺点并抑制其恶性膨胀。孔门四科所以人才济济，正得益于这一“具体而微”的教学方法。

第三，在非智力因素中，除了性格，对学生的成长影响最大的莫过于志向的确立，但人各有志，孔子在教学中不仅鼓励弟子“各言其志”，更愿意与自己的弟子开诚布公地交流彼此的人生理想与志向。《论语》中记载了两幕生动而精彩的教学场景：

颜渊、季路侍。子曰：“盍各言尔志？”子路曰：“愿车马衣裘与朋友共敝之而无憾。”颜渊曰：“愿无伐善，无施劳。”子路曰：“愿闻子之志。”子曰：“老者安之，朋友信之，少者怀之。”（《论语·公冶长》）

子路、曾晳、冉有、公西华侍坐。子曰：“以吾一日长乎尔，毋吾以也。居则曰：‘不吾知也！’如或知尔，则何以哉？”子路率尔而对曰：“千乘之国，摄乎大国之间，加之以师旅，因之以饥馑；由也为之，比及三年，可使有勇，且知方也。”夫子哂之。“求！尔何如？”对曰：“方六七十，如五六十，求也为之，比及三年，可使足民。如其礼乐，以俟君子。”“赤！尔何如？”对曰：“非曰能之，愿学焉。宗庙之事，如会同，端章甫，愿为小相焉。”“点！尔何如？”鼓瑟希，铿尔，舍瑟而作，对曰：“异乎三子者之撰。”子曰：“何伤乎？亦各言其志也。”曰：“莫（同‘暮’）春者，春服既成，冠者五六人，童子六七人，浴乎沂，风乎舞雩，咏而归。”夫子喟然叹曰：“吾与点也！”三子者出，曾晳后。曾晳曰：“夫三子者之言何如？”子曰：“亦各言其志也已矣。”

曰："夫子何哂由也？"曰："为国以礼，其言不让，是故哂之。""唯求则非邦也与？""安见方六七十如五六十而非邦也者？""唯赤则非邦也与？""宗庙会同，非诸侯而何？赤也为之小，孰能为之大？"（《论语·先进》）

在上引孔子师徒坦诚而真挚地平等交流与相互分享各自心志的教学场景中，没有矫情与做作，有的只是各人鲜明个性的呈现。在这两幕情景中，当子路、颜渊各自表达了他们对交友之谊与个人品行修养的期许后，孔子则表达了他以"老者安之，朋友信之，少者怀之"为目标的入世情怀和道德理想；当子路、冉求、公西华表达了他们各自入仕从政的人生抱负与追求后，孔子却唯独欣赏曾皙"莫春者，春服既成，冠者五六人，童子六七人，浴乎沂，风乎舞雩，咏而归"的怡然自得的闲情逸致。孔子并不对弟子的志向做出肯定或否定的评价，不过是"各言其志"而已，但将各自的理想志向或人生目标选择进行双向的坦诚的交流与分享，最能营造一种"和而不同"的彼此信赖和相互接纳的友好教学氛围，只有在这种氛围中，人们才会体验到人生的平衡，积极地评价自我并依据各自的材性与志向健康地成长，最终有所作为和成就。

总之，孔子收徒不拘一格，孔子教人亦不拘一格。而从上述"因材施教"之法中，也正可看出孔子作为循循善诱的教育大师的不同凡响之处。这一教学方法既凸显了孔子本人因人因时而异的强烈鲜明的个性特征，更生动地体现了他那"具体的实践性"的人道主义智慧的别样光彩。

（三）以学为乐

孔子不仅善教，而且好学；不仅是"诲人不倦"的师表，更是"学而不厌"的典范。子贡曾这样推崇其师说："学不厌，智也；教不倦，仁也。仁且智，夫子既圣矣。"（《孟子·公孙丑上》）虽然孔子本人并不以圣人自居，但他将自己整个人生的全部价值与意义归属于此，正所谓"其为人也，学道不倦，诲人不厌，发愤忘食，乐以忘忧，不知老之将至"（《史记·孔子世家》）。可以说，孔子之所以是一位富有魅力的教育家，正在于他不仅具有“诲人不倦”的高尚品德，而且深谙乐学不厌的人生智慧。我认为，孔子“学而不厌”的人生精神所昭示的，便是最值得我们珍视的以学为乐的学习理念。

孔子对自己的好学是颇为自豪且津津乐道的，他说：“三人行，必有我师焉：择其善者而从之，其不善者而改之”（《论语·述而》），“十室之邑，必有忠信如丘者焉，不如丘之好学也”（《论语·公冶长》）。孔子自十五岁便“志于学”，至死不渝且学无常师，曾问礼于老聃，学乐于苌弘，学琴于师襄等。孔子认为，只要能够“温故而知新”，就“可以为师矣”（《论语·为政》）。但对孔子而言，“学”应是一个人终生追求的志业，而且只有好学，一个人才能够立身于中正无弊之道，故而孔子教导子路说：为人仁厚而不好学，其弊病是易受愚弄；为人知巧而不好学，其弊病是轻狂放荡；为人诚实而不好学，其弊病是不明是非；为人耿直而不好学，其弊病是说话刻薄；为人勇敢而不好学，其弊病是胡乱闯祸；为人刚强而不好学，其弊病是胆大妄为。（《论语·阳货》）

然而，孔子的好学，并非一般意义上的占有性地追求某种外在的有限目标（具体的实用知识或功名利禄等），而是以立志为先导，以乐道为旨归。所谓“立志”，有两层意思：一是一个人必须依靠自身独立的意志与人格，才能真正地挺立起来，即“三军可夺帅也，匹夫不可夺志也”（《论语·子罕》）。二是为学必先树立坚定的信念，即志于学、志于仁、志于道，并要有为崇高的理想、远大的志向与至上的道义而献身的精神，所以孔子说：“笃信好学，守死善道”（《论语·泰伯》），“朝闻道，夕死可矣”（《论语·里仁》），“志士仁人，无求生以害仁，有杀身以成仁”（《论语·卫灵公》）。为学必先立志，孔子不仅以此教人，更是以此垂范并上达于以学为乐的人生境界。

孔子说：“学而时习之，不亦说（同‘悦’）乎”（《论语·学而》），“知之者不如好之者，好之者不如乐之者”（《论语·雍也》），“饭疏食饮水，曲肱而枕之，乐亦在其中矣”（《论语·述而》），“其为人也，发愤忘食，乐以忘忧，不知老之将至云尔”（《论语·述而》）。可见，对孔子而言，为学之乐便是一种生活，生活之乐亦在孜孜以学，孔门弟子中能达此人生境界者唯有颜回，所以孔子唯独嘉许和赞赏颜回好学且贤：“贤哉，回也！一箪食，一瓢饮，在陋巷，人不堪其忧，回也不改其乐。贤哉，回也！”（《论语·雍也》）宋儒“寻孔颜乐处”，以为孔颜之“乐”自有深意。依我之见，孔颜志道而乐学，以达于圆融无碍的人生境界，我们与其蹈空涉虚地深究其意，倒不如将他们作为以学为乐的学者典范，反不失其本真。也许，孔颜的人生境界并非常人所能企及，但其以学为乐的精神在今天仍值得我们学习，并用来作为组织教学活动的核心理念。

（四）启发式教学

在整个教学活动中，作为人师的孔子，在其弟子们的心目中也许享有着传道、授业、解惑的中心地位，但孔子只是自觉地以学习的促进者和指导者的角色和身份自居，因为只有当学生积极主动地探索求知而非被动地接受时，教学才能最大程度地发挥并达到它应有的作用与效果。认识到了这一点，孔子在组织教学的过程中，主要围绕激发弟子学习的积极性和主动性而自觉采取启发式的教学方法。这一教学方法常为人所称道，至今仍值得我们大力提倡和推行。

孔子对他所采用的启发式教学有一个明确的说法，即“不愤不启，不悱不发。举一隅不以三隅反，则不复也”（《论语·述而》），朱熹《集注》解释说：“愤者，心求通而未得之意。悱者，口欲言而未能之貌。启，谓开其意。发，谓达其辞。物之有四隅者，举一可知其三。反者，还以相证之义。复，再告也。”意即孔子教人，必待其人好学深思以至亟欲求解其义而又不能之际，方才启发诱导；但倘若其人启而不发，不能举一反三，孔子也就不再加以诱导了。简单地说，就是孔子教人，虚己以待问，而后始启发诱导之。然而，若欲运用这一教学法以取得良好的教学效果却并不简单，它有待于师生双方共同的努力，一方面是学生要“善学”“善问”，另一方面是老师要“善待问”“善答问”（《礼记·学记》）。

孔子之所以能够提出并力主运用启发式的教学法，又与他对于师生应持什么样的学习求知态度以及怎样才能不断地在学习中取得进步等一系列问题的看法密切相关。因此，我们只有结合孔子对这些问题的看法，才能完整地理解孔子启发式教学法的实质含义。

作为一个诚实的学者，孔子也教导他的弟子应以诚实的态度求知问学，也就是“知之为知之，不知为不知”（《论语·为政》）。孔子绝不以“生而知之”的圣人自居，他自己是一位诚实好学的学者，亦教弟子以“学如不及，犹恐失之”（《论语·泰伯》）的态度博学于文、多闻多见。而且，他要求弟子不仅要“择其善者而从之”，还要对自己不懂或有所怀疑的地方采取“阙如”（保留）的态度。

一个人只有通过学习才能获得知识，因此，在求知的问题上，孔子把“学”放在优先考虑的位置。孔子曾现身说法，自称“我非生而知之者，好古，敏以求之者也”（《论语·述而》），并深有体会地说：“吾尝终日不食，终夜不寝，以思，无益，不如学也。”（《论语·卫灵公》）然而，这绝不是说孔子轻视并要人放弃思考，相反，孔子在教学中是格外强调弟子必须进行独立思考的，他说：一个人不动脑想想“如之何，如之何（怎么办）”，我对这种人也不知该“如之何”了。（《论语·卫灵公》）“择其善者而从之”正需要一个人通过自己的独立思考来做出判断和选择，任何知识也只有经过自己的思考与甄别，才能成为一个人真正理解并拥有的知识。因此，孔子说：“学而不思则罔，思而不学则殆。”（《论语·为政》）只是死学而不勤于思考，并不能从中受益；只是空想而不用功学习，也不会有任何长进。从孔子的这句名言可知，孔子教人，是学思并重的。如车之双轮、鸟之两翼，唯有学思结合，才能真正开启知识宝库和生命学问的大门。

正是基于上述认识，孔子在实际的教学活动中便一方面敦促弟子用功学习，另一方面又激励弟子勤于思考。所以，当孔子发现宰予白天睡觉时，便极严厉地批评他：你真是朽木不可雕呀！（《论语·公冶长》）孔子最初以为颜回对自己说的话从不提异议是“不违，如愚”，并说“回也非助我者也，于吾言无所不说”（《论语·先进》），但后来发现颜回其实有自己的独立思考和见解，甚至能做到“闻一知十”，所以孔子便重新评价颜回说“回也不愚”（《论语·为政》），并称赞颜回：“吾见其进也，未见其止也。”（《论语·子罕》）意即：我只看见颜回不断地进步，从没有见他停止过。在孔子看来，一个既好学又能独立思考并提出自己见解的弟子才是可与之言“学”的。

然而，求知是一个不断探索的过程，并没有一个绝对静止的终点或状态，因此，在求知的过程中，一个人除了诚实好学并通过独立思考来对自己学到的知识加以消化之外，还需要以一种开放的心灵与他人对话来开阔自己的知识视野，正所谓“独学而无友，则孤陋而寡闻”（《礼记·学记》）。诚如古希腊圣哲苏格拉底所言：“最大的知便是自知其无所知。”孔子亦深知这一点，如他说：“吾有知乎哉？无知也。”（《论语·子罕》）又说：“君子道者三，我无能焉。”（《论语·宪问》）孔子言己之“无知”“无能”，绝不只是自谦，更不是刻意自轻自贱，而是意在彰显和激扬一种勇于责己以求奋发向上、积极有为的好学精神。孔子之所以彰显和激扬这一自知其“无知”“无能”的好学精神，一方面是欲借此培养弟子“知之为知之，不知为不知”的诚实品格，另一方面更是为了激励、诱导弟子保持一种开放的心灵，以便通过“道问学”来涵养自身德性、培养健全人格、提升人生境界，而且，孔子不仅据此教人见贤思齐、择善而从、日新其德而仁以为己任，更据此以责己躬行君子之道。

总之，孔子在教学中并不想以一个无所不知的饱学老儒的面目示人，他虚己以待问，希望自己的弟子能够积极主动地参与到教学过程当中；他诲人不倦，但不是面面俱到地讲解灌输，而是喜欢弟子向自己提问题并能与自己做进一步的讨论。一部《论语》，所载主要便是孔子应答弟子之语，而弟子所问者，有诗、礼、仁、孝、知、行、士、政、鬼神、善人之道、君子、成人乃至学干禄、学稼，等等，不一而足，正是在答弟子及时人所问时，孔子发表、阐明了他的种种思想主张。在问答中，有闻孔子一言而决心终身行之者，有能与孔子相互讨论启发者，有以孔子所教反诘孔子者。在问答中，孔子既是一位传道、授业、解惑而诲人不倦的老师，又是一个态度诚实、心灵开放、学而不厌的学者，更是一个希望弟子能对自己有所助益而与弟子坦诚交流、平等对话的朋友。由如此多重意义的师生关系组成的孔门教学群体，毋宁说是一个相互督导、共同进步的学习社团。在这一学习社团中，激赏诚实好学，崇尚独立思考，提倡问难精神，而且随着师生之间平等交流与对话的不断开展，老师对学生个体材性或个性特征的了解得以逐步全面和深入。只有在这种学习社团中，老师才能有效地因材施教；只有在这种学习社团中，学生养成了积极主动、勤学深思以审问明辨的习惯与风气，老师才能适时地对之善加启发诱导。否则，所谓的因材施教或启发式教学便都是空谈。

三、孔子私学教育的基本内容

张荫麟先生尝言："孔子最大的抱负虽在政治，他最大的成就却在教育。"①诚哉斯言！孔子能够成为一位伟大的教育家并在私学教育事业上取得巨大的成就，绝不是偶然的。孔子不仅开创性地提出了一系列成熟而富有深远历史意义的教育思想、理念与原则，而且在教学实践活动中采用灵活而极富成效的个性化教学方法，不仅明确树立并始终贯彻自己的教学宗旨和育人目标，而且逐渐形成了一套系统完备的教学内容，所有这些方面，在中国古代教育史和教育思想史上均具有开宗明义的划时代意义。下面，我们先来概述一下孔子私学教育的基本内容，然后再谈孔子私学教育的宗旨和目标。

据《论语·述而》记载："子以四教：文，行，忠，信。"清代学者刘宝楠《论

① 张荫麟：《中国史纲》，上海古籍出版社 1999 年版，第 87 页。

语正义》解释说："文，谓诗书礼乐，凡博学、审问、慎思、明辨，皆文之教也。行，谓躬行也。中以尽心曰忠，恒有诸己曰信。人必忠信，而后可致知力行，故曰忠信之人，可以学礼。"由于对孔门文、行、忠、信四教的理解颇多歧义，我现在仅据刘氏《正义》的这一注解尝试分说如下：

先说"文"教。孔子之"文"教，实即《史记·孔子世家》所说："孔子以诗书礼乐教。"孔子自称"十有五而志于学""信而好古""好古，敏以求之"，其所学、所好、所求者不外乎古代历史文化典籍及文化传统的知识，即以诗、书、礼、乐为代表的人文教养。学成之后，孔子设教讲学的内容也自然是以传授他"学而时习之"的诗、书、礼、乐为主。据《论语·述而》载："子所雅言，《诗》、《书》、执礼，皆雅言也。""雅言"即当时的标准话，孔子在讲诵诗书以及教弟子演习礼仪时，都用标准话，可见诗书礼是孔子教学中非常正规的主要内容。

《诗》《书》本是春秋以前的历史文献，孔子编选后用作教本。《书》主要是政治类的历史文献，《诗》在春秋时期主要是在政治外交场合被贵族阶层用作"赋诗言志"。孔子以《诗》《书》为教本，不仅是教弟子文献知识，更注重引申、发挥其文义，用于修身、处世、从政，如孔子与子贡、子夏论《诗》(《论语·学而》《论语·八佾》)，以及应答子张与时人之问而讲《书》(《论语·宪问》《论语·为政》)，其所讲论、重视的都是学以致用甚至是活学活用的问题。其中，孔子最为强调的便是《诗》《书》中的伦理政治观念，如孔子说："《书》云：'孝乎惟孝，友于兄弟，施于有政。'是亦为政"(《论语·为政》)，"小子何莫学夫诗？诗，可以兴，可以观，可以群，可以怨。迩之事父，远之事君；多识于鸟兽草木之名"(《论语·阳货》)。孔子教诗，亦重视培养弟子的语言表达能力，所谓"不学诗，无以言"(《论语·季氏》)，但关键还是要活学活用而非死记硬背，所以孔子又说："诵《诗》三百，授之以政，不达；使于四方，不能专对；虽多，亦奚以为？"(《论语·子路》)因此，可以说，孔子教弟子《诗》《书》，重在培养其人文素质、伦理政治观念与立身处世能力。

孔子“文”教的另一重要方面，就是教弟子演习礼乐。礼是当时有关人们立身处世的行为规范和有关社会生活之合理秩序的制度化规定，一个人要参与社会生活、与人交往，就要在行为上处处遵守礼的规定，视听言动都要依礼而行，否则便难以立身处社会，故孔子汲汲于教弟子习礼，并认为“不学礼，无以立”（《论语·季氏》）。而诗的吟咏、礼的演习，在当时又是与乐相配而行的，所以乐亦是孔子“文”教的一项重要内容。孔子说：“兴于诗，立于礼，成于乐。”（《论语·泰伯》）诗用以抒发情志，礼使人立身处世，乐则陶冶人的情操。由此可见，孔子“文”教在理论上是有其条贯系统性的。

西周贵族子弟所受“六艺”之教为“礼、乐、射、御、书、数”，孔子对西周的礼乐文化有着深厚的情感，故而教弟子（特别是平民子弟）演习礼乐既是为了将西周的文化传统发扬光大，从而推进礼乐文化的传播与下移，更是为了培养弟子的道德人格，如孔子教颜渊“克己复礼为仁”（《论语·颜渊》）。孔子说：“人而不仁，如礼何？人而不仁，如乐何？”（《论语·八佾》）又说：“礼云礼云，玉帛云乎哉？乐云乐云，钟鼓云乎哉？”（《论语·阳货》）可见，孔子的礼乐之教并非教人仅仅注意其外在形式。从孔子本人对乐曲的学习，我们更能了解其乐教的目的，如“子在齐闻《韶》，三月不知肉味，曰：不图为乐之至于斯也”（《论语·述而》）。相传，《韶》是虞舜时期的乐舞，孔子欣赏《韶》乐竟到了如痴如醉而“三月不知肉味”的地步。但据孔子对《韶》的评价可知，孔子认为《韶》不仅能给人以美的享受，而且能给人以善的陶冶，所以“子谓《韶》，尽美矣，又尽善也；谓《武》，尽美矣，未尽善也”（《论语·八佾》）。《武》是周武王时的乐曲，因其“未尽善”，孔子便认为它不如《韶》乐好。另据《韩诗外传》卷五和《史记·孔子世家》，孔子曾学鼓琴（《文王操》）于师襄子，由“习其曲”而“得其数”，以至“习其志”而“得其为人”，这不仅反映了孔子有着极高的艺术领悟能力，更说明孔子所重的是从音乐欣赏中体会、感受乐曲所蕴含的作曲者（文王）的道德人格魅力，从而受其陶冶。不仅如此，孔子教弟子演习礼乐还有更深层次的用意，因为礼乐具有政治教化的作用，可以用来化民易俗，所以孔子说："移风易俗，莫善于乐。安上治民，莫善于礼。"(《孝经·广要道章》)而当颜渊问如何治理国家时，推崇周礼、欣赏《韶》《武》的孔子便答：用夏朝的历法，坐殷朝的车子，戴周朝的礼帽，乐舞就用《韶》和《武》(《论语·卫灵公》)。

总之，孔子的"文"教重在教弟子诵习、传承春秋以前的文献经籍与人文传统，由于孔子的私学扩大了教育对象的范围，将过去被贵族阶级垄断的人文知识传授给广大的平民子弟，这对当时的社会产生了广泛而深远的影响，是有其积极进步的历史意义的。

次说"行"与"忠、信"之教。对于孔子的"行"与"忠、信"之教，后世注解者见仁见智，我们不妨采取一种平实的方法，将《论语》中孔子教人"行、忠、信"的言语类聚以观来阐明其含义。

关于"行"，孔子曾答子张问"行"说："言忠信，行笃敬，虽蛮貊之邦，行矣。言不忠信，行不笃敬，虽州里，行乎哉？"(《论语·卫灵公》)子贡问："有一言而可以终身行之者乎？"孔子答："其恕乎！己所不欲，勿施于人。"(《论语·卫灵公》)这可以说是孔子师徒最直接地谈论"行"的问题的两个事例。由此可知，所谓的"行"，是指能够行之于"蛮貊之邦"或能够行之终身的立身处世、修己待人之道，其基本原则就是"言忠信，行笃敬"和"己所不欲，勿施于人"。此外，孔子教弟子"入则孝，出则悌，谨而信，泛爱众，而亲仁。行有余力，则以学文"(《论语·学而》)；答子贡问君子曰："先行其言而后从之。"(《论语·为政》)答子贡问士曰："行己有耻，使于四方，不辱君命，可谓士矣。"(《论语·子路》)答子张问政曰："居之无倦，行之以忠。"(《论语·颜渊》)答子张问仁曰："能行五者(恭、宽、信、敏、惠)于天下为仁矣。"(《论语·阳货》)答子路问"闻斯行诸"曰："有父兄在，如之何其闻斯行之？"而答冉有问"闻斯行诸"则曰："闻斯行之。"孔子之所以问同而答异，是因为"求也退，故进之；由也兼人，故退之”（《论语·先进》）。另如，子曰：“君子欲讷于言而敏于行”（《论语·里仁》），“君子名之必可言也，言之必可行也”（《论语·子路》），“君子耻其言而过其行”（《论语·宪问》），“放于利而行，多怨”（《论语·里仁》），等等，不一而足。在上述引文中，孔子所谓的“行”，主要有两种含义，一是作名词用，意指“行为”，二是作动词用，意指“做”，可引申为“实行”“躬行”“奉行”“践行”。除了对弟子“行有余力，则以学文”的一般性要求及对子路和冉有问同答异的个性化教导之外，综合“行”的两方面意思来讲，孔子的“行”教主要强调的是一种有意于躬行士人君子之道的人需要遵奉的言语行为上的道德要求，即言语要忠实守信而行为要诚笃恭敬，要有知耻之心，要先行而后言，要居职无倦、诚心尽忠地做事。一个人如果能够将恭、宽、信、敏、惠这五种德性施行于天下，同时不要把自己不愿意要的强加给别人，不为谋求个人私利而行事，他就可以成就自己的仁德。说到底，所谓的“行”教，其实是孔子成德之教中的重要内容之一，是有关君子之人立身处世的道德信念教育，其中的精言妙语，如“己所不欲，勿施于人”的恕道，至今仍被奉为为人处世的“黄金法则”。而且，“行”之为“行”，借用梁启超先生的话，就是“最要是身体力行”，唯有身体力行，才能“终身受用”[①]。

关于“忠信”，从字义上说，“忠”即尽心竭力，“信”即诚实不欺。具体地讲，孔子综合言及“忠信”者有“主忠信”（《论语·学而》《论语·子罕》《论语·颜渊》）和“言忠信”（《论语·卫灵公》），前者谓行事以忠信为主，后者谓言语以忠信为主，皆指君子所应具备的道德品行。单独言及“忠”者有：答季康子问，曰“孝慈，则忠”（《论语·为政》），意为在上位者若能导民于孝慈，则人民就会忠于上；答定公问曰“君使臣以礼，臣事君以忠”（《论语·八佾》），意即君主若能以礼待臣，那么臣下也就会尽忠事君；答子张之问而认为楚令尹子文三仕三去而不见其喜愠之色，且能将旧政告知接替他的人，算得上

① 陈引驰编校：《梁启超国学讲录二种》，中国社会科学出版社1997年版，第9页。

"忠",但还未达到"仁"德的境界(《论语·公冶长》);答子张问政则认为为政者应居职无倦,行事以忠(《论语·颜渊》);答子贡问友则认为应"忠告而善道之,不可则止,毋自辱焉"(《论语·颜渊》),意即交友之道重在对朋友的过错忠言直告、善加劝导,朋友若不听便停止劝说,不必因此而自取其辱;答樊迟问仁而曰"与人忠"(《论语·子路》),意即应以忠心诚意待人;既然以忠心待人,就应当以正道教之诲之(《论语·宪问》);君子"九思"之一,即为"言思忠"(《论语·季氏》)。单独言及"信"者有:主张治理千乘之国,应"敬事而信"(《论语·学而》);教弟子"谨而信"(《论语·学而》);认为"人而无信,不知其可也"(《论语·为政》);自言"笃信好学"(《论语·泰伯》)、"信而好古"(《论语·述而》)、"朋友信之"为己志之一(《论语·公冶长》);答子贡问政曰"足食,足兵,民信之矣"(《论语·颜渊》);认为"上好信,则民莫敢不用情"(《论语·子路》),"信则人任焉"(《论语·阳货》);答子贡问士则曰"言必信,行必果,硁硁然小人哉!抑亦可以为次矣"(《论语·子路》);称道君子"义以为质,礼以行之,孙(逊)以出之,信以成之"(《论语·卫灵公》)等。据《论语》载,孔门弟子中言及"忠""信"而深切著明者,如曾子曰:"吾日三省吾身:为人谋而不忠乎?与朋友交而不信乎?传不习乎?"(《论语·学而》)"夫子之道,忠恕而已矣。"(《论语·里仁》)子夏曰:"与朋友交,言而有信。"(《论语·学而》)"君子信而后劳其民;未信,则以为厉己也。信而后谏;未信,则以为谤己也。"(《论语·子张》)有子曰:"信近于义,言可复也。"(《论语·学而》)

由上可知,所谓的忠信之教无疑亦属于孔子成德之教的范畴,概括而言,忠信之教主要包括君臣上下交互对待关系或人际交往包括朋友相交之际的道德规范、居官执政应具备的处事态度、士人君子应具备的道德品质等诸多方面的内容,忠信之德主要体现于道德行为主体的言语和行事的方式和态度上,即心无私隐、尽心竭力者为忠,真诚不欺、言有准实者为信。而孔子之所以特别强调和重视忠信之德并以之教人，乃是基于两个方面的考虑，一是忠信之德是对人之为人的一种规范性的普遍道德要求，所谓“主忠信，徙义，崇德也”（《论语·颜渊》），“人而无信，不知其可也”（《论语·为政》），故忠恕一起被曾子视为孔子的一贯之道[①]；而且，忠信之德主要是通过自我的反省和修养来成就的，诚如皇侃《义疏》释“主忠信”所言：“以忠信为百行所主，是言忠信在己不在人。”二是忠信之德对于建立一种以彼此真诚相待和相互信任为基础的一般性的人际交往关系和特殊性的平等相交而又不失其独立性的友谊关系，对于建立一种以信任和忠诚为基础的政治性的上下统治关系以及恰当地处理各种人类事务来讲，具有至关重要的作用。职是之故，忠信之德可以说是维系人际关系的良性互动，并在此基础上形成一种信任性的社会生活秩序，乃至人们协同合力处理人类事务的各种问题的道德基础与纽带。当然，需要特别指出的是，孔子对于忠、信二德又不是无条件地给予肯定的，首先，就忠、信二德作为政治性的“公德”来讲，在孔子看来，对于建立和维持一种良好的统治关系来讲，赢得人民的信任是至关重要的，它甚至比足食足兵还要重要和关键，正所谓“民无信不立”，但下对上、臣对君的忠诚和信任是有条件的，取决于上如何待下、君如何待臣以及君上具备什么样的德行。其次，仅仅就个人私德来讲，忠、信二德对于孔子来讲似乎又并不那么“重要”，如子曰：“十室之邑，必有忠信如丘者焉，不如丘之好学也。”（《论语·公冶长》）这是说相对于孔子独特的“好学”品行，忠信之德是更为常见的。当然，这虽不是说忠、信二德真的就不重要，但

---

① 今人一般以“己欲立而立人，己欲达而达人”一语来诠释曾子所谓“忠恕”之“忠”的含义，但正如罗哲海所指出的，这一解释实“偏离了语言学的考察，因为并无证据可以说明‘忠’有这样的用法”，“把‘忠’按照一般的情形翻译作‘诚心待人’”并无不可，而且，在此意义上，“‘忠’就是‘恕’的界定”（《轴心时期的儒家伦理》，陈咏明、瞿德瑜译，大象出版社2009年版，第181—182页）。或者依朱熹《集注》所作注解而言，即“尽己之谓忠，推己之谓恕”，那么，我们也可以说，尽己真诚之心的“忠”乃是推己及人的“恕”的前提，反之，无诚心以待人，恕便不成其为恕，故而曾子以“忠恕”来表述夫子的一贯之道。

至少说明在孔子看来，“好学”比忠、信二德有着更为重要而吸引他的价值和意义，正如我们在上文中阐述“学”的含义时所强调的那样。较之“好学”，对于维持人际交往关系和社会生活秩序来讲，忠、信二德只能说是一种必要而有益的基本道德。不仅如此，孔子还对于践行“信”德的弊病尤其保持着一种清醒反思或理性批评的自觉意识，所谓“好信不好学，其蔽也贼”(《论语·阳货》)，在答子贡问士时亦曰：“言必信，行必果，硁硁然小人哉！抑亦可以为次矣。”(《论语·子路》)这是将居于士人末流者称作“言必信，行必果”的“小人”。显然，“言而有信”需要依据具体情况并综合考虑是否合乎道义而定，不一定要一味迂执地讲求“言必信”[①]，譬如孔子师徒遇难于蒲地时，蒲人强迫要盟于孔子，孔子与之盟后却背盟而适卫，子贡问道：“盟可负邪？”孔子答曰：“要盟也，神不听。”(《史记·孔子世家》)后儒有以忠信配天地、将忠信之德视作仁义的实质和根基(或目标)者[②]，那是后来的观念，在孔子则不然。

综上所述，孔门的“四教”涉及历史文献知识与人文教养、道德行为规范以及某种人生信念和道德理念的践行等，其间实际上存在着内容上的相互交叉与意义上的密切关联。诗书礼乐之“文”教的宗旨在涵养德性、培养学识与人格，故“行”教可以说是“文”教的着力点和归宿处；而“行”又以“忠信”为主，而“人不忠信，则事皆无实”(朱熹《集注》)，故一个人必须首先具备“忠信”之德，成德之教才能落实并“行”之终身；唯“行”教有所落实，“文”教方能于人之德性修为的提升和道德人格的成长有所助益。有人认为孔子的“行”教不可解，然而，如上所言，我认为孔子的“行”教恰恰是“四教”中最为关键的一项内容，因为“文”教和作为基本道德的忠信之教皆可以普遍而一贯地施教，唯独“行”教针对的是活生生的具体的个人，是在现实的社会情境与动态的生活过程中具体行动的人，尽管“行”教的内容可以是具有普遍意义的规范性的道德信

---

① 如孟子曰：“大人者，言不必信，行不必果，惟义所在。”(《孟子·离娄下》)

② 如郭店竹简《忠信之道》曰：“配天地也者，忠信之谓此。”“忠，仁之实也；信，义之期也。”

念或行为规范，但“行”教要想发挥作用或产生实质性的效果，则必须有针对性地因材施教，进行个性化的个别引导和教诲，而“行”教的失败则无疑意味着整个教育的失败。如果说孔子是“中国历史上特立新创的第一个以教导为人大道为职业的教育家”①，那么其“行”教便是其私学教育内容的核心和灵魂，其中正寓含着孔子教学的宗旨和目标以及孔子本人的人生信念与道德理想，最能体现孔子作为一个伟大的教育思想家的匠心与创见。不过，需要补充指出的是，所谓的“子以四教”，乃是孔门弟子的一种概括性的说法，上文所述似乎还不能涵盖孔子之学和孔子之教的全部内容，如孔子晚而好《易》，序《易》而修《春秋》，使孔子的“六艺”之学或艺文之教得以完备而更成系统，故在晚年，孔子必曾向弟子讲授《易》和《春秋》；另如，孔子教弟子出孝入悌，孝悌之德实是孔子成德之教的一项重要内容，与忠信当属同等重要的基本德目，值得单独列出；再者，孔子成德之教最核心的内涵，即有关仁道仁德的观念，是很难被涵盖或归类到上述“四教”之名下的，需专辟一章详加阐述。

四、孔子私学教育的宗旨与目标

在我看来，孔子私学教育的宗旨与目标可一言以蔽之，那就是涵养德性、培养君子。如上引钱穆先生之言，孔子是“中国历史上特立新创的第一个以教导为人大道为职业的教育家”，而孔子所教导的“为人大道”便是躬行君子之道，故曰孔子讲学立教的根本宗旨与理想目标就是涵养仁德、培养君子。关于仁德的涵养问题，姑且留待下一章详解，我们先来简明扼要地梳理和概括一下孔子所谓的“君子”的基本含义。

众所周知，孔子不仅教导弟子要“为君子儒”（《论语·雍也》），而且他本人孜孜追求的人生理想与目标也正是成为一位道德君子。孔子说：“躬行君子，则吾未之有得。”（《论语·述而》）又说：“君子道者三，我无能焉：仁者不忧，知

① 钱穆：《孔子传》，生活·读书·新知三联书店2002年版，第12页。

者不惑，勇者不惧。”（《论语·宪问》）这与其说是孔子的自谦之辞，毋宁说是孔子为自己及其弟子设定了一种值得终生追求的关于道德人格修为的人生理想与目标，而培养君子也正是孔子私学教育的核心宗旨与根本目的。

那么，究竟何谓“君子”？

孔子所谓的“君子”，在含义上已然不同于传统的“有位者”之称，而是主要意指“有德者”，这一点已成不刊之论。值得强调的是，孔子对“君子”之称的语义所做的这样一种创造性转换，实具有深刻的社会政治意义，从根本上冲击和动摇了传统世袭社会的结构性的主导原则，即个人命运完全是由基于血缘关系之上的先赋身份地位所决定的。不过，我们还应特别指出的是，作为有德者之称，孔子所谓的“君子”是一种将克己复礼的具体要求和践行仁德的道德理想统一起来的在过与不及之间中道而行的人格典范。从引导人们努力进行自我完善的教育意义上讲，这一人格典范既具有目标的理想性，亦具有现实的可行性；既不是很轻易就能达到的，却也不像圣人之境那么难以企及；既是需要付出相当的努力才能够达到的，又是只要愿意努力就能够达到的。唯其如此，孔子才能以此作为他进行人格教育的一种适当的目标指向，而在我看来，作为“有德者”的“君子”，其实也正是孔子心目中理想政治主体之最适宜的当然人选。①

具体而言，在孔子那里，作为“有德者”或者理想政治主体的“君子”，又究竟具有什么样的道德品行或人格特征呢？综观孔子的君子之教，概括地说，君子所应具备的人文素养、道德品质和人格特征是这样的：

君子好学而勇于改过，乐于向“有道”之人学习而匡正自己。②

---

① 如萧公权先生所言：“儒家政治，以君子为主体。君子者以德位兼备之身，收修齐治平之效。此儒家所持之理想也。”（《中国政治思想史》，新星出版社2005年版，第18页）

② 子曰：“君子食无求饱，居无求安，敏于事而慎于言，就有道而正焉，可谓好学也已。”“君子不重，则不威；学则不固。主忠信。无友不如己者。过，则勿惮改。”（《论语·学而》）

君子“文质彬彬”①，既有深厚的人文教养，又能以礼约束自己，故不会做出离经叛道之事②。

君子以德义为重，谨言慎行，讲求忠信，并乐于成人之美。③

君子胸怀坦荡，与人和谐相处，与世无争，也不结党营私。④

君子重视内省，能够反求诸己而不求人知，为人光明磊落而不忧不惧。⑤

君子以谋道、忧道为己任，虽处穷困之境，仍能“守死善道”，而造次颠沛必与仁同在。⑥

---

① 子曰：“质胜文则野，文胜质则史。文质彬彬，然后君子。”（《论语·雍也》）

② 子曰：“君子博学于文，约之以礼，亦可以弗畔矣夫。”（《论语·雍也》）

③ 子曰：“君子之于天下也，无适也，无莫也，义之与比。”“君子怀德，小人怀土；君子怀刑，小人怀惠。”“君子喻于义，小人喻于利。”“君子欲讷于言而敏于行。”（《论语·里仁》）“子贡问君子。子曰：‘先行其言而后从之。’”（《论语·为政》）“君子名之必可言也，言之必可行也。君子于其言，无所苟而已矣。”（《论语·子路》）“君子耻其言而过其行。”（《论语·宪问》）“君子义以为质，礼以行之，孙以出之，信以成之。君子哉！”（《论语·卫灵公》）“君子义以为上，君子有勇而无义为乱，小人有勇而无义为盗。”（《论语·阳货》）“君子成人之美，不成人之恶。小人反是。”（《论语·颜渊》）

④ 子曰：“君子周而不比，小人比而不周。”（《论语·为政》）“君子坦荡荡，小人长戚戚。”（《论语·述而》）“君子泰而不骄，小人骄而不泰。”（《论语·子路》）“君子和而不同，小人同而不和。”（《论语·子路》）“君子矜而不争，群而不党。”（《论语·卫灵公》）

⑤ “司马牛问君子。子曰：‘君子不忧不惧。’曰：‘不忧不惧，斯谓之君子已乎？’子曰：‘内省不疚，夫何忧何惧？’”（《论语·颜渊》）“君子求诸己，小人求诸人。”（《论语·卫灵公》）“人不知而不愠，不亦君子乎？”（《论语·学而》）“君子病无能焉，不病人之不己知也。”（《论语·卫灵公》）

⑥ 子曰：“君子谋道不谋食。……君子忧道不忧贫。”“君子固穷，小人穷斯滥矣。”“君子疾没世而名不称焉。”（《论语·卫灵公》）“富与贵，是人之所欲也；不以其道得之，不处也。贫与贱，是人之所恶也；不以其道得之，不去也。君子去仁，恶乎成名？君子无终食之间违仁，造次必于是，颠沛必于是。”（《论语·里仁》）“君子上达，小人下达。”（《论语·宪问》）

君子具备充分的自我反思能力，既深知自己的使命所在，亦深刻了解自己行动的界限所在，既能有所为，又能有所不为，故而君子有三戒、三畏和九思。[①]

总之，孔子所谓的“君子”，不是一种只具有某种特定才能与用处的器具式人才[②]，而是一种具备健全人格的有德者，他“志于道，据于德，依于仁，游于艺”（《论语·述而》），他具备仁知勇三者不忧不惑不惧的品格与素养[③]。而且，对孔子而言，具备君子人格之人，同时亦是理想的政治主体，故孔子所谓的“君子之道”实具有内外一贯的两个面向。譬如：

子路问君子。子曰：“修己以敬。”曰：“如斯而已乎？”曰：“修己以安人。”曰：“如斯而已乎？”曰：“修己以安百姓。修己以安百姓，尧舜其犹病诸？”（《论语·宪问》）

子谓子产有君子之道四焉：其行己也恭，其事上也敬，其养民也惠，其使民也义。（《论语·公冶长》）

显然，在上述两段话中，孔子向我们直接阐明了君子之道的两个面向，套用体用的说法来讲，就是君子以修己为体而以化人为用。大体而言，子产的“其行己也恭”相当于“修己以敬”，“其事上也敬”相当于“修己以安人”，而“其养民也惠”和“其使民也义”相当于“修己以安百姓”。所谓“修己”，即指君子个人方面的品德修养，亦即行为品格方面的修养，这也是孔子讲学立教最为重视的一项内容，即孔子在品德修养方面格外强调对人的忠信教育以及所谓的“行”教，如子张问“行”而孔子答以“言忠信，行笃敬”（《论

① 孔子曰：“君子有三戒：少之时，血气未定，戒之在色；及其壮也，血气方刚，戒之在斗；及其老也，血气既衰，戒之在得。”“君子有三畏：畏天命，畏大人，畏圣人之言。小人不知天命而不畏也，狎大人，侮圣人之言。”“君子有九思：视思明，听思聪，色思温，貌思恭，言思忠，事思敬，疑思问，忿思难，见得思义。”（《论语·季氏》）“不知命，无以为君子也。”（《论语·尧曰》）

② 子曰：“君子不器。”（《论语·为政》）

③ 子曰：“君子道者三，我无能焉：仁者不忧，知者不惑，勇者不惧。”（《论语·宪问》）

语·卫灵公》），另如，孔子有言："君子笃于亲，则民兴于仁。"（《论语·泰伯》）答樊迟问仁而曰："居处恭，执事敬，与人忠。"（《论语·子路》）以及"君子有九思"即"貌思恭，言思忠，事思敬"等（《论语·季氏》）。显然，在孔子看来，君子应具有忠、信、敬、笃、恭等品德修养或行为品格，此即孔子所谓的"修己以敬"之义。但我们要强调的是，对孔子而言，行为品格教育与个人品德修养对成为君子无疑具有决定性的根本意义，因为"修己"实意味着人具备换一种更为正确的行为方式而行动的能力，正是在这一意义上，修己才能真正成为为政化民的根基与先导。另一方面，所谓的"以化人为用"，并非说君子刻意追求治理的直接效果，而是说君子修己以为政会产生自然化成之功效，这可说是即体以显用，因为君子以修己为本为体，其行使权威的方式是潜移默化的，不以满足占有性的一己之贪欲为目的，故而直接或间接受其道德人格与政治行为影响的人，都会自然受到感化而对他心悦诚服，此即修己所能达到的"安人"乃至"安百姓"之功效，故子曰："为政以德，譬如北辰居其所而众星共之。"（《论语·为政》）又曰："无为而治者其舜也与？夫何为哉？恭己正南面而已矣。"（《论语·卫灵公》）《中庸》亦曰："君子笃恭而天下平。"而孔子本人之志愿，即所谓的"老者安之，朋友信之，少者怀之"（《论语·公冶长》），亦属这一化人之境。当然，关于"修己"所能达到的"安百姓"之境，一如"博施于民而能济众"（《论语·雍也》），在孔子看来似乎是只有圣人才能做到的，故以同样的感叹之语评之，即"尧舜其犹病诸"。

在孔子的构想中，尽管圣人之治功有些难以企及，但作为理想政治主体的君子已具备足够的道德权威与正当资格，他完全能够肩负起为政化民的职责，甚至能够担当起人君南面[①]乃至平治天下的重任。下面两段孔子答弟子问，便集中体现了孔子以君子为治体的政治理想、期望与信念：

① 子曰："雍也可使南面。"（《论语·雍也》）

子张问于孔子曰："何如斯可以从政矣？"子曰："尊五美，屏四恶，斯可以从政矣。"子张曰："何谓五美？"子曰："君子惠而不费，劳而不怨，欲而不贪，泰而不骄，威而不猛。"子张曰："何谓惠而不费？"子曰："因民之所利而利之，斯不亦惠而不费乎？择可劳而劳之，又谁怨？欲仁而得仁，又焉贪？君子无众寡，无小大，无敢慢，斯不亦泰而不骄乎？君子正其衣冠，尊其瞻视，俨然人望而畏之，斯不亦威而不猛乎？"子张曰："何谓四恶？"子曰："不教而杀谓之虐；不戒视成谓之暴；慢令致期谓之贼；犹之与人也，出纳之吝谓之有司。"（《论语·尧曰》）

子张问仁于孔子。孔子曰："能行五者于天下为仁矣。""请问之。"曰："恭，宽，信，敏，惠。恭则不侮，宽则得众，信则人任焉，敏则有功，惠则足以使人。"（《论语·阳货》）

孔子在上述两段问答中，已将自己的观点阐释得非常明白，在他看来，君子从政应以德政为先、化人为务，以实现美政善治为目的，并可以仁德化行天下。

可见，在孔子的构想中，君子处于整个政治生活的主导性或决定性地位，或者君子这一理想政治主体的个人态度与道德品质可以发挥至关重要的作用。可以说，君子的政治境界是典型的道德的境界，然而，境界不在沉思冥想中，而"在人的行动中"①，故君子从政的道德境界即在"因民之所利而利之"中，在"择可劳而劳之"中，在"欲仁而得仁"中，在"无众寡，无小大，无敢慢"中，在"正其衣冠，尊其瞻视"中，唯其如此，才能远离靡费、怨恨、贪欲、骄横和苛猛。换言之，君子的政治境界亦体现在"为仁"的行动中——能行己以恭，宽以待众，与人讲信，敏以处事，施民以惠，故能不为人侮慢，赢得众人的拥护，得到他人的信任，做事容易成功，使民不令而从。在君子"惠而不费，劳而不怨，欲而不贪，泰而不骄，威而不猛"的道德权威的感化下，权力行使和政治统治的关系可能引发的任何紧张与冲突都能化解于无形。

---

① 冯友兰：《贞元六书》（下册），华东师范大学出版社 1996 年版，第 567 页。

另外，在孔子那里，统治者与人民之间理想化的统治关系也是按照君子与小人的关系进行构想的，这一构想事实上具有鲜明的对立统一的关系特征。对君子与小人的道德品格的对比区分，是《论语》一书最为突出的思想主题之一，君子之所为，正是小人之“反是”。然而，如果我们用善恶两极对抗的眼光来看待孔子构想中的君子与小人之间的“反是”关系的话，则无疑会犯极严重的歪曲理解的错误，因为君子和小人之间并非“不两立之仇”的关系，孔子最终希望的是在二者之间建立起一种基于道德教化之上的结构性的整合关系。因此，区分不过是为了凸显君子的道德主体性，当小人处在君子的道德主体性的统摄之下时，小人的“反是”绝不会走向极恶之境，因为君子之德足以感化小人而使之改过迁善，相应地，小人之德则是易受感化的，正所谓“君子之德风，小人之德草。草上之风，必偃”（《论语·颜渊》），而对“道”的共同学习与追求，更可以使他们建立起一种“爱”与“使”的合作性的和谐关系，故子曰：“君子学道则爱人，小人学道则易使也。”（《论语·阳货》）总之，君子与小人之间理想的关系应该是一种既相反又相成、既彼此不同又相互依赖的教化型关系。

综上所述，君子之道可以说是孔子思想的骨干与灵魂，而君子之为君子，既是他讲学立教所追求的根本育人目标，亦是他所推崇的中行之道的载体，还是他理想中的政治行为主体。因此，当孔子试图通过私学教育，对弟子进行全面的人格培养，并以培养君子作为自己讲学立教的根本宗旨和目标时，不难想见，他事实上是将教育视为一种感化人心、涵养德性、培养人格乃至变革社会、改良政治的最为重要的力量。正因为教育可以从身体到心智再到德性地对人进行全面而系统的陶冶和训练，可以对人的人文素养与道德品格进行全面而综合的培育和涵养，乃至可以通过人的革新与教养亦即对君子的塑造来革新政治、重塑社会关系、重建世界秩序以实现拨乱反正的时代性目标，因此，在实际的教学活动中，对孔子而言，教学与其说是一种职业，毋宁说是一种育人的方法与艺术，他将对“人”的全面反省与根本看法作为他整个教学活动实践和私学教育事业的根基，将他的人生理想与道德信念贯注其中，而他自己就快乐地生活在其中！这快乐的根源就在于教育是一项薪火相传的人类事业，通过教育可以将希望的种子播撒在受教者的心中，一代一代心心相印地讲习传承下去！

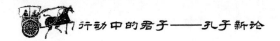

第十一章　孔子的仁道观与诸美德理念

"孔子贵仁"（《吕氏春秋·不二》），这可以说是对孔子思想及其道德理念之特色最为精到而简洁的概括。然而，孔子所谓的"仁"，其含义究竟指的是什么？孔子本人似乎并没有给我们一个确切、统一而连贯的答案。除此之外，关于是否只有"仁"这一概念才构成了孔子思想的特色或孔子讲学立教的主旨，自古就存在着不同的说法，如与"孔子贵仁"这一说法不同，东汉学者王充则强调"孔子所以教者，礼让也"（《论衡·问孔》），"夫儒生，礼义也"（《论衡·非韩》）。另如众所周知的战国时代的两大儒学宗师孟子和荀子，虽然他们都以圣人孔子之道的继承、捍卫和弘扬者自居，但他们分别侧重在"仁"与"礼"两个不同的方面阐扬和发展孔子的思想学说，显然，他们在孔子思想的重心究竟是"仁"还是"礼"的问题上，存在着不同的理解和认识。迄今为止，关于何为孔子思想的核心概念以及孔子思想是否具有创新性的问题，学术界也一直存在着彼此分歧甚至截然相反的看法与观点。那么，我们究竟应如何看待孔子思想中的仁礼观，如何看待孔子思想中的保守传统与观念创新的问题，以及孔子仁道观及其诸美德理念的内涵与特色呢？我在本章中将就这些问题尝试提出自己的一些看法。

一、孔子的仁礼观及其思想特质——孔子思想的渊源与核心

一般认为，仁和礼是孔子整个思想学说中最为重要的两大核心概念，然而，关于二者在孔子思想学说中的轻重主次，究竟哪一个是真正居于中心和主导地位的概念，却是一个存在激烈争议的问题。有的学者认为孔子的思想体系以礼为主导，如中国学者蔡尚思先生和西方学者芬格莱特先生即力主此说①；而有的学者认为孔子的思想体系以仁为核心，如匡亚明先生即力主此说②；还有的学者则是从由礼而仁而中庸（或易）的阶段性发展的视角来理解和论述孔子不断演化和完善的思想体系，如张秉楠先生和郭沂先生即力持此论③。

关于孔子思想体系的核心究竟是仁还是礼的问题，蔡尚思先生本人也曾对学者们在认识和理解上的分歧以及自己在认识和理解上的转变做过扼要的概述和说明：

> 一百多年来，研究者对这个问题的看法是有分歧的：有的把孔子的仁和礼对立起来，肯定前者而否定后者；有的认为孔子思想体系中，仁是核心，仁包摄了礼。有的认为孔子之道，以仁为体，以礼为用，亦即礼为道之表，仁为道之里；有的认为孔子思想体系既包括了行仁的进步一面，又包括了复礼的保守一面；有的认为礼原来是氏族贵族的范畴，仁则发展为国民的范畴等等。在相当长的一段时间里，我曾认为孔子思想体系的核心是仁。经过近二十年来不断地研究与思索，才

---

① 蔡尚思：《孔子思想体系》，上海人民出版社 1982 年版；［美］赫伯特·芬格莱特：《孔子：即凡而圣》，彭国翔、张华译，江苏人民出版社 2002 年版。

② 匡亚明：《孔子评传》，南京大学出版社 1990 年版。

③ 张秉楠：《孔子传》，吉林文史出版社 1989 年版；林存光、郭沂：《旷世大儒——孔子》，河北人民出版社 2000 年版。

> 逐渐改变了旧看法，从说出“孔学主要是礼学”，到正式肯定孔子思想体系的核心是礼而不是仁。[①]

蔡先生之所以改变看法，“正式肯定孔子思想体系的核心是礼而不是仁”，并不是为了要对孔子礼的思想给予肯定性的价值评价，而是恰恰相反，他认为“在礼坏乐崩的社会变革时代，孔子同没落的奴隶主贵族拉起手来，希望通过‘行仁’来恢复周礼，把历史的车轮往后倒转”[②]。因此，蔡先生明确表示不赞同某些学者的观点，即“认为孔子思想中，‘礼’是守旧的，‘仁’是创新的”，而是认为“事实并非如此”，并具体列举例证说：

> 前人早就不断指出，孔子宣扬“爱人”就是仁，已见于《国语·周语下》“言仁必及人”。孔子宣扬“出门如见大宾，使民如承大祭”就是仁，同于《左传》僖公三十三年所说“出门如宾，承事如祭，仁之则也”。孔子宣扬“志士仁人无求生以害仁，有杀身以成仁”，同于《国语·晋语二》所说“杀身以成志，仁也”。孔子宣扬孝弟为仁之本，又同于《左传》成公九年所说“不背本，仁也”和《国语·晋语一》所说“爱亲之谓仁”。孔子宣扬“仁者必有勇，勇者不必有仁”和“勇而无礼则乱”，也同于《国语·周语中》所说“勇而有礼，反之以仁”。而孔子宣扬的“克己复礼为仁”，也是“古也有志”，《左传》昭公十二年的记载便是明证。[③]

可见，孔子之言“仁”皆有所本，当然，孔子也并非“一味好古”，“例如《国语·晋语三》提出‘杀无道，而立有道，仁也’，孔子就置之不理”。但不管怎样，孔子所谓的“仁”，如说“君子而不仁者有矣夫，未有小人而仁者也”，则“鲜明地标示了‘仁’的阶级实质”，即“仁”不过是“奴隶主阶级

① 蔡尚思：《孔子思想体系》，上海人民出版社 1982 年版，第 239—240 页。

② 蔡尚思：《孔子思想体系》，上海人民出版社 1982 年版，第 245 页。

③ 蔡尚思：《孔子思想体系》，上海人民出版社 1982 年版，第 112 页。

的道德观念”。[1]不过，需要说明的是，蔡先生对孔子的思想，如孔子的教育思想，也并非一概否定，而是坚持“具体分析”的态度，故而又明确表示“不敢附和四种人的意见”，即“一、孔子整个思想都是反动的而一无可取之处。二、孔子整个思想都是进步的革新的，没有他，就几乎会没有一切，同‘五四’新文化运动的反孔反礼教反封建者大唱反调。三、认为孔子思想基本是伟大的，可贵的。四、把孔子的教育经验、教育方法和教育目的等同起来，而全部予以肯定”[2]。

无独有偶，西方学者中“肯定孔子思想体系的核心是礼”最力者则有芬格莱特，但是，他与上面蔡尚思先生的观点只具有表面上的相似性。因为在他看来，孔子恰恰“是一位具有深刻洞见与高远视域的思想家”，而且“其思想堂奥的辉煌壮观”足可与其“所知的任何一位思想家相媲美”[3]；《论语》文本向我们展示了孔子对于人类的根本看法，即“人是一个礼仪性的存在（a ceremonial being）”，“人类的生活在其整全之中，最终表现为一种广阔的、自发的和神圣的礼仪：人类社群”，而“对孔子来说，这确实是一个‘终极关怀’”[4]。正因为如此，芬格莱特更愿意“把孔子看做一个伟大的文化革新者，而不是一个彬彬有礼但对过去顽固留恋的辩护者”，因为“他转换了‘礼’的概念……在‘礼’概念的转换中，孔子也转换了人类社会的整个概念”，因此，孔子“是一种新理想的创造者，而不是旧观念的辩护人”[5]。

与“肯定孔子思想体系的核心是礼而不是仁”的观点相反，似乎有更多的

---

① 蔡尚思：《孔子思想体系》，上海人民出版社1982年版，第112—113页。

② 蔡尚思：《孔子思想体系》，上海人民出版社1982年版，第293页。

③ [美]赫伯特·芬格莱特：《孔子：即凡而圣》，彭国翔、张华译，江苏人民出版社2002年版，前言，第1页。

④ [美]赫伯特·芬格莱特：《孔子：即凡而圣》，彭国翔、张华译，江苏人民出版社2002年版，第14、16页。

⑤ [美]赫伯特·芬格莱特：《孔子：即凡而圣》，彭国翔、张华译，江苏人民出版社2002年版，第60—61页。

学者坚持强调“孔子思想体系的核心是仁”的观点，认为孔子之学即是仁学或人学，并给予肯定性的价值评价。譬如匡亚明先生认为，“仁的人生哲学思想是孔子整个思想体系的核心”，或者说“仁是孔子思想体系的哲学概括”①。马振铎先生在其所著《仁·人道：孔子的哲学思想》一书中主要探讨和研究了孔子的哲学思想，他亦认为，“孔子的哲学就是以‘仁’为核心建构起来的，因此孔子的哲学是以仁——人道为核心的‘人的哲学’，或者简称‘人学’”，从中西比较哲学的角度讲，“它在内容上和论述方式上都与同时代的古希腊哲学根本不同”，即“孔子哲学的主题是人，而不是自然”，“孔子对人的重视表现为‘修己’‘成己’，而不是‘认识你自己’”；“孔子‘人学’的基本问题是：人的本质是什么以及由此引申出的人道问题”，孔子“用以规定人的本质的就是仁”，即“以仁为人的本质规定”，或者说，“只有具备了仁的人才是真正的‘人’”。② 另如王恩来先生讲，“‘仁’是孔子的中心观念，是孔子思想的核心范畴，也是儒家学说得以确立其主流文化地位的根据”③。

显然，对孔子思想之核心问题的认识和理解，并不存在单一的或唯一正确的观点和看法，上述各种观点和看法都值得我们认真对待。对于我们全面而完整地理解孔子思想的内涵和实质性意义来讲，每一种特定的观点和看法都能够从一个侧面带给我们某种启示。不过，采取任何一种单一的视角，譬如仅仅从思想的时代性及其阶级实质，仅仅从礼仪的神圣性意义，或者单纯从哲学的“人学”观点，以及片面注重其保守性或强调其创新性，也都存在或可能导致认识上以偏概全的弊端。因此，我本人不仅主张，也更愿意采用一种综合性的视角，均衡地看待和审视仁与礼在孔子思想中的核心位置，孔子思想的保守性与创新性、神圣性与世俗性，以及孔子思想在时代性、阶级性上的局限与跨时代性、超

① 匡亚明：《孔子评传》，南京大学出版社1990年版，第150、151页。

② 马振铎：《仁·人道：孔子的哲学思想》，中国社会科学出版社1993年版，前言。

③ 王恩来：《人性的寻找：孔子思想研究》，中华书局2007年版，第1页。

阶级性的意义问题。但是，我所谓的综合性视角，绝不是一种无原则的折中调和，而是基于这样一种对孔子思想的理解与认识，即作为对特定历史生活环境的自觉意识反应，孔子的思想孕育产生于春秋时代“礼崩乐坏”的文化困境与复杂纷繁的生存难题，时代的文化困境与生存难题激发并造成孔子“内心的张力”，而“这种内心的张力正是刺激他思考的动力”，甚至在其思想中产生了种种“不相容的关怀和思维”[①]，一如天、天命、命的不同含义以及德命、义命的分立观念所示。正因为如此，孔子的思想可以说是由对天命的终极信仰，对依靠人类自身的努力自我实现的道德信念，对人类整体命运走向、文化前景以及个体时命际遇的关切共同构筑而成的。如果我们勉强可以用“体系”一词来表述孔子的思想学说的话，那么，孔子的思想可以说是一种立体而富有层次的体系，我们不能无视其思想体系的立体性和层次性，仅仅从一种平面化的视角去审视和理解其构成要素的内涵与意义。问题的关键在于我们必须恰当地体认和厘清作为孔子思想构成要素的各种观念的实质性意义，并在孔子的整个思想体系中给予它们一个准确的定位，基于此，我们才能从整体的意义上更加深入而系统地把握孔子思想的内涵与特质，才能从“思想范式”的意义上更加真切而全面地理解为何孔子本人虽然无意于建构某种思想体系，却开端启新地创立了一种对中国乃至东亚的学术思想、道德观念、伦理秩序、政治建制、文化习俗和社会生活方式等方面产生深远、持久而广泛影响的儒家传统。果能如是，则我们大可不必再纠结于孔子思想体系的核心是礼还是仁的问题，而是应深入体察和审视礼和仁究竟在孔子的思想中各自具有什么样的实质性含义。

毋庸讳言，孔子思想的形成无疑渊源有自，绝非出于孔子一人的玄思空想。概括来讲，孔子的思想既扎根于深厚久远的历史文化传统，又孕育于春秋时代的道德人文精神，既得自他同时代学识渊博者的广泛教诲，亦来自他本人对上古三代文献典籍的系统探求。正因为如此，钱穆先生才特别强调：“孔子以前，

① 许纪霖、宋宏编：《史华慈论中国》，新星出版社 2006 年版，第 198 页。

中国文化，已经历两千年以上之积累。孔子亦由中国文化所孕育，孔子仅乃发扬光大了中国文化。”故曰：“孔子之学，于中国传统文化之多所承宣阐扬，而非尽出于孔子一人之所特创也。”而孔子之教亦是本于他那个时代与社会流行的“传统之礼教精神而建立”，“故谓之由于中国传统文化而始产生出孔子，不能谓由有孔子而始有中国文化之创始也”。[①] 徐复观先生亦强调指出，春秋时代乃是一个“以礼为中心的人文世纪”，而“《论语》中许多观念，几无不与春秋时代一般贤士大夫间所流行的观念有关”[②]。然而，我们还是不能因此而完全否定孔子在思想创新上的独特贡献，仅仅认定他是一位守旧的学者。在我看来，孔子之所以能够“即凡而圣”地开启创立一种“思想范式”，是与他对上古三代文化传统与时代精神的独特体认、创造性转化及其本人的思想创见密不可分的，可以说，上古三代的文化传统、春秋时代的道德人文精神以及孔子本人独特的思想创见共同构成和塑造了孔子思想的内涵与特质。

大体而言，在孔子的思想中，传统性的因素主要体现在“礼”的方面，时代性的影响主要体现在践行道德与礼教而置个人生死祸福于不顾的人生信念方面，而其独特的思想创见则主要体现在“仁”的方面。当然，孔子的思想与上古三代的文化传统和春秋时代的道德人文精神之间的关系是错综复杂的，并非一种简单地继承保守或全然更革创新的关系，譬如孔子在“礼”的概念的含义转换、文化反思与意义提升方面实则多有创造性的贡献，而在个体德性与仁的观念方面，他虽然对春秋时代的道德人文精神做出了发扬光大乃至转化创新的独特贡献，但也有不少沿袭继承的方面。构成孔子思想的所有这些方面和因素都需要我们细心体味，需要我们区分明辨并做出恰当的定位。在我看来，在继承与转换、保守与创新之间，孔子的思想贡献主要体现在这样两个方面：一是沿用旧

① 钱穆：《论春秋时代人之道德精神》，《中国学术思想史论丛》（一），安徽教育出版社 2004 年版，第 176、219、196 页。

② 徐复观：《中国人性论史》（先秦篇），上海三联书店 2001 年版，第 40—44、55 页。

的概念，却赋予其新的含义。众所周知，君子、小人本来是用于表示阶级性的身份地位的概念，但在孔子的使用中被赋予了新的含义，乃至被转换为用于区分和辨识道德性的个体人格的概念。二是继承先前已有的思想观念，并将其综合条贯于自己的思想整体之中，做出创造性的思想贡献——或将具有诸多具体而单一含义的旧概念发展为一个意涵丰富且被赋予了新的含义的综合性概念，或提出一种具有崭新含义的思想观念。如孔子所谓的“仁”，不仅综合涵括了春秋人观念中的各种具体而不同的“仁”的含义（参见上文所引蔡尚思先生之言），而且在综合中又发展出了“仁”的诸多崭新含义。另如“好学”与“恕”这两个具有崭新含义的美德理念及其根本重要性也是在孔子思想中被真正凸显出来的，而所谓的“君子”亦不仅仅关涉了旧词新义的问题，“君子之道”中实包含着许多由孔子本人独创性地提出的全新的思想观念，如“君子不器”（《论语·为政》）、君子“群而不党”（《论语·卫灵公》）以及包含智仁勇三要素的“全人”或“健全人格”的君子观念等[①]。需要特别指出的是，所谓的“综合条贯”，不是指在简单地消除已有的各种思想观念之间的张力与矛盾的基础上将其整合为一体，而是指在区分明辨已有的各种思想观念的不同含义的基础上，将已有的各种思想观念（如孝、悌、忠、信、礼、义、德、仁等）与孔子本人所确立的某种“核心理念”建立起一种各不相同且富有意义的关联性关系，从而形成一种既包含各种不同的思想观念而富有内在张力又具有连贯性的思想整体，这才是孔子所谓“吾道一以贯之”的真实含义。

当已有的各种具体的思想观念或概念范畴与孔子本人所确立的某种“核心理念”建立起一种意义关联而被包含在其思想整体之中后，这些具体的思想观念或概念范畴，因其与“核心理念”的意义关联，不仅获得了新的含义，而且被涵摄在核心理念的意境之下，正是它们与核心理念之间建立起的既彼此区分又

① 如子曰：“知者不惑，仁者不忧，勇者不惧。”（《论语·子罕》）又曰：“君子道者三，我无能焉：仁者不忧，知者不惑，勇者不惧。”（《论语·宪问》）

涵摄其中的错综复杂的意义关联，塑造了孔子思想富有立体感和层次性的整体内涵与特质。我们不能望文生义地把“一以贯之”的“一”字理解为某种单一的思想观念或概念范畴，而应视为关联性的思想整体，也就是说，孔子并非只是一个“多学而识之”的单纯因袭旧有思想观念的学者，而是一个思想具有“一以贯之”特点的思想家，即孔子的思想（即所谓的“吾道”）乃是以一种关联性的思想整体来连贯、涵摄各种已有的具体而不同的思想观念或概念范畴，其中亦包含着孔子本人独创性的见解新义。而所谓的“核心理念”，亦同样不是指某种单一性的思想观念或概念范畴，也就是说，就孔子的思想来讲，在其由各种思想观念的错综复杂的关联性关系所构成的思想整体之中，可以算作或称得上“核心理念”的，绝非只有一个，而是有数个，如忠与恕，道、学、政，或仁、礼、义等，如曾子就认为“夫子之道，忠恕而已矣”（《论语·里仁》），杜维明先生则认为道、学、政乃是《论语》中的三个核心观念[①]，田耕滋先生又认为孔子的思想核心是一个仁义礼的“整体结构”[②]。而如果说孔子讲学立教的根本宗旨与目标就是培养君子的话，那么我们也可以说孔子思想的核心理念就是君子之道。另如孔子说“德之不修，学之不讲，闻义不能徙，不善不能改，是吾忧也”，以及“志于道，据于德，依于仁，游于艺”（《论语·述而》），据此，我们又可说修德、讲学、徙义、迁善或志道、据德、依仁、游艺乃是孔子的根本关怀或核心理念所在。但不管何为孔子思想的“核心理念”，问题的关键仍然在于我们必须根据它们彼此之间以及它们和其他与之相关的各种思想观念或概念范畴的关联性关系来审视和阐述其含义，以便揭示孔子思想的整体性内涵与实质性意义。

举例来说，譬如，子曰：“好仁不好学，其蔽也愚；好知不好学，其蔽也荡；好信不好学，其蔽也贼；好直不好学，其蔽也绞；好勇不好学，其蔽也乱；好刚

① ［美］杜维明：《道、学、政：论儒家知识分子》，钱文忠、盛勤译，上海人民出版社2000年版，第1页。

② 田耕滋：《孔子的思想核心是一个整体结构》，《孔子研究》1990年第3期。

不好学，其蔽也狂。”（《论语·阳货》）又曰：“恭而无礼则劳，慎而无礼则葸，勇而无礼则乱，直而无礼则绞。”（《论语·泰伯》）可见，在孔子看来，好仁（仁爱）、好知（聪明）、好信（信实）、好直（直率）、好勇（勇敢）、好刚（刚强）诸美德，如果不以“好学”为根底，就会产生愚（愚蠢）、荡（放纵）、贼（狭隘）、绞（急躁）、乱（闯祸）、狂（狂妄）的弊病；而恭（恭敬）、慎（谨慎）、勇（勇敢）、直（直率）诸美行，如果不以礼为修饰和节制的话，也会产生劳（烦劳不安）、葸（畏怯懦弱）、乱（犯上作乱）、绞（尖刻伤人）的毛病。也就是说，通常人们认为的许多具体的美德美行，在孔子看来，只有在与“好学”和“礼”（知礼、有礼）建立起规范而富有意义的关联性关系时，才会真正成为一种正当而无流弊的美好的道德行为，那么，相对于这些具体的德目，“好学”和“礼”在需要与之建立关联的诸德目之间的关系中便具有“核心理念”或“中心观念”的意义。不仅如此，“好学”与“礼”这两大核心理念也是密切相关的，即“礼”是“好学”的根本目标指向，孔子所谓的“学”在很大意义上主要就是指“学礼”，反之，“好学”本身亦是“礼”的一项重要内容，如“子入太庙，每事问”，当有人据此而认为孔子“不知礼”时，孔子的回应是：这就是“礼”（《论语·八佾》）。当然，孔子所谓的“学”，内涵丰富，又不仅仅止于“学礼”，“好学”亦不是“礼”所能完全涵摄的，故而不能将“好学”和“礼”混为一谈。只有结合“好学”和“礼”这两大核心理念之间既有区别又相关联的意义关系，我们才能更好地理解孔子所谓“好学”和“知礼”的完整内涵与实质意义。

同样的道理，对于仁与礼的关系，对于仁、义、礼与君子之道的关系，以及对于道、学、政的关系，我们都应作如是观。兹仅以仁与礼的关系为例说明之。对孔子而言，许多具体的德目只有在与仁或礼建立意义关联时，才具有更为正当而美好的道德含义，不仅如此，仁与礼之间也需要建立某种融通性的意义关联，当然，意义关联的建立绝不意味着这两大核心理念之间的思想张力被简单地消除掉了，它们在基本内涵及思想意义方面的区分或差别是不容轻忽和抹杀的。因此，认为孔子的思想只是以单一的礼或仁为核心，或者只是从孔子思想发展的阶段性意义上来割裂、分离或孤立地看待仁和礼的问题，都有可能导致对孔子思想的片面认识和理解。而在我看来，从思想整体的意义上来理解，仁和礼都是构成孔子思想的核心理念，而且是缺一不可的，但它们之间既相互关联又存在着张力，故需区分厘清其各自的含义，并在孔子思想的整体脉络中给予其恰当的意义定位。

不管是认为孔子的思想体系是以仁为核心还是以礼为核心，论者的观点都建立在对仁与礼的含义区分与轻重主次的意义定位的基础之上。譬如，蔡尚思先生所持的“孔子思想体系的核心是礼”的观点，就建立在以下论据的基础之上：“第一，当孔子把礼仁合一而论时，实质上是以礼为仁，纳仁入礼，礼为目的，仁为手段”，“第二，当孔子把礼和仁分开加以比较时，也认为礼比仁的要求更高，礼比仁的范围更广”[①]；或者说，对孔子而言，“‘仁’的准绳和目标是‘礼’”而不是相反[②]。但匡亚明先生则认为，在孔子的思想体系中，“仁”居于核心和主导的地位，而“礼是仅次于仁的重要观念”，仁与礼的关系，实质上是一种主导性的内在核心因素与外在表现形式之间的主次关系，孔子的仁礼观乃是一种“以仁为核心、以礼为形式的仁礼观”[③]，具体说就是：

> 仁与礼的关系如何？礼是宗法等级社会的制度、规范，它强调的是尊卑长幼之序，是具有不同名分的人之间的区别与对立。仁按其本义是一种人道主义思想，强调人们之间的仁爱、谅解、关怀、容忍，也强调广大人民物质生活的安定和提高（安、信、怀和庶、富、教）等等。
>
> 从孔子伦理学角度去看，礼是人们的行为准则，体现了社会对人的外在约束；仁则是人的本质，是修己、爱人的内在自觉性。只有外在

① 蔡尚思：《孔子思想体系》，上海人民出版社 1982 年版，第 240、241 页。
② 蔡尚思：《孔子思想体系》，上海人民出版社 1982 年版，第 282 页。
③ 匡亚明：《孔子评传》，南京大学出版社 1990 年版，第 193、198 页。

约束而无内在自觉，则人的行为完全成为强制的结果，失去人之所以为人的特点；只有内在自觉而无外在约束，则人人按自己标准行事，不能保持尊卑上下的秩序。因此外与内、礼与仁必须统一起来。以礼的准则行仁（修己爱人），以仁的自觉复礼（贵贱有序、亲疏有等）。

总之，仁是礼的内在的主导因素，是孔子思想体系的核心，礼则是仁的外在表现形式，因此，在孔子思想体系中，仁与礼密切联系在一起。①

关于仁与礼之间的联系与区分，美国学者芬格莱特也做过如下精彩的论述：

“礼”和“仁”是同一事情的两个方面，各自指向人在其担当的独特的人际角色中所表现出来的行为的某一个方面。“礼”指导我们注意有关品行和各种关系的传统的社会模式；“仁”则指导我们关注那些追求行为模式从而保持种种社会关系的人。“礼”也指符合其社会身份的特定行为，这种行为是恒常准则的榜样；“仁”则指表达个人取向的行为，表示他对于“礼”所规定的行为的服膺。“礼”又指称这种行为是公开的和可以区分的有序行为模式；“仁”则指称这种行为是某个行动者的一个不可分割的姿态，指涉他的独特性和个人性，以便与实施这个行为的独特个体和这个特定行为的独特境遇相联系。②

芬格莱特的上述看法，表面上看似乎与匡亚明先生的观点较为接近，但实际上与蔡尚思先生的观点更为契合。因为在他看来，“‘礼’是人类行为的结构”，而“‘仁’其实就是一个人决定遵从‘礼’”③。

---

① 匡亚明：《孔子评传》，南京大学出版社 1990 年版，第 195—197 页。

② ［美］赫伯特·芬格莱特：《孔子：即凡而圣》，彭国翔、张华译，江苏人民出版社 2002 年版，第 42—43 页。

③ ［美］赫伯特·芬格莱特：《孔子：即凡而圣》，彭国翔、张华译，江苏人民出版社 2002 年版，第 47、51 页。

另如，安乐哲、罗思文先生在《早期儒家是德性论的吗？》一文中也做过精审的区分和论述。他们认为，仁和礼都根源于家族亲属之间的角色关系，不过，它们之间的含义还是有区别的。"'仁'指的是'至善至美的行为'"，"是伴随着人们担当家庭责任和义务的过程而在关系的深化中培植起来的，而后通过推广，成为共同体的责任和义务"。也可以说，"仁的终极源头是直系亲属关系"，而"当这些基本关系的特质被广泛地贯彻到社会和政治层面的时候，仁爱的行为会对共同体中那些愿意尊崇的人们产生示范作用"，因此，"仁被理解成了成为君子的必要条件"。另外，"仁"事实上"不是一种'善'，而是一种有效的、'用来描述在社会经验'中发展出来的关系的灵活性"，因此，"仁是'正当的'行为，仅仅因为它——在巩固适合于我们共同目标的关系方面是'完全正当的'。它是'正确的'行为，仅仅因为它在使那些能在当下环境中得到的、需要最大化共同性的可能关系的调适方面是正确的"。而"礼"则是"从家族关系得出的终极性的共通语法"，"它的起点是我们对定位于家族中的稳定角色的担当"，"作为一种语法，通过有效的协调和安排，它具有形成庄敬的潜力，这让我们能立足于世并取得某种地位"，换言之，"礼或曰'礼仪规矩'，是将人定位到他们所在的家族和集体内的有意义的、互动的角色和关系上的'语法'"。[①] 对他们来讲，相对而言，作为"中国文化据以表达的语言"[②] 的"语法"的"礼"似乎具有更为根本的重要性。

我之所以不厌其详地引述上述学者对仁与礼的论述，不是为了彰显他们观点和看法的差异，而是旨在强调，不管这些学者认为仁和礼这两个概念在孔子思想中哪一个更为重要，都不可能不论及另一个较次要的概念，不可能不结合这一较次要的概念来阐明那个核心概念。对上述学者来讲，在二者之间进行

---

① [美]安乐哲、罗思文：《早期儒家是德性论的吗？》，谢阳举译，《国学学刊》2010年第1期。

② [美]安乐哲：《和而不同：中西哲学的会通》，温海明等译，北京大学出版社2009年版，第77页。

主次区分，对于理解孔子思想的特质显然具有某种重要的意义，不过，依我本人的看法，我们还必须强调指出，对孔子来讲，仁和礼毕竟是两个彼此之间既密切相关又存在着难以化约的张力，并具有各自相对独立含义的重要概念，二者在孔子的思想学说中同样是不可或缺而至关重要的，问题的关键在于我们应如何在孔子的思想学说中确定其含义，并具体而恰当地给予它们各自不同的意义定位。依我之见，在我们强调仁与礼的意义关联时，也不应忽视二者之间意义的矛盾与紧张，正是二者之间的张力消解了谁主谁次的问题，这集中体现在孔子对管仲的评价之上。一方面，孔子充分肯定和赞赏管仲辅佐齐桓公“霸诸侯，一匡天下”，乃至维系华夏文化统系于不坠的丰功伟业，故称许之以“仁”（《论语·宪问》），另一方面又严厉批评和斥责管仲器识狭小而“不知礼”（《论语·八佾》）。可见，通过管仲的事例，孔子自当深知，在现实生活中，能成就仁德者未必“知礼”，反之，“知礼”者也未必能够成就仁德。正因为如此，礼与仁实为孔子思想中的两大主题，拘泥于主次的区分而突出一个以贬抑另一个在孔子思想中的核心地位，并不能从根本上解决对孔子思想特质的理解问题。也正是因为充分而自觉地意识到了仁与礼之间的矛盾与张力，孔子也才试图通过设计一种完整而健全的道德人格来实现“仁”和“礼”的统一。如冯友兰先生所说，孔子之所以“有的时候用‘仁’规定‘礼’，有的时候用‘礼’规定‘仁’”，“这是因为在他的思想中，一个完全的道德品质，是‘仁’和‘礼’的统一”，或者，“一个完全的人格，就是这个统一的体现”①；又如安乐哲和罗思文二位先生所言，“《论语》中孔子的中心目的之一，也可能就是中心目的，乃是指引其门徒实现成为君子人的目标，同时，他要求他们在一切所作所为中体现仁，并在所有行动上合乎规矩（这就是说，依礼行事）”②。

① 冯友兰：《中国哲学史新编》（上），人民出版社 1998 年版，第 164—165 页。

② ［美］安乐哲、罗思文：《早期儒家是德性论的吗？》，谢阳举译，《国学学刊》2010 年第 1 期。

不过，在我看来，仁与礼的关系涉及的更主要的问题乃是人及其世界的关系问题。子曰："仁者人也。"（《中庸》）仁是仅仅靠人自身的努力修为就能够成就的，是由根源于"亲亲"的伦理情谊而不断推扩为"泛爱众"的美德善行。礼则是规范人际关系、个体伦理行为，乃至"全面安排人间秩序"、构筑人类生活世界之秩序的根基。依据孔子自身的问题意识，他所处时代的最大问题无疑就是用以规范人类行为、构筑世界秩序的周礼遭到了前所未有的僭乱破坏，故而他才迫切地以传习和兴复周礼斯文为己任。然而，周礼斯文的传习和兴复绝不仅仅是一种知识性的传习，或是通过简单的因循守旧的努力就能兴复的。对孔子而言，一方面，周礼本身是在传统的根基之上通过损益而不断趋于完善的，因此，兴复周礼的当下努力绝不应妄自造作，而需要择善而从，正所谓"盖有不知而作之者，我无是也"（《论语·述而》），而"麻冕，礼也；今也纯，俭，吾从众。拜下，礼也；今拜乎上，泰也。虽违众，吾从下"（《论语·子罕》）。另一方面，礼之所以为礼，它的价值和意义、功能和作用并不仅仅体现在其外在形式上，而是主要体现在它对人的行为的道德规范作用上，体现在它对人的内在道德品质的文饰意义上，尤其体现在它对人的真性情的表达和彰显功能上，故孔子曰："礼云礼云，玉帛云乎哉？乐云乐云，钟鼓云乎哉？"（《论语·阳货》）当子路问"成人"时，孔子答曰："若臧武仲之知，公绰之不欲，卞庄子之勇，冉求之艺，文之以礼乐，亦可以为成人矣。"（《论语·宪问》）而当林放问"礼之本"时，孔子更答道："大哉问！礼，与其奢也，宁俭；丧，与其易也，宁戚。"（《论语·八佾》）但不管怎样，在孔子看来，周礼斯文之所以遭遇僭乱、破坏、坠废的困境，根本原因并不在于周礼斯文本身，而在于人自身，在于人自身德性的败坏，故而孔子常常感慨地悲叹："知德者鲜矣"（《论语·卫灵公》），"吾未见好德如好色者也"（《论语·子罕》）。正因为如此，孔子才汲汲于以诗书礼乐之人文教养来涵养德性，培养健全的道德人格，在他看来，也唯有道德人格健全完善且躬行君子之道的人，才能从事传习和兴复周礼斯文的人类事业。

为此，孔子颇富创见地提出了一种关于个体道德人格的自我完善和修为，以及作为整个社会政治生活之理想目标的仁德仁道理念，正所谓："人而不仁，如礼何？人而不仁，如乐何？"（《论语·八佾》）如是，则兴复周礼斯文的责任自然也就落在了内修德性、仁以为己任的士人君子身上，孔子所谓的"人能弘道，非道弘人"（《论语·卫灵公》），根本用意即在于此。因此，如果说"礼"是构筑世界秩序的根基，能够"将人定位到他们所在的家族和集体内的有意义的、互动的角色和关系上的'语法'"而对孔子、儒家乃至整个中国文化具有根本重要性，如蔡尚思先生所说，"在儒家的心目中，没有'礼'就根本没有人世，不成为人类和社会、国家了"[①]，那么，"仁"所关切的则是修德践仁以兴复周礼斯文的道德主体的挺立问题，诚如牟宗三先生所言，孔子提出"仁"的观念乃旨在"开辟价值之源，挺立道德主体"，以救"周文之疲弊"，而"儒家之所以为儒家的本质意义就在这里"[②]。综合以言，可以说，孔子思想的特质就是以仁道理念济周文疲弊之穷，问题的关键不是仁与礼孰为主孰为次的问题，也不仅仅是一种核心（内在实质）与外在形式的关系问题，而是人及其世界的关系应如何来重新定位、调整和安排的问题。

二、孔子仁道观的内涵与特色

依我之见，不是仅仅从核心（实质）与形式的关系角度，而是应从人及其世界的关系角度来重新审视孔子的仁礼观，我们才能真正把握孔子仁礼观的实质内涵与思想特质。孔子之所以推崇周礼，以兴复斯文为己任，是因为周礼是规范人类行为，将人定位到人类社群中伦理性、互动性的角色和关系上的"语法"，是构筑世界秩序的根基。"礼"是历史地形成的，是经由长期的历史积淀和人们长期实践经验的确证，有选择地因革损益，不断加以改进完善而逐渐形成的，

① 蔡尚思：《孔子思想体系》，上海人民出版社 1982 年版，第 285 页。

② 牟宗三：《中国哲学十九讲》，上海古籍出版社 1997 年版，第 58—60 页。

因此，它的正当性、合理性及有效性就来自文化传统，并扎根于文化传统；特别是“礼”不是某些特权阶级用来控制他人并进行统治的工具，而是人类用以构建赖以生存的世界秩序和关系脉络从而使自己区别于动物的文明化的标杆。总之，礼是维系使人类文明化的交往关系、伦理生活和世界秩序持久延续的一种根源于文化传统的客观性事物。在这样一种意义上讲，礼绝不仅仅是其他的什么内在实质的某种外在的表现形式，而是其本身就是一种既有外在表现形式又具实质性内涵与意义的事物。

众所周知，关于实质内涵与外在形式、礼与仪的问题，春秋时期的人已做过明确的区分，譬如：

> 公如晋，自郊劳至于赠贿，无失礼。晋侯谓女叔齐曰：“鲁侯不亦善于礼乎？”对曰：“鲁侯焉知礼！”公曰：“何为？自郊劳至于赠贿，礼无违者，何故不知？”对曰：“是仪也，不可谓礼。礼，所以守其国，行其政令，无失其民者也。……礼之本末将于此乎在，而屑屑焉习仪以亟。言善于礼，不亦远乎？”君子谓叔侯于是乎知礼。（《左传·昭公五年》）
>
> 子大叔见赵简子，简子问揖让周旋之礼焉。对曰：“是仪也，非礼也。”简子曰：“敢问何谓礼？”对曰：“吉也闻诸先大夫子产曰：‘夫礼，天之经也，地之义也，民之行也。’天地之经，而民实则之。……”简子曰：“甚哉，礼之大也！”对曰：“礼，上下之纪、天地之经纬也，民之所以生也，是以先王尚之。故人之能自曲直以赴礼者，谓之成人。大，不亦宜乎！”简子曰：“鞅也，请终身守此言也。”（《左传·昭公二十五年》）

可见，礼、仪的区分，其用心乃在于强调“礼”的实质意义在于其“经国家，定社稷，序民人，利后嗣”（《左传·隐公十一年》）的功能与作用，而将“揖让周旋”的外在形式归于“仪”。然而，综合孔子的态度和看法来讲，仅仅将实质与形式、礼与仪作简单的区分，并割裂地看待，似乎并不能从根本上化解“周文疲弊”“礼崩乐坏”的时代性难题，孔子一方面教弟子演习礼仪，一方面也强调礼的实质性功能与意义，但总的来讲，孔子和儒家所谓的“礼”是综合涵括实质与形式两个方面的内涵而言的。孔子本人无疑是非常重视和强调通过礼仪规矩的外在形式来表达和体现人的内心思想和道德情感的，而为了从根本上化解“周文疲弊”“礼崩乐坏”的时代性难题，孔子所做的工作不是区分礼和仪，而是提出了“仁”的观念。相较于春秋人的礼仪之分，孔子的仁礼之论显然具有更为丰富而深刻的思想意涵，而且，与春秋人的礼仪之分不同的是，孔子思想中的仁礼之论，既不是将仁与礼截然二分，也不是将二者等而视之，易言之，它们既有区别又密切相关。

孔子之所以提出仁的观念，绝不是要将“礼”外在形式化，而是在充分肯定礼之于规范人际互动关系和交往行为、全面安排和合理构建人间伦理生活和世界秩序的根本重要性的前提下，意在将人们的目光进一步引向对人自身及人自身的道德主体性的深切关注，乃至将从根本上化解和挽救“周文疲弊”“礼崩乐坏”的时代性难题与危机的希望寄托在“人”身上，寄托在人自身的道德自觉与道德修为之上。孔子思想对传统的继承，无疑主要体现在“礼”的方面，而孔子在思想上的独特贡献，则主要体现在“仁”的方面。也可以说，从保守性与秩序性的一面讲，孔子思想是以礼为核心的，而从创新性和建设性的一面讲，孔子思想则是以仁为核心的。“仁”这一概念虽非由孔子首先提出，但经由孔子创造性的诠释，被发展成一个具有深刻而独特的人类共同道德理想之意涵的观念，这是孔子在观念革新或理念创新上的最为重要的独创性思想贡献。诚如钱穆先生在诠释《论语》编者“以里仁次八佾之后”的用意时所说：“孔子论学论政，皆重礼乐，仁则为礼乐之本。孔子言礼乐本于周公，其言仁，则好古敏求而自得之。礼必随时而变，仁则古今通道，故《论语》编者以里仁次八佾之后。凡

《论语》论仁诸章，学者所当深玩。”[①]

孔子言“仁”可谓具体而微，因人因时而异[②]，故不能将其作为一个单一性含义的概念来进行定义式的理解。在我看来，“仁”是一个内涵丰富且富有层次性的概念，是一个具有“许多规定的综合”性意义的概念，我们必须对孔子言“仁”之语类聚以观而做出一种综合的理解和把握。正如宋儒程颐所言：“将圣贤所言‘仁’处，类聚观之，体认出来。”（《二程遗书》卷十八）据我个人的粗浅体认和理解，我认为应从如下几方面来理解和把握孔子仁道观的具体内涵与特色：

第一，作为君子必备的一项具体美德，仁主要体现为一种基于自我的内省意识而养成的“不忧不惧”的道德品格。

子曰“君子道者三”，即“仁者不忧，知者不惑，勇者不惧”（《论语·宪问》）。这是说君子之道包含着仁、知、勇三项内容，或者说君子的道德人格与美好品质是由仁、知、勇三种德性共同构成或成就的，仁是指通过内省而培育出的无所愧疚和不忧不惧的品格，知是指通过“笃信好学”而养成的坚定不移的人生信念或“守死善道”的不惑品格，勇是指见义敢为而无所畏惧的道德勇气与品格[③]。三者之中，孔子常常是仁知兼言并重，一方面强调仁德的修养应以学知为根基，另一方面又强调以择处居仁为知，故曰：“里仁为美。择不处仁，焉得知？”（《论语·里仁》）意即人能居于仁道，这是最美的了。若择身所处而不择于仁，哪算是知呢？[④]不过，对于君子而言，两者之中尤以仁德更为重要

---

① 钱穆：《论语新解》，生活·读书·新知三联书店2005年版，第83—84页。

② 蔡元培：《中国伦理学史》，见绿林书房辑校《蔡元培学术论著》，浙江人民出版社1998年版，第87页。

③ 子曰：“见义不为，无勇也。”（《论语·为政》）

④ 钱穆：《论语新解》，生活·读书·新知三联书店2005年版，第84页。

和根本[①]，故孔子在答司马牛问“君子”时，只是回答说：“君子不忧不惧。”而君子“不忧不惧”的道德品格乃是由“内省不疚”所成就的(《论语·颜渊》)。相对来讲，勇却不能单独成为一种美德，必须以义为尚，才能成为君子的一种美德，尤其是相对于仁来讲，勇可以被仁所包含，仁却不能被勇所包含，故子曰：“君子有勇而无义为乱，小人有勇而无义为盗。”(《论语·阳货》)又曰：“仁者必有勇，勇者不必有仁。”(《论语·宪问》)

那么，孔子何以要格外强调内省不疚而不忧不惧的仁德呢？

孔子曾反复强调“过则勿惮改”(《论语·学而》《论语·子罕》)，深以“德之不修，学之不讲，闻义不能徙，不善不能改”为己忧(《论语·述而》)，并格外嘉赏颜回“不迁怒，不贰过”为“好学”(《论语·雍也》)。由此可知，在孔子看来，人其实是一种易犯过错的动物，通过观察和审视一个人做事的方式和动机[②]，尤其是其所犯的过失与错误，我们便可以了解这个人究竟是一个什么样的人[③]。不过，人也具有学习的能力，具有能够从错误中学习而改过迁善的可贵品质[④]，问题就在于人是否愿意为之努力了，正所谓“有能一日用其力于仁矣乎？我未见力不足者”(《论语·里仁》)。然而，另一方面，孔子又曾感叹地说：“已矣乎，吾未见能见其过而内自讼者也。”(《论语·公冶长》)可见，孔子既对人易犯过错的习性有着清醒的认识，又充分感受到了理想与现实之间的

---

① 除了樊迟曾先后两次同时“问仁”“问知”——一次“问知”之后继而“问仁”(《论语·雍也》)，一次“问仁”之后继而“问知”(《论语·颜渊》)，孔门弟子大多是向孔子单独“问君子”或“问仁”的。由此亦足见，孔门弟子最为关切的是君子的“仁”德修为问题。

② 子曰：“视其所以，观其所由，察其所安。人焉廋哉？人焉廋哉？”(《论语·为政》)

③ 子曰：“人之过也，各于其党。观过，斯知仁矣。”(《论语·里仁》)

④ 正如英国哲学家约翰·密尔在论及“在人类当中整个说来究竟是理性的意见和理性的行为占优势”时所指出的：“其原故就在于人类心灵具有一种品质，即作为有智慧的或有道德的存在的人类中一切可贵事物的根源，那就是，人的错误是能够改正的。借着讨论和经验人能够纠正他的错误。”(《论自由》，许宝骙译，商务印书馆 1959 年版，第 23 页)

张力，一方面深切期望人们能够改过迁善、修德力仁，另一方面又意识到世人既不能“见其过而内自讼”，也不愿做任何努力。但也正因为如此，孔子将产生于人的自我内省意识的“仁者不忧”作为君子的一种难能可贵的美德首先提出来，集中表达了他对人的内在道德生活的深切关注。诚如史华兹所言，仁“指称的是个人的内在道德生活，这种生活中包含有自我反省与自我反思的能力”，它是孔子“处理人的内在性的新术语”①。依孔子之见，一个人只有具备自我反省与自我反思的能力，或乐于进行自我反省与自我反思，他才能够修德向学、改过迁善，才能够不断努力涵养自己美好的德性、修炼自己卓越的品格，向贤者看齐，而不是甘居下流，如子曰：“见贤思齐焉，见不贤而内自省也。”（《论语·里仁》）而君子之所以是君子，正在于他充分具备一种自我反省与自我反思的能力，故曰：“君子有九思：视思明，听思聪，色思温，貌思恭，言思忠，事思敬，疑思问，忿思难，见得思义。”（《论语·季氏》）

第二，从外在行为取向上讲，仁就是通“克己复礼”而展现出的一种美好的个体道德品格，而且，孔子强调“克己复礼”的行为取向必须建立在“为仁由己”的道德责任与主体性的自觉意识之上。

仁不仅体现了孔子对人的内省意识或内在道德生活的关注，而且体现了他对恢复礼仪规范的关切，故颜渊问仁，孔子答曰：“克己复礼为仁。一日克己复礼，天下归仁焉。”并说：“为仁由己，而由人乎哉？”那么，如何“克己复礼”呢？具体而言，便是“非礼勿视，非礼勿听，非礼勿言，非礼勿动”（《论语·颜渊》）。据《左传·昭公十二年》载，孔子尝言：“古也有志：‘克己复礼，仁也。’”由此可知，孔子“克己复礼为仁”的观念渊源有本，来自古志，意在强调人们只有约束克制自己以践行礼仪，才能使天下回归于仁道。

对孔子而言，克己乃是复礼和为仁的前提，自我克制而不是将某种自以为

① ［美］本杰明·史华兹：《古代中国的思想世界》，程钢译，江苏人民出版社2004年版，第75、76页。

是的道德标准或行为规范强加于人，才是对礼仪的真正践行，也才是进行仁德的自我修养的前提。尤其值得注意的是，孔子在答颜渊问仁时并不是仅仅复述“克己复礼，仁也”这一古已有之的观念，而是进一步将这一观念建立在“为仁由己”的观念之上。所谓的“为仁由己”，强调的无疑是有志于“为仁”者的个体自我的道德责任及主体性自觉，也就是说，仁德的修为、仁道的践行乃在于成就自己的道德生命、实现自己的人生价值，即所谓“成己，仁也”（《中庸》），故必须由自己来切身修为或躬自践行，而不能由他人来成就和实现。正是在这一意义上，仁之为仁，彰显的乃是士人君子“志于仁”（《论语·里仁》）或“仁以为己任”（《论语·泰伯》）的道德责任，强调的是人自我挺立其道德主体性和自我实现其道德人格的主体自觉意识。总之，在孔子看来，一个人修养仁德、践行仁道，既要遵循“克己复礼”的行为取向，又要将“克己复礼”的行为取向建立在“为仁由己”的道德责任与主体性的自觉意识之上；反之，缺乏自我克制的理性，不能遵循和践履礼仪的规范，一个人便不可能成就其仁德并引领天下回归于仁道，而如果不能将“克己复礼”的行为取向建立在“为仁由己”的道德责任与主体性的自觉意识之上，那么“克己复礼”的行为取向也将最终流于空洞僵化的外在形式或习惯模式。

第三，从伦理情谊和道德理性的角度讲，仁还是一种以“爱人”即以对他人的关爱为根本指向的美好道德品格，而且，孔子所谓的“仁爱”，乃是根源于家庭的孝悌之道或亲属之间的伦理情谊，并极具扩展性的道德理性精神而可以由亲及疏、由近及远地推扩、施与其他社群成员的关爱之情。

樊迟问仁，孔子答曰：“爱人。”（《论语·颜渊》）孔子的这一经典回答奠立了儒家仁爱思想的基调。孔子的仁爱思想，既不是来自抽象的理性推理，亦非根源于对天志神命的普遍性信仰（如墨子的兼爱或西方基督教的博爱），而是直接根源于他对家庭伦理生活和亲亲之情的生命体验与情感感悟，孔子与其弟子宰我之间有关“三年之丧”的一段对话最足以明此。据《论语·阳货》：

宰我问：“三年之丧，期已久矣。君子三年不为礼，礼必坏；三年不为乐，乐必崩。旧谷既没，新谷既升，钻燧改火，期可已矣。”子曰：“食夫稻，衣夫锦，于女安乎？”曰：“安。”“女安，则为之！夫君子之居丧，食旨不甘，闻乐不乐，居处不安，故不为也。今女安，则为之！”宰我出。子曰：“予之不仁也！子生三年，然后免于父母之怀。夫三年之丧，天下之通丧也，予也有三年之爱于其父母乎？”

孔子以兴复礼乐斯文为己任，然而，为父母居丧三年却可能导致礼乐废弛的后果，故而宰我心生“三年之丧，期已久矣”的疑问并询诸孔子，孔子以居丧三年来回报父母的养育之恩作答，并斥责主张缩短丧期的宰我为“不仁”。在这里，相对于礼乐废弛的问题，孔子更加重视和强调亲亲之情，认为亲亲之情及与之密切相关的仁爱的表达具有更为根本的重要性。仅仅注重和践行礼乐的外在形式，或许能够求得一时的心安，但丧失了亲亲之情和对亲人的仁爱的真诚流露，礼乐的外在形式将变得毫无意义，正所谓“人而不仁，如礼何？人而不仁，如乐何？”（《论语·八佾》）由此可见，如果说君子立身处世应但求一己之心安的话，那么，对孔子而言，将己心安于仁爱才是真正的心安。而且，君子对亲人诚笃的关爱，将会产生积极而广泛的社会效应，故子曰：“君子笃于亲，则民兴于仁。”（《论语·泰伯》）

有子曰：“君子务本，本立而道生。孝弟也者，其为仁之本与！”（《论语·学而》）此言揭明了孔子仁爱思想的本旨，即主张一个人的爱应首先施与和自己关系最为密切的亲人，强调家庭内部的孝悌之道或亲亲敬长的伦理情谊乃是“为仁”的根本或始基。然而，孔子和儒家所谓的仁爱并非要人仅仅将自己对他人的关爱之情拘囿于亲人之间，而是要由爱亲敬长开始，逐渐扩大其范围，最终推及陌生的他者乃至“达之天下”（《孟子·尽心上》）而后已，此即孔子所谓的“泛爱众”（《论语·学而》），亦即孟子所谓的“老吾老，以及人之老；幼吾幼，以及人之幼”（《孟子·梁惠王上》）。既然孔子和儒家的仁爱植根于家庭内部亲亲的伦理情谊，那么仁爱的施与自然也就应当遵循爱由亲始、由亲及疏的过程性原则，即由爱亲开始，逐渐扩大其范围，终至将关爱之情推及广大民众甚至草木禽兽，这样的仁爱所体现出的绝不是一种狭隘的情感，而是经由亲情的滋养而培育出的一种心智成熟的道德理性，正如曾子曰："君子之爱人也以德，细人之爱人也以姑息。"（《礼记·檀弓》）因此，孔子所谓的仁爱亦可说是一种心智通达、情理圆融的待人处世之道。

就其实质意涵而言，如果说孔子所谓的仁者之爱就是一种心智通达、情理圆融的待人处世之道的话，那么，为了更好地理解这一点，我们在此尚需对三个方面的问题稍作阐明。其一，孔子和儒家强调爱由亲始、由亲及疏的这一仁爱施与的过程性原则，或许时常容易被人误解为是在强调亲疏之别和爱有差等，但其本意绝不是要在亲疏之间形成一种区别隔离的界限，不是叫人将仁爱施与的对象仅仅拘囿于亲人之间，而只是要人在亲亲之情的基础上，将爱亲之情的施与范围逐渐扩大。仅仅拘囿于亲人之间的爱只是一种偏私的爱，真正的仁爱却具有一种不断扩展的精神特征，可以将人、己、家、国甚至天地万物融贯为一体，融贯为一个痛痒相关、休戚与共的命运共同体。如果说孔子以"爱人"为根本指向的仁道观尚局限于"鸟兽不可与同群"（《论语·微子》）的人类视界，或只局限于"知生""事人"的人类生活的适用范围的话，那么，经过后世儒者的不断扩展，它逐渐演变为参赞天地之化育而"成己""成物"的仁知之道（《中庸》），植根于"人心"（良心善性）[1]的仁民爱物的仁政理念和仁覆天下而"上下与天地同流"的精神境界（孟子），上本于"天心""天意"之"无穷极"的仁道信仰（董仲舒）[2]，以及"以天地万物为一体"的心灵境界与仁者情怀（宋明儒者）。其二，孔子所谓的仁爱或仁者之爱具有"好人"和"恶人"两个不同的

①《孟子·告子上》："仁，人心也。"

②《春秋繁露·俞序》："仁，天心。"《春秋繁露·王道通三》："天，仁也。……察于天之意，无穷极之仁也。"

道德情感维度，而不只是对他人表达一种单向度的偏爱之情，更非无原则的“乡愿”之爱。如郭店简《性自命出》所曰：“好恶，性也。”好恶乃是人人皆具的天赋之性，人与人之间的根本差别并不在于人有好恶本身，而在于人之所好所恶，以及如何对他人表达其好恶。在孔子看来，只有仁者能够真心地喜好人，并能够真心地厌恶人，故曰：“唯仁者能好人，能恶人。”（《论语·里仁》）所谓的能好人能恶人，质言之，就是仁者对他人表达其好恶，不是出于一己纯粹主观的好恶而做出的一种极端的情感表达，譬如“爱之欲其生，恶之欲其死”（《论语·颜渊》）之类，而是依据道德理性的标准，即所好所恶者在于其人之仁与不仁而已，而且，依孔子之见，真正能够做到喜好仁德和憎恶不仁，其实是仁者的一种很罕见的美德。故曰：“我未见好仁者，恶不仁者。好仁者，无以尚之；恶不仁者，其为仁矣，不使不仁者加乎其身。”（《论语·里仁》）其三，依据孔子对宰我“不仁”的严厉批评可知，从个体美德的角度讲，相对于礼乐废弛的问题，孔子更加看重对亲人的真情之爱，然而，这也并不意味着孔子就认为礼乐的践行或其形式的维持完全是无关紧要的，或是主张为了三年之丧就应任由礼乐废弛，相反，从治国理民、重建世界秩序的公共理性角度讲，对礼乐形式上的践行与维护以及对民众进行礼乐教化仍然具有根本的重要性，因此，从个体美德或仁爱的情感根基的角度讲，也许爱亲更为重要。但另一方面，从治国理民或仁爱的公共理性角度讲，“君子学道则爱人”又当落实在对大众百姓进行礼乐教化的治国之道上。[①]当然，在情感与理性之间，可能存在着某种张力，甚至有时会发生冲突和矛盾，但孔子主要是诉诸个人的自由选择来化解其间的冲突和矛盾。据文献记载，孔子师徒出游，闻哭声甚悲，孔子问其“何哭之悲”，答曰：“吾少好学问，周遍天下，还后，吾亲亡，一失也；事君奢骄，谏不遂，是二

① 据《论语·阳货》，子之武城，闻弦歌之声。夫子莞尔而笑，曰：“割鸡焉用牛刀？”子游对曰：“昔者偃也闻诸夫子曰：‘君子学道则爱人，小人学道则易使也。’”子曰：“二三子！偃之言是也。前言戏之耳。”

失也；厚交友而后绝，是三失也。树欲静乎风不定，子欲养乎亲不待。往而不来者，年也；不可得再见者，亲也。请从此辞！”言罢，遂自刎而死。孔子曰：“弟子记之，此足以为戒也！”于是弟子辞而归养亲者十三人。(《说苑·敬慎》，又见《韩诗外传》卷九和《孔子家语·致思》)这一故事虽然多半出于后人的演绎，但它鲜明而生动地昭示了这样一个道理，即在求学问道、事君交友而献身于公共道义的理性追求与孝养双亲的私人性(个人自我)的家庭义务和伦理情感之间存在着矛盾和冲突，孔子以此为戒，允许弟子辞归以尽养亲的个人义务，足见孔子在情理之间的宽容通达。孔子本人一方面谆谆教导弟子孝亲仁爱之道，另一方面又汲汲于讲学弘道，以兴复斯文、修起礼乐为己任，虽一身二任(追求仁道和兴复周礼)，却不以此苛责于人，允许弟子做出个人的自由选择。

第四，仁之为仁，不仅体现为一种个体德性的修养，还必须落实在公共责任的担当之上，而蕴含着公共责任的仁德已不仅仅是诸美德之一，更是诸美德之总名。

当阳货以“怀其宝而迷其邦，可谓仁乎”的问题来诘问孔子时，孔子回答说：“不可。”(《论语·阳货》)孔子与阳货之间的这番晤对向我们明确地揭示了孔子仁道理念的一项至关重要的内涵，那就是一个富有爱心的仁者必须将他的仁德或仁爱之心落实在对共同体的责任担当之上，或者说，对共同体的政治责任感乃是其仁爱之心的自然延伸。诚如郝大维和安乐哲所言，“对于孔子来说，人格的培育与对共同体的责任是相互蕴涵的”，“自我修养必然涵衍积极地参与家庭和延伸到社群的秩序，以激发那种促进自己人格成长的同情心与对他人的关怀”[①]。因此，孔子所谓的仁人志士或士人君子，事实上是那种天然具有仁爱情怀的公共精神的人，换言之，一个富有仁爱情怀的公共精神的人，也必然会将其个人的德性修养或对家庭亲属和陌生他者的关爱之情，扩展、延伸到整个人类社群的整合治理、良好生活秩序的维系和民众福祉之公共目标的实

① [美]郝大维、安乐哲：《汉哲学思维的文化探源》，施忠连译，江苏人民出版社 1999 年版，第 163 页。

现之上。孔子之所以格外称许管仲之仁，正在于管仲为维护以中国为中心的天下秩序和延续华夏民族文化习俗做出了卓越的贡献，在事功上尽了他应尽的政治责任。而且，孔子所谓的仁德不仅体现在外在的事功上，更重要的是，它是一种由亲情的滋养而培育发展出的心智成熟且极富道德理性色彩的美德，而作为一种极富道德理性色彩的美德，仁已不仅仅是诸美德之一，而是包括涵盖恭、宽、信、敏、惠、敬、忠等众美德之总名。如樊迟问仁，孔子答曰："居处恭，执事敬，与人忠。虽之夷狄，不可弃也。"（《论语·子路》）这是说仁者平日起居恭谨庄重，处理事务敬肃认真，与人交往忠实真诚，这些美好的品德，即使到了夷狄之邦，也是不可丢弃、改变的。而当子张问仁于孔子时，孔子更答曰："能行五者于天下为仁矣。"具体言之，就是："恭、宽、信、敏、惠。恭则不侮，宽则得众，信则人任焉，敏则有功，惠则足以使人。"（《论语·阳货》）意即仁之为仁，在于能将恭敬、宽厚、守信、勤敏、慈惠等众多美好的德行施行于天下，能恭敬就不会被人侮慢，能宽厚就会赢得众心的拥护，能守信就会得到他人的信任，能勤敏就会容易获得成功，能慈惠就会使人乐于服从。

第五，我们还需结合孔子对"为仁之方"的论述来理解孔子所谓"仁"的实质含义。

如果说以上皆是孔子对"仁"的具体内涵所做的直接阐述的话，那么孔子还从许多侧面对"仁"的实质含义进行了间接论述，在这些间接论述中，最为重要的就是关于"为仁之方"，即修养、践行仁德的方法与路径的问题。关于如何做才算是"仁"的问题，如子贡问："如有博施于民而能济众，何如？可谓仁乎？"孔子答曰："何事于仁，必也圣乎！尧舜其犹病诸！夫仁者，己欲立而立人，己欲达而达人。能近取譬，可谓仁之方也已。"（《论语·雍也》）显然，在孔子看来，"博施于民而能济众"的博大圣功要胜于仁者之德，而仁者之德则在能"己欲立而立人，己欲达而达人"。反之，孔子在回答仲弓问仁时，则答："己所不欲，勿施于人。"（《论语·颜渊》）前者是从积极方面而言的，后者则是从消极方面而言的，也可以说，前者是仁的积极含义（可称为“积极仁道”），后者则是仁的消极含义（可称为“消极仁道”，又称为恕道）。然而，无论是前者还是后者，唯有通过“能近取譬”的为仁之方的具体实践，才能被赋予某种实质性的内涵。所谓的“能近取譬”，也就是说能反求诸己而“近就己身取譬”，以己所欲、所不欲“譬之他人”，则知人之所欲、所不欲“亦犹己”[①]。而在“能近取譬”的基础上推己及人，亦即以自身的意愿作为对待他人的尺度或准则，或者把他人当作人、当作和自己一样的人来看待，乃至以己之所欲立、所欲达来帮助他人有所立、有所达，同时勿以己之所不欲强加于他人，如此则可谓仁矣。孔子以最为抽象的表达形式提出的这两种仁道理念，如刘泽华先生所说，乃是他“整个思想中最富有光彩的地方”[②]，亦如德国学者罗哲海所言，作为对“仁”的诠释，尤其是消极形式的恕道，“‘推己及人’的‘金律’”可以说是“意味着人际之间的平等”、“隐含着一种抽象的横向互惠关系”、最富于“形式理性”而“深具普遍性的道德行为信条”[③]。正因为以“能近取譬”作为“仁之方”、反求诸己而后推己及人的仁恕之道最具有普适性的意义，所以迄今为止它也是最易于为人们普遍认可和接受、“能够让任何道德—宗教传统的人群信服”[④]的道德行为信条。

除了仁恕之道的金律之外，孔子还论及其他的一些“为仁之方”。如答子贡问“为仁”曰：“工欲善其事，必先利其器。居是邦也，事其大夫之贤者，友其士之仁者。”（《论语·卫灵公》）并说：“当仁，不让于师。”（《论语·卫灵

① 钱穆：《论语新解》，生活·读书·新知三联书店2005年版，第165页。

② 刘泽华：《中国政治思想史集》第一卷《先秦政治思想史》，人民出版社2008年版，第233页。

③ ［德］罗哲海：《轴心时期的儒家伦理》，陈咏明、瞿德瑜译，大象出版社2009年版，第170、173、188、189页。

④ ［美］伊丽莎白·扬－布鲁尔：《阿伦特为什么重要》，刘北成、刘小鸥译，译林出版社2008年版，第143页。

公》）曾子亦曰："君子以文会友，以友辅仁。"（《论语·颜渊》）可见，对孔子师徒来讲，贤德士大夫的人格典范和师友之间的相互切磋，对于一个人的仁德修养来讲，实具有十分重要的辅助和促进的作用。另外，孔子有时也因人设教，问同而答异，如答"多言而躁"的司马牛则曰："仁者，其言也讱。"（《论语·颜渊》）而答樊迟则曰："仁者先难而后获，可谓仁矣。"（《论语·雍也》）孔子有时又从正反两面来指点为仁之方，如曰："刚、毅、木、讷近仁。"（《论语·子路》）又曰："巧言令色，鲜矣仁！"（《论语·学而》《论语·阳货》）最后，孔子有时更明确地以否定性的回答来修正人们对"仁"的误解，如原宪问："克、伐、怨、欲不行焉，可以为仁矣？"子曰："可以为难矣，仁则吾不知也。"（《论语·宪问》）也就是说一个人身上虽然没有好胜、自夸、怨恨、贪欲的毛病，但还不能说他就具备了仁德，一个人仅仅做到了自我克制，虽然难能可贵，但还不是仁。另如孟武伯问："子路仁乎？"子曰："不知也。"又问。子曰："由也，千乘之国，可使治其赋也，不知其仁也。"问："求也何如？"子曰："求也，千室之邑，百乘之家，可使为之宰也，不知其仁也。"问："赤也何如？"子曰："赤也，束带立于朝，可使与宾客言也，不知其仁也。"（《论语·公冶长》）在孔子看来，一个人虽然具有某方面的实际政治才能，但并不说明他就具备了仁德，不能将才与德混为一谈。

第六，最为耐人寻味的是孔子仁道观的多维度属性和融合贯通特征。

综上所述，与孔子之前言"仁"者，如克己复礼为仁，爱亲、爱人为仁[①]，"杀身以成志"为仁（《国语·晋语二》），以及讲求事功[②]、保民利国、遵君命、能让国之为仁相比，孔子论"仁"虽然对前言往行多有传承复述，但其思想之深邃、意涵之丰富可谓前无古人。概言之，孔子"仁"的观念，可谓人我并重、内外双修、体用兼备，绝非此前言"仁"者的片言只语所能比拟。而其中最能体现

---

① 据《国语·晋语一》："为仁者，爱亲之谓仁。"另据《国语·周语下》："爱人能仁。"

② 据《国语·鲁语上》："夫仁者讲功。"另据《左传·昭公二十年》："度功而行，仁也。"

孔子仁道观之特色的，便是孔子不仅赋予“仁”的观念一种多维度属性的内涵，其观念中亦蕴含着一种强烈而鲜明的内在张力或悖论，而且更具有一种融合贯通的特征，诚如萧公权先生精到指出的，“孔子言仁，实已冶道德、人伦、政治于一炉，致人、己、家、国于一贯”[①]。

孔子的仁道观念可以说为个体之人的道德修养确立了一个需通过不懈努力来自我实现的人格理想目标，同时也为整个人类社群的道德生活描画出一幅值得人们追求的人道主义的美好愿景[②]，正所谓“如有王者，必世而后仁”（《论语·子路》）。对孔子而言，仁之为仁，既是士人君子应具备的一种美德善行与卓越品质，更是人类维持其生存而须臾不可离的生活必需品，故曰：“民之于仁也，甚于水火。水火，吾见蹈而死者矣，未见蹈仁而死者也。”（《论语·卫灵公》）

在一个“知德者鲜矣”（《论语·卫灵公》）的混乱时代，仁德可以说是一种最匮乏稀缺而又最为急需的美好品行，然而，孔子却绝不因此而轻许人以仁，这是最值得我们深切玩味的地方。仁德的修养诚然不是遥不可及的，如子曰：“仁远乎哉？我欲仁，斯仁至矣。”（《论语·述而》）仁甚至是一种只要你愿意追求就能于当下即时成就和实现的个体美德，但是，仁又是一种最不易成就和实现的个体美德，不仅是最为孔子称道的颜回只能做到“其心三月不违仁”（《论语·雍也》），就算是孔子本人亦是如此。正因为仁德的修养取决于我们自己的意愿和欲求，取决于我们自己的志向与努力，而且是能够于当下即时成就和实现的，所以我们需要做的就是立志于仁并发愿求而得之，如子曰：“苟志于仁矣，无恶也。”（《论语·里仁》）否则，我们就是自暴自弃之人。不过，由于人类自身的种种缺陷与弱点，由于人类自身性近习远的根本特性和现实生存

① 萧公权：《中国政治思想史》，新星出版社 2005 年版，第 41 页。

② 如钱穆先生所言：“仁即人道，亦即仁德也。”（《论春秋时代人之道德精神》，见《中国学术思想史论丛》卷一，安徽教育出版社 2004 年版，第 198 页）

状况的错综复杂、纷繁多样，仁德的修养与仁道的践行又是脆弱而不易持久维持和一蹴而就的，故而需要我们持之以恒地付出艰辛的努力来成就和实现它，不管是贫贱还是富贵，不管是穷困还是通达，都应该矢志不渝地坚守道义，努力成就自己的仁德美名，乃至于“无终食之间违仁，造次必于是，颠沛必于是”（《论语·里仁》）。

对孔子来讲，仁之为仁，无疑是最值得人们追求成就的美德善行，它最易于求而得之亦最易于丧而失之，这可以说是孔子抛给我们的一道最具有悖论性质也最富有挑战意义的生存论难题。它犹如构筑我们人类生存之意义根基的一道“地平线”，我们可以不断地接近它，但又难以最终到达，它既远在天边，又近在眼前，尽管它时隐时现，我们却离不开它，因为一旦完全失去了它，那我们也就失去了生存的意义根基。反之，它若是很容易就能够达到，那它也就不再能激发我们追求它的动力，从而彻底丧失掉作为人类追求的道德理想、美好愿景和远大目标的价值和意义了。正因为如此，当一般人不能自觉地致力于仁德的修养和践行或追求成就和实现仁道的人类生活目标时，志士仁人必须挺身而出，把成就仁德作为自己的生命信仰，奋然担负起“仁以为己任”的神圣职责与使命，甚至不惜杀身成仁，故子曰：“志士仁人，无求生以害仁，有杀身以成仁。”（《论语·卫灵公》）

作为一种个体的美德，仁是一己安身立命的心灵居所，故而说“仁者安仁”（《论语·里仁》）；而作为人类社群道德生活的共同理想，仁更是天下人同心所向心灵归宿。然而，无论是个体美德的自我修养，还是道德理想的共同实现，都必须现实地面对并谨慎地对待和处理人类性近习远的根本特性问题。正是因为“性相近”，大多数人的本性是相通近似的，人与人才能够彼此沟通和理解，反求诸己而后“以己量人”、推己及人的仁恕之道才是可行的。同时，仁恕之道的实行也必须考虑由“习相远”所造成的错综复杂、纷繁多样的人类生活的现实状况，正是因为“习相远”，人与人才有必要进行沟通和交流，从而就彼此之间的共通性与差异性达成相互谅解。对于孔子来讲，也正是因为“习相远”，人类才需要某种共同的仁道的道德理想的引领，以便能够彼此关爱、和谐共处。换言之，尽管人类的本性是相通近似的，但毕竟不是完全同质的，由生活环境、政教传统和社会习俗的差异所造成的人与人之间气质习染的不同甚至是相差极远的，然而，个体仁德的修养或仁道理想的实现并不要求通过某种同质化的方法简单地将这些差异和不同消除掉，而是以建设性的立场和态度积极地修正和弥补可能由差异所造成的弊害。譬如，人与人之间虽然存在着身份地位、年龄体貌、礼仪角色等方面的事实性的差异或不平等，但我们可以平等（或一视同仁）而有礼貌地对待他人；人与人之间尽管存在着先天或后天的个体性差异（如有的人存在智力上的缺陷、身体上的残疾或家庭关系方面的缺失等），但我们可以遵循差别对待的人道原则，优先关怀社会中因个体性差异而造成的弱势群体。因此，孔子不仅是“事君尽礼”（《论语·八佾》），而且对自己不喜欢的阳货也以礼相待（《论语·阳货》）。孔子还特别注意在各种不同的场合有礼貌地对待他人，尤其礼敬那些丧服在身的人、穿戴礼服礼帽的人以及眼盲之人，即使是年少者和负贩之人亦不例外，所谓“见齐衰者，虽狎，必变。见冕者与瞽者，虽亵，必以貌。凶服者式之。式负版者”（《论语·乡党》），“见齐衰者、冕衣裳者与瞽者，见之，虽少，必作；过之，必趋”（《论语·子罕》），而孟子更是极力主张保障民生、优先照顾鳏寡孤独的王道仁政思想[①]。

总之，仁德的修养需要靠个体之人“为仁由己”的自我主体自觉，需要靠个体之人进行深刻的内省，仁德的修养必须体现在自我克制和依礼而行之上，必须体现在爱亲敬长之上并将之推扩为对他人的关爱，乃至体现在遵循仁恕之道

① 孟子曰：“（使民）养生丧死无憾，王道之始也。”（《孟子·梁惠王上》）又曰：“老而无妻曰鳏，老而无夫曰寡，老而无子曰独，幼而无父曰孤。此四者，天下之穷民而无告者。文王发政施仁，必先斯四者。”（《孟子·梁惠王下》）

最具普遍性意义的“角色虚拟互换”的“形式化的程序”[①]之上，并以自己的意愿作为道德行为的尺度来平等地善待他人。个体美德的展现也必将能够感召和吸引志同道合者来追随，共同致力于仁道理想的实现，正所谓“德不孤，必有邻”（《论语·里仁》）。孔子的“贵仁”，可以说是在对人类性近习远的根本特性所做的深刻反省的基础上提出的一种道德理想，仁道理想的实现需要谨慎而融贯通达地看待和处理人类习性的近似与差异问题，需要在尊重个性、包容差异并正确地表达对他人的好恶的基础上来寻求人类仁道理想的共同目标的实现，不能通过简单而人为地消除差异、剔除例外而同质化地看待和处理人类习性的方式，以及强制而整齐划一地控制他人和操纵民众的方式，来实现仁道理想的共同目标。正因为如此，仁道理想的共同目标的实现也必然会反向受制于人类的现实生存条件、生活环境及性近习远的根本特性，乃至使孔子和早期儒家“深刻感受到他们的理想与经验世界的紧张状况”，以及“在充满敌意的环境中，面对失败之可能所产生的孤寂感”与“挫败感”。[②]然而，尽管希望与苦难同在，仁道与失败共生，孔子却不愿意轻易放弃努力，仍然恪守仁道理想并“知其不可而为之”，这种大智大勇的入世精神是发人深省的。因为孔子深怀对人类博大而崇高的仁爱以及对人类未来命运与前途的无限关切，故而能够无畏地面对苦难和失败，努力超越时代的局限，努力摆脱人类现实生存状况的束缚，努力通过普遍性的仁恕之美德和形式理性，发挥“人我角色虚拟互换的想象力”[③]，为人类带来理想和希望、树立方向与目标。这就是孔子，“贵仁”而常常陷于“失败”境地的孔子。不过，如果你真正理解了孔子所谓“仁”的实质意涵，那么

---

① ［德］罗哲海：《轴心时期的儒家伦理》，陈咏明、瞿德瑜译，大象出版社 2009 年版，第 173 页。

② ［德］罗哲海：《轴心时期的儒家伦理》，陈咏明、瞿德瑜译，大象出版社 2009 年版，第 191、244 页。

③ ［德］罗哲海：《轴心时期的儒家伦理》，陈咏明、瞿德瑜译，大象出版社 2009 年版，第 173 页。

也就知道，对他来讲，“失败”不成其为“失败”，因为仁之为仁，本来就不是因“成功”而受到孔子推崇贵尚的，仁之所以“贵”，就在于它本身即是人所当为的人道或人所当修的美德，是植根于亲亲之情和形式化的恕道原则而可以推己及人地用来人道化地善待他人的一种道德行为信条，故子曰“仁者人也，亲亲为大”（《中庸》）。

三、孔子的诸美德理念

在一个伦制失范、道德败坏的时代，究竟应该成为一个什么样的人，而成为一个有德性的人又究竟意味着什么，这可以说是孔子以仁为中心的道德人格信念及其美德论的核心议题或根本关切。除了上面所讲的仁德之外，孔子所重视和推崇的美德还有忠、信、孝、悌、恭、敬、宽、惠、敏、慎、刚、直、勇、好学、有耻、知、礼、义、中庸、圣等。由于前面多有论及，故在此只作扼要评述。

忠、信是孔子教人时优先强调的两种做人的基本德行，即一个人的言语行为当以忠、信为主。据《周易·乾卦·文言》，子曰：“君子敬德修业。忠信，所以进德也。”可见，依孔子之见，忠、信是君子增进自己德性修养的重要基石或阶梯。当然，孔子之所以反复强调“主忠信”，更是因为忠、信是建立彼此忠诚且相互信赖的人类社群和谐生活及优良秩序，维系人与人之间持久而良性的交往互动关系的基本纽带和道德保障。另外，孔子尝言：“十室之邑，必有忠信如丘者焉，不如丘之好学也。”（《论语·公冶长》）由此可知，在孔子看来，较之“好学”，忠、信是更易践履的两种基本德行，一个人若失去了忠、信，恐怕也就与卑俗凡庸之人无异了。因此，孔子反复强调一个人的言语行为应以忠、信为主，不要与德行不如自己的人（即不忠信之人）为友，一旦发现自己的过失，还应勇于改过自新。[①]

孝、悌为培育仁德的根本，而在二者之中，孔子尤其重视的是孝德，故常常教人以“孝”，而要做到孝，又不仅要做到奉养父母，更要对父母深怀敬爱之情[②]，并能够将敬爱父母的真情流露于对父母的生事葬祭之礼上[③]，体现在侍奉父母时和颜悦色的面容表情上（《论语·为政》）。

另外，恭、敬、宽、惠、敏、慎、刚、直、勇等美德也是一个富有德性的人所应具备的，其中有些美德如恭、敬、宽、惠、敏等，与忠、信一样，是可以普遍施行于不同族群乃至整个天下的，而能够将它们集于一身或将它们施行于天下者，也就可以成就自己的仁德，故孔子答樊迟问仁曰：“居处恭，执事敬，与人忠。虽之夷狄，不可弃也。”（《论语·子路》）又答子张问仁曰：“能行五者（恭、宽、信、敏、惠）于天下为仁矣。”（《论语·阳货》）有些美德如恭、慎、勇、直、刚等，则与信、仁一样，需要礼的约制并以好学为根基，否则就有可能产生某种不良的后果（《论语·泰伯》《论语·阳货》）。

对孔子来讲，好学无疑也是君子的一种美德，如子曰：“君子食无求饱，居无求安，敏于事而慎于言，就有道而正焉，可谓好学也已。”（《论语·学而》）而且，孔子本人不仅以好学者自居，更激赏弟子之“笃信好学”，尤其称赞颜回“不迁怒，不贰过”的好学品格（《论语·雍也》）。在孔子看来，好学不仅是诸美德之一，更是实现其他美德的根本途径与根基。

孔子不仅教人好学，还教人知耻。在孔子看来，士人君子当“行己有耻”，而从一个人耻于什么及为什么感到羞耻，我们可以看出其人品格如何，究竟是

① 子曰：“主忠信，无（或毋）友不如己者，过则勿惮改。”（《论语·学而》《论语·子罕》）

② 子游问孝。子曰：“今之孝者，是谓能养。至于犬马，皆能有养；不敬，何以别乎？”（《论语·为政》）

③ 孟懿子问孝，子曰：“无违。”樊迟御，子告之曰：“孟孙问孝于我，我对曰，无违。”樊迟曰：“何谓也？”子曰：“生，事之以礼；死，葬之以礼，祭之以礼。”（《论语·为政》）

高尚还是卑俗。当子贡向孔子请教“何如斯可谓之士矣”的问题时，孔子首先回答：“行己有耻，使于四方，不辱君命，可谓士矣。”（《论语·子路》）这是说，一个人对自己的行为能够保持一种羞耻意识，出使四方能够不辱没、辜负国君使命，便可称作士了。不仅如此，孔子还认为，士当“志于道”，而不应以“恶衣恶食”为耻（《论语·里仁》）；为人当“敏于事而慎于言”（《论语·学而》），以言过其行为耻，故曰“君子耻其言而过其行”（《论语·宪问》）；一个人花言巧语，装出一副伪善的好面孔，过分地恭顺，内心藏着怨恨但表面上又对人装出一副友善的样子，这都是可耻的①；当国家有道而政治清明时，一个人处身贫贱是可耻的，当国家无道而政治昏暗时，一个人妄得富贵也是可耻的②；当国家有道而政治清明时，一个人是可以出仕食禄的，反之，当国家无道而政治昏暗时，一个人出仕食禄便是可耻的③。总之，一个人若行己有耻、心有所耻，便会顾惜自己做人的名誉和品格而能有所不为。

孔子常常将仁者和知（智）者对举并言，如曰：“知者不惑，仁者不忧，勇者不惧。”（《论语·子罕》）“知者乐水，仁者乐山。知者动，仁者静。知者乐，仁者寿。”（《论语·雍也》）“仁者安仁，知者利仁。”（《论语·里仁》）孔子也曾单独论知者曰：“可与言而不与之言，失人；不可与言而与之言，失言。知者不失人，亦不失言。”（《论语·卫灵公》）究竟何谓仁与知呢？孔子弟子樊迟曾经先后两次向孔子请教这一问题，而孔子前后两次的回答是这样的，一次曰：“务民之义，敬鬼神而远之，可谓知矣”“仁者先难而后获，可谓仁矣”（《论语·雍也》）。这是说，引领人民走上正当而合乎人道之所宜的生活道路，并对

---

① 子曰：“巧言、令色、足恭，左丘明耻之，丘亦耻之。匿怨而友其人，左丘明耻之，丘亦耻之。”（《论语·公冶长》）

② 子曰：“天下有道则见，无道则隐。邦有道，贫且贱焉，耻也；邦无道，富且贵焉，耻也。”（《论语·泰伯》）

③ 宪问耻，子曰：“邦有道，谷；邦无道，谷，耻也。”（《论语·宪问》）

鬼神采取敬而远之的态度，便是知；尽力做事在先，获取酬报在后，便是仁。另一次则曰：仁即“爱人”，知即“知人”，亦即“举直错诸枉，能使枉者直”（《论语·颜渊》）。这是说，与爱人之仁不同，知是指选拔举用正直仁爱之人，让正直仁爱之人居于邪枉之人的上面，就能使邪枉之人变得正直起来。对于知的这一含义，樊迟不是很明白，故而询问子夏，子夏援引具体的历史事例即古代圣王的做法来解释说：“富哉言乎！舜有天下，选于众，举皋陶，不仁者远矣。汤有天下，选于众，举伊尹，不仁者远矣。”（《论语·颜渊》）由上可知，在孔子看来，具备仁、知二德者分别具有不同的品格志趣，知者洞察人情事理而不迷惑，仁者内省修身而不忧惧；知者慧识通达而灵活，故而喜爱流水，为人灵动而快乐，而仁者品德高尚而厚重，故而喜爱高山，为人静穆而长寿；仁者安心于仁道的践行，而知者则出于为仁之利的考量而追求仁道。然而，两者并不是对立的，而是互补的，一个拥有健全心智与人格的人应该兼具仁、知二德或知、仁、勇“三达德”，而且，不管是仁者还是知者，他们的最终目的都是追求实现仁爱、公义的道德目标，因此，孔子在回答樊迟时，虽然前后两次的具体表述不同，但其根本用心和旨趣是一致的，故而前后两次的回答可以互诠互证，即正因为仁者爱人，所以才勤勉做事而不计酬报，正因为知者应引领人民走上正当而合乎人道之所宜的生活道路，所以才知人善任、“举直错诸枉”。唯有勤勉做事而不计酬报者，才能真心去爱人；唯有知人善任、“举直错诸枉”者，才能懂得“务民之义”并实现平治天下的政治目的。可见，仁与知二德既是靠自我修养而成就的个体美德，更是具有至关重要的治国理民意义的政治道德，而且，二者之间是一种相须而备、配合而行的互补关系。

在孔子看来，一个具有德性的人，不仅应具备知、仁、庄诸美德，还应依礼而行，具备一种好礼谦让的美德，如其曰：“知及之，仁不能守之；虽得之，必失之。知及之，仁能守之。不庄以莅之，则民不敬。知及之，仁能守之，庄以莅之，动之不以礼，未善也。”（《论语·卫灵公》）故而孔子不仅教弟子“博学于文”，而且还“约之以礼”（《论语·雍也》），不仅教弟子仁和知，更教弟子通过“克己复礼”来“为仁”，甚至要求弟子必须做到“非礼勿视，非礼勿听，非礼勿言，非礼勿动”（《论语·颜渊》）。另外，在孔子和儒家看来，礼之为礼，彰显了人之所以为人的本质特征，不仅使人区别于禽兽，也是使华夏文明人区别于夷狄野蛮人的根本标志，而且礼的主要社会功能就在于它可以维持人际之间彼此尊重的和谐关系和“礼尚往来”的交往互动。富贵者易于傲慢骄淫，贫贱者易于谄媚卑屈，唯有好礼才能使富贵者不骄不淫，使贫贱者自尊而不卑怯，故《礼记·曲礼上》曰：“圣人作，为礼以教人，使人以有礼，知自别于禽兽。……礼尚往来，往而不来，非礼也；来而不往，亦非礼也。人有礼则安，无礼则危。……夫礼者，自卑而尊人。虽负贩者，必有尊也，而况富贵乎？富贵而知好礼，则不骄不淫；贫贱而知好礼，则志不慑。”

除了依礼而行之外，做一个有德性的人还当闻义而徙（改过迁善），故而孔子把“徙义”视作“崇德”的一项重要内容[①]，并深以“闻义不能徙”为己忧（《论语·述而》）。也就是说，一个人要想成为一个有德性的君子，应具备的另外一个至关重要的美德就是好义。作为一个重要德目，孔子主要从如下几方面来阐明其含义：一是强调好义、尚义或喻于义是君子之为君子而区别于小人的本质特征，如其曰：“君子之于天下也，无适也，无莫也，义之与比。”（《论语·里仁》）“君子喻于义，小人喻于利。”（《论语·里仁》）“君子义以为上。”（《论语·阳货》）“君子义以为质，礼以行之，孙以出之，信以成之。君子哉！”（《论语·卫灵公》）二是在区别于勇的意义上阐明义的品德，即勇当以义为准的，故曰“见义不为，无勇也”（《论语·为政》）；反之，“君子有勇而无义为乱，小人有勇而无义为盗”（《论语·阳货》）。三是义之为义，乃是相对于“利”和“得”而言的，也就是说，一个具有德性的君子在面对个人利益的得失或富贵贫贱的人生际遇时，不应一味地追求个人利益的获得与满足，或者

① 子曰：“主忠信，徙义，崇德也。”（《论语·颜渊》）

为了逃避贫贱、追求富贵而不择手段，而是应该慎重地考虑和反思个人利益的获得与满足或自己去贫贱而求富贵的手段与方法是否正当而合宜，是否合乎维护人类社群的整体利益与公共福祉的价值准则。故“君子有九思”，其中之一即“见得思义”（《论语·季氏》），而与“君子喻于义”相对而言的便是“小人喻于利”。另外，孔子在回答子路问“成人”时亦曾说：“见利思义，见危授命，久要不忘平生之言，亦可以为成人矣。”（《论语·宪问》）而孔子自述其志时亦曰：“饭疏食饮水，曲肱而枕之，乐亦在其中矣。不义而富且贵，于我如浮云。”（《论语·述而》）四是义与道密切相关，即由义所激发、引起的是达道、行道的行动，故子曰：“隐居以求其志，行义以达其道。”（《论语·季氏》）而孔子弟子子路针对隐者避世不仕的行为亦曾感叹：“君子之仕也，行其义也。道之不行，已知之矣。”（《论语·微子》）总之，就其字面意思来讲，义之为义，乃是指正当而合宜的道德行为和人伦价值观念，如《礼记·礼运》所谓：“父慈、子孝、兄良、弟弟（悌）、夫义、妇听、长惠、幼顺、君仁、臣忠，十者谓之人义。”在孔子看来，对义的爱好和崇尚恰恰体现了道德君子的本质特征，也就是说，一个有德性的人应当见义勇为，应当遵循超越于个人私利的公义的价值准则或价值理性，勇敢地采取维护人类社群生活的和谐伦理秩序和公共福祉的道德行动，故如荀子所言，与“仁者爱人”不同的，是“义者循理”（《荀子·议兵》），或者如董仲舒所言，与“以仁安人”不同的，是孔子之所以强调君子应“喻于义”或“见得思义”，其意在于“以义正我”（《春秋繁露·仁义法》）。因此，好义的士人君子理应以实际行动来践行公共道义而不是计较个人私利私欲的满足，甚至应不惜为此牺牲个体生命，如孟子所谓的舍生而取义。而“行义以达其道”的终极目的，说到底就是追求实现儒家意义上的伦理文明秩序和平治天下的社会政治目标，而这也正是孔子晚年致力于编修《春秋》的根本目的所在。孟子曾言，“孔子成《春秋》而乱臣贼子惧”（《孟子·滕文公下》），之所以有如此效果，是因为贯穿于被后儒视作“礼义之大宗”的《春秋》一书的中心思想便是

"君君，臣臣，父父，子子"（《论语·颜渊》）的正名主义原则，这一原则的实施正是旨在实现一种"父子有亲，君臣有义，夫妇有别，长幼有叙，朋友有信"（《孟子·滕文公上》）的伦理文明秩序，或者通过使亲亲之仁和敬长之义"达之天下"（《孟子·尽心上》），从而实现"人人亲其亲、长其长，而天下平"（《孟子·离娄上》）的社会政治目标。

在孔子的美德论中，还论及中庸之德，如曰："中庸之为德也，其至矣乎！民鲜久矣。"（《论语·雍也》）不过，孔子并未做更进一步的具体论述，只是认为中庸为"至德"，而且世人缺少这种德行已经很久了。那么，究竟何谓"中庸"之德呢？关于"中"字的含义并无异议，乃是不偏不倚或"无过无不及"之意，而关于"庸"字的含义，却是众说纷纭而莫衷一是，或以"用"训"庸"，或以"常"训"庸"，或以"平常"训"庸"，或认为"所常行谓之庸"而"常行者即常用是也"，或认为夫子所谓"中庸"之德即"中和可常行之德"，或认为夫子所谓"中庸"之德即"凡人日用常行之事，如孝弟忠信之类，行得恰好谓之中庸之德"①。另外，关于"至"的含义，或以"极""最高"为训，或认为"至字只言其至当不易"而非"至高至精"②，或解说"中庸之德，乃民德。其所以为至者，言其至广至大，至平至易，至可宝贵，而非至高难能"③。综合古今各家训解，大体而言，我认为，孔子所谓"中庸"之德，当指中正平易的日用常行之德，孔子之所以称"中庸"为"至德"，显然是针对他所处时代道德风俗的极端败坏而发的感慨，它既是与"过"和"不及"相对而言的，亦可说是与"狂"和"狷"相对而言的，不过，前者有否定"过"和"不及"的意思，正所谓"过犹不及"（《论语·先进》），而后者却有肯定狂狷之行的意思，正所谓"不得中行而与之，必也狂狷乎！狂者进取，狷者有所不为也"（《论语·子路》），所谓的"中行"也

---

① 程树德：《论语集释》，中华书局1990年版，第425—426页。

② 程树德：《论语集释》，中华书局1990年版，第426页。

③ 钱穆：《论语新解》，生活·读书·新知三联书店2005年版，第164页。

就是“中庸”。另外，如李零先生所言，“中庸”之“中”也的确含有“标准和原则”的意思[①]，而所谓的标准和原则，就是荀子所谓的“礼义”[②]，也就是孔子本人所谓的孝悌忠信仁爱之道。无原则的“乡愿”，抑或是对于他人爱与恶的两极化的情感表达，如“爱之欲其生，恶之欲其死”之类，都不合乎“中庸”之德的要求，反之，凡拥有“中庸”之德者，必具备中道而立、至当不易或广大平易的适度理性。

最后，对孔子来讲，比仁德境界更高的伟大德行，乃是“博施于民而能济众”的圣德(《论语·雍也》)。孔子认为自己生活在一个“圣人不得而见”的时代，故而现实地选择躬行君子之道；孔子从不以仁圣自居，但心向往之，并愿以“为之不厌，诲人不倦”的精神投身于修习、弘扬圣德仁道的人类事业，故曰：“若圣与仁，则吾岂敢？抑为之不厌，诲人不倦，则可谓云尔已矣。”(《论语·述而》)

综上所述，我认为，我们只有抛弃有关道德理念的流俗之见和刻板僵化的看法，才能真正理解孔子的仁道观与诸美德理念，正如牟宗三先生所言，孔子“仁”的观念的根本意义在于“开辟价值之源，挺立道德主体”，而所谓“道德”，“并不是来拘束人的，道德是来开放人，来成全人的”[③]，或者说“道德是价值理性直接披露于个人，所谓‘德润身’”[④]。而且，对孔子而言，道德不仅能够成就和实现个体自我的道德生命和人生价值，而且能够推动和促进整个人类社群生活和谐关系秩序和人道化伦理文明秩序的演化和生成。因此，道德绝不是什么“生存策略”[⑤]，更不是什么用来操纵和控制他人的实用性、工具性的权术手

① 李零：《丧家狗——我读〈论语〉》，山西人民出版社2007年版，第140页。

② 荀子曰：“先王之道，人之隆也，比中而行之。曷谓中？曰：礼义是也。”(《荀子·儒效》)

③ 牟宗三：《中国哲学十九讲》，上海古籍出版社1997年版，第59—60、75页。

④ 牟宗三：《生命的学问》，广西师范大学出版社2005年版，第45页。

⑤ 李零：《丧家狗——我读〈论语〉》，山西人民出版社2007年版，第386页。

段，而是一种生命的信仰，为生活所必需，它首先必须是个体之人基于自身的主体自觉意识而对自我施加的一种自反性的严格道德要求，然后才有可能通过善意地对待他人的方式而对他人产生一种广泛的道德感召力，个体在不断提升和扩展自己道德感召力的过程中，既成就和实现了自我的道德人格和人生价值，同时也推动和增进了人类社群生活的和谐目标与公共福祉的实现。换言之，道德不仅可以成就个人，而且能够使整个人类社群的生活世界变得更加美好。胡适先生曾言："现在竟还有人说风凉话，说'自由'是有产阶级的奢侈品，人民并不需要自由。假如有一天我们都失去了'自由'，到那时候每个人才真正会觉得自由不是奢侈品，而是必需品。"[①] 套用胡适先生的话，我们也同样可以说，道德并不是什么无用的奢侈品，我们没必要非得等到我们都失去了"道德"，或者等到遭受他人不道德的对待时，才真正觉得道德不是无用的奢侈品，而是生活的必需品。而且，尤其值得我们深思和认真对待的是，孔子的仁德理念留给我们中国人的真正富有生命力和深刻教益的信念，无疑就是一个人践行以仁为中心的诸美德，既不是为了追求西方圣哲苏格拉底意义上的认识自己的知识美德，也不是为了获得基督教意义上的信仰上帝的精神皈依，亦不是为了求得佛教意义上的涅槃境界的精神解脱，而是纯粹为了自身的人格修养与道德良心的内在安宁。

① 胡适：《中国文化里的自由传统》，参见姜义华主编《胡适学术文集·哲学与文化》，中华书局 2001 年版，第 708 页。

第十二章　孔子的“士人政治”理念

作为一位教育家，孔子在私学教育事业上做出了最具开拓创新性意义的历史贡献，并取得了广泛成效和巨大成功；作为一位思想家，孔子不仅深情关切中国人文化生命的延续和传承并以兴复以诗书礼乐为中心的斯文传统为使命，而且不遗余力地致力于中国人道德生命的涵养与提升并以阐扬以仁道理念为中心的道德理想为己任。然而，无论是讲学立教、培育人才，还是兴复斯文、弘扬仁道，孔子的“终极关怀”都是要落实在对人类社群的公共福祉和天下有道的根本目标的追求和实现上的。因此，孔子又可以说是一位将道、学、政三者融贯为一体的政治思想家。而且，不仅是孔子的仁道观念具有“开辟价值之源，挺立道德主体”的深远意义，孔子在他重点关心的社会政治领域也“发挥了自己最富创见性的洞识”[①]，特别是他率先积极倡导和躬身实践的人道政治观及士人政治理念，引领形塑了中国士人参政议政的风气习尚，具有开辟和拓展士人政治实践公共空间的深远意义。因此，综合而言，孔子实不愧是一位在开辟

① ［美］郝大维、安乐哲：《通过孔子而思》，何金俐译，北京大学出版社2005年版，第245—246页。

时代精神新方向上做出了卓越贡献，在创建儒家思想范式上产生了深远影响的教育家和思想家，不愧是一位思想家、教育家式的政治活动家和行动型、实践型的政治思想家。

一、孔子士人君子之学的独特含义

孔子究竟在政治生活的实践领域以及政治思想的观念领域带来了一种什么样的时代性的变化呢？要回答这个问题，我们进一步要问的问题就是：我们究竟应如何理解和把握孔子之学之教之道的根本含义？而要很好地回答这两个问题，我们必须综合审视和考量孔子一生的所思所行，孔子的人生追求、事功作为及思想学说的根本意义所在，孔子汲汲于讲学立教兴复周礼、为政治国，并立志于弘道崇德、贵仁尚义、修己安人的根本目的和用心究竟何为，孔子讲学立教意在培养什么样的人，他将弘道崇德、贵仁尚义、兴复周礼、为政治国、修己安人的希望究竟寄托在什么样的人身上……在我看来，一言以蔽之，孔子讲学立教的根本目的和用心，乃在培养士人君子，并将行道救世的希望寄托在士人君子的兴作崛起、奋发有为之上。因此，我们实可将孔子之学之教之道称为士人君子之学之教之道（可简称为士人君子之学）。

有学者将孔子之学之教之道称为为己之学、成德之教、做人之道，如钱穆先生所言："儒教教义，主要在教人如何为人。亦可说儒教乃是一种人道教，或说是一种人文教，只要是人，都该受此教。……在其教义中，如孝、弟、忠、恕，如仁、义、礼、智，都是为人条件，应为人人所服膺而遵守。"[①] 也有学者将孔子和儒家的道德伦理观念称为角色伦理学，如安乐哲和罗思文先生所言："根据儒家的道德人生观，我们不是抽象分离意义上的个体，相反，却是存在互相影响的人，过着——而不是'扮演'着多重角色，这些角色构成了我们是什么样

① 钱穆：《中国历史上的传统教育》，见《国史新论》，生活·读书·新知三联书店2001年版，第218页。

的人，并且，这样我们可以在行为上追求无与伦比的独特性和技艺。换句话说，我们是与我们的同伴共同生活着的角色的总和。”[①] 然而，在孔子那里，所谓的士人君子之学还不是后来那种要求人人都应服膺和遵守的普遍意义上的人道教或人文教，生活在乱世并明确意识到“知德者鲜矣”的孔子还不曾期望人人都应具备士人君子之德之行。对孔子而言，士人君子不仅应具备一种特立独行或独立自主的道德意志与品格，更应担负起不为其社会伦理角色所限定的追求、捍卫、践行、维护和弘扬公共道义的神圣职责与使命，或者如罗哲海所言：“儒家伦理学的行为者乃是真正为自我尊严负责的具体存在。这种自我主宰的存在个体，将会尽一切努力扮演好他的社会角色，但是并不以此为限。”[②] 韦政通先生可谓一语破的，他说：孔子所谓的“志于道”，“不是泛泛而言，而是针对当时新崛起的士人来说的”[③]。而且，在我看来，不只是“志于道”，孔子的整个私学教育事业旨在培养的就是新型的士人君子，孔子本人不仅以躬行士人君子之道为目标，更将修德为政、行道救世的希望主要寄托在当时那些新崛起的少数杰出的具有担当精神的士人君子身上。只有明确了这一点，我们才算真正理解和把握了孔子整个教学实践、道德理想和政治理念的根本含义，也就是说，孔子教学育人的目标、道德理想的载体以及为政治国和行道救世的理想，主体都是士人君子。

那么，孔子的士人君子之学在政治生活或政治实践领域以及政治思想领域，究竟带来了一种什么样的时代性的变化呢？

从我们“事后诸葛亮”式的后世眼光与历史观点来看，孔子无疑处在一个历史转变的过渡期，仅就政治形态的历史转变来讲，这是一个封建宗法性的贵

---

① ［美］安乐哲、罗思文：《早期儒家是德性论的吗？》，谢阳举译，《国学学刊》2010年第1期。

② ［德］罗哲海：《轴心时期的儒家伦理》，陈咏明、瞿德瑜译，大象出版社2009年版，第192页。

③ 韦政通：《中国思想传统的创造转化——韦政通自选集》，云南人民出版社2002年版，第161页。

族君主制向新型的专制集权化的官僚君主制蜕变转型的过渡时期，但是，身处这一时代生活环境之中的孔子显然并不能确切地预知历史究竟会朝着什么方向或目标演进。因此，孔子不是自觉地顺应这一转变的历史趋势，积极地促成新型的专制集权化的官僚君主制，只是按照自己对政治的认识和理解，极力使封建宗法性的贵族君主制朝着他所期待的更加人道化的方向改善和转进。正是孔子的士人君子之学及其在政治人道化上的努力，为其所处的时代注入了一种新的活力因素，即新兴士人对政治的积极参与。不过，为了更好地理解这一点，我们首先需要澄清对于一些问题的片面认识或误解，特别需要厘清儒家关于君主政体的观念以及家与国、政与教、士与仕之间的关系问题，同时需要对我们常常不自觉地混用的一些概念做一些必要的辨析区分。

孔子生活在一个政制转变的过渡时期，封建宗法制的政治形态尽管已经日趋衰落、解体和崩坏，但仍然构成了孔子政治思考的历史背景，为其政治思考设定了基本的问题框架，其政治思考也因此被涂抹和打上了宗法性的色彩与封建制的烙印。正因为如此，孔子不仅希望兴复周代的礼乐制度，而且渴盼回归天下礼乐征伐之权出于天子、国家爵禄赏罚之权出于诸侯国君的有道治世（《论语·季氏》），这往往会给人留下一种孔子在政治上立场保守的深刻印象，并常常使孔子受到各种各样的批评，譬如有的学者把孔子和儒家称为“中国专制主义的最重要的代表”[①]，有的学者则认为儒家的“道德哲学优于他们的政治观点”，因为儒家所坚持的君主政体恰恰构成了儒家伦理学实现的瓶颈或在现实

---

① “中国专制主义的最重要的代表，当然是儒家。儒家专制主义理论可以归结和推演于孔子回答齐景公的那句千古名言：‘君君臣臣，父父子子。’这就是说，君应该像君那样作为。可是，君究竟怎样作为才像君呢？首先就应该自己一个人掌握国家最高权力。因为君主之为君主就在于一个人掌握国家最高权力：君主政体就是一个人掌握国家最高权力的政体。所以，孔子的‘君君’的首要含义就是君主应该自己一个人掌握国家最高权力。”［王海明：《专制主义概念辨难》，《山东大学学报（哲学社会科学版）》2007年第2期］

上的“一个政治性的局限”[①]。毋庸讳言，认同并维护君主政体的基本政治立场的确是孔子思想学说的一个重要特征，然而，孔子绝不是不加反思地对君主政体或现实政治中的君主统治给予简单的肯定，不仅如此，孔子对无道的人君世主和越位僭礼、执政当权的贵族甚至持有一种激烈批判的态度，如“子言卫灵公之无道”（《论语·宪问》），并斥责“今之从政者”为“斗筲之人”（《论语·子路》）。更具时代变革意义的是，在孔子看来，君主的统治必须具备一种道德的权威才具有正当性，也只有受过教育、具有深厚人文素养和高尚道德品格的士人君子才真正具有治国为政的正当资格。这对于世袭宗法贵族的政治权威来讲，可以说构成了根本意义上的挑战和冲击，诚如顾立雅所言：“在政治上，孔子通常被称做保守分子，甚至还有人说他的首要目标是复古和增强世袭贵族的政治权威。事实上，孔子倡导和促进了一场彻底的社会和政治革新，所以，他应被看做是一位伟大的社会变革者。在他去世后的几个世纪之内，盛行于他那个时代的世卿世禄的政治制度最终在中国消亡了。对于这一制度的崩溃，孔子的贡献大于任何人。”[②]

孔子和儒家的核心教义也常常被笼统地误认为只是教人做忠臣、孝子和顺民，或者被错误地理解为只是依据一种治家的模式来构想国家治理的模式，并将家庭角色的伦理关系与家庭中孝敬的道德准则等同于政治角色的君臣关系与政治上忠诚的道德准则，从而混淆了政治与伦理的本质区别。然而，这样一种观点和看法显然并不与孔子和古典儒家的思想完全吻合，虽然孔子讲过“君君，臣臣，父父，子子”（《论语·颜渊》）和“臣事君以忠”（《论语·八佾》）的话，孟子更是“言必称尧舜”（《孟子·滕文公上》），认为“尧舜之道，孝弟而已矣”（《孟子·告子下》），然而，孔子只是强调君臣和父子为人类关系中至关重

① ［德］罗哲海：《轴心时期的儒家伦理》，陈咏明、瞿德瑜译，大象出版社 2009 年版，第 158 页。

② ［美］顾立雅：《孔子与中国之道》，高专诚译，大象出版社 2000 年版，第 1 页。

要的两大伦，并非将两者简单地混同起来，他教臣忠于君也不是绝对而无条件的，而是以“君使臣以礼”为前提条件的，而孟子之所以像孔子那样教人“孝悌忠信”，更是基于他那人人生而皆具天赋的良心善性或良知良能的伦理观念，故曰：“仁义忠信，乐善不倦，此天爵也。”（《孟子·告子上》）而且，孟子只是强调“教人以善谓之忠”（《孟子·滕文公上》）和君子“自反而忠”（《孟子·离娄下》）的问题，却从未言及臣下应绝对忠于君主的问题。正如许多学者已指出的，孔孟古典儒家与后世儒家在观念上的确存在着许多重大的差别，对孔孟和古典儒家而言，所谓的子孝、弟悌、妇听、幼顺、臣忠之德从来都不是一种片面的角色性的强制要求，而是分别与父慈、兄良、夫义、长惠、君仁之德相对应的，他们期望在各种伦理角色之间建立起一种良性互动和彼此调适的亲和互惠、友善合作的道德关系。尤其是在臣下可以有条件地效忠于君主的观念之外，孔孟更加强调君臣之间应建立和形成一种道义性的政治关系，正所谓“君臣有义”，具体而言，即君主应“贵德而尊士”（《孟子·公孙丑上》），臣下应“以道事君”（《论语·先进》），甚至应肩负起犯颜直谏、“格君心之非”（《孟子·离娄上》）的职责，如孔子答子路问事君曰：“勿欺也，而犯之。”（《论语·宪问》）孟子曰：“君子之事君也，务引其君以当道，志于仁而已。”（《孟子·告子下》）荀子亦强调“谏、争、辅、拂之人”应“从道不从君”（《荀子·臣道》），并说：“从道不从君，从义不从父，人之大行也。”（《荀子·子道》）而孔子的孙子子思在回答鲁穆公“何如而可谓忠臣”之问时，更曾直言不讳地讲：“恒称其君之恶者，可谓忠臣矣。”（郭店简《鲁穆公问子思》）显然，孔子与古典儒家在君臣观念上更加强调对道义的抽象原则的绝对忠诚应高于对某一位具体君主的特殊忠诚，他们虽然在事实上认同和肯定君主政体，但并非将家庭中的孝道简单地等同于对君主的绝对忠诚，他们之所以特别重视和强调孝悌之德，是因为他们认为孝悌是基于血缘亲情之上用来维系家庭伦理关系的重要美德，更是涵育对他人的仁爱之德（而非对君主的忠诚）的根本，这与后世儒家“尊君卑臣”“移孝作忠”的观念是截然不同的。

特别需要指出的是，虽然孔子和古典儒家言仁论政的一大特点就是常常将道德、人伦、政治和人、己、家、国融贯为一，比类并言，如孔子答齐景公问政而曰“君君，臣臣，父父，子子”（《论语·颜渊》），然而，以敬事亲与以道事君、父子关系以亲情来维系与君臣关系以道义相结合显然并不是一回事，而在孝悌亲亲之道与治国理民之道之间更有着实质性的差别，一般人的孝悌亲亲之道仅限于家庭亲属关系范围之内，然而，治国理民必须将仁爱之德推及陌生的他者即广大民众或普通百姓。正如孔子同时代的人所言：“为仁与为国不同。为仁者，爱亲之谓仁；为国者，利国之谓仁。故长民者无亲，众以为亲。”（《国语·晋语一》）而依孔子之见，在家庭亲亲的范围之内，虽然父子之间可以互相隐瞒偷窃之过错①，然而，在“为国”的层面上，他是主张“治国制刑，不隐于亲”的，故而称赞“三数叔鱼（叔向之弟）之恶”的叔向为“古之遗直”（《左传·昭公十四年》）。在个人仁德修养的层面，孔子不仅教人孝悌之道，更教人“泛爱众而亲仁”（《论语·学而》），孔子也不仅强调君子应“喻于义”而不计个人的穷达祸福，而且在治国理政的层面，认为统治者或执政当权者应该任贤使能，也就是知人善任、举用贤才（《论语·子路》），认为为政治民者对于百姓当庶而富之、富而教之（《论语·子路》），乃至主张君子从政应“尊五美，屏四恶”“因民之所利而利之”（《论语·尧曰》）。由此可知，对孔子而言，以孝事亲与治国理民实不可同日而语，两者有时甚至会发生冲突，正因为如此，在社会教化的层面，孔子虽然强调人伦孝悌之道，但在追求公共道义和救世治国的层面来讲，孔子本人躬行的则是士人君子之道，故而不惜抛家弃亲而周游列国，“凡民有丧，匍匐救之”。上述问题意识在孟子那里亦有明确的表述，如孟子言“人人亲其亲、长其长，而天下平”（《孟子·离娄上》）和“君子之守，修

① 叶公语孔子曰：“吾党有直躬者，其父攘羊，而子证之。”孔子曰：“吾党之直者异于是。父为子隐，子为父隐，直在其中矣。”（《论语·子路》）

其身而天下平”(《孟子·尽心下》),《大学》更是系统地阐发了儒家关于修身、齐家、治国、平天下的一贯之道,然而,对他们而言,身与家、家与国、国与天下是有本末层级差别的,故孟子曰:“人有恒言,皆曰‘天下国家’。天下之本在国,国之本在家,家之本在身。”(《孟子·离娄上》)另如孟子言:“仁者无不爱也,急亲贤之为务。……尧舜之仁不遍爱人,急亲贤也。”(《孟子·尽心上》)显然,在孟子看来,仁君圣王之仁是不同于一般人的亲亲之仁的,为了实现治国平天下的宏愿,仁君圣王之仁应以“急亲贤之为务”,统治者只有“贵德而尊士”或“尊贤使能”,使“贤者在位,能者在职”或“俊杰在位”,那么,天下之士才会“皆悦而愿立于其朝矣”(《孟子·公孙丑上》),而统治者若不信任重用仁贤之士,只会造成国家空虚的恶果(《孟子·尽心下》)。另外,在孟子看来,在得国与得天下之间,也存在着本质性的差别,故曰:“不仁而得国者,有之矣;不仁而得天下者,未之有也。”(《孟子·尽心下》)可见,孔子和古典儒家从来没有将忠与孝、家与国、国与天下等问题简单而笼统地混同起来,他们想强调的只是良好的家庭关系是整个社会秩序的根基,只有在家庭道德的根基上才能构建起良好的社会生活秩序,进而实现治国平天下的宏愿,无论是齐家、治国还是平天下,最终都要落脚于个人的德性修养,故而《大学》曰:“自天子以至于庶人,壹是皆以修身为本。”而就个人的修身而言,孔子和古典儒家格外强调士人君子“为仁由己”的道德主体性自觉及其以追求道义、救世济民为己志而绝不媚权附势的独立意志与品格,就更是与忠臣顺民的奴性道德了不相干了,如孔、孟、荀之所言:“三军可夺帅也,匹夫不可夺志也”(《论语·子罕》),“富贵不能淫,贫贱不能移,威武不能屈,此之谓大丈夫”(《孟子·滕文公下》),“志意修则骄富贵,道义重则轻王公”(《荀子·修身》),“权利不能倾也,群众不能移也,天下不能荡也。生乎由是,死乎由是,夫是之谓德操”(《荀子·劝学》)。

只有在澄清了孔子和古典儒家有关人、己、家、国的观念和与之相关的修、齐、治、平的问题意识以及对其长期存在的片面性误解之后，我们才能更好地理解孔子士人君子之学的真实含义及其历史意义。

第一，我们必须把孔子的士人君子之学放在其所处的历史时期及其生活环境中加以理解。

孔子本人自觉地意识到他生活在一个封建宗法体制走向衰落和解体、人伦关系陷于颠倒悖乱的礼崩乐坏的时代，并试图通过自己的思考和行动积极地做出回应，以期扭转和挽救这一时代混乱无序的状况，这种意识对于我们理解孔子的士人君子之学具有根本的重要性。封建宗法体制与严格的世袭等级身份制的衰落和解体，为当时新兴士人阶层的诞生和崛起准备了必要的历史条件，正是在这种历史条件下，孔子兴办私学教育并倡导士人君子之学，不仅有力推动了新兴士人阶层的形成和崛起，而且为新兴士人阶层努力奋斗并追求实现其自身价值指引了方向。

尽管孔子表面上试图恢复周代的礼治，然而，他事实上是希望通过道德的教化、礼义的践行和正名的实施来构建一种全新的人类关系的理想图景。孔子所谓的“正名”，并非是对等级化身份地位的简单肯定和维护，而是旨在使每个人都能按照其社会伦理角色之“名”的理想含义端正自己的言行，使自己的言行符合其社会伦理角色之“名”在礼仪行为和道德规范上的理想要求，唯有这样，人际人伦之间才能形成交互对待、彼此依存的良性和谐关系；在这种关系中，重要的不是人与人之间由先赋的、世袭的身份地位决定的等级差别，而是人们只有在遵循礼仪规矩和道德规范的交往互动活动中，才能使不同的身份地位或社会伦理角色各自具有合理的正当性；而且，身居尊上之位者理应肩负起更大的道德责任或发挥道德行为的典范引领作用。正是基于这样一种对人类关系理想图景的展望与构想，孔子才提出其士人君子之学，对孔子而言，士人君子不仅应努力扮演好他在社会人伦关系中的具体角色，更应该站在维护人类公共道义的价值目标和人类生活世界和谐秩序的共同理想的立场上，致力于对上述人类关系理想图景的构建。

第二，孔子的士人君子之学在思想内涵与价值取向上具有其自身独特而鲜明的特征。最值得我们注意的，有以下三个方面的特点：

一是孔子所谓的士人君子，是一种具有强烈的价值分等与道德评判色彩的层级观念。

孔子在回答子贡“何如斯可谓之士”的问题时，曾经从才智和德行上将士人划分为三个不同的等次，第一等是“行己有耻，使于四方，不辱君命”之士，第二等是“宗族称孝焉，乡党称弟焉”之士，第三等是“言必信，行必果”之士，孔子对后者的评价并不是很高，称之为“硁硁然小人哉”，但毕竟还算次一等的士，相对而言，“今之从政者”则只是器识狭小的“斗筲之人”了(《论语·子路》)。孔子子贡师徒在士人与“今之从政者”之间所做的比较尤其耐人寻味，由此可知，孔子的士人理念无疑是直接针对“今之从政者”而言的，是基于对“今之从政者”的强烈不满与批评反思而提出来的。对孔子而言，士之为士，不能仅仅满足于做到“言必信，行必果”，更应该具备孝悌之德，并能够在与朋友兄弟的交往中相互切磋以求善、彼此和悦以相处(《论语·子路》)，最好能够品性正直、心志好义、待人谦恭，乃至“在邦必达，在家必达”(《论语·颜渊》)。而孔子之所以将“行己有耻，使于四方，不辱君命”之士列为第一等，显然是希望士人能够将其所学善加运用，对国家政事能够有所贡献，正所谓“诵《诗》三百，授之以政，不达；使于四方，不能专对；虽多，亦奚以为”(《论语·子路》)。然而，孔子的士人理念和教学理想并非仅仅教人止乎为士而已，如荀子后来所言：“学恶乎始？恶乎终？曰：其数则始乎诵经，终乎读礼；其义则始乎为士，终乎为圣人。”(《荀子·劝学》)孔子和儒家的最高理想是“为圣人”，而“为士”只是为学修身最基本的要求或最初始的目标而已。不过，孔子并不教人好高骛远，圣人对于孔子本人来讲，只是一个难以企及的终极理想，虽然可以努力而为并希望达到这种高远之境，但孔子从不以圣人自居，也不教人妄希圣人之境，只是极力地倡导和激励士人立志追求仁人君子之道。因此，对孔子而言，仁人君子才是士人应该追求且能够达到的理想人格境界，士人应在对仁人君子的理想人格境界矢志不渝的不懈追求中发展和完善自我人格、实现人生价值。而仁人君子之所以为仁人君子，不仅因为他们具备忠信、孝悌、克己、礼让、好学、知勇、仁恕等美德，也因为他们将追求仁道作为自己的神圣使命和生命信仰，故子曰“志士仁人，无求生以害仁，有杀身以成仁”（《论语·卫灵公》）；不仅因为他们以内心诚敬的态度不断修养和提升自身的道德品格，也因为他们以经世济民的政治情怀努力使广大百姓过上安乐的生活，实现修己化人的根本目标（《论语·宪问》）。需要指出的是，对于上述孔子层级化的士人君子理念，我们不能割裂地看待和理解，尽管孔子对士人的道德品格进行了层级化的划分，但孔子更想为新兴士人树立一种新型的仁人君子式的道德人格理想，激励他们朝着这一理想人格努力奋斗。

二是孔子所谓的士人君子，具有两大突出而鲜明的特点，一是“君子不器”（《论语·为政》），二是“群而不党”（《论语·卫灵公》）。

所谓的“君子不器”，是指君子应是一种通才式的成德之士，而不是局限于一才一艺之长的专门人才，就像具有某一种特定用途的器具那样，诚如朱熹《集注》所曰：“器者，各适其用而不能相通。成德之士，体无不具，故用无不周，非特为一才一艺而已。”然而，“不器非谓无用”①，孔子的意思绝不是要排斥一才一艺之用或教人不要成就某一方面才艺之专长，而只是希望士人能够不以某一方面的才艺之专长为限，进一步发展并完善自己的道德人格，故而当子贡听说孔子称赞弟子子贱是鲁国的一位“君子”并请孔子评价一下自己时，孔子的回答是：子贡是一件“瑚琏”之“器”（《论语·公冶长》）。“瑚琏”是一种用于宗庙祭祀的贵重而华美的器皿，而“器”即“有用之成材”（朱熹《集注》）。孔子对子贡的评价不可谓不高，然而，孔子显然又认为子贡尚未达到君子的

① 钱穆：《论语新解》，生活·读书·新知三联书店2005年版，第38页。

道德人格境界，因此，孔子不是要否定子贡的器用之才，而是希望他不以此为限。那么，追求实现君子式的理想人格目标，或者说健全和完善君子式的道德人格，究竟意味着什么呢？对孔子而言，士人应受的教育可以说是一种以诗书礼乐为核心内容、以人文素养为旨归的文化教育，这种教育致力于培养和塑造士人君子卓越而完美的道德品格。[①]尽管这是一种文化教育而不是单纯的知识性教育，但孔子仍然要求受教育者首先要具备一颗好学乐学之心，具备一种学而不厌的求知欲和“知之为知之，不知为不知”（《论语·为政》）的诚实品格；尽管受教育者材性上的个体差异不可避免地会造成他们在德行才艺和事业成就方面的差别，如有的人修身崇德，有的人擅长辞令，有的人精于文献，有的人具有治政理事的才干等，对此，孔子本人亦乐于因材施教。但孔子最为重视和强调的，还是对健全通达的清明心智和完美卓越的道德品格的培养和塑造，因为他将挽救衰世的希望寄托在士人君子的身上，希望那些受过教育、具有人文素养与道德修养的士人君子能够勇敢地担当起追求和维护公共道义的文化精英和社会良心的神圣职责[②]，希望新兴士人能够成为具有担当精神和生命信仰的文化英雄，希望士人君子能够以其正确的道德行为为世人树立可供效法学习的典范以便引领整个社会精神风尚发生根本转变，希望士人君子能够在维护和传播中国化的礼仪文明和文化教养方面充当先行者和卫道士。正是在这样一种意义上，孔子将富有道德修养、人文理想和文化教养的真正的士人君子与那些缺乏道德修养、人文理想和文化教养而只知一味追求个人私利又总是巧言令色的

① 美国著名政治哲学史家列奥·施特劳斯对“自由教育”的论述，与孔子的教育理念颇有相通“暗合”之处。参见施氏所著《古今自由主义》的第一章《何为自由教育？》和第二章《自由教育与责任》及该书《译者的话》（《古今自由主义》，马志娟译，江苏人民出版社2010年版）。

② 胡适先生认为孔孟自由民主的教育哲学可以产生一种“健全的个人主义”，即“将自己看作一个有担子的人，不要忘了自己有使命，有责任”（胡适的相关论述，参见欧阳哲生编《胡适选集》，吉林人民出版社2005年版，第636—638页）。

小人从根本上区别开来，而君子与小人之间的根本区别就在于：君子待人忠信、亲和乐群而不结党营私，小人则缺乏忠信、朋比阿私而结党争利，正所谓“君子矜而不争，群而不党”（《论语·卫灵公》），“君子周而不比，小人比而不周”（《论语·为政》）；君子贵仁尚义，看重的是志同道合的真情与友谊，虽材性不同，却能彼此和乐相处，小人则巧言令色，注重的是乡愿式的矫情和个人私利，虽嗜欲相同，却不能和乐相处，正所谓“君子和而不同，小人同而不和”（《论语·子路》）。不仅如此，我认为，君子“群而不党”的理念还内含着一种非常重要的文明理念，即作为一个富有道德修养、人文理想和文化教养的独立的个人，士人君子不仅应保持自己独立的人格和意志，在与他人的交往中也应“恪守分际”、自我约束，避免将自己的意志强加于人，如在事君交友之际，应“以道事君”或“忠告而善道之”，但“不可则止”（《论语·先进》《论语·颜渊》）。所谓的“不可则止”，事实上是承认对方像自己一样具有独立的道德人格，而每一个具有独立道德人格的人都应为自己的行为后果承担相应的责任，即便是一国之君也不例外。然而，士人君子如果要想充当“文明的卫士”和文明的传播者的话，个人的力量毕竟是有限的，而且文明是不能强加于人的，因此，士人君子不仅需要师长的教诲和“以友辅仁”（《论语·颜渊》），还需要凝聚群体合作的力量，才能发挥捍卫道义、维护和弘扬仁义乃至传播礼仪文明的作用，正如英国学者克莱夫·贝尔所言：

> 文明是不可能用威力强加的。……而文明却只存在于一种生活态度之中，存在于某些思想和感受方式之中，因而只能用散播种子的办法达到目的。准备让别人也文明起来的人必须允许人家自己去发现他得到的是较好的生活方式。优越的文明几乎一向都是这样传播的。
>
> 只有在一定数量的文明人聚集在一起的时候，他们才变成传播文明的人。只有成群的文明人才能成为文明的核心。[①]

---

① ［英］克莱夫·贝尔：《文明》，张静清、姚晓玲译，商务印书馆1990年版，第151、118页。

孔子所谓的士人君子，无疑正是克莱夫·贝尔所说的那种致力于传播文明而富有道德修养、人文理想和文化教养的“文明人”，但是，只有在一定数量的士人君子聚集在一起之后，才能形成文明传播的核心。然而，士人君子之所以能够聚集成群，靠的是自身道德人格的感召力和亲和力，正所谓“德不孤，必有邻”（《论语·里仁》），而士人君子之所以要聚集成群并采取志同道合的一致行动，像周游列国的孔子师徒那样，也是为了维护道义、弘扬仁道和传播礼义文明，他们对为了追逐个人利益而结党相争的自私卑劣行为不感兴趣。

三是孔子所谓的士人君子，还具有将独立人格的道德修养与关切政治的公共精神集于一身的特点，既可以说是知识和道德的精英分子，又可以说是社会和政治的精英分子。

根据孔子私学教育的理念，要想成为一个士人君子，有一个不可或缺的必备条件，那就是一个人必须经过“学习”或“受教育”，才有资格成为士人群体中的一员。也就是说，“学”对于士人君子来讲具有根本的重要性，也是士人君子终生的志业。对孔子来讲，一个人唯有通过“学习”或“受教育”，才能获得士人君子必备的诗书礼乐方面的人文知识教养，才能完成以仁德为鹄的的自我德性修养和人格塑造，才能充实和丰富自己的思想境界和精神生活，拓展和开阔自己的胸怀，涵养和提升自己的品格，而士人君子所应具备的人文道德教养则包括尚文好学的品格、孝悌忠信的德性、礼让仁爱的精神、自我克制和恕道待人的理性，以及追求道义的公共情怀等。因此，在孔子那里，士人君子之为士人君子，首先应是那种通过学习或受教育而富有人文教养的道德与知识的精英分子。概括地讲，士人君子所应具备的个体道德人格应是一种“开放—自反”型的道德人格，一方面是乐于向他人学习，以人为师，与人为善和宽以待人，另一方面则是不断地自我反省和反身以求，对自己提出严格的克己性的道德要求，并孜孜于身体力行。然而，孔子所谓的士人君子并不是那种只关切个人私德修养的人，士人君子的道德修养本身还天然地内含着一种延伸性的社会政治含义，即对“老者安之，朋友信之，少者怀之”（《论语·公冶长》）以及“修己以安人”“修己以安百姓”（《论语·宪问》）的深切关怀，换言之，士人君子还应是那种天然富有强烈的公共精神或公共情怀的社会与政治的精英分子。

毫无疑问，从理想人格的意义上讲，孔子所谓的士人君子正是那种既富有人文教养和独立的道德人格修养，又具备关切政治的公共精神和情怀的精英分子。道德人文的修养，使士人君子既具有独立的人格意志，又富有礼让谦逊的品格，而对政治的深切关怀，则使士人君子更具有一种当仁不让、乐于从政而造福百姓的公共精神与情怀。然而，耐人寻味的是，孔子在其实际的教学活动中，又并不强求所有弟子都做到这一点，这说明孔子本人充分意识到了理想与现实之间的差距，他不仅承认这一事实，而且基于对这一事实的考量而对不同的弟子有针对性地提出不同的目标要求。譬如，孔子格外激赏颜回之贤，曰：“贤哉，回也！一箪食，一瓢饮，在陋巷，人不堪其忧，回也不改其乐。贤哉，回也！”（《论语·雍也》）孔子的激赏可谓用心良苦而富含深意，即贤人君子在道德品格上的自我修养，其目的并不是求取外在境遇的改善或个人的通达福报，而是只求一己之心安或个人心灵的内在愉悦、幸福与安宁，因为道德人格的自我修养与完善本身即意味着个体人生价值与生命意义的实现和圆满。然而，我们切不可误解了孔子的意思，以为孔子只是教弟子追求个人幸福感的获得与满足，孔子只是想强调道德修养本身有其独立且自足的人生价值与意义，这就是孔子本人和颜回在难以实现其以道救世之社会理想和政治抱负的乱世中，仍然能够从个体人格的道德修养上体验或领悟到的人生的真正快乐之处，亦即宋儒所谓“孔颜乐处”的真正意义所在。而且，对颜回之乐的正面激赏绝不意味着孔子对救世理想和关切政治之公共情怀的放弃，因此，当另一位弟子冉求对孔子说“非不说子之道，力不足也”时，孔子则批评这位最具政治才能的弟子不求进取、画地自限（《论语·雍也》）。另外一个值得注意的例子是，孔子曾经想让另一位弟子漆雕开出仕，然而漆雕开回答说：“我对此事还没有信心。”孔子闻听此言，对漆雕开的谦逊礼让深感欣慰和喜悦（《论语·公冶长》）。这与激励冉求积极进取不同，说明孔子在出仕做官的问题上虽然“并不以不仕为高”，但也不愿鼓励弟子对它有过分的野心，即“热中利禄，汲汲求仕进”[①]。但不管怎样，问题的关键在于士人君子在修身的基础上要将自己关切政治的公共情怀落实在具体的行动上，而行动的落实必然会受到现实境遇或客观条件的限制。因此，对孔子而言，士人君子虽然在理想人格的意义上具有将独立人格的道德修养与关切政治的公共精神集于一身的特点，但在现实生活中则不得不面临一系列人生抉择，是“学而优则仕”，还是“仕而优则学”（《论语·子张》），是“忧道”“谋道”优先于“忧贫”“谋食”，还是“忧贫”“谋食”优先于“忧道”“谋道”，是出仕为官，还是退身归隐，是“知其不可而为之”（《论语·宪问》），还是“用之则行，舍之则藏”（《论语·述而》）或“天下有道则见，无道则隐”（《论语·泰伯》）……在这些问题上所做的选择取舍及其为人处世的方式，决定了一个人究竟是遵循还是背离了士人君子之道，当然，有些是属于两可之间的选择。这其中，在行止出处上最令后来的士人感到纠结困窘的一个问题，就是如何在道与食、学与仕之间选择。按照孔子和儒家的原则，应该是“君子谋道不谋食”“君子忧道不忧贫”（《论语·卫灵公》），“学者非必为仕，而仕者必如学”（《荀子·大略》）。当然，原则之外，也不乏灵活性，如孟子曰：“仕非为贫也，而有时乎为贫。”（《孟子·万章下》）不过，灵活性还应以不违背原则为准的，因此，当冉求为季氏“聚敛而附益之”时，孔子竟对其他弟子说：“非吾徒也。小子鸣鼓而攻之，可也。”（《论语·先进》）

不仅如此，尤其值得我们注意的是，孔子还在关切政治与出仕为官之间做出了一种极富深意的明确区分。孔子开创了一种“关切政治”的儒家式的士人传统，正如杜维明先生所说，儒家士人“一定关切政治”，“虽然不一定从政，但

① 钱穆：《论语新解》，生活·读书·新知三联书店 2005 年版，第 113 页。

必须关切，完全不关切政治的儒家是不可想像的”[1]，然而，“关切政治”并不意味着一定要“出仕从政”。因此，当有人问孔子“子奚不为政”时，孔子明确地回答说：“《书》云：‘孝乎惟孝，友于兄弟，施于有政。’是亦为政，奚其为为政？”（《论语·为政》）问者所谓的“为政”，显然是指“出仕为官”而从事某一项具体的行政职务，然而，孔子并不认为“为政”只被限定在“出仕为官”之一途。依孔子之见，“政”之为“政”，乃“为人道中一端”[2]，或者说，政治是从属于伦理的，相对于“出仕为官”，孔子更重视伦理观念或道德规范的维持、遵守和传播，因此，在孔子看来，能够使孝悌友爱之道在实际的社会政治生活中产生应有的作用或影响即是“为政”。据此推论，作为士人君子，即使只是以一种“学者”或“人师”的身份，只要他自觉地肩负起宣传以孝悌之道为核心的伦理观念，担当起道德教化、传播人道理念之责，那么他所从事的便是一种最有价值和意义的政治事业，而不像一般人所认为的那样，以占有和获取世俗的权位与功名利禄为目的的仕进才叫作“为政”或“从政”。这样一种区别于“入仕为官”意义上的“为政”观念，对于我们理解孔子的政治理念具有至关重要的根本意义。尽管从理论上讲，德与位、道与势的结合有助于孔子和儒家修己化人之道的具体落实，能够使其发挥更广泛而强大的社会政治效应，然而，考虑到现实境遇与客观条件的限制，孔子并没有将士人君子应具备的济世安民的入世精神和关切政治的公共情怀简单地等同于“入仕为官”，这一点之所以至关重要，就在于它为士人君子保留了这样一种行动的可能空间，即在与仕途或权位保持适当距离的前提下，坚守自身相对独立的道德人格，批评性地审视和反思社会政治的现实状况与实际问题，乃至根据自身秉持的公共性的道义信念和价值准则采取必要的行动，自主地发挥自身的社会政治影响力。因此，尽管孔子并不完全拒绝或排斥“入仕为官”，但他“不患无位，患所以立”（《论语·里

---

① ［美］杜维明：《东亚价值与多元现代性》，中国社会科学出版社2001年版，第114页。

② 钱穆：《论语新解》，生活·读书·新知三联书店2005年版，第46页。

仁》)，并格外强调“入仕为官”应以不违背道义为前提条件，正所谓“邦有道，谷；邦无道，谷，耻也”(《论语·宪问》)。而孔子本人，则如后来孟子所言，“可以仕则仕，可以止则止，可以久则久，可以速则速”(《孟子·公孙丑上》)，一切以道义为准的。

第三，将孔子的士人君子之学放在他所处的时代生活环境中，根据其思想内涵与价值取向的鲜明特征，我们将能更好地理解和深刻把握孔子士人君子之学的独特“政治”含义。

孔子生活在晚周衰乱之世，这是一个封建宗法贵族的世袭性统治逐渐走向衰落而易于滋生暴力和苛政的时代。生活在这样一个时代，孔子明确地意识到这是一个圣人“不得而见之”的时代，所以他自觉地追求躬行君子之道。正是在圣与王分离、现实与理想悖反的时代生活环境中力主躬行君子之道，孔子才不仅为其同时代及后世追随他而思而行的士人开辟了参政议政的道路，而且更开启了一种看待世界和人类政治事务的新方式。这一新方式主要包含三个方面的含义：

一是针对天下无道、暴力苛政肆虐的混乱时局，孔子极力倡导“以礼让为国”(《论语·里仁》)、仁者爱人的人道政治，努力通过美政善治来使现实世界重回“天下有道”的状态。孔子身处危时乱世，面对“天下无道”的现实生存状况，他深切希望各国的统治者或执政当权者能够循礼而行、以仁道救世，而且，在孔子的心目中，一个理想的统治者或执政当权者应该允许人们议论执政之善否，如孔子不仅盛赞郑子产“有君子之道四焉：其行己也恭，其事上也敬，其养民也惠，其使民也义”(《论语·公冶长》)，肯定子产能依宽猛相济之道施政治民(《左传·昭公二十年》)，更格外激赏子产能开明地看待并允许他人的议政活动，以“仁”来称许其“不毁乡校”的行为(《左传·襄公三十一年》)。当然，孔子最终向往和追求的乃是“天下归仁”的有道之世，而根据孔子的构想，在“天下有道”的治理状态下，不同身份地位的人将自上而下地各安其位、各尽其责，乃至庶人的抗争非议将成为不必要之事，正所谓“天下有道，则政不在大夫。天下有道，则庶人不议”（《论语·季氏》）。对现实状况的反思、对理想状态的构想以及对有道、无道的区分方式，可以说在理论上为世人评判现实世界的治理状况和人类的政治事务提供了一种具有深刻而重要意义的全新尺度。

二是上述孔子的“天下有道”理念，表面上看带有强烈而鲜明的温和保守色彩，然而，在统治的正当性与统治者的任职资格问题上，孔子却提出了一种极具挑战性和革命性的观念。在孔子看来，只有才德兼备者才具有居上位而治政理民的任职资格，只有才德兼备的士人君子居上治民才具有统治的正当性或合法性。正是基于对统治的正当性和统治者的任职资格的思考，孔子所谓的“以礼让为国”及其士人君子之学中内含的参与政治而当仁不让的“乐政”理念才具有一种深远的划时代意义。孔子所谓的“礼让”，不仅是指治国理政者在言谈举止上的自我克制和谦逊退让，更是指权位的和平让渡，即君主的权位不应被具有世袭资格的人永久占有和把持，在必要的时候可以将其辞让给更有才德的人。显然，孔子的礼让观内含着一种政权开放的理念，唯有基于这一理念，我们才能真正理解孔子何以会对“三以天下让”的泰伯的“至德”称颂备至(《论语·泰伯》)；也唯有基于这一理念，我们才能真正理解孔子何以会激烈批判人君世主的“无道”，鄙视“今之从政者”是一些“何足算也”的“斗筲之人”，乃至明确主张才德兼备者可居人君之位，如言“雍也可使南面”（《论语·雍也》)，即不然，统治者亦当“举贤才”，任用有德行和才干的士人君子治政临民。反之，士人君子之所以乐于参与政治，则是为了践行仁爱、担当道义、造福大众，而绝不是为了占有势位、把持政权、获取个人的功名利禄。因此，士人君子可以说是将礼让与乐政精神合二为一的人格典范。

三是孔子所开创的看待世界和人类政治事务的新方式，还体现在他对君与民、统治者与被统治者的关系做了重新定位，并明确区分了两种治国理民的方式上。譬如：

哀公问曰："何为则民服？"孔子对曰："举直错诸枉，则民服；举枉错诸直，则民不服。"（《论语·为政》）

季康子问："使民敬、忠以劝，如之何？"子曰："临之以庄，则敬；孝慈，则忠；举善而教不能，则劝。"（《论语·为政》）

子曰："道之以政，齐之以刑，民免而无耻；道之以德，齐之以礼，有耻且格。"（《论语·为政》）

季康子问政于孔子曰："如杀无道，以就有道，何如？"孔子对曰："子为政，焉用杀？子欲善而民善矣。君子之德风，小人之德草。草上之风，必偃。"（《论语·颜渊》）

子曰："上好礼，则民莫敢不敬；上好义，则民莫敢不服；上好信，则民莫敢不用情。"（《论语·子路》）

关于君与民、统治者与被统治者之间的关系，在春秋人的意识中占据主导地位的是这样一种流行的观念，即诸侯国君和执政国卿为"民之主"，而身为"民主"或"民之主"者，不可"语偷"（《左传·文公十七年》《左传·襄公三十一年》），应"不忘恭敬"（《左传·宣公二年》），应"谋不失利，以卫社稷"（《左传·宣公十五年》），应"养民如子"、不绝民望（《左传·襄公十四年》），应"能用善人"（《左传·昭公五年》）等。而在治国理民的问题上，则基本秉持德政刑罚并重的观念，如"君子谓郑庄公'失政刑矣。政以治民，刑以正邪。既无德政，又无威刑，是以及邪。'"（《左传·隐公十一年》）反之，"德以施惠，刑以正邪……民生厚而德正"（《左传·成公十六年》）。从春秋人"民主"观念和德政思想来看，权力合法性和统治者责任的观念无疑已成为当时人政治关切的一个核心问题。相对来讲，孔子从未使用过"民主"或"民之主"的概念，但他通过对君与民、统治者与被统治者之间关系的重新定位与两种不同性质的治国理民方式的明确区分，大大深化了权力合法性和统治者责任的观念。在宗法世袭性的等级社会与政治体制中，人的身份地位是由血缘、出身等先天禀赋决定的，因此，君与民、统治者与被统治者之间也主要是由这种先赋性所造成的主奴式的支配与服从关系，而且这种主奴式的支配与服从关系是绝对的、无条件的；然而，在孔子看来，还存在着另一种统治与服从的关系，它是相对的、有条件的，也就是说，人民是否服从君主或执政当权者的统治，主要取决于统治者是否立身正直而有才德，取决于统治者自身的政治行为、统治方式是否得当且能否满足人民的需要。正因为如此，孔子主张，应在两种不同性质的治国理民的方式之间做出明确的区分，即一种是运用刑罚和强制性行政命令的控制手段使人民被迫屈服，一种是通过礼义引导和道德教化的劝服方式使人民自动感化，比较而言，后者比前者更为重要和明智，因此，孔子明确反对晋国铸刑鼎的做法，坚持“按照自己的理想探索另一条经世治国之道”[①]。而且，孔子认为，礼义的引导和道德的教化要想发挥应有的感化作用，必须依靠对人民羞耻感和道德心的培植，乃至使人民“日徙善远罪而不自知”（《礼记·经解》），而不可单纯依靠外在强制性的行政命令与刑罚来威吓压制，或者说，统治者对人民施行仁惠之善政，只可使人民由之而得利，而不可使人民知道这一举措，不然则会流于矫饰与伪善，故曰“民可使由之，不可使知之”（《论语·泰伯》）。

孔子正是以上述看待世界和人类政治事务的新方式来讲学立教的，这一新方式亦可以说是士人君子应具备的新眼界、新视野，是士人君子之学的题中应有之义。在“周文疲弊”“天下无道”的混乱时局下，孔子的士人君子之学通过对统治与服从关系的重新定位和对德礼与刑政的明确区分，为时人提供了一种可资借鉴的政治纲领与救世方案，它既不同于郑国子产之“铸刑书”（《左传·昭公六年》）和晋国赵鞅之“铸刑鼎”（《左传·昭公二十九年》）的以刑治世的思维理路，也不同于道家老子之“贵柔”的以道（自然法则）化世的思维理路，而是一种以贤德的士人君子为治体并以仁爱、礼治、德教为本位的人道政

① 张秉楠：《孔子传》，吉林文史出版社1989年版，第108页。

治观。富有贤德的士人君子在圣与王分离、理想与现实悖反的时代生活环境下，遵循人道政治观的理念，既关切政治而采取积极入世的参与行动，又淡泊名利而与利禄之途保持一定距离，这就是孔子的士人君子之学为我们揭橥或开启的一种具有深远历史影响的“士人传统”和具有独特意涵的“士人政治”理念，它无疑对宗法世袭性的权力等级结构及相应的社会控制和运行机制构成了强有力的挑战和冲击。

更为重要的是，孔子不仅在教育思想和人格修养理念上主张以培养和塑造士人君子为根本宗旨和目标，而且他本人亦的确为其同时代人及后世的中国人树立了一种卓越的士人君子的人格典范。诚如美国著名汉学家狄百瑞所说：“《论语》的魅力之所以经久不衰，并不在于它阐释了一套哲学或者思想体系，而是在于它通过孔子展现了一个动人的君子形象。”[①] 然而，孔子的这一形象在政治上却也常常遭人误解或误读，如韦政通先生所言，“根据《论语》，我们知道孔子的确热衷于仕途，总希望有人用他，以实现他德治与文治的理想，而这方面却是最失败的”，这往往使孔子被认作“无成就可言”，然而，“事实上恰恰相反，孔子是因坚持以道自任和‘士志于道’的理想，才使他无法被时君所用，才使他四处碰壁，甚至有时候连生活都过得很凄惨，但他并未因此而丧失热情与自信。正因为他对自己理想的坚持，才为中国文化建立起一个用世不用世并不能决定人格价值及其历史地位的新标准，因而开启了一个人可以不用世，仍然可以有人生奋斗的目标，仍然可以有伟大的理想，仍然可以赋予人生以丰富的意义，仍然可以享有历史崇高地位的士人传统”[②]。正是由于孔子的士人君子之学在长期的历史进程中造就了一种具有深厚人文根基和强大影响力的“士人传统”，所以有的学者在厘定和确认孔子的独特地位和历史贡献时才会格外

① ［美］狄百瑞：《儒家的困境》，黄水婴译，北京大学出版社 2009 年版，第 34 页。

② 韦政通：《如何研读〈论语〉》，见《中国思想传统的创造转化——韦政通自选集》，云南人民出版社 2002 年版，第 53 页。

强调孔子的出现带来了“教”与“政”、道统与政统、伦理权力与政治权力的“分离”[①]。当然，“分离”只能是相对而言的，在理想诉求的层面，孔子和儒家总是怀抱着一种将两者结合在一起的合理期望，然而，又正是维持两者之间相对的“分际”才使孔子的士人君子之学具有一种不容混同而化简为利禄仕途之学的理想信念色彩和道德人格寓意，诸如应保持“匹夫不可夺志”的独立人格意志和“富贵不能淫，贫贱不能移，威武不能屈”的大丈夫气概，追求实现立德、立功、立言“三不朽”的价值目标，以杀身成仁、舍生取义作为人生信念，以天下兴亡、道义担当为己任，胸怀修齐治平、经世济民的政治抱负和关切民生、忧国忧民的政治情怀等。

二、孔子的人道政治观

正是基于士人君子之学的特定视角，孔子围绕着仁爱、礼治、德教等问题提出和阐发了一系列富有人道主义理想的治国理念与政治主张，目的在引领日趋暴虐的现实政治发生根本转变，以实现拨乱反正、重回“天下有道”的美政善治目标。

由于意识到自己生活在一个“礼崩乐坏”的时代，所以孔子深切地希望通过士人君子正确的道德行为来引领整个国家乃至天下的统治者和人民走上正确的道路，以实现“有道之世”的社会理想与政治目标。所谓的“有道之世”，主要是指这样一种理想而美好的社会秩序与治理状态：人们生活在尊礼尚义、好仁崇德、等差有序的良风美俗之中，人人各安其位、各尽其责，过着和谐、安定、富庶且富有道德教养的美好生活。因此，当遭到避世之隐士的讥讽嘲弄时，孔子曾如是表白自己的心迹与追求：“鸟兽不可与同群，吾非斯人之徒与而谁与？天下有道，丘不与易也。”（《论语·微子》）以“有道”易“无道”，这就是明知

---

① 牟宗三：《中国哲学十九讲》，上海古籍出版社 1997 年版，第 376 页；费孝通：《中国绅士》，中国社会科学出版社 2006 年版，第 18 页。

"道之不行"而仍坚持"知其不可而为之"的孔子。对"道"的矢志不渝的追求，说明孔子确实是一个富有道德理想、社会责任感和政治使命感的伟大思想家。

在此有必要辨析一下，在孔子治国理政的思想中，"人""道""政"三者究竟是一种什么样的关系。简单讲，对于治国理政以实现"有道之世"来讲，"道"的指引是不可或缺的，也就是说，"政"需要"道"来指引，然而，"道"不能自动地发挥作用，它必须由"人"来践行和弘扬，因此，"人"才是治国为政的根本所在。正是在这样一种相互关联的意义上，无论是"道"是"政"还是"人"，都被赋予了某种特定的含义。对孔子和儒家来讲，"道"是指人之为人之道，而人的本质属性在于其伦理道德性，即人是一种生活在社会伦理关系网中的道德性动物，反之，作为一种道德的存在，一个人只有通过加强自身的德性修养，通过对知、仁、勇、忠、信、孝、悌、礼、义诸美德的践行，才能充分实现人的本质属性；然而，在实现人的伦理道德的本质属性上，人的努力程度和道德修为不同，必然会导致道德人格如小人、君子、仁人、圣人等层级性的分化，循礼修身、贵仁尚义、学为士人君子乃是孔子提出的一种既富有理想性又具有现实可行性的人格理想或人生目标，而且，在孔子看来，士人君子最适合做治国理政的政治主体，所谓治国为政之本在"人"①，便是指那种富有人文道德教养的士人君子才是治国为政的根本，而且，也唯有士人君子治国理政，方能更好地实现以礼治国、以德教民的"化人"②的根本目的。

然而，由于孔子拒绝将"为政"简单地等同于"出仕为官"而从事实际的行

① 如刘泽华先生所言，儒家的政治理念重在强调"在人与政治制度等政治实体的关系中，人是活的主动的因素。……治国之本在人而不是政治实体，如制度、法律、已形成的政治传统等"（《中国政治思想史集》第一卷《先秦政治思想史》，人民出版社2008年版，第250页）。

② 萧公权先生曾指出："近代论政治之功用者不外治人与治事之二端。孔子则持'政者正也'之主张，认定政治之主要工作乃在化人。非以治人，更非治事。故政治与教育同功，君长与师傅共职。"（《中国政治思想史》，新星出版社2005年版，第45页）

政事务，而是在“为政”的理想含义与实际含义之间划下了一道明确的界限，因此，上述“人”“道”“政”三者之间的密切关系只能是在理想含义上来讲的。同样，我们也是在理想含义上来阐述孔子的人道政治观。根据“人”“道”“政”三者的理想关系，所谓的人道政治观，其实质便是政治生活应符合和遵循人道价值的规范要求，而政治唯有在促进人道价值的传播与实现方面发挥决定性的影响作用，才具有其道德上的必要和正当的合理性。也可以说，孔子主要是从特定的“人道”理念的视角来对政治的本质与功能加以定位的，这一方面是说孔子论政（既在理想含义上也在实际含义上），认为政治应从属于人道，如钱穆先生所说，“孔门虽重政治，然更重人道”[①]，而当孔子讲“《书》云：‘孝乎惟孝，友于兄弟，施于有政。’是亦为政”时，他也许正是要强调教人以孝悌仁爱之道的“育人”工作比“出仕为官”而从事实际的行政事务更为根本和重要；然而，若换一个角度来看，孔子论政又特别强调政治在人道化的社会生活或人类事务中的核心地位与根本重要性，如《大戴礼记·哀公问》所载：

孔子侍坐于哀公。哀公曰：“敢问人道谁为大？”孔子愀然作色而对曰：“君及此言也，百姓之德也，固臣敢无辞而对。人道政为大。”公曰：“敢问何谓为政？”孔子对曰：“政者正也。君为正，则百姓从政矣。君之所为，百姓之所从也。君所不为，百姓何从。”公曰：“敢问为政如之何？”孔子对曰：“夫妇别，父子亲，君臣严。三者正则庶民从之矣。”公曰：“寡人虽无似也，愿闻所以行三言之道，可得而闻乎？”孔子对曰：“古之为政，爱人为大。所以治爱人，礼为大；所以治礼，敬为大……弗爱不亲，弗敬不正，爱与敬其政之本与！”……孔子遂有言曰：“……为政先礼，礼者，政之本与！”

上述引文中“人道政为大”一语，可以说最直截了当地道出了政治在整个人类富有人道价值与意义的社会生活或人类事务中占据着核心地位，因为统治者如

① 钱穆：《论语新解》，生活·读书·新知三联书店2005年版，第46页。

何为政决定着百姓的何去何从，甚至决定一个国家的盛衰兴亡，正所谓“一言而丧邦”“一言而兴邦”（《论语·子路》）。

对孔子来讲，统治者在以民生为本并实现了富民目标的基础上，还应担负起更为根本而重要的“化人”职责，对人民进行伦理道德教化——这就是孔子深具人道主义意义的关于庶、富、教的政治理念（《论语·子路》）。具体而言，所谓的教化，绝不是指运用强制性的手段对人民实施思想和道德的控制，而是指在改善民生、保障人民物质生活的基础上，着力通过以身作则、率先垂范的教育方式，转化和提升人民的道德品格和文明教养，这是统治者的根本职责所在，而显然不是一个能够轻易实现的政治目标。因此，在孔子看来，人君应该明白“为君难”的道理，深刻反省自身的言行或道德品格是否良善，而不是一味地强制要求他人绝对遵从自己的权力意志和言辞指令，果能如是，才可言“一言而兴邦”，否则，己言不善而又要求他人“莫之违”，自然会造成“一言而丧邦”的后果。因此，问题的关键不在于“一言”是否可以“丧邦”或“兴邦”，而在于什么样的统治者的什么样的言行会“丧邦”或“兴邦”。正是这样一种对治国理政问题的理解和认识，使孔子提出了一系列重要的政治命题，如“为政在人”（《中庸》）、“政者，正也”（《论语·颜渊》）等。

所谓的“为政在人”或“政者，正也”，就是说，政治的根本问题说到底就是人的问题，而人的问题首先就是那些处在人类社会生活核心地位的位高、权重、责任大的统治者或执政当权者的问题。在孔子看来，就其所处时代的现实政治状况而言，最大的问题莫过于“礼崩乐坏”，其具体表现便是君权式微、君主道德权威衰落，以及贵族阶级僭越礼制而使社会伦常关系悖乱无序、政治道德行为乖谬失范。那么，如何才能“拨乱反正”，使这一混乱的现实状况得以扭转而重回正轨呢？这就需要执政当权的统治者能够从自己做起，反身正己，克己修身，端正自己言行，遵守礼义规范，践行仁恕美德。唯有修身正己者才有资格正人化人，以自己的道德人格感化和教育他人，乃至引领人民崇德向善，因此，“政者，正也”遂成为孔子在其政治主张上反复强调申论的一个核心观点，兹举例以证：

季康子问政于孔子。孔子对曰：“政者，正也。子帅以正，孰敢不正？”（《论语·颜渊》）

季康子问政于孔子曰：“如杀无道，以就有道，何如？”孔子对曰：“子为政，焉用杀？子欲善而民善矣。君子之德风，小人之德草。草上之风，必偃。”（《论语·颜渊》）

子曰：“其身正，不令而行；其身不正，虽令不从。”（《论语·子路》）

子曰：“苟正其身矣，于从政乎何有？不能正其身，如正人何？”（《论语·子路》）

上述正己以正人的为政治国理念，换一种说法，就是从“修己以敬”做起，进而“修己以安人”乃至“修己以安百姓”的君子之道（《论语·宪问》）。孔子亦曾自述其个人志向乃在“老者安之，朋友信之，少者怀之”（《论语·公冶长》），这亦体现了孔子人道政治观的真实目标与美好意愿，“正人”绝不是凭借手中的权势强制性地迫使他人屈服，而是以自身道德行为和道德人格的感召力使人安之、信之和怀之，对孔子而言，唯有有德之君子修己为政，才能够真正做到这一点。

上述孔子的人道政治观，即以人（士人君子）为本的政治观，将这一政治理念落实在治国、为政、化民的具体方略与措施上，孔子主要强调了这样几个方面的问题，即“为政以德”（《论语·为政》）、正名和“为国以礼”（《论语·先进》），以及以仁爱之心追求实现美政善治的政治目标。

孔子讲“为政以德”，旨在强调施政的过程是一个由己及人、由正己而正人的道德感化的过程；孔子讲“以礼让为国”（《论语·里仁》），其用意在于以礼让的精神来节制和消解传统宗法贵族占有和行使其世袭性的统治权的暴戾之气；孔子讲“正名”，讲“君君，臣臣，父父，子子”（《论语·颜渊》），则是希望通过端正君臣父子之名分，使不同身份地位的人的言行举止在理想的意义上符合其身份地位的规范要求，使人人各安其分、各尽其责，最终实现“重整世界秩序”的目的。

孔子认为，相较于单纯使用政与刑等强制性的令人服从的手段与措施，用德与礼来引导和规范人们的言行，更能够起到培养人民道德羞耻心的重要作用，从而达到更加令人满意的治理效果。政与刑只会使人民只求逃避惩罚而缺乏羞耻感，而德与礼则可以使人民既富有羞耻心又对为政者的引领与教导心悦诚服（《论语·为政》）。只有在上位者好礼义而讲信用，人民才会敬服和用情（《论语·子路》）。统治者取信于民甚至要比足兵与足食更加重要（《论语·颜渊》）。正如杜维明先生所指出的，孔子“根本不从权力和控制的立场论政”，不“把从政的焦点集中在控制人民的权力结构上”，“孔子并非不识时务，而是从长远的历史视野和深厚的道德感受体认到政治的当务之急在取信于民而不在控制，其目的在教化而不在权力”。①

更进一步讲，孔子之所以强调“为国以礼”或“为政先礼”，是因为礼既可以用来规范人的视听言动，又可以用来调节各种政治伦理关系，如“君使臣以礼，臣事君以忠”（《论语·八佾》）；既可以用来维护社会等级秩序，使人与人保持一种尊卑贵贱上下的等级分化，又可以用来有效地促进不同身份地位的人在相互尊重的基础上进行“礼尚往来”的积极而有益的交往互动，从而实现社会秩序的整合。因此，在孔子看来，礼治关乎整个社会政治等级秩序的安定与和谐，而且，从礼治的角度来说，政治的本质就在于它能引领人们在礼义的规范和道德的教化下过一种富有伦理意义与人道价值的生活。

虽然孔子生活在一个传统的礼制被严重僭越破坏而日益蜕变为一种缺乏实

① 杜维明：《孔子仁学中的道学政》，参见庞朴、马勇、刘贻群编《先秦儒家研究》，湖北教育出版社 2003 年版，第 555、556 页。

质性内在道德精神的僵化形式的时代，不过，孔子最富创见的主要思想贡献就是给礼的形式注入了仁爱忠恕的道德理性精神，并赋予其孝亲敬长的伦理情感基础，进而将孝亲敬长、“仁者爱人”、忠恕待人的伦理情感、人道理念与精神原则推广运用于政治生活领域，即要求为政之君子应“笃于亲”以使民“兴于仁”（《论语·泰伯》），要求为政之君子应“度于礼，施取其厚，事举其中，敛从其薄”（《左传·哀公十一年》）而施行惠民之政，要求为政之仁者应“居处恭，执事敬，与人忠”（《论语·子路》），或者是“出门如见大宾，使民如承大祭”“己所不欲，勿施于人”（《论语·颜渊》），等等。而本着“仁者爱人”的人道理念与精神原则，孔子更提出了一种以美政善治为追求目标与本质内涵的理想化的治国理政之道的构想，即所谓的“尊五美，屏四恶”：

> 子张问于孔子曰：“何如斯可以从政矣？”子曰：“尊五美，屏四恶，斯可以从政矣。”子张曰：“何谓五美？”子曰：“君子惠而不费，劳而不怨，欲而不贪，泰而不骄，威而不猛。”子张曰：“何谓惠而不费？”子曰：“因民之所利而利之，斯不亦惠而不费乎？择可劳而劳之，又谁怨？欲仁而得仁，又焉贪？君子无众寡，无小大，无敢慢，斯不亦泰而不骄乎？君子正其衣冠，尊其瞻视，俨然人望而畏之，斯不亦威而不猛乎？”子张曰：“何谓四恶？”子曰：“不教而杀谓之虐；不戒视成谓之暴；慢令致期谓之贼；犹之与人也，出纳之吝谓之有司。”（《论语·尧曰》）

可见，孔子理想化的治国理政之道的构想主要是从道德教化的角度来看待为政治民的问题，君子式的为政者处于整个政治生活的主导性或决定性的主体地位，一切均取决于君子这一理想的政治主体的个人态度与道德品质，在君子“惠而不费，劳而不怨，欲而不贪，泰而不骄，威而不猛”的道德行为和道德人格的引领与感化下，权力行使和发政施治所可能引发的任何矛盾与冲突都能消解于无形。

总而言之，孔子生活在一个世袭性的封建宗法贵族的统治权逐渐走向衰落失势的时代，由于传统的礼乐制度日趋崩坏，所以滋生出种种僭越礼制的破坏性行为，以至于社会失范、人心大乱。正是因为生活在这样一个礼崩乐坏、世事衰乱而易于产生暴力和苛政的时代，孔子才要极力维护和兴复周代的礼乐制度与文化传统，批评“苛政猛于虎”，倡导仁爱忠恕的精神，主张以礼治国、以德化民的治国理政之道。为了挽救混乱、迷失的世道人心，重整世界秩序，重塑统治阶级在权力行使和政治统治上合乎人道价值与意义的正当性与合法性，孔子看重并崇尚超越于权位之上的道德与仁义、智慧与修养。因此，在我看来，孔子提出的一系列治国理念与政治主张可以被恰当地称为一种人道政治观或仁道政治观。

如上所言，孔子人道政治观及其治理目标的真正落实或实现，无疑有赖于统治阶级的士人君子化或士人君子的政治参与，因此，毋庸讳言，孔子的为政治国理念带有鲜明的精英政治的特点。不过，由孔子塑造的以士人君子为理想范型的儒家式精英分子，却具有这样两大特点：其一，精英是开放的，因为根据孔子“有教无类”的理念，任何人只要努力学习、修身或接受人文道德方面的教育，就有机会成为君子式的士人精英；其二，精英是介于君民之间的一股重要的社会政治力量，这种“介于之间”性决定了士人君子的特殊身份与地位，无论是孔子抱持尊君重民的态度[①]，还是孟子倡言“民贵君轻”的理念，抑或是荀

---

① 孔子虽有尊君的情结，但立意在事君尽礼，而非谄媚君权，亦不认为臣下对君主有绝对服从之义务，如萧公权先生所说：“孔子不拘执于必仕必隐，而一以能‘行道’与否为出处之标准。出处既以行道为标准，是个人对于君国之本身无绝对之义务……观其对避世高蹈之流多加称许，而对不义之仕绝无恕辞，则可知孔子真意之所在。不仅此也。孔子谓臣下不受君主之乱命，是否认绝对服从之义务也。……后人以专制天下之眼光论封建天下之孔子，宜其张冠李戴，厚诬古人矣。”（《中国政治思想史》，新星出版社 2005 年版，第 49 页）

子既隆君师、尊圣王又强调“立君为民”[①]，他们事实上都强调儒家君子式的士人精英对上要维护君主的道德权威与正当统治，对下则应担负起人民利益（或民情民意）代言人的职责，而且，他们尤其关注和重视士人君子对下的责任，如狄百瑞所言，“儒家最为关注‘民’”，“人民的福祉和苦难是压在儒家良知上的重担”，而《论语》正是一本“以君子及其领袖责任作为要义”的著作，“《论语》中一共有52处提及‘民’（一种最普通的表示‘人’的说法）。‘民’的意思是普通人、普通大众。……凡是提及“民”的地方大多会涉及百姓与统治者的关系。其中的要点在于强调统治者和君子有责任领导和关心百姓”。一般来讲，“孔子对百姓的态度基本上是同情，对统治者的态度基本上是告诫”，尽管在《论语》中，“民”“一般被说成依赖于当权者行径的普通人”，尽管“受过教育的领袖精英与未受过教育的百姓之间存在着基本的差别”，但是，君子理应“承担起领导或指导百姓的责任”，“这是因为，无论教育或者社会地位上存在什么差异，百姓和领袖一样拥有最基本的道德情感和人性需求”，因此，“《论语》中从未出现孔子告诫、挑战、斥责或者谴责过百姓的内容。即使天下大乱，也不该归罪于百姓。相反，应当同情、体谅、关爱和保护百姓”[②]。据此而言，具有道德理想精神的儒家君子或士人精英在政治上绝不是与“民”相疏离的，亦不是倾向于在自己与民众之间割裂划分出一道天然的、深深的鸿沟或界线，相反，其最为重要的特点恰恰是“亲民性”，这一点也可以说是孔子人道政治观的内在必然要求。所谓的“亲民性”，绝不是一种自我装扮性质的虚应故事的姿态，而是与人民的好恶保持一致，真正同情民生疾苦，爱惜民力，深切关注民情民意和人民的利益需求并能够对其保持高度的敏感性乃至给予及时而积极的回应。正因为

① 如荀子曰：“君师者，治之本也。”（《荀子·礼论》）“君者，国之隆也。”（《荀子·致士》）“夫贵为天子，富有天下，名为圣王，兼制人，人莫得而制也。”（《荀子·王霸》）“天子者，势位至尊，无敌于天下。”（《荀子·正论》）“天之生民，非为君也。天之立君，以为民也。”（《荀子·大略》）

② ［美］狄百瑞：《儒家的困境》，黄水婴译，北京大学出版社2009年版，第22—25页。

如此，作为“四民之首”，儒家君子或士人精英才有资格从事治国理政的人类事业或公共事务，被视作“社会良心”的基石或支柱，乃至肩负起“为共同体领路”的政治责任而不是做统治者或有权阶级的“帮闲”。当这样一种由儒家君子或士人精英领导和治理社会的理想落实在现实层面上时，依据孔子和儒家“亲民性”的政治理念，作为一国之君的统治者和执政当权者也必须像儒家士人君子那样思考和行动，即应该以有利于人民生活改善（包括物质生活的保障和道德教养的提升）的方式来赢得其正当统治的民意基础。如孔子所谓“因民之所利而利之”（《论语·尧曰》），《大学》所谓“民之所好好之，民之所恶恶之”，以及孟子所谓“所欲与之聚之，所恶勿施”（《孟子·离娄上》），皆生动而形象地集中表达了上述政治理念。

三、在中西比较视野中重新审视和解读孔子的“政治”理念

由上可知，在孔子的观念中，尽管“为政”不等于“出仕为官”，儒家君子或士人精英不一定非要“汲汲于求仕进”，但关切政治却是其天然职责所在，他们注定是为肩负经世济民的社会政治责任而生的。我们可以将孔子所持有的关于士人君子与政治之间密切关系的这种看法或观念称为“士人政治”理念。那么，究竟何谓“士人政治”呢？是否像有的学者所说，“由于孔子儒家是以‘士’的身份登上政治舞台，是从‘士’的角度思考、理解政治问题的，故儒家政治哲学也可以称为‘士’的政治哲学”[1]呢？

所谓“‘士’的政治哲学”这样一种说法，显然是不伦不类的。如果说孔子儒家是“以‘士’的身份登上政治舞台，是从‘士’的角度思考、理解政治问题”的话，那么，墨、道、名、法、阴阳、纵横、农、兵、杂诸家，哪一家又不是“以‘士’的身份登上政治舞台”，不是“从‘士’的角度思考、理解政治问题”的呢？

① 梁涛：《论早期儒家的政治理念》，《哲学研究》2008 年第 10 期。

那么，他们的政治哲学或政治理念恐怕也是可以被称为“‘士’的政治哲学”或“‘士’的政治理念”的，如此一来，说孔子儒家的政治哲学为“‘士’的政治哲学”便没有任何意义，不能给人带来任何启发。在我看来，有的学者之所以提出这样一种不伦不类的说法，是因为没有真正理解孔子儒家所抱持的“士人政治”理念的实质含义。

要理解孔子“士人政治”理念的实质含义，我想有必要在中西比较视野中重新审视和解读孔子的“政治”理念。对此，我将主要参照或借鉴阿伦特在《人的境况》一书中对劳动、工作、行动所做的区分，对行动与行为、权力与暴力、政治与统治所做的区分，以及对公共领域的论述所带给我们的启发，来阐述孔子“士人政治”的理念。

首先，有必要再简要重述一下阿伦特对劳动、工作和行动这“三种根本性的人类活动”所做的区分。依阿伦特之见，生命本身、世界性和人的多样性（或复数性）构成了“人在地球上被给定的生活”的三种基本境况，与之相对应，存在着“三种根本性的人类活动”，即劳动、工作（或制作）、行动（或实践），劳动生产维持人类生命延续所必需的消费品，工作为人们制造或提供一个生活其中的“完全不同于自然环境的‘人造’事物世界”，行动使人活在人们中间，通过言说和行动来展现自我“独特的差异性”或个人身份、彰显自我卓越秀异的品格，通过言说和行动跟与自己既平等又有差异的他人进行互动、对话、交流与沟通。由于行动依赖于他人的在场，因此，不是“单个的人”，而是“生活在地球上和栖息于世界”的“人们”，即人的多样性或复数性构成了行动或“一切政治生活特有的条件”[①]。也正是通过言说和行动来与他人进行互动、对话与沟通所形成的人际关系网络构成了人类事务的领域，“这一网络存在于任何人们一起生活的地方”，而在其中，言说和行动的彰显性质则体现了一种“纯粹的人类归属感”，因为“言和行的彰显性质出现在人们和他人在一起的地方，既不是

① ［美］汉娜·阿伦特：《人的境况》，王寅丽译，上海人民出版社2009年版，第1—2页。

为他人而活，也不是与他人为敌，即出现在纯粹的人类归属感（togetherness）当中”[①]。在上述区分中，阿伦特不仅格外强调人具有“开端启新”即“开创新事物”的行动的能力，而且突出了人的多样性或复数性以及人们在一起“共同生活”的“人类归属感”。行动（action）与行为（behavior）迥然不同，“所谓行为是指那些可以用道德标准判断其对错的重复性日常行为”[②]，而行动则“在本质上突破了所有通常接受下来的标准而达到了非同寻常的程度”，因此，“行动只能以是否伟大的标尺来衡量”[③]。然而，行动一旦开始，就具有一种不可逆转的特点，而且没有一个可以预见的终结，正是由于人具有“既能开始某种新的东西又不能控制或预见其结局”这样一种行动的能力，从而导致了“人类事务的脆弱性”和行动本身的困境，而“要把行动从它所开启的过程的不可逆性和不可预见性中解救出来”，只能“依靠行动自身的一种潜能”，即“对于不可逆性……摆脱其困境的可能的拯救之道是宽恕（forgive）的能力”，而“对于不可预见性，对于未来不确定性的拯救，则包含在作出承诺和信守承诺（promise）的能力中”，而且，“这两种能力互为从属，因为宽恕用来取消过去的行为，以诺言方式约束自己的承诺，则用来在不确定的海洋（这个不确定的海洋从本质上来说就是未来）上建造一些安全的岛屿”，问题的关键依然在于“只有通过他人的在场，让公共领域的光芒投射下来，黑暗才能被驱散”[④]。

所谓的“公共领域”，也就是指人们以言说和行动的方式在一起共同生活所形成的一种具有“最大程度的公开性”的“显现空间”，而且它作为一种人们在

---

① ［美］汉娜·阿伦特：《人的境况》，王寅丽译，上海人民出版社2009年版，第144、141页。

② ［美］伊丽莎白·扬－布鲁尔：《阿伦特为什么重要》，刘北成、刘小鸥译，译林出版社2008年版，第67页。

③ ［美］汉娜·阿伦特：《人的境况》，王寅丽译，上海人民出版社2009年版，第161页。

④ ［美］汉娜·阿伦特：《人的境况》，王寅丽译，上海人民出版社2009年版，第183、184页。

其中共同生活并共同拥有的“共同世界”，就像一张“置于围桌而坐的人们之间”的桌子一样，具有一种“介于之间（或‘在－之间’）”（in-between）的特性，“让人们既相互联系又彼此分开”，“既把我们聚拢在一起，又防止我们倾倒在彼此身上”[①]。权力则是在人们合作性的“协同行动”中[②]生发出的一种潜在的力量，而“使公共领域——潜在于行动和言说的人们之间的显现空间——得以存在的东西”也正是权力，它产生于“人们的共同生活”，能够“把人们结合在一起”，同时又能够“通过持续的共同生活而保持活力”，它“像行动一样是无限的”，只有“他人的存在是它唯一的限制”，即他人的在场或“复数性的相互作用对个人的力量造成明确的限制，不仅使它保持在有限范围内，而且被多数人的潜在权力所控制”，相反，“对无所不能的渴望，除了乌托邦式的‘僭妄’（hubris）外，总是意味着对复数性的破坏”。“在人类生活的境况下，唯一可以取代权力的……是强力，是一个人可以单独用它来反对同伙，或者一个或少数几个人通过暴力手段的攫取而垄断的力量”，不过，“暴力可以摧毁权力，却不能代替权力”[③]。

阿伦特在权力和暴力之间所做的上述区分，又是与其对“政治”的理解和界定密切相关的。对阿伦特而言，一个人要想成为一种政治存在，必须在与他人的共同生活中通过言行来表达和展现自我，与他人进行互为主体的自由平等的互动、对话与沟通，通过与他人的合作关系，共同关注并参与人际之间公共事务，采取“协力行动”，开创人类生活的新局面[④]。因此，“成为政治的，生活

① ［美］汉娜·阿伦特：《人的境况》，王寅丽译，上海人民出版社2009年版，第32、34页。

② 如阿伦特在《权力与暴力》一文中所言：“权力对应于人类的不仅是行动的能力而且是一致行动的能力。权力永远不会成为某一个个人的性质；它属于一个群体（group）并且只有在这个群体聚合在一起的情形下才维持其存在。”（贺照田主编：《西方现代性的曲折与展开》，吉林人民出版社2002年版，第431页）

③ ［美］汉娜·阿伦特：《人的境况》，王寅丽译，上海人民出版社2009年版，第157—159页。

④ 蔡英文：《政治实践与公共空间：阿伦特的政治思想》，新星出版社2006年版，第243页。

在城邦中，意即任何事情都要取决于话语和说服，而不是取决于暴力和强迫”；反之，“用暴力强迫人，命令而非说服”，乃是一种“前政治的”专制统治，而且，“绝对的、无可争议的统治，与真正意义上的政治领域是相互排斥的”[①]。另外，根据阿伦特对劳动、工作和行动所做的区分，与劳动动物和行动者不同，即劳动动物“被他自身生命必然性所支配”，行动者“始终要依赖他的同伴”，而技艺人则是“一个统治者和主人”，因为他是那种根据手段和目的的范畴来制造工具并使用工具来制作人造物的人，“他使事物工具化”，“他的工具化活动意味着所有事物都贬低为手段，让它们失去了内在和独立的价值”，或者“让一切东西为他所用”[②]。可见，在阿伦特看来，作为统治者的技艺人和作为政治人的行动者之间也存在着本质性的差别。

基于对阿伦特在《人的境况》一书中所使用的行动、公共领域、权力、暴力、政治和统治等概念的基本含义的了解，我们再回头审视和反观一下孔子“士人政治”的理念，无疑可以从中获得很多富有意义的启发。需要说明的是，我们只是将阿伦特对人的境况问题的论述作为一种理论参照，绝无意于将之与孔子“士人政治”的理念简单地等同起来。然而，如果以阿伦特的行动和政治理念为参照，全景式地审视和考察一下先秦诸子的政治思想论说，我们便不难发现，与阿伦特意义上的行动和政治理念最接近的，正是孔子有关“士人政治”的观念。

对孔子以及后来的孟子来讲，人与人之间出现的“劳动分工和职能的专业化”是一种不可避免的现象，由劳动所生产的粮食等消费品对于维持人类的基本生存或生命延续是至关重要的，因此，他们都非常重视民生民事问题，并无鄙视生产劳动的意思，但他们以“承担起领导或者指导百姓的责任”的君子自

① ［美］汉娜·阿伦特：《人的境况》，王寅丽译，上海人民出版社2009年版，第16—17页。

② ［美］汉娜·阿伦特：《人的境况》，王寅丽译，上海人民出版社2009年版，第111、119—121页。

居，“毫不犹豫地把自己归为有学识的人”——或“献身学问”以便“很好地履行领袖的职责”而“无须理会农耕、园艺或者是军旅之事”，或认为自己“理应免于农民的辛苦劳作”①。孔孟在农民的劳动生产活动与士人的政治职责之间所做的明确区分，显然与阿伦特在劳动和行动之间所做的区分具有非常类似的意义，孔孟的区分同样旨在强调，作为一种根本性的人类活动，士人出于对人类公共事务的关注而采取积极的政治参与性质的入世行动，对于维护人类生活世界的秩序、实现国家的治理来讲是至关重要的。相对来讲，在孔子儒家那里，作为“四民”之一的工匠或手工业者，在职业上虽然与阿伦特所谓的技艺人类似，但两者的性质和作用却大相径庭，真正与阿伦特所讲的技艺人的工作性质及其重要性相似的是圣王的创世，阿伦特所谓的技艺人的工作或制作活动，旨在为人类提供一个人造事物世界，而孔子儒家则将为人类创建一个由实用器物、行为规范和生活规则构成的生活世界的制作性工作归于古代的先圣先王，如《易传·系辞》所言，正是一代又一代的上古圣王仰观俯察，取象备物以致用，为人类生活创制提供了网罟耒耜、衣服舟楫、宫室棺椁、书契百官等器物设施；如孔子和荀子所言，正是周公制作的礼乐典章制度与古圣先王制作的礼义法度，为人类生活建构提供了富有人道价值和意义的用来确立和定位社会关系秩序及人的伦理角色的道德准则、行为规范和典章制度。正因为推崇圣王创世的丰功伟业，因此，维护由圣王所创建的生活世界的道德准则、行为规范、秩序规则、典章制度和礼义法度便是士人君子采取入世行动的根本目的之一，孔子本人之所以毫不隐讳地公开宣称自己“述而不作，信而好古”（《论语·述而》），其用意即在于此。然而，士人君子的入世行动并不以此为唯一目的。

对阿伦特而言，“政治”一词“是指人们在公共领域中的行动——讨论、说

① ［美］狄百瑞：《儒家的困境》，黄水婴译，北京大学出版社2009年版，第24—25页。

服、决定具体行为并且付诸实践”[①]，而所谓的行动，就是指公民的政治参与活动，公民与公民之间是一种平等同侪而互为主体的关系，公民与其同侪一起投入公共领域，为的是彰显自我的独特个性和卓越品格，从而在人们中赢得不朽的声名。而孔子的政治理念与行动观念则是指士人精英的政治参与活动，士人精英的政治参与活动同样需要平等同侪或志同道合者之间的合作性的“协力行动”，但士人精英必须在“介于君民之间”中实现其政治参与的目的。在阿伦特直接参与式的公民政治理念和孔子“介于君民之间”的士人精英政治理念之间，无疑存在着许多实质性的差异，但事实上，两者之间也存在着诸多可比性，因为士人君子采取合作性的“协力行动”，一起投身于对公共事务的政治参与活动，目的亦是彰显自我区别于一般人特别是与小人根本不同的美好德性和卓越品格，乃至在人们中间赢得不朽的声名，正所谓“君子疾没世而名不称焉”（《论语·卫灵公》）。阿伦特所强调的公民在公共领域中通过卓越秀异的言行展现出的政治美德与品格，诸如勇敢、友善、节制、建立人际之间的政治友谊以及“行宽恕与守承诺”等[②]，亦为孔子所重视和强调，如孔子师徒讲士人君子应见义勇为，应“以文会友，以友辅仁”（《论语·颜渊》），应“克己复礼”，应“居是邦也，事其大夫之贤者，友其士之仁者”（《论语·卫灵公》），应宽以待人、“赦小过”（《论语·子路》）、“主忠信”等。其中，“克己复礼”的要求或许容易导致依据一种阿伦特所说的衡量重复性、习惯性日常行为的道德标准来评判士人君子的问题，尤其是孔子把人看作一种“礼仪性的存在”[③]，大不同于阿伦特把人看作一种政治的存在（作为行动和言说的人），当然，对孔子而言，礼仪

① ［美］伊丽莎白·扬－布鲁尔：《阿伦特为什么重要》，刘北成、刘小鸥译，译林出版社 2008 年版，第 57 页。

② 蔡英文：《政治实践与公共空间：阿伦特的政治思想》，新星出版社 2006 年版，第 176、228 页。

③ ［美］赫伯特·芬格莱特：《孔子：即凡而圣》，彭国翔、张华译，江苏人民出版社 2002 年版，第 14 页。

规矩除了具有规范和调节人的日常行为的作用之外，依礼而行还具有一种重要的自我展现或彰显功能，如西方学者所言：

> 礼仪有力地显发出来的东西，不仅仅是社会形式的和谐与完美、人际交往的内在的与终极的尊严；它所显发出来的还有道德的完善，那种道德的完善蕴涵在自我目标的获得之中，而自我目标的获得，则是通过将他人视为具有同样尊严的存在和礼仪活动中自由的合作参与者来实现的。此外，依“礼”而行就是完全向他人开放，因为礼仪是公共的、共享的和透明的；不依“礼”而行则是隐蔽的、暧昧的和邪恶的，或纯粹是专横的强迫。正是在这种与那些在终极的意义上类似于自己的他人的美好、庄严、共享以及公开的参与中，人才会获得自我的实现。①
>
> 行礼必须根据每个参加者的独特性和成为人的微妙的美学目的来理解。礼是个人升华的过程——是一种优雅的性情取向、一种态度、一种姿态、一种形体符号、一种身份的展示。礼是向自身和共同体显示自己在价值上意志坚定的人格表演。礼也是一种公共话语，通过它，人得以成就其本质并宣示自己有资格算得上一个独一无二的个体、一个完整的人格。②

通过共同参与和彼此尊重的礼仪活动或依“礼”而行来展现自我的道德人格，追求自我目标的实现，这是最为孔子重视和强调的，与阿伦特所持的通过行动以“开端启新”、通过言说来彰显自我独特的个人身份的理念存在着根本差别。然而，孔子不仅强调人是一种礼仪性的存在，他还贵仁尚义并深切地希望能够以仁义的观念激发起士人君子以道救世的行动能力，因此，尽管孔子并不

---

① ［美］赫伯特·芬格莱特：《孔子：即凡而圣》，彭国翔、张华译，江苏人民出版社2002年版，第15页。

② ［美］安乐哲、罗思文：《早期儒家是德性论的吗？》，谢阳举译，《国学学刊》2010年第1期。

像阿伦特那样在行动与行为之间做出明确区分并强调人的“开端启新”或开创新事物的行动能力，而是在庄重恭敬的态度、谨言慎行的举止、孝悌忠信的品格、文质彬彬的修养、恪守礼制的行为等诸多方面对士人君子提出了许多严格具体的道德要求，但他所提出的见义勇为、当仁不让和杀身成仁的行动观念无疑具有激发士人君子采取阿伦特所谓“开端启新”性质的行动的意义。诚如孔子和孟子所言，“圣人，吾不得而见之矣；得见君子者，斯可矣”（《论语·述而》），“待文王而后兴者，凡民也。若夫豪杰之士，虽无文王犹兴”（《孟子·尽心上》）。孔孟之所以祈愿和呼唤君子的出现和豪杰之士兴起，说到底是因为他们自觉地意识到自己生活在一个圣王没世而不见的时代，所以真诚而深切地希望士人君子兴起而采取救世行动以开创人类生活的新局面。

阿伦特与孔子二人的行动理念之间，最大的差异或许还在于这样一种不同：阿伦特的行动理论具有“个人主义”和“争胜精神”的理论特色[①]，而孔子的行动观则具有一种社群主义和礼让谦逊之不争精神的理论特色，如孔子论士之次者当使“宗族称孝焉，乡党称弟焉”（《论语·子路》），并强调“君子矜而不争”（《论语·卫灵公》）。另外，二人的理念之间还存在另一种有意思的反差：阿伦特的公民政治理念，由于过于强调“个人在公共领域里，体现隽秀非凡的言行、建立伟大的事功，以取得不朽的荣耀”，实则蕴含“精英政治”的成分[②]；与之相反，孔子儒家的士人精英政治理念，由于带有强烈的民本主义色彩，实则蕴含“亲民政治”的特点，如《大学》所谓“大学之道，在明明德，在亲民，在止于至善”，而“民之所好好之，民之所恶恶之，此之谓民之父母”。但不管怎样讲，我认为，阿伦特“爱这个世界”和孔子“仁者爱人”（或者说爱生活在这个世界上的人）的情怀是彼此相通的，孔子曰：“鸟兽不可与同群，吾非斯人之徒与而谁与？”（《论语·微子》）他为回应讥斥他的隐士们而讲的这句话，个中所要

① 蔡英文：《政治实践与公共空间：阿伦特的政治思想》，新星出版社2006年版，第228页。
② 蔡英文：《政治实践与公共空间：阿伦特的政治思想》，新星出版社2006年版，第230页。

表达的情怀也正是阿伦特所说的一个人作为有限的生命存在而愿意与他人共同生活在一起，并愿意通过言行来与他人进行真诚的交流、对话、互动和沟通的那种“纯粹的人类归属感”。

不过，详尽而具体地辨析阿伦特和孔子思想之间的相似与差异，并不是我唯一感兴趣的，我认为，对于理解孔子的士人政治理念来讲，阿伦特能够带给我们的最根本或重要的启示意义就在于：她基于对人类境况的深刻反思而阐发的那种独特的政治和公共领域的理念，可以帮助我们从根本上消除对于孔子“政治”理念的一偏之见。关于孔子的“政治”理念，许多学者曾经持有一种相当一致的看法，如萧公权先生说：

> 儒家混道德政治为一谈，不脱古代思想之色彩。韩非论势，乃划道德于政治领域之外，而建立含有近代意味纯政治之政治哲学。无论其内容是否正确，其历史上之地位则甚重要。
>
> 抑吾人当注意，韩非不仅摒道德于政治范围之外，且认私人道德与政治需要根本上互不相容，而加以攻击。[①]

韦政通先生说：

> 政治是以处理权力问题为中心的，法家以外的各家，对这个问题都没有切入核心；儒家所讲的政治乃道德的延伸，墨家的尚同主张，不过是一个乌托邦的政治构想，道家的无为之治，也只是因任自然的理想的一部分。只有法家，尤其是韩非，能直捣政治问题的核心，发现了政治的独特领域，奠定了中国政治哲学的基础。他何以能如此？一个重要的原因，即由于现实主义的观点所使然。从这个观点出发，才能把政治当做（按：作）政治看，划道德于政治领域之外。[②]

刘泽华先生说：

① 萧公权：《中国政治思想史》，新星出版社 2005 年版，第 153 页。

② 韦政通：《中国思想史》（上），上海书店出版社 2003 年版，第 247 页。

> 孔子把政说成"正"……强调执政者首先必须"正"，是有一定道理的。不过从总体看，显然把问题简单化了。依孔子之见，政治关系首先是上行下效的关系，而不是服从与被服从的关系，不是权力制约关系。这种看法根本不符合政治实际。……政治关系主要不是道德关系，而是以权力和政策为纽带的，正人君子不一定能治国。
>
> 《中庸》《大学》发展了孔子的人治思想。……从某种意义上讲，提倡人治，特别是提倡掌政者要以身作则，是有它一定的合理性的。在君主专制的条件下，这种主张对君主提出了标准与要求，从理论上对君主也是一种制约，有时又是批评君主的武器。
>
> 从理论上考察，人治主义没有抓住政治中的根本。即使在君主专制条件下，专制的君主地位也不是靠道德来维系的，强大的国家机器是君主实行专制的前提条件。撇开这个前提，光谈个人的修养是不切实际的空论。①

上述三位学者的观点和看法非常具有代表性，他们认为孔子儒家将道德和政治混为一谈，把政治看作道德的延伸，或者把政治关系等同于道德关系而没有抓住政治问题的核心和根本；相反，法家划道德于政治领域之外，正体现了一种现实主义的纯政治意义上的政治哲学。这可以说是学术界的一种主流观点和看法。不过，萧公权先生对于孔子论政植本于仁而以君子为治体尚多同情之理解，而刘泽华先生虽认为孔子"政者正也"的观点有一定的道理，但对于孔子儒家突出人在政治中的重要地位，"特别是把道德品质作为首要条件"，则提出了严厉的批评，认为这"既不切实际，又常流于欺骗"②。那么，果真如此吗？

---

① 刘泽华：《中国政治思想史集》第一卷《先秦政治思想史》，人民出版社2008年版，第239、251页。

② 刘泽华：《中国政治思想史集》第一卷《先秦政治思想史》，人民出版社2008年版，第239页。

或者说，我们真的就只能从划道德于政治领域之外的具有近代意味的“纯政治”视角来看待政治的问题，并以此来评判儒法之政治观吗？

我认为，正是从古希腊雅典人的政治实践活动中汲取思想资源而赞美行动的阿伦特为我们提供了另一种完全不同的、发人深思的看待政治问题的独特视角。像阿伦特认真看待西方古典的“政治”遗产那样，也许我们同样应该认真看待中国先贤孔子留给我们的“政治”理论遗产。尽管孔子的治国为政理念具有鲜明的中国特色，既不完全排斥刑政手段的运用，也没有在君主的专制统治与士人的政治参与之间做出明确的区分，但是，在对刑政手段的实际运用和君主专制统治的现实生活领域之外，他旗帜鲜明地公开提出现实政权向士人开放的主张，并独创性地阐述了另一种理解政治的独特视角和方式，即政治之为政治，绝不是使用暴力的工具和刑政的手段来强制性地使人屈服，而是应以自己的向善之心与正确的道德行为来感化和引领他人共同崇德向善，乃至实现“胜残去杀”的仁政善治的目标。孔子的“政治”理念的确带有强烈的理想化的道德色彩，容易把道德与政治混为一谈，然而，法家商韩那种完全排斥道德而以支配和控制臣民为目的的法术理念，也容易产生绝对君主专制统治的弊端。两相比较，如果我们既不想强制性地支配和控制他人，也不想被他人任意地支配和控制的话，孔子的那种带有强烈的理想化道德色彩的士人政治理念，尽管“既不切实际，又常流于欺骗”，但也许比法家的那种“划道德于政治领域之外”的绝对君主专制理论更为可取，不仅如此，借用芬格莱特的话讲，我们甚至更应该“将孔子的思想学说视为一种对于社会冲突与动乱的富于想像力和创造性的回应，而不是对其时代危机的性质缺乏远见、久视不见”①。然而，除了孔门弟子和孔子后学等少数人之外，没有人真心愿意听从孔子富有远见卓识的忠告并

① ［美］赫伯特·芬格莱特：《孔子：即凡而圣》，彭国翔、张华译，江苏人民出版社 2002 年版，第 60 页。

认真对待他提出的“政治”理念，甚至迄今为止也少有人真正理解孔子“政治”理念的真义，人们似乎更愿意把政治与统治混为一谈，更愿意把统治视为“纯政治”而将真正的“政治”看作不切实际的、无用的空想！子曰：“人无远虑，必有近忧。”（《论语·卫灵公》）孔子死后的数百年间，实际政治生活和政治理论思维在朝着悖离孔子“政治”理念的暴力化和功利化的方向急速前行，最终的结果便是演成了秦始皇父子的可怕的专制暴政。

孔子不仅提出了一种具有独特意义的“政治”理念，还以其实际的政治行动为新兴士人的参政议政开辟道路，以至于在他的影响和引领下，列国纷争、权力多元格局下的战国之世最终形成了一种士人政治参与的公共性的“显现空间”。按照孔子士人政治理念的理想，这一显现空间或公共领域理应建立在士人君子通过言说和行动来彰显自我的美好德行与卓越品格，引领他人共同践仁行义、维护公共道义、开创人道化的生活方式的基础上。正是出于这样一种理想，孔子才要不遗余力地讲学弘道而“设以德致位之教”[①]，兴办私学而以培养士人君子为宗旨和目标；在进退行止之间“不拘执于必仕必隐”，或仕或隐、或进或退，“一以能‘行道’与否为出处之标准”[②]；而于周游列国之际，更是上说下教，以其卓越的嘉言善行向世人展现出了其“动人的君子形象”或“沟通大师”的形象，通过言谈、音乐、合乎礼仪的行为来表达和展现自我，真诚地与他人（包括自己的弟子、各国的统治者和贵族、隐士及其他社会身份的人等）进行对话、交流、沟通和互动，向他人阐述和传达自己对现实生活世界和人类政治事务的看法和见解。这不是因为“湛心利禄”而“热中竞进”，更不是因为“道德不必求其是，理想亦不必求其是，惟期于便于行事则可矣”（章太炎的批评语），而是为了行道救时、济世安民。因此，孔子既非单纯地教人入仕做官，亦非迂执地教人远离仕途，而是教人无论是积极入仕为官还是处身于仕途之外，

① 萧公权：《中国政治思想史》，新星出版社 2005 年版，第 67 页。

② 萧公权：《中国政治思想史》，新星出版社 2005 年版，第 49 页。

都应志尚仁义、坚守道义，或入仕而以德政造福大众，或在野而发挥道德批评和政治抗议的作用。但是，由行动所开启的过程不可避免地要陷入构成人类事务领域的业已存在的人际关系网络之中，并受到它所包含的无数相互冲突的意志和愿望的制约，因此，“行动从来都达不到它的目标”[①]。行动的不可预见性决定了人类事务的脆弱性，行动的结果往往与其意图相背离，依阿伦特之见，摆脱困境、拯救未来不确定性的出路就在于人行宽恕和守承诺的潜在能力，但是，事情的发展常常会事与愿违，孔子最终不得不面对“道之不行”的困境。而所谓的“君子固穷”，则恰恰说明了孔子对士人君子必然遭遇行动的困境的自觉反省与深刻认识。不过，对孔子而言，士人君子在人类公共事务领域中通过言说和行动来展现和彰显自我的种种美德与卓越品格并实现自身的人生价值，这本身便具有独立而自足的内在价值和意义，因此，士人君子能够从这种自我展现和实现本身体验到人生最真挚而纯粹的快乐。

子曰：“道不远人。”（《中庸》）然而，人会远道而行。孔子之后，私人讲学之风和诸子百家之学勃然兴起，孔、墨之弟子徒属充满天下，形成了中国传统社会中的一股特殊的社会政治力量，即传统的知识阶层或士人精英群体。正是由于新兴士人群体的崛起及其政治重要性的日益增强，在当时逐渐形成了一种士人自我彰显和参政议治的公共领域或显现空间，在这一公共领域或显现空间中，士人精英群体既展现出了他们所拥有的广泛的社会政治影响力，也暴露出了他们内部最为严重的分化状态。在列国并争而各国统治者礼贤下士蔚然成风的时代环境下，士人精英一方面可以凭借自身优越的智力和才能，在仕途上获得竞进显达的成功机会，另一方面也比一般人有着更多的自由流动的选择机会。但内部的分化决定了其价值取向和人生选择的多样性，他们有着千差万别的理想、信念、追求、志趣和品格——有的以学为乐而视富贵利达如浮云，追求道义而关切民生疾苦；有的热衷仕进，追求功名利禄而不惜背信弃义；有的

---

① ［美］汉娜·阿伦特：《人的境况》，王寅丽译，上海人民出版社 2009 年版，第 144 页。

拒绝出仕，视权势为人世间最肮脏之物；有的愤世嫉俗，抽身隐退；有的以德抗位，放言高论；有的凭一技一能之长，甘心被权贵豢养；有的学养深厚，宁愿“不治而议论”。

儒家内部的分化亦是不可避免的，如司马迁所说：“自孔子卒后，七十子之徒散游诸侯，大者为师傅卿相，小者友教士大夫，或隐而不见。”（《史记·儒林列传》）尽管如此，孔子后学仍然极力捍卫和弘扬孔子之道，特别是古典儒家中的思孟学派，在很大程度上依然秉承孔子士人政治的行动理念，具有强烈的以德抗位的政治批评精神，关切民生而倡导王道仁政，奉行忠恕之道，坚守独立的道德人格与意志，“穷则独善其身，达则兼善天下”（《孟子·尽心上》），鄙视“以顺为正”的“妾妇之道”（《孟子·滕文公下》）。不过，总的来讲，在当时士人自我彰显和参政议治的公共领域或显现空间中，士人群体的思想和行动却是越来越背离孔子“士人政治”的行动理念。与孔孟赞赏和激励士人君子坚守仁义的价值准则，采取关切民生、维护公共道义、追求美政善治的政治参与行动理念不同，愤世嫉俗的隐士选择退隐独处，事实上就是放弃了与人共处的政治行动权力，也就是“选择了无能”①，而道家的庄子更是提出人类应完全回归自然，“同与禽兽居，族与万物并”（《庄子·马蹄》）的激进主张，可以说是一位最彻底的反政治论者。“以为无所事圣王”的农家者流，虽然与孔子“所重民食”的立场一致，但他们反对社会的职业分工，甚至主张“君臣并耕”（《汉书·艺文志》），这可以说是阿伦特意义上的典型的劳动者的立场与态度。墨子和墨家虽然怀抱着与孔子儒家类似的“士人政治”的行动理念，即“作为依赖劳动者而生存的中国知识分子阶层”，墨子也像孔子那样，“为自身存在辩护的理由就是在于他们乃是为了‘义’而投注心力”、采取行动，认为“‘教天下以

① ［美］汉娜·阿伦特：《人的境况》，王寅丽译，上海人民出版社2009年版，第158页。

义’，远比耕织之民的劳动更能使天下受益”[①]，但其思维方式却具有鲜明的阿伦特所谓技艺人的特点，这也许与其工匠出身有着密切的关系。墨子特别喜欢根据原因和结果或目的和手段的范畴来思考社会政治问题，乃至将技艺人或工匠的“制作经验”普遍化，即“有用和功利被确立为人的生活和世界的最终标准”[②]，如墨子曰：“我有天志，譬若轮人之有规，匠人之有矩。轮匠执其规矩，以度天下之方圆……我得天下之明法以度之。”（《墨子·天志上》）墨子以天志为仪法而力劝天下人奉行“兼相爱、交相利之法”，其用意虽美，但方法却深受技艺人思维方式的限制，乃至为达“尚同一义”之目的而主张自上而下地使用刑政赏罚的强制性手段，“富贵以道其前，明罚以率其后”，以期达成“唯欲毋与我同，将不可得也”（《墨子·尚同下》）的效果。而法家更是完全“划道德于政治领域之外”，彻底摒弃任何美好而善良的道德愿望，将技艺人的“制作经验”普遍化甚至极端绝对化，他们基于对“仁义之不足以治天下”的无用性的认知[③]，基于对人性好利自为的本质主义的观点和看法，将好利自为作为人性的一种可资利用的弱点，极力主张专制君主运用刑政赏罚的手段或法、术、势的工具，通过消灭人的多样性和异质性，以实施对所有臣民整齐划一的绝对支配和全面控制，正所谓“使中主守法术，拙匠执规矩尺寸，则万不失矣”（《韩非子·用人》）。另外，法家还极力鼓吹奉行耕战政策以实现富国强兵的目的，表面上看是关注和重视农耕问题，事实上则既不同于农家人人皆应自耕而食的劳动者主张，也有异于孔子儒家重视民生民食的行动者理念，对法家而言，农民或农耕只具有物化的工具性价值，奖励耕战的政策也只不过是实现富国强兵而使专制君主之利益最大化的手段而已。与孔子儒家强调言行的自我彰显功能，

① ［德］罗哲海：《轴心时期的儒家伦理》，陈咏明、瞿德瑜译，大象出版社 2009 年版，第 143 页。

② ［美］汉娜·阿伦特：《人的境况》，王寅丽译，上海人民出版社 2009 年版，第 120 页。

③ 如《商君书·画策》曰：“仁者能仁于人，而不能使人仁；义者能爱于人，而不能使人爱；是以知仁义之不足以治天下也。”

重视与他人的交互性影响，认为言行为“君子之枢机”而须谨慎视之的言行观不同[①]，法家主张君主只需应用功利的标准即对维持君主的专制统治和实现国富兵强的目的是否有用有利来衡量人臣的言行，如韩非曰：“夫言行者，以功用为之的彀者也。……今听言观行，不以功用为之的彀，言虽至察，行虽至坚，则妄发之说也”（《韩非子·问辩》），“听其言必责其用，观其行必求其功”（《韩非子·六反》），“是境内之民，其言谈者必轨于法，动作者归之于功，为勇者尽之于军”（《韩非子·五蠹》）。反之，“以文乱法”“以武犯禁”的儒侠之士皆应归于禁止罪诛之列，凡属不务耕战者如“学者”“言谈者”“带剑者”“患御者”以及“商工之民”等，皆是扰乱国俗而该杀的蠹虫（《韩非子·五蠹》）或“奸伪无益之民”（《韩非子·六反》）。战国之世，还有一类特殊的风云人物堪为时代潮流的代表，那就是苏秦、张仪一类的纵横家者流，他们也恰恰构成了孔子“以德致位”的“士人政治”理念的对立面，如萧公权先生所言：“自宗法衰弛之后，列国君臣渐少旧族。平民驰誉于王侯，致位达卿相者，亦浸成习见之事。其末流之弊，遂至奔竞成风。仕宦无一定之君，划策皆诡遇之议。祸患所及，大则争战横生，人民涂炭，小则贪权夺位，身家丧灭。苏秦、张仪之合纵连横，游相诸国，最足以代表当时之‘投机分子’。”[②]最终，持有现代学者所谓的“纯政治”的政治哲学信念和主张的法家战胜了所有对手，通过积极参与各国的变法改革运动而开创了一个崭新的大一统帝国的君主专制时代。

若按照阿伦特对政治的理解，即“把政治理解为公民得到政府各种许可和法律保障的公共性言论和行动”，那么政治就仅能“存在于特定的历史情境中”，

① 子曰：“君子居其室，出其言善，则千里之外应之，况其迩者乎？居其室，出其言不善，则千里之外违之，况其迩者乎？言出乎身，加乎民；行发乎迩，见乎远。言行，君子之枢机。枢机之发，荣辱之主也。言行，君子之所以动天地也，可不慎乎？”（《易传·系辞上》）

② 萧公权：《中国政治思想史》，新星出版社2005年版，第68页。

以至“可能会消失”，因此，“阿伦特认为，极权主义正是政治的消失”[①]。据此来看孔子对士人政治的理解，即认为士人君子仅仅依靠自己的修养与良心就能通过公共性言论和行动以行道救世，如孔子所谓修己以安人，孟子所谓“无恒产而有恒心者，惟士为能”（《孟子·梁惠王上》），无疑会因缺乏法律保护和经济保障而带有的天然缺陷更易于消失，而只能存在于特定的历史情境中，甚至只能存在于人心中，即所谓道在人心，而在现实生活中，无恒产而不谋食的士人君子是必定会遭遇衣食之忧的生存困境的。正因为孔子本来意义上的士人政治具有天然的缺陷而易于落空，所以，为了确保士人君子的政治参与和孔子儒家之道的实现，孔子后学一方面呼吁统治者任贤使能，另一方面则在观念上将士人的人生价值主要限定在了出仕这条唯一的道路上，如孟子认为“士之失位也，犹诸侯之失国家也”“士之仕也，犹农夫之耕也”（《孟子·滕文公下》），而荀子“隆礼重法”、儒法合流的思想，事实上也暗自承认了法家商韩对孔孟仁义思想“不足以治国”的批评，故从孔孟的忠恕之道和仁义思想中退却，转而将孔子儒家之道与圣王天子“兼制人，人莫得而制”的至尊势位相结合，迈出了思想上的关键一步。另外，孟荀的政治理念亦受到技艺人思维方式的影响，如孟子曰：“规矩，方员之至也；圣人，人伦之至也。欲为君，尽君道；欲为臣，尽臣道。二者皆法尧舜而已矣”（《孟子·离娄上》），“大匠诲人必以规矩，学者亦必以规矩”（《孟子·告子上》）。荀子曰：“礼者，人主之所以为群臣寸尺寻丈检式也，人伦尽矣”（《荀子·儒效》），“礼之所以正国也，譬之犹衡之于轻重也，犹绳墨之于曲直也，犹规矩之于方圆也”（《荀子·王霸》），“绳者，直之至；衡者，平之至；规矩者，方圆之至；礼者，人道之极也”（《荀子·礼论》）。正是基于这种技艺人的思维方式，孟荀相对于孔子来讲才具有更为强烈的推崇圣王统治的情结，如荀子曰：“天下者，至重也，非至强莫之能任；至大

① ［美］伊丽莎白·扬-布鲁尔：《阿伦特为什么重要》，刘北成、刘小鸥译，译林出版社2008年版，第28页。

也，非至辨莫之能分；至众也，非至明莫之能和。此三至者，非圣人莫之能尽，故非圣人莫之能王。圣人，备道全美者也，是县天下之权称也。”（《荀子·正论》）不过，孟子尚知“梓匠轮舆能与人规矩，不能使人巧”的道理（《孟子·尽心下》），荀子亦尚知君子不能遍知人之所知、遍能人之所能的道理，故曰：“相高下，视埆肥，序五种，君子不如农人；通财货，相美恶，辩贵贱，君子不如贾人；设规矩，陈绳墨，便备用，君子不如工人；不恤是非然不然之情，以相荐撙，以相耻怍，君子不若惠施、邓析。若夫谲（决）德而定次，量能而授官，使贤不肖皆得其位，能不能皆得其官，万物得其宜，事变得其应，慎、墨不得进其谈，惠施、邓析不敢窜其察，言必当理，事必当务，是然后君子之所长也。”（《荀子·儒效》）

然而，在大一统帝制中国的君主专制时代，士人君子的政治参与及其通过言行的自我彰显而在公共领域凝聚形成的权力，却是经不住专制君主的官僚机器和暴力工具的打压和摧折的，而当士人君子只能在效命于专制君主的官僚化的唯一仕途上寻求人生出路时，他们政治参与的公共领域或显现空间必将被专制君主的无限威权和工具化的官僚政治挤压得越来越狭窄，终至彻底消失。现代学者一般所谓的“士大夫政治”，其实不过是孔子“士人政治”理念的一种扭曲的现实形式而已，但面对专制君主的无限威权与绝对统治，在特定的历史情境中，士人君子的政治抗议精神有时也会放射出一道耀眼的光芒，照亮政治参与的公共领域，从而使其在君主专制统治的黑暗时空中再次显现，譬如东汉末年的士人清议和明朝末期的东林党社运动。然而，士人君子政治参与行动的困境及其显现空间的天然缺陷也在此时暴露无遗，那些富有良知、为民请命的仁人志士不得不为其政治参与行动付出“杀身成仁”和“舍生取义”的生命代价。在大一统帝制中国的君主专制时代，这样的政治悲剧一再重演，岂不正说明了两千多年来孔子的“政治”之道未尝一日得行于天地之间吗？难道生活在今天这样一个追求民主法治、崇尚精神独立与思想自由的时代的我们，反倒要去嘲讽孔子政治上的失败并认为其所谓的“政治”根本就不是真正的“政治”吗？我们不禁要问：究竟怎样才算政治上的成功？真正的政治又究竟是什么样的呢？“思考我们正在做什么”是阿伦特《人的境况》一书的中心主题，而她之所以要吁请世人思考“我们正在做什么”，是因为在她看来，“无思想——不顾一切地莽撞或无助地困惑或一遍遍重复已变得琐屑和空洞的‘真理’”，“正是我们时代的特征”[①]。那么，生活在当今时代，我们又当如何回头两千五百多年前，去吸取孔子的智慧，而不再无助地困惑或一遍遍重复已变得琐屑、空洞乏味而又无孔不入的“权力政治”或“暴力统治”的“真理”呢？

① ［美］汉娜·阿伦特：《人的境况》，王寅丽译，上海人民出版社2009年版，前言，第4—5页。

孔子年表

鲁襄公二十二年（前 551 年） 1 岁

十月二十七日（夏历八月二十七日）[1]，生于鲁国昌平乡陬邑（今山东曲阜市东南尼山附近），取名丘，字仲尼。孔子祖先是宋国的王族，六世祖孔父嘉在宋国贵族内讧中被杀，其曾孙逃到鲁国，以孔为氏，传至孔子父亲叔梁纥，已是第三代，叔梁纥是鲁贵族孟献子属下的武士。

鲁襄公二十三年（前 550 年） 2 岁

孔子随母亲颜征在徙居鲁都曲阜阙里，家境贫贱。

鲁襄公二十四年（前 549 年） 3 岁

孔子父亲叔梁纥去世，葬于防山。

① 关于孔子出生年月日，史书记载不一，本表所用为目前通行的说法。

鲁襄公二十七年（前546年）　6岁

鲁为周代礼乐文化的集中地，孔子自幼受周代礼乐文化熏陶，故为儿嬉戏，常陈俎豆，设礼容。

鲁昭公五年（前537年）　15岁

孔子年十五而立志求学。

鲁昭公七年（前535年）　17岁

孔子母亲颜征在去世。

鲁执政贵族季氏设宴飨士，孔子前往，被季氏家臣阳虎拒之门外。

鲁昭公九年（前533年）　19岁

孔子娶宋女亓官氏为妻。

鲁昭公十年（前532年）　20岁

孔子妻生子孔鲤。

孔子始任委吏，为季氏管理仓库。

鲁昭公十一年（前531年）　21岁

孔子改任乘田吏，为季氏管理牛羊畜牧。此外，孔子从青年时起，亦以为人相礼助丧为业。

鲁昭公十七年（前525年）　27岁

鲁附庸小国国君郯子来鲁朝见昭公。郯子谙习其祖先少皞氏的官制，孔子见郯子而求教。

鲁昭公二十年（前522年）　30岁

孔子自称“三十而立”，即于是年前后开始创办私学，设教授徒。

孔子闻郑国著名政治家子产卒，深感痛惜而为之流涕。

齐景公与晏婴访鲁，景公问孔子秦穆公何以能称霸，孔子答以善于用人。

鲁昭公二十四年（前518年）　34岁

孔子得昭公的支持和馈赠，适周考察，问礼于老聃，问乐于苌弘。同年返鲁。

鲁昭公二十五年（前517年）　35岁

鲁“三桓”贵族联合击败昭公，昭公出奔齐国。不久，孔子亦离鲁赴齐。

鲁昭公二十六年（前516年）　36岁

孔子在齐，景公问政，孔子答以“君君，臣臣，父父，子子”及“政在节财”。又闻《韶》乐，三月不知肉味。

鲁昭公二十七年（前515年）　37岁

齐大夫欲害孔子，景公亦表示不能任用他，孔子于是返鲁。

鲁昭公三十年（前512年）　40岁

孔子自称“四十而不惑”，盖其“笃信好学，守死善道”的人生信念更趋坚定。

鲁定公六年（前504年）　48岁

季氏家臣阳虎在鲁国专政擅权日深，混乱的时局令孔子深感不满，故自齐返鲁后，孔子一直未涉足仕途，“退而修《诗》《书》《礼》《乐》，弟子弥众，至自远方”，所办私学有了很大发展，思想亦走向成熟。

鲁定公八年（前502年）　　50岁

阳虎欲去“三桓”，谋杀季桓子未遂而叛鲁，其同党公山不狃亦欲据费邑叛，使人召孔子。孔子欲往，并说：“如有用我者，吾其为东周乎！”然终未成行。

鲁定公九年（前501年）　　51岁

孔子始出仕，任中都宰一年，政声远扬，四方则之。

鲁定公十年（前500年）　　52岁

孔子由中都宰升任小司空，不久升大司寇。是年夏，齐鲁两国君主会盟于夹谷，孔子担任鲁方的相礼。夹谷之会上，齐国阴谋以武力劫持鲁定公，孔子沉着应对，据理力争，表现出了一位杰出外交家的才能，使鲁国赢得了一次外交上的重要胜利。会后，齐国将其侵占的郓、讙、龟阴等地归还鲁国。

鲁定公十二年（前498年）　　54岁

孔子为鲁国司寇，鲁国大治。孔子向定公提出“堕三都”的建议，由时任季氏宰的子路具体实施，但最后以失败而告终。

鲁定公十三年（前497年）　　55岁

孔子在鲁，为司寇，摄相事，受到“三桓”贵族的疑忌。是年初，齐又赠鲁女乐，季桓子与定公终日沉溺其中，不理朝政。于是，孔子带着一众弟子离鲁适卫，开始了他长达十四年之久的羁旅生涯。居卫十月，启程赴陈。

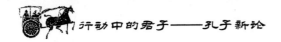

鲁定公十四年（前496年）　　56岁

孔子师徒赴陈，途经匡邑，遭匡人拘禁数日。后又遭蒲人劫持，与之盟而去，重返卫都。

鲁哀公元年（前494年）　　58岁

孔子居卫，苦闷彷徨，欲应佛肸之召，未行而止。后又欲西行赴晋见赵简子，至河而返。卫灵公老，怠于政，不能用孔子，故孔子喟然而叹曰："苟有用我者，期月而已可也，三年有成。"

鲁哀公二年（前493年）　　59岁

是年四月，卫灵公卒，其孙辄即位为君，是为卫出公，辄父蒯聩回国争位。孔子再次离卫赴陈，途经曹、宋、郑。经宋停留期间，宋司马桓魋曾欲加害孔子，但孔子在流亡途中，仍坚持教弟子演习礼仪。

鲁哀公三年（前492年）　　60岁

孔子至陈，受到陈湣公的敬重和礼遇。是年秋，鲁季桓子病逝，临终前特嘱其子康子执政后召孔子回国，然康子未召孔子，而是聘请孔子弟子冉求先行回鲁。

鲁哀公六年（前489年）　　63岁

孔子居陈三年，主要从事文化教育活动。是年应聘前往楚国，不幸绝粮于陈、蔡之间，然孔子仍讲诵弦歌不停。后子贡赴楚求援，楚边邑负函守将叶公派人将孔子师徒接到负函。

鲁哀公七年（前488年）　　64岁

孔子居负函，受到叶公礼遇，并与楚地隐者多次相遇。

鲁哀公九年（前486年）　　66岁

孔子弟子多仕于卫，传来消息，说卫出公有意聘用孔子，于是孔子决定北上重返卫国。

鲁哀公十年（前485年）　　67岁

孔子一行北上，经陈国，再取道卫国仪邑和蒲邑，来到卫都帝丘，然仍不见用。

鲁哀公十一年（前484年）　　68岁

孔子应聘回到阔别已久的故国，归鲁后，被尊为“国老”。

鲁哀公十三年（前482年）　　70岁

孔子晚年居鲁，发表了一系列重要政见，并把主要精力用于文化教育事业，不仅编修成“六艺”，而且培养出了一大批才德出众的青年弟子。

鲁哀公十四年（前481年）　　71岁

是年春，鲁西狩于大野，获麟。孔子正据鲁史记而作《春秋》，闻获麟而绝笔，喟然叹曰：“吾道穷矣！”是年，弟子颜回英年早逝，令孔子痛惜非常。

鲁哀公十五年（前480年）　　72岁

是年，弟子子路在卫国内乱中不幸蒙难，孔子深受打击。

鲁哀公十六年（前479年）　　73岁

是年四月己丑（清人崔述考证为周历四月十一日，即夏历二月十一日），孔子病逝，被葬于鲁城北泗上。孔子一生坎坷，但他从平凡走向了伟大。

主要参考文献

司马迁：《史记》，中华书局，1959年。

班固：《汉书》，中华书局，1962年。

杜预：《春秋经传集解》，上海古籍出版社，1988年。

阮元：《十三经注疏》，中华书局，1980年。

朱熹：《四书章句集注》，中华书局，1983年。

刘宝楠：《论语正义》，中华书局，1990年。

程树德：《论语集释》，中华书局，1990年。

杨伯峻：《论语译注》，中华书局，1980年。

杨伯峻：《春秋左传注》（修订本），中华书局，1990年。

杨伯峻：《孟子译注》，中华书局，1960年。

钱穆：《论语新解》，生活·读书·新知三联书店，2005年。

钱穆：《孔子传》，生活·读书·新知三联书店，2002年。

钱穆：《中国文化史导论》（修订本），商务印书馆，1994年。

钱穆：《国史大纲》（修订本），商务印书馆，1996年。

钱穆：《灵魂与心》，广西师范大学出版社，2004年。

钱穆：《中国学术思想史论丛》，安徽教育出版社，2004年。

郭沂:《孔子集语校补》，齐鲁书社，1998 年。

郭沂:《郭店竹简与先秦学术思想》，上海教育出版社，2001 年。

高亨:《周易大传今注》，齐鲁书社，1979 年。

董立章:《国语译注辨析》，暨南大学出版社，1993 年。

邬国义、胡果文、李晓路:《国语译注》，上海古籍出版社，1994 年。

杨天宇:《礼记译注》，上海古籍出版社，1997 年。

王文锦:《礼记译解》，中华书局，2001 年。

童书业:《先秦七子思想研究》，齐鲁书社，1982 年。

童书业:《春秋左传研究》(校订本)，童教英校订，中华书局，2006 年。

蔡尚思:《孔子思想体系》，上海人民出版社，1982 年。

蔡尚思主编:《十家论孔》，上海人民出版社，2006 年。

杜任之、高树帜:《孔子学说精华体系》，山西人民出版社，1985 年。

张秉楠:《孔子传》，吉林文史出版社，1989 年。

匡亚明:《孔子评传》，南京大学出版社，1990 年。

钟肇鹏:《孔子研究》(增订版)，中国社会科学出版社，1990 年。

金景芳、吕绍纲、吕文郁:《孔子新传》，湖南出版社，1991 年。

林语堂:《中国哲人的智慧》，中国广播电视出版社，1991 年。

李启谦:《孔门弟子研究》，齐鲁书社，1987 年。

高专诚:《孔子·孔子弟子》，山西人民出版社，1991 年。

[德]卡尔·雅斯贝尔斯:《苏格拉底 佛陀 孔子和耶稣》，李瑜青、胡学东译，安徽文艺出版社，1991 年。

[德]卡尔·雅斯贝尔斯:《大哲学家》，李雪涛主译，社会科学文献出版社，2005 年。

[德]卡尔·雅斯贝斯:《历史的起源与目标》，魏楚雄、俞新天译，华夏出版社，1989 年。

[德]卡尔·雅斯贝尔斯:《智慧之路》,柯锦华、范进译,中国国际广播出版社,1988年。

赵光贤:《孔学新论》,巴蜀书社,1992年。

马振铎:《仁·人道:孔子的哲学思想》,中国社会科学出版社,1993年。

[美]郝大维、安乐哲:《孔子哲学思微》,蒋弋为、李志林译,江苏人民出版社,1996年。

[美]郝大维、安乐哲:《通过孔子而思》,何金俐译,北京大学出版社,2005年。

[美]郝大维、安乐哲:《汉哲学思维的文化探源》,施忠连译,江苏人民出版社,1999年。

[美]安乐哲:《和而不同:中西哲学的会通》,温海明等译,北京大学出版社,2009年。

何可永:《哭泣的哲人——孔子传》,国际文化出版公司,1999年。

[美]顾立雅:《孔子与中国之道》,高专诚译,大象出版社,2000年。

林存光、郭沂:《旷世大儒——孔子》,河北人民出版社,2000年。

林存光、郭沂:《孔子评传》,中国社会出版社,2010年。

林存光:《儒教中国的形成——早期儒学与中国政治文化的演进》,齐鲁书社,2003年。

林存光:《历史上的孔子形象——政治与文化语境下的孔子和儒学》,齐鲁书社,2004年。

古棣、戚文、周英:《孔子批判》,时代文艺出版社,2001年。

[美]赫伯特·芬格莱特:《孔子:即凡而圣》,彭国翔、张华译,江苏人民出版社,2002年。

李长之:《孔子的故事》,北京出版社,2002年。

蒙培元:《蒙培元讲孔子》,北京大学出版社,2005年。

张荫麟:《中国史纲》,上海古籍出版社,1999年。

于丹:《于丹〈论语〉心得》,中华书局,2006年。

于丹:《于丹〈论语〉感悟》,中华书局,2008年。

李零:《丧家狗:我读〈论语〉》,山西人民出版社,2007年。

王恩来:《人性的寻找:孔子思想研究》,中华书局,2007年。

王健文:《流浪的君子——孔子的最后二十年》,生活·读书·新知三联书店,2008年。

庞朴、马勇、刘贻群编:《先秦儒家研究》,湖北教育出版社,2003年。

梁漱溟:《梁漱溟全集》(第一卷),山东人民出版社,1989年。

梁漱溟:《梁漱溟先生论儒佛道》,广西师范大学出版社,2004年。

胡适:《中国哲学史大纲》,东方出版社,1996年。

姜义华主编:《胡适学术文集·中国哲学史》,中华书局,1991年。

姜义华主编:《胡适学术文集·哲学与文化》,中华书局,2001年。

欧阳哲生编:《胡适选集》,吉林人民出版社,2005年。

冯友兰:《中国哲学史》,中华书局,1961年。

冯友兰:《中国哲学简史》,涂又光译,北京大学出版社,1985年。

冯友兰:《贞元六书》,华东师范大学出版社,1996年。

冯友兰:《中国哲学史新编》,人民出版社,1998年。

郭沫若:《十批判书》,科学出版社,1956年。

朱维铮编:《周予同经学史论著选集》(增订本),上海人民出版社,1996年。

侯外庐、赵纪彬、杜国庠:《中国思想通史》(第一卷),人民出版社,1957年。

任继愈主编:《中国哲学发展史》(先秦),人民出版社,1983年。

韦政通:《中国思想史》,上海书店出版社,2003年。

韦政通:《中国思想传统的创造转化——韦政通自选集》,云南人民出版社,2002年。

劳思光:《新编中国哲学史》, 广西师范大学出版社, 2005年。

何怀宏:《世袭社会及其解体——中国历史上的春秋时代》, 生活·读书·新知三联书店, 1996年。

陈来:《古代思想文化的世界——春秋时代的宗教、伦理与社会思想》, 生活·读书·新知三联书店, 2002年。

陈来、甘阳主编:《孔子与当代中国》, 生活·读书·新知三联书店, 2008年。

黄开国、唐赤蓉:《诸子百家兴起的前奏——春秋时期的思想文化》, 巴蜀书社, 2004年。

[英]葛瑞汉:《论道者: 中国古代哲学论辩》, 张海晏译, 中国社会科学出版社, 2003年。

[美]本杰明·史华兹:《古代中国的思想世界》, 程钢译, 江苏人民出版社, 2004年。

许纪霖、宋宏编:《史华慈论中国》, 新星出版社, 2006年。

徐复观:《中国人性论史》(先秦篇), 上海三联书店, 2001年。

牟宗三:《中国哲学十九讲》, 上海古籍出版社, 1997年。

牟宗三:《生命的学问》, 广西师范大学出版社, 2005年。

梁启超:《先秦政治思想史》, 东方出版社, 2012年。

萧公权:《中国政治思想史》, 新星出版社, 2005年。

谢扶雅:《中国政治思想史纲》, 台湾正中书局, 1954年。

刘泽华:《中国政治思想史集》第一卷《先秦政治思想史》, 人民出版社, 2008年。

刘泽华:《中国传统政治思想反思》, 生活·读书·新知三联书店, 1987年。

刘泽华主编:《士人与社会》(先秦卷), 天津人民出版社, 1988年。

费孝通:《中国绅士》, 中国社会科学出版社, 2006年。

[美]杜维明:《儒家思想新论——创造性转换的自我》, 曹幼华、单丁译,

江苏人民出版社，1991年。

杜维明：《现代精神与儒家传统》，生活·读书·新知三联书店，1997年。

[美]杜维明：《道、学、政：论儒家知识分子》，钱文忠、盛勤译，上海人民出版社，2000年。

[美]杜维明：《东亚价值与多元现代性》，中国社会科学出版社，2001年。

[德]罗哲海：《轴心时期的儒家伦理》，陈咏明、瞿德瑜译，大象出版社，2009年。

[美]狄百瑞：《儒家的困境》，黄水婴译，北京大学出版社，2009年。

[美]汉娜·阿伦特：《人的条件》，竺乾威等译，上海人民出版社，1999年。

[美]汉娜·阿伦特：《人的境况》，王寅丽译，上海人民出版社，2009年。

贺照田主编：《西方现代性的曲折与展开》，吉林人民出版社，2002年。

[加拿大]菲利普·汉森：《历史、政治与公民权：阿伦特传》，刘佳林译，江苏人民出版社，2004年。

蔡英文：《政治实践与公共空间：阿伦特的政治思想》，新星出版社，2006年。

[美]伊丽莎白·扬-布鲁尔：《阿伦特为什么重要》，刘北成、刘小鸥译，译林出版社，2008年。

[德]伽达默尔：《科学时代的理性》，薛华等译，国际文化出版公司，1988年。

[美]E. 希尔斯：《论传统》，傅铿、吕乐译，上海人民出版社，1991年。

[美]A. 麦金太尔：《追寻美德》，宋继杰译，译林出版社，2003年。

[美]塞缪尔·亨廷顿：《文明的冲突与世界秩序的重建》，周琪等译，新华出版社，1999年。

[美]塞缪尔·亨廷顿：《我们是谁？——美国国家特性面临的挑战》，程克雄译，新华出版社，2005年。

[英]克莱夫·贝尔：《文明》，张静清、姚晓玲译，商务印书馆，1990年。

[英]以赛亚·伯林：《自由论》，胡传胜译，译林出版社，2003年。

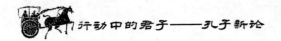

[美]约瑟夫·熊彼特:《资本主义、社会主义与民主》,吴良健译,商务印书馆,1999年。

[美]怀特海:《思维方式》,刘放桐译,商务印书馆,2004年。

[美]列奥·施特劳斯:《古今自由主义》,马志娟译,江苏人民出版社,2010年。

附　录

孔子与《论语》
——论作为“孔子学”意义上的“《论语》学”

引言：阅读《论语》，走近孔子

在一个民族的历史上，总有一些经由长期检验而流传下来的经典，它们承载着一个民族最为宝贵的精神财富和文化智慧，一代又一代读者既可以通过阅读经典来汲取精神养料和文化智慧，又可将自己的人生阅历和生命体验融入对经典的理解和阐释之中，乃至激活经典的某种潜在含义并使之重新进入人们的思想视野和实际生活。正因为如此，经典之为经典，才会真正具有一种历久弥新的永恒魅力；正因为如此，作为经典，《论语》才“从来不是一个结束了的故事”[①]。由此而言，对《论语》的每一次阅读，也就意味着这个故事的一次次延续。那么，这究竟是一个什么样的故事呢？说到底，这是一个有关孔子的故事。

如班固《汉书·艺文志》所云：“《论语》者，孔子应答弟子时人及弟子相与

① ［美］郝大维、安乐哲：《汉哲学思维的文化探源》，施忠连译，江苏人民出版社1999年版，《汉人：叙述的理解——中文版作者自序》。

言而接闻于夫子之语也。当时弟子各有所记。夫子既卒，门人相与辑而论撰，故谓之《论语》。”可见，《论语》是一部主要记载孔子之言、行、学、思的儒家经典，是孔门弟子将“各有所记”汇辑编撰而成的一部孔子言行实录。尽管在研习传写的过程中，由于各种原因，会产生一些文本篇目和文字方面的歧异，但比较而言，《论语》依旧是一部我们据以研究孔子思想学说的最为可信的经典。依余浅见，其可信性就在于不管《论语》究竟编辑结撰于哪一位或哪些孔门弟子及再传弟子之手，其资料大都来自孔子生前弟子们的“各有所记”。

那么，于“夫子既卒”之后，门人何以要“相与辑而论撰”呢？很显然，他们意在追思老师，并希望将自己老师的言行思想留传于后世。不过，孔门弟子的这一举动一定还具有特别的用意，可能并非仅仅是为了追思自己的老师那么简单，因为在他们眼中，孔子之为孔子，已不仅仅是自己的老师，还是一位“自生民以来”所“未有”甚至“贤于尧舜远矣”的“天纵”之圣人(《论语·子罕》《孟子·公孙丑上》)。正因如此，汉儒匡衡曾说，《论语》实乃一部记载孔子“圣人言行之要”的经典(《汉书·匡张孔马传》)。

果如上所言，在我看来，就《论语》而言，现代学者纠结于谁才是《论语》一书的编者这一问题也许事实上并无多大意义，因为问题的关键在于孔门弟子为何要编纂《论语》一书，也就是说，什么才是《论语》编纂者的“初心”，这是研究《论语》首先要探究追问并深入思考的一个问题。要言之，《论语》编纂者意在通过汇辑编纂孔子之所言、所行、所学、所思来向后人展现孔子究竟是一个什么样的圣人，这才是他们真正的“初心”。今天，《论语》编纂者的这一“初心”，是否仍然应是《论语》阅读者的“初心”，乃至只有不忘初心，在深入理解和体认“圣人言行之要”的基础上，才能真正讲好孔子的故事，也许每个人的答案各不相同。但是，有一点是毋庸置疑的，那就是只有通过阅读《论语》，我们才能走近孔子，换言之，阅读《论语》，最直接的目的应是了解孔子之所言、所行、所学、所思，并由此而走近孔子。至于能够走近一个什么样的孔子，我将在下面谈谈我个人的感受和看法。

一、作为“孔子学”意义上的“《论语》学”

拓展一下思考问题的学术视野，也许可以让我们能够更好地理解和回答上面提出的问题。

首先，我想提出的一个问题就是当我们在“《论语》”的后面加上一个“学”字时，“《论语》学”这一说法，究竟意味着什么？同样，我认为我们也可以在“孔子”的后面加上一个“学”字，那么当我们讲“孔子学”时，又究竟意味着什么？这是需要我们认真对待和严肃思考的两个问题，而且，这两个问题以及它们之间的关系绝不像表面看上去那么简单。一般学者所谓的“《论语》学”或“《论语》学史”，主要是指不同时代的人对《论语》文本的注疏训解及其时代性特点的问题，再进一步扩大其研究范围的话，还理应将传世和新出土发现的“《论语》类”文献及其与《论语》之间的关系问题包括在内，这无疑是一项意义重大的学术研究课题。不过，我想强调指出的一点就是“《论语》学”首先应该探究和思考的一个根本性的核心问题是《论语》究竟是一部什么性质的经典著作，编纂者何以要编纂这样一部书，以及它在历史上究竟产生了什么样的影响。这涉及我们上面所论及的一些重要问题，即编纂者的“初心”问题。不弄清楚这些问题，仅仅关注《论语》文本的具体诠释、相关的名物训诂以及历代注疏等问题，尽管学术上非常有价值，但就“《论语》学”的核心主题来讲，则可能是不得要领或无关宏旨的。依我之见，《论语》编纂者的“初心”理应是“《论语》学”的核心主题，也就是说，“《论语》学”的研究应使人们更好地认识、理解和走近孔子——尽管我们不必完全认同或接受孔门弟子将孔子视为“天纵之圣”的观点和看法，但至少应力图向人们揭示孔子的真相，即孔子究竟是一个什么样的人。

通过阅读《论语》，我们才能真正走近孔子。正是在这一意义上，我认为，所谓的"《论语》学"，事实上也可以说就是"孔子学"。当然，如上所言，如果我们仅仅关注、思考、研究《论语》之文本诠释、名物训诂以及历代注疏等问题的话，所谓的"《论语》学"也许并不是"孔子学"，反之，我们所谓的"孔子学"同样也并不等同于"《论语》学"，或者仅仅拘囿于通过阅读《论语》而走近孔子这样一种含义。我所说的"孔子学"与一般所谓的"孔学"也并非同义，一般所谓的"孔学"主要是指孔子本人的思想学说，在此意义上，我们需要通过《论语》来了解"孔学"的本旨——这正是《论语》一书之所以具有不可动摇的经典地位的根本缘由。但我所说的"孔子学"，虽然包含"孔学"的内容在内，但其内涵要比"孔学"丰富得多。

在我看来，至少以下三方面的内容同样可以纳入"孔子学"的研究范围之中。一是孔子与六艺的关系，孔子本人整理编修六艺，在中国文化史上可谓厥功至伟，对此不加深入思考与探讨，便不可能了解和认识文化意义上的"至圣"之孔子，这一问题自当属于"孔子学"的研究范畴而不尽属于"《论语》学"的研究范围；二是大量早已存世或新近发现的《论语》类文献中同样记载了"圣人言行"，它们都是不容忽视的"《论语》学"亦即"孔子学"的最直接的研究内容，但它们在"孔子学"意义上的价值和意义差别较大，虽然《论语》本身并非全部可信，但相对来讲，其他《论语》类文献记载的真实性问题更为复杂，更需加以辨伪甄别；当然，辨伪甄别的目的是走近孔子并了解真实的孔子，但我们亦不能因此而简单地抹杀那些有关孔子的伪记载在"孔子学"上的研究价值和意义，换言之，我们所谓的"孔子学"其实包含历史上真、假孔子两个方面的问题，正因为如此，所以我们理应关注、思考不同时代、不同人对于"孔子"的认知与看法，无论是"尊孔"还是"批孔"，都属于"孔子学"的重要研究内容。

作为中国历史上的一个重要文化现象，孔子之为"孔子"，事实上包含三个层面的含义，一是春秋时期生于乱世的那个真实的孔子，二是历史上在人们心目中由真实的孔子演化而来的各种不同形象的孔子，三是作为一种公共的文化符号或意识形态神话而被人们任意装扮或利用的孔子。所谓的“孔子学”，理应包含对上述三个层面的“孔子”的系统研究和全面反思。然而不管怎样，在“孔子学”的意义上，《论语》一书都具有毋庸置疑的特殊经典的意义，因为《论语》一书可以向我们展现一个最为真实或近真的孔子，因为孔子之为孔子，正是由其所言、所行、所学、所思而向我们展现出来的。那么，通过阅读《论语》，我们究竟能够走近一个什么样的孔子呢？在此，我们不妨集中来谈三点意思，也可以说是走近孔子的三种进路、孔子形象的三个维度，或者更加直白地说，就是“三个孔子”的问题。而与“三个孔子”相互关联的则是三大核心理念，即好学、君子与仁道。

二、笃信好学的孔子

子曰：“笃信好学，守死善道。”（《论语・泰伯》）又曰：“十室之邑，必有忠信如丘者焉，不如丘之好学也。”（《论语・公冶长》）这都可以说是夫子自道。以好学自许充分体现了孔子在为学上的自信，而且，这一自信同时蕴含着一种最为深切而诚笃的文化自信，一种以生命来守护和捍卫华夏优良政教传统及其文明生活方式的文化自信，其所谓“守死善道”者，其意正在于此。

子曰：“吾十有五而志于学。”（《论语・为政》）“志于学”乃是一种为学意识的自觉，正是在这种自觉意识的指引与激励下，孔子走上了一条汲汲于追寻和探究上古三代古圣先王的优良政教传统，乃至守护和捍卫华夏民族源远流长的礼乐文化传统与文明生活方式的求学为学之路。因此，对孔子而言，为学的第一义便是追寻和探究上古三代古圣先王的优良政教传统以及华夏民族源远流长的礼乐文化传统与文明生活方式的根本特质，因为孔子深信其仍然具有当代性的启示价值与现实意义。夫子所谓“笃信好学”者，信之者在兹，学之者亦在兹；而其所谓“守死善道”者，亦不过意在表达誓死守护这一优良政教传统、华夏礼乐文化传统及文明生活之道的信心与决心。在此意义上，当孔子自称“述而不作，信而好古”（《论语·述而》）时，其实并不是在简单地表达一种为维护传统而维护传统的顽固守旧的文化立场与心态，而是意在表达他因拥有深厚的人文学养根基而产生的文化自信，这一文化自信就建立在他对古圣先王之政教传统、华夏民族源远流长的礼乐文化传统与文明生活之道长期进行的系统探求和深刻反思之上。孔子的文化自信亦并非空言立说的文化自信，在对古圣先王之政教传统、华夏民族源远流长的礼乐文化传统与文明生活之道长期进行的系统探求和深刻反思的基础上，孔子“成六艺”，垂来世，正“所以继往圣、开来学”，成就了他“贤于尧舜”的文化功业（朱熹《中庸章句序》）。

孔子整理编修承载着古圣先王之政教传统、华夏礼乐文化传统与文明生活之道的经籍六艺，不仅自己笃信好学之，而且以此为教。在学与教之间，孔子究竟想做什么？仅仅是想对它们能有一种博学者式的外在认识与纯知识性的客观了解吗？还是为了将它们转化为一种可以用来涵养自身性情品格、提升自身文化能力的内在的价值信念与人文资源？答案无疑是后者。而如果是后者，那么孔子的六艺之学、诗书礼乐之教，实则蕴含着一个重要的思想议题，即文化或传统与人的关系问题。人是文化或传统的人，反之，文化或传统亦是人的文化或传统，然而，归根结底，文化或传统只有服务于人的目的与需求，才能发挥其应有的价值与意义。而对于身处春秋乱世、面对“礼崩乐坏”之危局的孔子来讲，所谓人的目的与需求，首先就体现在对人类群体礼乐文明生活秩序的维护与延续之上。说到底，无论是对于孔子之学还是孔子之教，只有在这样一种意义上来理解和认识，我们才能把握其最深切而真实的意义，而且，对孔子而言，学与教实是一体之两面，彼此融贯而密不可分。

孔子好学为学的自觉意识不仅体现在他对古圣先王之政教传统、华夏礼乐文化传统与文明生活之道的系统探求与真诚守护之上，更重要的是，还体现在他对个体道德人格的成长、完善与健全的深切关注之上。对于个体道德人格的成长、完善与健全，孔子同样将其置于自觉为学的不懈努力之上，而好学为学的自觉意识，首先便意味着心灵的充分开放，即愿以他人为师而乐于向古圣先贤及同时代人学习，故“子入太庙，每事问”（《论语·八佾》），而且为了学习三代之礼乐而遍寻名师，以至“学无常师”。孔子曰：“三人行，必有我师焉。择其善者而从之，其不善者而改之。”（《论语·述而》）又曰：“见贤思齐焉，见不贤而内自省也。”（《论语·里仁》）子贡问为仁，孔子又曰：“工欲善其事，必先利其器。居是邦也，事其大夫之贤者，友其士之仁者。”（《论语·卫灵公》）孔子不仅本人以“学如不及，犹恐失之”（《论语·泰伯》）的为学态度汲汲于好而学之并乐在其中，而且亦教弟子如是而好学为学，那么，学之为学，究竟意味着什么？说到底，学之为学，首先意味着一个人须自觉地反身以求，切己反省并认识到自身知识与教养的不足乃至道德品格的欠缺，通过自我的努力学习和改过迁善，致力于自身知识的积累、学养的提升、品性的涵养、人格的完善，从而实现自我的道德转化。正如梁漱溟先生所说，孔子之学或孔门教法，“务为理性之启发”，故“他总是教人自己省察，自己用心去想，养成你自己的辨别力。尤其要当心你自己容易错误，而勿甘心于错误。儒家没有什么教条给人；有之，便是教人反省自求一条而已。除了信赖人自己的理性，不再信赖其他”[①]。总之，“学”之一字，真可谓“开万古宫墙户牖，实尽于此”的“孔门第一义”[②]，而所谓“信赖人自己的理性”，乃至由此而靠自我的努力自觉地完善与提升自身的人文教养与道德品格修养，正是孔子所谓“学”的本质意涵所在。

三、躬行君子的孔子

由上可见，孔子的学习理念或其所谓的“学”，实则包含两个方面的重要意

① 梁漱溟：《中国文化要义》，见《梁漱溟全集》第三卷，山东人民出版社1990年版，第106、107页。

② 刘宗周：《论语学案》卷一，见吴光主编《刘宗周全集》第一册，浙江古籍出版社2012年版，第255页。

涵，一是系统探求和热切守护上古三代古圣先王的优良政教传统及华夏民族源远流长的礼乐文化传统与文明生活之道，二是深切关注并自觉追求个体自我之道德人格的转化与提升、健全与完善。当然，这两方面意涵并非彼此孤立的，而是在孔子的思想体系中彼此相关而融为一体，并与孔子的另一大理念紧密相连，即学为君子或躬行修己以为君子。因为对孔子而言，君子是一个人通过学习而追求实现的理想人格与人生目标，而君子之为君子，可以说既是系统探求和热切守护上古三代古圣先王的优良政教传统及华夏民族源远流长的礼乐文化传统与文明生活之道的好学者，又是深切关注和自觉追求个体自我之道德人格的转化与提升、健全与完善的躬行者。子曰："圣人，吾不得而见之矣；得见君子者，斯可矣。"（《论语·述而》）孔子之所以向往"得见君子"，是因为集好学者与躬行者于一身的君子，既寄托了孔子一心挽救混乱世事乃至变"天下无道"为"天下有道"的深切期望，同时亦寄寓着孔子关于个体道德人格之成长与完善的人生理想目标。不仅如此，由《论语》所见，尽管夫子本人尝言"躬行君子，则吾未之有得"（《论语·述而》），以及"君子道者三，我无能焉"（《论语·宪问》），但孔子通过自己的言行，向人们展现出了一个动人的君子形象，这也正是《论语》的魅力经久不衰的根本原因所在，诚如美国著名汉学家狄百瑞所言："《论语》的魅力之所以经久不衰，并不在于它阐释了一套哲学或者思想体系，而是在于它通过孔子展现了一个动人的君子形象。"①

那么，在孔子的心目中，君子究竟应该具备什么样的道德品质与人格特质呢？在此，我们无须一一列举，最需注意以下几点：

其一，孔子喜欢并常常通过君子小人之辨来突出和彰显君子所应具备的美好品德与人格特质，但这并非要将现实生活中的人简单地分为两类，而是意在区分明辨现实的（小人）与理想的（君子）这样两种不同的人格类型，乃至激励士人学者自觉地为学修身，上达于君子，实现自我的道德转化、提升与完善。

① ［美］狄百瑞：《儒家的困境》，黄水婴译，北京大学出版社2009年版，第34页。

其二，不同于佛道二教成佛与修仙的超凡出世的人生理想与修养目标，孔子之君子的德性人格与修养目标具有鲜明的人间性、伦理性与政治性。如：

颜渊、季路侍。子曰："盍各言尔志？"子路曰："愿车马衣轻裘与朋友共敝之而无憾。"颜渊曰："愿无伐善，无施劳。"子路曰："愿闻子之志。"子曰："老者安之，朋友信之，少者怀之。"（《论语·公冶长》）

子路问君子。子曰："修己以敬。"曰："如斯而已乎？"曰："修己以安人。"曰："如斯而已乎？"曰："修己以安百姓。修己以安百姓，尧舜其犹病诸？"（《论语·宪问》）

上引两条材料，最足以体现孔子师徒之志愿与君子理想不离世间而"道不远人"的人间性、伦理性与政治性，即使是其终极理想，亦不过是"即凡而圣"而已。尤其值得我们注意的是，孔子及后世儒家虽然好尚学为君子或学以至圣人的理想，但对他们而言，学为君子或希圣希贤只是一种理想的自我期许，体现的是一种自我实现其人生价值与理想人格目标的不懈努力与永恒追求，因此，如上引孔子之言"躬行君子，则吾未之有得"（《论语·述而》）或"君子道者三，我无能焉"（《论语·宪问》），绝非只是一种自谦的说法，事实上这体现的乃是一种不愿以僭妄的姿态自我标榜为道德君子或圣贤人物的成熟的心智与理性。正因如此，孔子师徒也才能真正以"用之则行，舍之则藏"（《论语·述而》）与"君子固穷"（《论语·卫灵公》）的淡泊心境应时处世而不丧失对好学乐学之人生自得意境的追求，如子曰："饭疏食饮水，曲肱而枕之，乐亦在其中矣。不义而富且贵，于我如浮云。"（《论语·述而》）并如是评价颜回曰："贤哉，回也！一箪食，一瓢饮，在陋巷，人不堪其忧，回也不改其乐。贤哉，回也！"（《论语·雍也》）

其三，在孔子心目中，理想的君子理应拥有一系列内外兼修的美好德行与人格特质，如君子应胸怀坦荡、成人之美而以追求道义为职志，应反求诸己而严格地要求自己，应反思以求而尽量克制自己的言行与欲望，应努力做到言行一致并致力于下学而上达等。如子曰：

君子坦荡荡，小人长戚戚。(《论语·述而》)

君子成人之美，不成人之恶。小人反是。(《论语·颜渊》)

君子谋道不谋食。……君子忧道不忧贫。(《论语·卫灵公》)

君子喻于义，小人喻于利。(《论语·里仁》)

君子义以为质，礼以行之，孙以出之，信以成之。君子哉！(《论语·卫灵公》)

君子义以为上，君子有勇而无义为乱，小人有勇而无义为盗。(《论语·阳货》)

君子求诸己，小人求诸人。(《论语·卫灵公》)

君子有九思：视思明，听思聪，色思温，貌思恭，言思忠，事思敬，疑思问，忿思难，见得思义。(《论语·季氏》)

君子欲讷于言而敏于行。(《论语·里仁》)

君子耻其言而过其行。(《论语·宪问》)

君子上达，小人下达。(《论语·宪问》)

由上可见，孔子之君子可以说充分体现了一种成熟而健全的道德人格理想，除了拥有以上这些美好的德性修养之外，诸如“仁者不忧，知者不惑，勇者不惧”（《论语·宪问》)，“矜而不争，群而不党”（《论语·卫灵公》)以及“和而不同”“泰而不骄”（《论语·子路》)等，亦理应是道德君子所须具备的精神品格与人格特质。

众所周知，君子之为君子，在孔子之前本是表示身份地位的贵族之称，而孔子不仅赋予其一系列独特的道德人格的理想含义，而且一生所学所教的根本宗旨与目标也正是躬行修己以为君子或教士人学子立志学为君子。尽管如身处春秋乱世的孔子那样，道德君子在实际生活中常常会遭遇一些生存困境，但他们仍然会抱持着“不怨天，不尤人”的心境而矢志不渝地致力于“下学而上达”（《论语·宪问》），故在常人看来是人生失意失败之处，对孔子及其心目中的道德君子来讲，贫贱忧戚、患难困穷之际却恰恰是讲磨道德、增进修养而成就自我之地，如宋儒张载所谓“贫贱忧戚，庸玉汝于成也”[①]，而李杞解《困》卦之卦辞、彖辞亦有言：“盖患难困穷之际，是圣贤讲磨道德之地也。故身愈困则吾德愈修，是凡所以困厄我者，乃所以成就我也。”（《周易详解》卷九《困》）另如现代学者韦政通先生所言，“根据《论语》，我们知道孔子的确热衷于仕途，总希望有人用他，以实现他德治与文治的理想，而这方面却是最失败的”，这往往使孔子被认为“无成就可言”，然而，“事实上恰恰相反，孔子是因坚持以道自任和‘士志于道’的理想，才使他无法被时君所用，才使他四处碰壁，甚至有时候连生活都过得很凄惨，但他并未因此而丧失热情与自信。正因为他对自己理想的坚持，才为中国文化建立起一个用世不用世并不能决定人格价值及其历史地位的新标准，因而开启了一个人可以不用世，仍然可以有人生奋斗的目标，仍然可以有伟大的理想，仍然可以赋予人生以丰富的意义，仍然可以享有历史崇高地位的士人传统”。[②]而在我看来，也正是在上述意义上，孔子的君子人格理念或其士人君子之学实具有一种不容混同、化简为一种利禄仕途之学的特有的理想含义和独特的人格魅力。

四、追寻仁道的孔子

除了上述自由开放、信赖自己的学习理念与德才兼备、内外兼修的君子品格，孔子还特别倡导、强调一种极具深远广大之人道或仁道意义的道德理想

① 张载：《张载集》，章锡琛点校，中华书局1978年版，第63页。

② 韦政通：《如何研读〈论语〉》，见《中国思想传统的创造转化——韦政通自选集》，云南人民出版社2002年版，第53页。

与生活愿景。[①]如上文所言，孔子“述而不作，信而好古”，整理编修六艺并用以教导后世，从而成就了他迈越往圣、垂宪千古的文教功业，他所开创和从事的以文化人、以德育人的私人教育事业，更使其成为“中国历史上特立新创的第一个以教导为人大道为职业的教育家”[②]。不仅如此，孔子还致力于躬行君子之道，而君子之所以为君子，正在其仁而有德[③]，故“孔子贵仁”（《吕氏春秋·不二》），是一位竭力倡导仁爱、修养仁德，并汲汲于追寻和力行仁道的伟大思想家。不过，孔子虽自称好学，却既不以仁自许亦不轻许人以仁，更不以圣者自居，故子曰：“若圣与仁，则吾岂敢？抑为之不厌，诲人不倦，则可谓云尔已矣。”（《论语·述而》）

那么，仁之为仁，其意涵究竟是什么？孔子贵仁，追寻并力行仁道，又究竟意味着什么呢？

子贡曰：“如有博施于民而能济众，何如？可谓仁乎？”子曰：“何事于仁，必也圣乎！尧舜其犹病诸！夫仁者，己欲立而立人，己欲达而达人。能近取譬，可谓仁之方也已。”（《论语·雍也》）

颜渊问仁。子曰：“克己复礼为仁。一日克己复礼，天下归仁焉。为仁由己，而由人乎哉？”颜渊曰：“请问其目。”子曰：“非礼勿视，非礼勿听，非礼勿言，非礼勿动。”颜渊曰：“回虽不敏，请事斯语矣。”（《论语·颜渊》）

仲弓问仁。子曰：“出门如见大宾，使民如承大祭。己所不欲，勿施于人。在邦无怨，在家无怨。”仲弓曰：“雍虽不敏，请事斯语矣。”（《论语·颜渊》）

樊迟问仁，子曰：“爱人。”（《论语·颜渊》）

樊迟问仁。子曰：“居处恭，执事敬，与人忠。虽之夷狄，不可弃

---

① 如钱穆先生在《论春秋时代人之道德精神》一文中所说：“仁即人道，亦即仁德也。”参见氏著《中国学术思想史论丛》卷一，安徽教育出版社2004年版，第198页。

② 钱穆：《孔子传》，生活·读书·新知三联书店2002年版，第12页。

③ 如《说苑·贵德》曰：“凡所以贵士君子者，以其仁而有德也。”

也。”（《论语·子路》）

子张问仁于孔子。孔子曰：“能行五者于天下为仁矣。”“请问之。”曰：“恭，宽，信，敏，惠。恭则不侮，宽则得众，信则人任焉，敏则有功，惠则足以使人。”（《论语·阳货》）

以上是孔子师徒有关“仁”的明确问答，从字面上看，孔子问同而答异，所做的回答似乎充满了歧义，但其实质含义却是融贯而相通的。要言之，仁之为仁，既指个体自我的德性修养，又指关爱他人的伦理情谊，既指由己及人的道德行为，又指治国平天下的政治事功。诚如萧公权先生所说：“孔子言仁，实已冶道德、人伦、政治于一炉，致人、己、家、国于一贯。”① 在此，我认为有必要突出强调以下两点：

其一，仁是人内在心灵的美德，不仅是士人君子所应具备的内在特质，更是人之为人的人类基本特质的根本体现，是可推行于夷狄乃至整个天下而最具普适性意义的做人美德，是所有人类文明生活最富有意义的源头活水或道德本源。

孔子曾如是评价颜回：“回也，其心三月不违仁，其余则日月至焉而已矣。”朱子《集注》释此处“仁”曰：“仁者，心之德。心不违仁者，无私欲而有其德也。”根据朱子的这一释义，所谓“孔子贵仁”，其所贵之仁正是指一个人内在的美德，在此意义上，仁之为仁，“指称的是个人的内在道德生活，这种生活中包含有自我反省与自我反思的能力”，诚如美国汉学家史华兹所言，它亦可以说是孔子“处理人的内在性的新术语”②。子曰：“仁者不忧。”（《论语·子罕》《论语·宪问》）“君子不忧不惧。”“内省不疚，夫何忧何惧？”（《论语·颜渊》）又曰：“已矣乎，吾未见能见其过而内自讼者也。”（《论语·公冶长》）“见贤思齐焉，见不贤而内自省也。”（《论语·里仁》）另外，夫子还有君子有“三戒”“三畏”和“九思”之说（《论语·季氏》）。可见，夫子在谈论人的内在

① 萧公权：《中国政治思想史》，新星出版社2005年版，第41页。

② ［美］本杰明·史华兹：《古代中国的思想世界》，程钢译，江苏人民出版社2004年版，第75、76页。

道德生活时，特别关注和重视一个人内在的自我反省和自我反思的意识与能力，并将之视为士人君子须具备的内在特质。故子曰："志士仁人，无求生以害仁，有杀身以成仁。"（《论语·卫灵公》）"富与贵，是人之所欲也；不以其道得之，不处也。贫与贱，是人之所恶也；不以其道得之，不去也。君子去仁，恶乎成名？君子无终食之间违仁，造次必于是，颠沛必于是。"（《论语·里仁》）另如曾子曰："士不可以不弘毅，任重而道远。仁以为己任，不亦重乎？死而后已，不亦远乎？"（《论语·泰伯》）

不过，仁之为仁，即作为一种心灵美德的人心之仁，虽然在士人君子身上特显其道德的自觉性，但它并非士人君子专属特有的东西，实则是人之为人的人类基本特质的根本体现，是所有人赖以生存而须臾不可离之的生活必需品，故子曰："仁者，人也。"（《中庸》）"民之于仁也，甚于水火。水火，吾见蹈而死者矣，未见蹈仁而死者也。"（《论语·卫灵公》）而孟子更进而言之曰："仁，人心也。"（《孟子·告子上》）"夫仁，天之尊爵也，人之安宅也。"（《孟子·公孙丑上》）正因如此，故在孔子看来，仁作为可具体展现为恭、宽、信、敏、惠、敬、忠等道德品行的涵盖性的心灵德性，乃是可推行于夷狄乃至整个天下而最具普适性意义的做人美德，是所有人类文明生活最富有意义的源头活水或道德本源。比较而言，尽管礼乐对于维系人类文明生活来说是那么至关重要或不可或缺，但如果人而不仁，仅仅是遵循奉行传统礼乐的外在形式，那么礼乐也将丧失其意义与作用①。

其二，仁之为道，不远人以为道，这决定了孔子仁道信念的人间性与伦理性，即仁德之修养、仁道之践行当从自我做起，从身边近处亦即孝敬、善待与自

① 如子曰："人而不仁，如礼何？人而不仁，如乐何？"（《论语·八佾》）钱穆先生释曰："仁乃人与人间之真情厚意。由此而求表达，于是有礼乐。若人心中无此一番真情厚意，则礼乐无可用。……礼乐必依凭于器与动作，此皆表达在外者。人心之仁，则蕴蓄在内。若无内心之仁，礼乐都将失其意义。但无礼乐以为之表达，则吾心之仁亦无落实畅遂之所。故仁与礼，一内一外，若相反而相成。……孔子言礼，重在礼之本，礼之本即仁。"（《论语新解》，生活·读书·新知三联书店2012年版，第49—50页）

己相亲相近之人做起。但仁之为道，亦极具推及与扩展性的实践特点，可由近及远、由亲及疏、推己及人乃至以泛爱众人、仁民爱物、天下一家为终极目的，但贯穿这一实践过程的根本之义或始终一贯之道，说到底就是爱人以德而把人当作人来平等看待和尊重。

子曰："道不远人，人之为道而远人，不可以为道。"（《中庸》）这是孔子的道德理念，亦是其仁道信念的基本特质或根本宗旨。所谓"道不远人"，即道之为道，不超脱人间，亦不背离人与人之间的伦理关系，人而即此以为道，故当从自我做起，克己复礼而自修己德，故子曰："克己复礼为仁。……为仁由己，而由人乎哉？"（《论语·颜渊》）人而即此以为道，亦当从与己身相亲相近处做起，亦即以孝悌亲亲之德来培植涵养仁道之根本，故子曰："仁者人也，亲亲为大。"（《中庸》）弟子有子亦有言："君子务本，本立而道生。孝弟也者，其为仁之本与！"（《论语·学而》）然而，仁之为道，并不止于克己复礼而自修己德，抑或拘囿于孝悌亲亲之道，仁德之修为、仁道之践行还须推己以及人、由近而及远、由亲而及疏，乃至最终实现"修己以安人""修己以安百姓"（《论语·宪问》），"老吾老，以及人之老；幼吾幼，以及人之幼"（《孟子·梁惠王上》），"亲亲而仁民，仁民而爱物"（《孟子·尽心上》），天下为一家而四海皆兄弟的崇高理想与远大目标。故孔子答樊迟问仁而告以"爱人"（《论语·颜渊》），并教弟子曰："弟子入则孝，出则悌，谨而信，泛爱众，而亲仁。"（《论语·学而》）

进而言之，孔子儒家之言仁爱，实有其特别的含义，而在此务须明辨区分的就是，孔子儒家或君子之仁爱，乃是孝悌亲亲的人伦之爱，是爱人以德的德性之爱，绝非姑息纵容的私情之爱，如曾子所言："君子之爱人也以德，细人之爱人也以姑息。"（《礼记·檀弓上》）故孔子特别强调，"唯仁者能好人，能恶人"（《论语·里仁》），亦即唯有仁者能够做到好恶之公，中正而不偏私，否则人而不仁，只会陷溺于疾恶太甚[①]乃至“爱之欲其生，恶之欲其死”（《论语·颜渊》）的迷误惑乱当中。可见，孔子所谓仁爱，既以孝悌亲亲的人伦情谊来培根固本，又不失中正而不偏私的道德理性精神，但不管是植根于伦理亲情的人伦之爱，还是蕴含着深沉道德理性精神的德性之爱，都贯穿着一种把人当作人来看待和尊重的根本一贯之旨，即所谓的“爱人以德”，意味着要把他人作为一个在道德意义上具有独立意志和人格的人来看待。但人绝不应是一个个“自我封闭的孤岛”或原子式个体，人生活在社会之中，需要与他人彼此交往互动，只有以平等而尊重的态度相互对待，才能构建一种人道且文明的共同生活，而这也正是孔子所谓“己欲立而立人，己欲达而达人”“己所不欲，勿施于人”之仁道理念的题中应有之义。诚如郭沫若先生所言：“这种所谓仁道……这也就是人的发现。每一个人要把自己当成人，也要把别人当成人，事实是先要把别人当成人，然后自己才能成为人。”[②]将这一仁道的理念具体落实在行为实践的层面，必然要求一个人须以一种恭敬尊重的态度为人处世、对待他人，此即“出门如见大宾，使民如承大祭”之义。而在与他人建立一种彼此尊重、平等相待的有益于双方道德人格成长而富有人性意义的良性互动的人际交往关系时，孔子仁道的实践理念要求人们必须遵循这样的道德行为准则，即一方面，以己之所欲立、所欲达者“譬之他人”，深切体认他人之所欲立、所欲达“亦犹己”[③]，然后推己及人，把别人当成人、当成和自己一样的人来看待，乃至积极地帮助他们实现人生的价值；另一方面，己所不欲者，则绝不强加于他人。依我之见，前者可称为“积极仁道”，而后者可称为“消极仁道”，事实上，它们都“在理论上把所有的人置于了平等的地位”，而这种把人当成人的仁道理念，可以说是孔子“整个思想中最富光彩的地方”[④]，也可以说是孔子整个思想中最具普遍性意义

① 子曰：“好勇疾贫，乱也。人而不仁，疾之已甚，乱也。”（《论语·泰伯》）

② 郭沫若：《十批判书》，东方出版社1996年版，第79页。

③ 钱穆：《论语新解》，生活·读书·新知三联书店2012年版，第150页。

④ 刘泽华：《中国政治思想通史》（先秦卷），中国人民大学出版社2014年版，第147页。

的道德行为信条。

不管怎样，对孔子而言，仁之为仁，乃是一种最为重要的人类心灵美德，既是人所当修之德性，亦是人所当为之人道，此德此道皆由心而生，故“心之所安”，亦即“道之所在”。易言之，此仁德之修养、仁道之践行，非为富贵利达，无关贫贱困穷，“造次必于是，颠沛必于是”，甚而“至于虽死而不顾”者，唯“自求其人一己内心之所安”而已[①]。正因如此，人心之仁的实现全在于一己之志向意愿，故夫子曰：“苟志于仁矣，无恶也。”（《论语·里仁》）“仁远乎哉？我欲仁，斯仁至矣。”（《论语·述而》）正因如此，仁德的修养、仁道的践行亦当由己不由他，且当始于克己复礼以自修己德，进而以孝悌亲亲为本，然后推己及人、由近及远、由亲及疏，爱人以德，循序渐进，以施于远方、达之天下而后已。孔子之讲学立教，可以说自始至终贯彻了这样一种修己安人或修齐治平的仁道精神、理想与信念。诚如汉儒刘向《说苑·贵德》所言：“仁人之德教也，诚恻隐于中，悃愊于内，不能已于其心。故其治天下也，如救溺人。见天下强陵弱，众暴寡，幼孤羸露，死伤系虏，不忍其然。是以孔子历七十二君，冀道之一行，而得施其德，使民生于全育（‘于’字疑衍），烝庶安土，万物熙熙，各乐其终。”如是之孔子，方为追寻仁道之孔子！

小结

根据我们上文的梳理和诠释，《论语》一书可以说向我们展现和昭示了至关重要且较为真实的三个维度的“孔子”，即笃信好学的孔子、躬行君子的孔子和追寻仁道的孔子。在我看来，正是如斯之孔子，才是可亲、可敬、可爱而最值得我们走近之孔子，反之，从孔子之笃信好学、躬行君子、追寻仁道及其可亲、可敬与可爱，我们亦可深切体认和证悟“《论语》学”即是“孔子学”的三大核心理

① 钱穆：《论春秋时代人之道德精神》，见《中国学术思想史论丛》（一），安徽教育出版社 2004 年版，第 175 页。

念，即重学习、贵君子和尚仁道。这三大核心理念，可以说是孔子与《论语》留给我们后人的最为宝贵的精神遗产。而在今天，我认为我们亟须讲清楚的就是"孔子学"或"《论语》学"的这些精神遗产与人们日益增长的对美好生活的向往和追求之间究竟具有什么样的相关性。

在我看来，孔子的学习观具有两个方面的重要含义，一是好学以求，探求和守护、继承和传习华夏民族的文明生活之道；二是学以修身，自觉精进、不断完善个体自我的德性修养。作为一种道德人格理想，孔子之君子既是通过学习和个人努力而不断自觉地加强、完善和提升自身德性修养的人格典范，更是通过修己安人来引领人类社群之道德风尚与文明生活方式的士人精英；而作为一种最具普适性或普遍性意义的心灵美德，孔子之仁道为世人提供了一种最切己易行，同时也最任重道远的道德行为准则，更向世人展现和昭示了一种最美好的生活愿景，即"里仁为美"（《论语·里仁》），人们只有立志择处而居于仁道，才能真正心安理得地过上一种人道且文明的美好生活。

总而言之，一种有本有源的人类文明生活绝非凭空获得，它需要建立在对华夏礼乐文明之"笃信好学"、好古敏求的知性探究的基础之上，因为华夏礼乐文明生活之道，特别是其在周初已趋完备的理想秩序，"只能在它的文化、它的制度和它的礼都为人所理解的程度上才能得到恢复"[①]，同时，复兴华夏有本有源的人类文明生活之道及其理想秩序还须将之重新建立在个人道德品质的根基之上，因为"如果对个人道德品质是文明社会的最终基础不重新重视的话，就不可能有真正和持久的复兴"[②]，这就是孔子极端重视个体德性的自我修养以及《大学》所谓"自天子以至于庶人，壹是皆以修身为本"的根本用意所在。而君子之为君子，正体现为对人类文明生活的深切关注与对个体德性修养的充

① 许纪霖、宋宏编：《史华慈论中国》，新星出版社2006年版，第54页。

② ［美］克莱·G. 瑞恩：《道德自负的美国：民主的危机与霸权的图谋》，程农译，上海人民出版社2008年版，第196页。

分自觉，并以其仁爱、理性、明智、友善、温和、恭敬、谦让、好学等种种优良的道德品质，为世人树立起值得效法学习的价值标准，乃至引领整个社会生活风尚逐渐走上人道且文明的正确道路。而作为人之为人的最为重要的心灵美德，人心之仁必将为人们的美好生活构筑起一栋让所有人都能安心归依并乐于居住其中的华宅，当然，这是不可与自暴自弃者言的，正如孟子所说："自暴者，不可与有言也；自弃者，不可与有为也。言非礼义，谓之自暴也；吾身不能居仁由义，谓之自弃也。仁，人之安宅也；义，人之正路也。旷安宅而弗居，舍正路而不由，哀哉！"（《孟子·离娄上》）而且，不仅对于孔子本人，即使对于今天的我们来说，无论是笃信好学，还是躬行君子，抑或是追寻仁道，所有这些都不可能一帆风顺地实现其目标，必然会遭遇各种艰辛、困苦与厄运，因此，它们无疑都是极具冒险意味的人类事业，但也是最值得人们去冒险从事的有意义的人类事业。或曰孔子实为"知其不可而为之者"（《论语·宪问》），信哉斯言！但正唯"知其不可而为之"，才真正成就了孔子的伟大！不仅如此，在今天，只要人们仍然愿意"学而时习之"，并能从学习中体悟到人生的乐趣，只要人们仍然愿意修养自身的道德品格而努力躬行君子之道，只要人们仍然愿意自求一己之心安而乐于追寻富有仁道意义的美好生活，那么，孔子的事业就是我们的事业，阅读《论语》而走近孔子就是一项深富意义的行动。

[本文是笔者参加中国孔子研究院于2019年6月22日组织召开的"第二届论语学论坛暨泰山学者论坛"时提交的会议论文，作为附录二收入本人所著《孔子政治哲学研究》一书（学习出版社2019年版），后又被收录于《论语学研究》第二辑（青岛出版社2020年版），收入本书时略有改动。]

孔门三弟子比较论说

在孔门弟子中，颜回、子贡和子路可说是最杰出者，传世文献中留下了许多有关孔子与他们三人之间极富教益的精彩对话和有趣故事，值得在此做一些深入具体的评说，以便让读者更好地了解和体味孔门私学教育的伟大与成功之处。

作为我国历史上最伟大的教育家，孔子兴办私学，秉持有教无类、包容个性的教育理念与原则，遵循因材施教的教学方法与途径，取得空前成功，故有孔门弟子三千而身通六艺者七十余人之盛况。其中，与孔子交往最为密切而才艺最为突出者，当数颜回、子贡、子路三位，他们分别是孔门四科之德行、言语、政事中的佼佼者。比较而言，他们分别代表了三种不同的个性特征，三种不同的才具品格，三种不同的精神境界，三种不同的道德修养，三种不同的成就作为。质言之，颜回仁，子贡智，子路勇，孔子所说的“知者不惑，仁者不忧，勇者不惧”（《论语 · 子罕》），正是此三人的最佳写照。因其不同，适足以相映成趣；唯其不同，恰能够相辅相成，从而成为爱师护教的孔门三大支柱。故孔子有言：“自吾有回，门人益亲。”“自吾得由，恶言不闻于耳。”（《史记 · 仲尼弟子列传》)“自吾得赐也，远方之士日至。”(《孔丛子·论书》)因此，对三弟子做一些比较论说，对于我们理解孔门私学之教的优点及深远的历史影响实在不无裨益。

一、三弟子的身世与性情

在孔门弟子之中，颜回、子贡、子路虽皆卓尔不群，然性情各异，个性特质鲜明而突出。

颜回，字子渊，亦称颜渊，鲁国曲阜人。小孔子三十岁[①]，位列孔门“德行”科之首，是孔子最得意的弟子之一，被后世尊为“复圣”。颜回家境贫寒，身居陋巷，但能够一心向学，安贫乐道而心无旁骛，故被夫子以最为“好学”称许，只可惜英年早逝。

子贡，复姓端木，名赐，字子贡，又字子赣，卫国人。小孔子三十一岁，“孔门十哲”之一，与宰我同列孔门“言语”科，在《论语》中出场三十九次，次数为孔门弟子第一。据传，子贡初从商[②]，于孔子游历卫国时入孔门，是孔子早期的著名弟子之一。

子路，本名仲由，字子路，又字季路，鲁国卞人(今山东省平邑县仲村镇[③])，

① 关于颜回的年龄，有不同的说法：一是《史记·仲尼弟子列传》记载颜回小孔子三十岁，即生于公元前 521 年，且“回年二十九，发尽白，蚤死”；二是根据清人毛奇龄《论语稽求篇》和近代崔适《论语足征记》考证，《史记》中的“三十”应为“四十”之误，以此推断，颜渊则比孔子小四十岁，即生于公元前 511 年；三是据清人熊赐履所著《学统·卷二·颜子》记载，颜回生于鲁昭公二十九年（公元前 513 年），卒于鲁哀公十四年（公元前 481 年）。笔者在此存疑，不予讨论。

② 《尸子》称子贡乃“卫之贾人”。《尸子》乃先秦杂家著作，《汉书·艺文志》记载杂家有“《尸子》二十篇”。

③ 还有一种说法是今山东省泗水县泉林镇卞桥村（据裴骃《史记集解》引徐广《尸子》说）。

小孔子九岁，因出身卑微，故现存史籍难究其确切姓氏[①]。他是“孔门十哲”之一，与冉有同列孔门“政事”科，曾担任卫蒲邑大夫、鲁季氏家宰、卫大夫孔悝家宰。子路入孔门较早，是孔子早期的著名弟子之一。

颜回性情温和而谦虚，但天资聪颖明慧、内秀于中，不似子贡之智、子路之勇那么彰显外露。孔子曾如此评价颜回：“吾与回言终日，不违，如愚。退而省其私，亦足以发，回也不愚。”（《论语·为政》）大意是说，我和颜回讲学终日，颜回从来不提出疑问和反对意见，看上去好像很愚笨似的。然而，事后观察颜回的言行，他对我所说的又多能有所发挥，颜回并不愚笨啊！颜回对孔子所言“无所不说（悦）”（《论语·先进》），似乎对孔子之说无所助益，但其实是对孔子之言默然深思，其聪慧明达非常人所能及。职是之故，当孔子询问子贡“你和颜回谁更聪慧”时，才智明达如子贡，也坦承自己不敢与颜回相比，因为颜回能够做到“闻一以知十”，而自己却只能做到“闻一以知二”，甚至孔子也说：“我和你在这一点上都不如颜回啊！”（《论语·公冶长》）总之，颜回温厚敦敏、大智若愚，可谓孔门一谦逊有德君子。

与颜回的大智若愚不同，子贡的才智则主要表现在他的能言善辩上。如果说颜回的聪慧是内秀型的，那么子贡的聪慧则是外显型的。因其外显，故而喜欢臧否人物。据《论语·宪问》记载，“子贡方人。子曰：‘赐也贤乎哉？夫我则不暇。’”大意是说，子贡喜欢讥议评论他人的短处，而“不能匿人之过”（《史记·仲尼弟子列传》）。因此，孔子忠告他说：“赐啊，你真的就那么贤能吗？我可没有闲工夫去评论别人。”孔子之所以对子贡“方人”给以温和的批评和忠告，是因为孔子主张“躬自厚而薄责于人”以“远怨”（《论语·卫灵公》）的做人态度，而子贡“方人”锋芒毕露，容易招致他人的怨恨。不过，子贡自有子贡的长处，他不仅以其才智将孔子师徒于陈、蔡之困厄中救了出来，而且在商场

---

① 古人以伯、仲、叔、季来排列自己的子嗣，长子为伯，依次类推，故子路究竟是姓仲名由，抑或原本没有姓氏而其后代以“仲”为姓，不得而知。

上举重若轻，在外交上纵横捭阖。尤其是在有人诋毁孔子时，子贡更能够以其才辩维护孔门师道尊严（《论语·子张》）。总之，子贡才智过人、性情方正，实为孔门一通达聪明君子。

不同于颜回的温良谦恭、秀慧于中而大智若愚，亦有别于子贡的性好“方人”、利口善辩而才智过人，子路则是一位好勇果敢、性情坦率而时常表现得耿直鲁莽的孔门弟子，正所谓“子路性鄙，好勇力，志伉直”（《史记·仲尼弟子列传》）。据说，“子路，无恒之庸人”，在未入孔门时，“戴鸡佩豚，勇猛无礼；闻诵读之声，摇鸡奋豚，扬唇吻之音，聒贤圣之耳，恶至甚矣”（《论衡·率性》）。后来，孔子设礼以循循善诱之，子路最终拜孔子为师，并成为孔门最忠诚的弟子之一。子路性格中最为突出的特点便是耿直、尚武、好勇力、豪放不羁而武艺高强，身上有很盛的“武气”，可算是圣门中的另类。因此，在《论语》的记载中，子路受孔子批评最多，这一方面反映了子路的耿直鲁莽，但另一方面也反映了孔子对子路的喜爱与重视。经过孔子的多年教诲，子路的“好勇”逐渐回归正途。子路曾经问孔子：“君子尚勇乎？”子曰：“君子义以为上，君子有勇而无义为乱，小人有勇而无义为盗。”（《论语·阳货》）孔子并不简单地排斥和否定“尚勇”，而是强调勇而持义才是君子之勇，此即见义勇为的道德勇气。反之，一个人若只是有勇，完全不顾自己的行为是否合乎道义，则其行为不免要陷于为乱为盗了，这是孔子所反对的。显然，孔子因材施教，是希望将子路之勇引向君子之道德勇气的正途，而子路勇气之可嘉可爱者，不仅体现在他勇于自我批评、闻过则喜的道德修为上——“人告之以过则喜”（《孟子·公孙丑上》）；亦体现在他以见义勇为为荣而不以贫寒为耻的人生态度上——身穿破旧的棉絮袍，与穿狐裘皮衣的人站在一起，并不觉得是什么耻辱[①]；更体现在他不惧死难的大无畏精神上——为践行“忠义”之道而不惜赴汤蹈火，不畏牺

① 子曰：“衣敝缊袍，与衣狐貉者立，而不耻者，其由也与！”（《论语·子罕》）

牲，最后为救孔悝而罹难于卫，结缨正冠而亡[①]。总之，子路虽有时略显鲁莽刚猛，但仍不愧为孔门弟子中的第一“勇者”。

二、孔子与三弟子间的问学施教

众所周知，孔子最主要的思想主张大都是在他与弟子和时人的交谈中提出的，而在与颜回、子贡、子路三位弟子的思想交流中，更是对孔子师徒最关注的核心问题多有涉及。譬如：

子贡问仁曰：“如有博施于民而能济众，何如？可谓仁乎？”孔子答曰：“何事于仁，必也圣乎！尧舜其犹病诸！夫仁者，己欲立而立人，己欲达而达人。能近取譬，可谓仁之方也已。”（《论语·雍也》）孔子尝言：“若圣与仁，则吾岂敢？抑为之不厌，诲人不倦，则可谓云尔已矣。”（《论语·述而》）由此可知，孔子虽不以仁、圣自居，但以持之以恒的精神追求仁、圣之道，并以此作为人生的终极理想，以之教诲弟子而乐此不疲。在一问一答中，针对子贡之一问，孔子所答却包含四层含义。其一，子贡所问“博施于民而能济众”实乃“圣”之根本义；其二，历史上的圣王尧和舜在“圣”这一根本义方面亦有所不及；其三，所谓“仁”，应是“己欲立而立人，己欲达而达人”；其四，“能近取譬”乃“仁之方”。这四层含义既揭示了孔门的最高理想，亦蕴含着孔门的思想精义，由孔子娓娓道来，既脉络清晰又一气呵成，大概孔子对聪颖的子贡了解甚深，知道子贡能够即刻领悟他话中的诸多深意，故对子贡有此问一答四之教。另有一次，子贡又专门就“为仁”之方的问题请教孔子，孔子教之曰：“工欲善其事，必先利其器。居是邦也，事其大夫之贤者，友其士之仁者。”（《论语·卫灵公》）

颜渊亦曾问仁，而孔子答曰：“克己复礼为仁。一日克己复礼，天下归仁

---

① 据《论语》和《史记》相关记载推算，子路时年已经六十三岁，还能不避祸乱，力斗蒯聩手下两壮士石乞、壶黡，最后竟可以从容地结缨正冠，足见“忠”“勇”的任侠精神贯穿了子路一生，即使年已老迈，仍不堕其志，令吾辈景仰。

焉。为仁由己，而由人乎哉？”颜渊曰：“请问其目。”子曰：“非礼勿视，非礼勿听，非礼勿言，非礼勿动。”颜渊曰：“回虽不敏，请事斯语矣。”（《论语·颜渊》）这亦是孔子师徒围绕仁之含义问题的一段著名答问，在此答问中，孔子不仅以“克己复礼”诠释“仁”，而且明确地将“为仁”的责任赋予个人自己，凸显了“为仁由己”的道德主体的主动性与自觉性，否则“克己复礼”便会沦为一种单纯服从外在行为规范约束的无意义的被动行为。

另外，子贡还曾问君子，问政，问友，问“何如斯可谓之士矣”“有一言而可以终身行之者乎”以及“君子亦有恶乎”等问题，孔子分别答之以：“先行其言而后从之”（《论语·为政》），“足食，足兵，民信之矣”（《论语·颜渊》），“忠告而善道之，不可则止，毋自辱焉”（《论语·颜渊》），“行己有耻，使于四方，不辱君命，可谓士矣”（《论语·子路》），“其恕乎！己所不欲，勿施于人”（《论语·卫灵公》），以及“有恶：恶称人之恶者，恶居下流而讪上者，恶勇而无礼者，恶果敢而窒者”（《论语·阳货》）。子路亦曾问君子，问政，问“何如斯可谓之士矣”，问成人，问事君，问事鬼神以及问“君子尚勇乎”等问题，而孔子分别答之以：“修己以敬”“修己以安人”“修己以安百姓”（《论语·宪问》），“先之劳之”“无倦”（《论语·子路》），“切切偲偲，怡怡如也，可谓士矣”（《论语·子路》），“若臧武仲之知，公绰之不欲，卞庄子之勇，冉求之艺，文之以礼乐，亦可以为成人矣”（《论语·宪问》），“勿欺也，而犯之”（《论语·宪问》），“未能事人，焉能事鬼”（《论语·先进》），“君子义以为上”（《论语·阳货》）。最后，颜渊曾问为邦，而孔子答曰：“行夏之时，乘殷之辂，服周之冕，乐则韶舞。放郑声，远佞人。郑声淫，佞人殆。”（《论语·卫灵公》）

由上可见，孔子与三弟子讨论的话题是颇为广泛的，涉及仁、礼、政、君子、士、友、兵、食、信、义、勇、事君、为邦和鬼神等问题。比较而言，子贡是三弟子中问问题最多且最善问的一位，正是在回答子贡的问题时，孔子阐明了他那

“博施于民而能济众”的最高理想和取信于民重于足兵足食的政治原则，揭橥了他那最富人性光彩的“己欲立而立人，己欲达而达人”“己所不欲，勿施于人”的仁恕之道。子路亦是一位喜欢向孔子问问题的弟子，而在回答子路的问题时，孔子阐发了他“修己以安人”“修己以安百姓”和“君子义以为上”的理想信念，以及他那将“事人”“知生”置于“事鬼”“知死”之前而予以优先考虑的人文思想原则。颜渊似乎是一位少疑寡问的弟子，但这并不意味着孔子与颜渊师徒之间缺乏交流，恰恰相反，在孔门弟子中，颜渊与孔子可谓是心灵相通、相交相知最深的，故孔子对颜回反复评说道：“吾与回言终日，不违，如愚。”（《论语·为政》）“语之而不惰者，其回也与！”（《论语·子罕》）“回也非助我者也，于吾言无所不说。”（《论语·先进》）最后一句评语虽然表露了孔子对颜渊的少疑寡问稍感遗憾，但总的来说，颜回是对孔子内心想法体会领悟得最为深刻的一位弟子，亦是孔子最为喜欢和赞赏的一位弟子。故而孔子本人虽颇以“好学”自许，但在弟子中最赞赏颜回的“好学”[①]；孔子本人虽不以仁者自居，亦不轻许人以仁，但在弟子中唯独称赞颜回说：“回也，其心三月不违仁，其余则日月至焉而已矣。”（《论语·雍也》）

在孔子与三弟子问学施教的过程中，孔门因材施教的特点亦体现得淋漓尽致。在教学中，孔子从不采取一刀切的办法，而是有差别有针对性地对弟子施以教诲，反之，弟子亦不仅仅是被动听从孔子的教言，而是与老师进行平等交流和坦诚对话，师徒间甚至彼此问难、相互批评，如此适能教学相长。譬如，三弟子各有优缺点，甚至与孔子不乏认识上的分歧，针对三弟子各自不同的性格特点及其优缺点，孔子有针对性地给予耐心教诲和精心指导，与之展开深入交流，提出自己的意见；同时，在面对弟子尤其是子路“当仁不让”的愠色、问难

① 哀公问：“弟子孰为好学？”孔子对曰：“有颜回者好学，不迁怒，不贰过。不幸短命死矣，今也则亡，未闻好学者也。”（《论语·雍也》）季康子问：“弟子孰为好学？”孔子对曰：“有颜回者好学，不幸短命死矣，今也则亡。”（《论语·先进》）

甚至责备时，孔子亦能泰然处之、认真倾听甚至欣然接受。在三弟子中，由于颜回少疑寡问而又安贫乐道，对于孔子的教导亦是“无所不说”，故而孔子对颜回“循循然善诱”，既博之以《诗》《书》之“文”，又约之以礼（《论语·子罕》）。而子贡是一位“告诸往而知来者”（《论语·学而》）的聪敏弟子，故而孔子似乎特别乐于提撕子贡以上达，在回答子贡的问题时，多是就子贡的问题做更进一步的深入阐述，如子贡问：“乡人皆好之，何如？”“乡人皆恶之，何如？”孔子不仅回答说“未可也”，而且进一步教诲说：“不如乡人之善者好之，其不善者恶之。”（《论语·子路》）当然，他们在某些问题上有时也会产生分歧，如子贡欲去告朔之饩羊，而孔子说：“赐也，尔爱其羊，我爱其礼。”（《论语·八佾》）另外，子贡能言善辩，但有时可能会言过其实，故而当子贡对孔子说“我不欲人之加诸我也，吾亦欲无加诸人”时，孔子则明确指出：“赐也，非尔所及也。”（《论语·公冶长》）相对而言，子贡和颜回在某些方面虽有所欠缺和不足，但子路身上的缺点可谓最多，故而针对子路的诸多缺点，孔子施与的教诲也最多，如教诲子路曰：“由！知德者鲜矣。”（《论语·卫灵公》）“由！诲女知之乎！知之为知之，不知为不知，是知也。”（《论语·为政》）并就“六言六蔽”的问题教导子路说：“好仁不好学，其蔽也愚；好知不好学，其蔽也荡；好信不好学，其蔽也贼；好直不好学，其蔽也绞；好勇不好学，其蔽也乱；好刚不好学，其蔽也狂。”（《论语·阳货》）对子路如此谆谆教导，可谓用心良苦。另外，子路最大的优点就是果敢而勇于行，但缺点就是有时会鲁莽行事，孔子深知子路这一特质，因此，当子路向孔子请教“闻斯行诸”，即听到别人讲的道理是否就应即刻采取行动时，孔子叮嘱他道：“有父兄在，如之何其闻斯行之？”相反，与子路同列“政事”科的冉有向孔子请教同样的问题，由于冉有为人谦退，故而孔子激励他说：“闻斯行之。”（《论语·先进》）当子路草率地让年纪尚轻、学业未成的子羔去当费宰时，孔子直言不讳地批评子路说：“贼夫人之子。”意即你这是害了那个年轻人啊！子路巧辩道：“有民人焉，有社稷焉，何必读书，然后为学？”孔子亦毫不客气地反驳他说：“正因你这样，所以我才讨厌那些利口善辩的人呀！”（《论语·先进》）不过，反过来讲，也正是像子路这样的弟子，有时才敢于对老师孔子提出批评，容我们下文再谈这一点。

不管怎么说，三弟子无疑都是孔子最好的施教对象。他们彼此尊重，坦诚相待，情真意笃，体现出一种感人至深的师友情谊。当然，孔子师徒相交，并非纯粹为了建立一种私人友谊，而是为了共同追求道义、守望理想。因此，他们之间问学施教的宗旨和目的主要便是提升和完善受教者的人生境界和道德人格，这可以说是孔子私学教育的根本动力及其能够产生深远历史影响的力量源泉。

三、三弟子的道德修为与成就作为

在问学施教的过程中，孔子采用了因材施教的方法，不过，孔子的因材施教似乎又并非如后世所理解的那样简单，因为孔子的因材施教，不仅仅是一种教育教学的具体方法，更有其明确的、根本的教育目标做指引，即旨在教育弟子成为求仁尚义的君子，但这一目标的实现绝不以压抑、牺牲弟子的个性发展为前提条件或代价，而是以切合弟子个性特点的方式给予其提撕上达的指点，促进其人生理想的实现和道德人格的全面发展。也许这一目标并不容易达到，但孔子围绕这一目标所做的努力成就了孔门弟子各不相同却皆具价值和意义的人生。兹以三弟子为例，稍作阐明。

由于性格使然，三弟子的专长也各有特色。孔子尝言：“回也其庶乎，屡空。赐不受命，而货殖焉，亿则屡中。”（《论语·先进》）颜回不善经营，常受空乏穷困之厄，但其谦恭好学，仁礼双修，德性修养很好，胸怀高尚的人生理想和道德境界，堪与孔子本人“不义而富且贵，于我如浮云”（《论语·述而》）的道德胸襟和生命意境相媲美，故孔子称赞道：“贤哉，回也！一箪食，一瓢饮，在陋巷，人不堪其忧，回也不改其乐。贤哉，回也！”（《论语·雍也》）孔子曾经与子路、颜回交流各自的志向，颜回说自己的志向是做到不夸耀自己的好处，不表白自己的功劳。[①]话中透出一种谦虚、内敛和仁德。作为孔门弟子中"好学"的典范，颜回虽然家境贫寒，身居陋巷，但他不以简陋的生活环境和物质条件为意，一心向学，始终陪伴在孔子左右聆听教诲而不倦怠，并十分注重自身的品德修养，可谓是孔门弟子中温润如玉的谦谦君子。颜回从不急切地寻求入仕的机会，一生也从未出仕做过官，这除了颜回时运不济与不幸早逝的原因之外，与其"笃信好学"，一生只注重提高自身的道德修养亦有着密不可分的关系。在孔门弟子中，颜回的德性修养和道德境界是无人能比的，故被列于孔门"德行"科之首。正因为颜回道德修养超乎众弟子之上而又与孔子心心相印，故而在诸弟子中，孔子唯独将颜回引为"用之则行，舍之则藏"（《论语·述而》）的同道之人。也正因为如此，颜回的英年早逝最令孔子伤心欲绝，据《论语·先进》记载，颜渊死，子曰："噫！天丧予！天丧予！"而且，孔子因颜渊之死"哭之恸"，从者曰："子恸矣。"曰："有恸乎？非夫人之为恸而谁为！"

与颜回的空乏穷困不同，子贡则是一位既长于外交政事，又精于商贾之业、擅长货殖致富的弟子，如《史记·货殖列传》云："子赣既学于仲尼，退而仕于卫，废著鬻财于曹、鲁之间，七十子之徒，赐最为饶益。"子贡游弋于宦海和商海，而且游刃有余。从"君子不器"（《论语·为政》）的理想标准来看，子贡也许还达不到孔子对君子的道德期许，但子贡的才智和能力是颇让孔子欣赏的，因此，当子贡询问孔子对自己的看法时，孔子肯定地回答说子贡是一有用之"器"，而且是宗庙中的"瑚琏"之美"器"（《论语·公冶长》）。的确，从个人才能来看，子贡通达聪慧，实是孔门弟子中不可多得亦不可替代的一个重要人物。在周游列国期间，孔子师徒困于陈、蔡，正是子贡奉师命成功突围到楚国请来了救兵，解了孔子师徒的困厄。另据《史记·仲尼弟子列传》记载，子贡在

---

① 据《论语·公冶长》载：颜渊、季路侍。子曰："盍各言尔志？"子路曰："愿车马衣轻裘与朋友共敝之而无憾。"颜渊曰："愿无伐善，无施劳。"子路曰："愿闻子之志。"子曰："老者安之，朋友信之，少者怀之。"

政治外交事务上取得的最突出的成就，就是他于“田常欲作乱于齐，惮高、国、鲍、晏，故移其兵欲以伐鲁”之际，受孔子救鲁之命，以能言善辩之口、纵横捭阖之术游说田常和吴、越、晋诸国国君，使其彼此攻伐，最终达到存鲁的目的，正所谓“子贡一出，存鲁，乱齐，破吴，强晋而霸越。子贡一使，使势相破，十年之中，五国各有变”。据说，当孔子询问诸弟子谁愿挺身而出进行外交斡旋以解除鲁国危难时，“子路请出，孔子止之”，“子张、子石请行，孔子弗许”，唯独“子贡请行，孔子许之”，可见，孔子对子贡的外交才能是极为赞赏并高度信任的。尤其值得一提的是，子贡不仅具有政治和外交方面的才能，具有善于货殖经商的智慧，以至于能够“常相鲁卫，家累千金”，更重要的是，他对维护师门之教和夫子声誉发挥了非常重要的作用，正如太史公所言：“子贡结驷连骑，束帛之币以聘享诸侯，所至，国君无不分庭与之抗礼。夫使孔子名布扬于天下者，子贡先后之也。此所谓得势而益彰者乎？”（《史记·货殖列传》）另外，《论语·子张》中的几条记载从另一侧面凸显了这一点，有必要详引如下以表彰子贡在这方面的特殊贡献：

叔孙武叔语大夫于朝曰：“子贡贤于仲尼。”子服景伯以告子贡。子贡曰：“譬之宫墙，赐之墙也及肩，窥见室家之好。夫子之墙数仞，不得其门而入，不见宗庙之美，百官之富。得其门者或寡矣。夫子之云，不亦宜乎！”

叔孙武叔毁仲尼。子贡曰：“无以为也！仲尼，不可毁也。他人之贤者，丘陵也，犹可逾也；仲尼，日月也，无得而逾焉。人虽欲自绝，其何伤于日月乎？多见其不知量也！”

陈子禽谓子贡曰：“子为恭也，仲尼岂贤于子乎？”子贡曰：“君子一言以为知，一言以为不知，言不可不慎也。夫子之不可及也，犹天之不可阶而升也。夫子之得邦家者，所谓立之斯立，道之斯行，绥之斯来，动之斯和。其生也荣，其死也哀，如之何其可及也？”

最后，子贡终老于齐。

孔子注重德教，众弟子也很重视自身的道德修养，然而人的天资毕竟有差别，修养的程度、领悟的能力也各有差异。三弟子之中，子路的修养境界略不及颜回与子贡。子路曾在孔子之处鼓瑟，因其音调有“北鄙”杀伐之气而遭到孔子的批评，以至引起其他门人的轻视。①不过，子路的政治才干及其果决勇敢的品格还是颇为孔子所赏识的。当孟武伯问孔子“子路仁乎”时，孔子回答说：“不知也。”又问，孔子便回答说：“由也，千乘之国，可使治其赋也，不知其仁也。”（《论语·公冶长》）显然，孔子并不认为子路的仁德修养已达到足够的高度，但在治国理赋以及处理狱讼的行政能力方面还是值得充分肯定的，所以孔子曾这样评价子路：“片言可以折狱者，其由也与？”（《论语·颜渊》）子路本人对于自己的政治才能也是颇为自信的，他在回答孔子之问时说：“千乘之国，摄乎大国之间，加之以师旅，因之以饥馑；由也为之，比及三年，可使有勇，且知方也。”孔子听后，因其言无礼让之意，故而微微笑之（《论语·先进》）。不过，孔子并不否定其政治才能。在孔子看来，子路虽然还称不上是“以道事君，不可则止”的“大臣”，但可以做一个备位充数的“具臣”，而且是不会听命做那种弑父弑君的大逆不道之事的（《论语·先进》）。子路性格刚直，办事果断，重然诺，具备突出的政治才能，故与冉有同列孔门“政事”科，他也实际担任过一些重要职务，如曾任鲁国执政大夫季氏的家宰，参与并实际执行孔子制定的以维护鲁国公室权威、削弱“三桓”贵族势力为目的的“隳三都”计划，失败后追随孔子周游列国。周游列国期间，子路曾任卫国蒲邑大夫，辞别孔子之时，孔子教之曰：“蒲多壮士，又难治。然吾语汝：恭以敬，可以执勇；宽以正，可以比众；恭正以静，可以报上。”（《史记·仲尼弟子列传》）据传，子路治蒲三年，孔子过之，“三称其善”，即入其境而赞之曰：“善哉！由也恭敬以信矣。”

① 据《论语·先进》载，子曰：“由之瑟奚为于丘之门？”门人不敬子路。子曰：“由也升堂矣，未入于室也。”

入其邑而赞之曰："善哉！由也忠信而宽矣。"至廷而赞之曰："善哉！由也明察以断矣。"(《孔子家语·辩政》)后来，子路还做过卫大夫孔悝的家宰，最终为其死难，这令孔子倍感痛心。尽管子路不乏政治才干，但由于孔子师徒生在一个宗法世袭社会和贵族政治日趋解体和败坏的时代，因此，期望他们在政治上取得惊人的事功和成就也是不现实的。尤其是在理想与现实之间，孔子师徒甚感纠结和无奈，而面对理想与现实的冲突，孔子坚持正名的原则，欲重新建立合理的社会人伦秩序，故而子路曾直言孔子迂腐，而孔子则批评子路粗野而不明事理(《论语·子路》)；孔子一生难以施展、实现其政治上的抱负与理想，他曾两次欲应叛臣之召，但皆为子路阻止(《论语·阳货》)；孔子欲应召拜见卫灵公夫人南子，子路大为"不说"，结果逼得孔子不得不发誓赌咒说："予所否者，天厌之！天厌之！"(《论语·雍也》)在孔门弟子中，只有子路敢于率直地指陈孔子的缺点和毛病，表达自己的"不说"，露出不满的"愠色"，但是，子路自有其率真、忠诚的可爱之处，其爱护、敬仰孔子之意丝毫不少于颜回和子贡，尤其是面对道之不行的困境，子路肯定会不离不弃，绝不会做出背师叛教之事，故而孔子曾喟然感叹："道不行，乘桴浮于海。从我者，其由与！"(《论语·公冶长》)

余论

颜回之仁、子贡之智、子路之勇，构成了孔门私学中的亮丽风景，不仅是孔子的教诲成就了他们的仁、智、勇，反过来，他们的仁、智、勇亦帮助孔子渡过人生的一道道难关，在困厄之际给予孔子精神上的支持和心灵上的安慰。孔子循循善诱，授徒有方，三弟子得良师之教，亦心怀敬仰感激。教学之际，夫子最喜欢与三弟子交流自己内心的想法和感受，如《论语·公冶长》所载，颜渊、季路侍，子曰："盍各言尔志？"子路曰："愿车马衣轻裘与朋友共敝之而无憾。"颜渊曰："愿无伐善，无施劳。"子路曰："愿闻子之志。"子曰："老者安之，朋友信之，少者怀之。”由此不难想见孔子师徒欢然相得、畅所欲言的温馨场景。患难之际，孔子与三弟子之间发生的一个个感人故事亦让人动容，譬如周游列国期间，孔子师徒在匡地遭难，孔子被拘五天，师徒离散。颜回后至，孔子见到颜回后说的第一句话就是：“我以为你已经死了。”关切之情溢于言表，而颜回却不失幽默地回答道：“老师您还在，我颜回怎么敢先死呢？”（《论语·先进》《史记·孔子世家》）后来在宋国又遭遇“伐树”之危难，师徒逃往郑国，仓皇之际，师徒再次走散失联，孔子独自一人立于郑都城郭东门，郑人或谓子贡曰：“东门有人……累累若丧家之狗。”后来子贡如实告知孔子，而孔子欣然笑曰：“形状，末也。而谓似丧家之狗，然哉！然哉！”（《史记·孔子世家》）师徒相交如光风霁月，面对困厄，皆能泰然处之，落魄之际，尚不忘自嘲谈笑一番，这等胸襟，岂是庸人所能理解！

再后来，孔子困于陈、蔡，“知弟子有愠心”，故而逐一向子路、子贡和颜回发问：“吾道非邪？吾何为于此？”欲以此探询他们的想法。三弟子的回答各不相同，子路回答说：“意者吾未仁邪？人之不我信也。意者吾未知邪？人之不我行也。”子贡回答说：“夫子之道至大也，故天下莫能容夫子。夫子盖少贬焉？”颜回回答说：“夫子之道至大，故天下莫能容。虽然，夫子推而行之，不容何病，不容然后见君子！夫道之不修也，是吾丑也。夫道既已大修而不用，是有国者之丑也。不容何病，不容然后见君子！”子路认为困境是由自身修为不够造成的，子贡认为困境是由理想不能迎合现实需要造成的，故希望夫子降低一下自己理想的高度，而颜回认为困境是由掌握权势的有国者不能包容和实行夫子之道所造成的，正因如此，才更凸显了夫子的君子品格与理想的伟大。孔子内心究竟是怎样想的呢？有仁德的人未必就能使他人信任自己，有智识的人也未必就能使他人推行自己的主张，否则仁如伯夷、叔齐就不会饿死，而智如王子比干也就不会被暴君商纣剖心杀害了，所以孔子不同意子路的看法。同时，孔子也不愿仅仅为了求容于世俗，就降低标准，放弃理想，去迎合现实需要，故而批评子贡说："赐，而志不远矣！"唯有颜回所言深契孔子心意，故而听了颜回的话后，孔子欣然而笑曰："有是哉颜氏之子！使尔多财，吾为尔宰。"（《史记·孔子世家》）最后，子贡受师命冒险至楚请来救兵，师徒才得以摆脱困境。

据说，孔子师徒一行来到楚国，楚昭王欲以书社地七百里封孔子，而楚令尹子西劝止昭王说："王之使使诸侯有如子贡者乎？""王之辅相有如颜回者乎？""王之将率有如子路者乎？""王之官尹有如宰予者乎？"昭王皆回答说："无有。"于是，子西警告昭王说："且楚之祖封于周，号为子男五十里。今孔丘述三五之法，明周召之业，王若用之，则楚安得世世堂堂方数千里乎？夫文王在丰，武王在镐，百里之君卒王天下。今孔丘得据土壤，贤弟子为佐，非楚之福也。"昭王听子西如此说，遂放弃了之前的想法（《史记·孔子世家》）。由此可见，孔子师徒虽历经磨难，但孔子的卓越声名及颜回、子贡、子路等贤弟子的杰出才干，确乎在时人心目中留下了深刻的印象，以至令楚昭王君臣莫名敬畏，而孔子师徒亦终究不能见容于楚以实现他们的政治理想。

不只是不被楚国接纳，"世以混浊莫能用，是以仲尼干七十余君无所遇"（《史记·儒林列传》）。然而，"无所遇"既不代表孔子师徒的所思所行及其行道救世的努力毫无意义，更不代表古往今来"知识分子的宿命"理应如此。面对"无所遇"的困境，孔子师徒表现出的豁达、乐观和自信，恰恰彰显出他们"笃信好学，守死善道"（《论语·泰伯》）的可贵精神。更何况孔子师徒于患难中尤能见真情，他们携手共渡难关，他们并肩坚守道义，他们共同守望理想和希望，他们一路挥洒救世激情并收获了弥足珍贵的师徒情谊和心灵归宿，在时代变革的急流大潮中尽情演绎了一场可歌可泣、有悲有喜的大剧，"无所遇"又算得了什么！

最后，三弟子的成长故事带给我们的一个重要启示就是，孔子有教无类、因材施教、包容个性的自由开放的教育理念，迄今仍具有不容忽视的实践价值和意义，只有在这样的教育理念指导下的教学实践活动，才能培育出像三弟子那样的真正有用的优秀人才。

（本文与史少秦合撰，原载《管子学刊》2013年第3期，收入本书时略有改动。）

后　记

十几年前，本人曾在中国政法大学国际儒学院做兼职研究生导师，时任常务副院长的周桂钿先生组织编写一套《中国政法大学国际儒学院儒学系列讲义》，邀我参加编写一本有关孔子的讲义，并安排我给研究生讲授儒家人物系列中的“孔子”专业必修课。因之前与好友郭沂兄曾合著过一本名为《旷世大儒——孔子》的书，故在此书我撰写部分的基础上，又加上我后来多年的研究心得，对书稿进行了内容方面的大量扩展、增补、充实和完善，遂成为《孔子新论》一书，作为周先生主编的《儒学系列讲义》中的一种，由人民出版社于2012年出版。回顾过往，不胜感慨！但至今仍不时怀念在周先生领导下的国际儒学院做兼职工作的美好时光，虽然时间不长，但也带出了几位不错的学生，而且还有机会撰著出版了一部有关孔子的新书，为此应特别向周先生致以最诚挚的谢忱！

时光荏苒，匆匆十多年过去了。不过，本人始终未曾中断过对孔子和儒学的研究与思考，十多年来又撰写了一些新的著作，但也一直想将《孔子新论》一书修订再版，故借着在尼山世界儒学中心孔子研究院续聘做山东省“泰山学者”的机会，对全书进行了认真而全面的修订完善，特别是校改了原书中由疏忽所造成的一些字词错误，现以《行动中的君子——孔子新论》的书名由山东友谊出版社重新再版。在此，不仅要特别感谢山东省“泰山学者”人才工程专项经费的资助，感谢尼山世界儒学中心孔子研究院和山东友谊出版社的大力支持，感谢本书责任编辑王苑对书稿认真负责的审校与订正，而且有必要对新书名中的“行动中的君子”一语稍作解释。

在有的学者看来，也许“行动中的君子”这样一种对孔子的定位显得不够崇高和神圣，但在我看来，这恰恰是最能彰显孔子本人的本来初心及其人生理想信念的一种定位，这一定位不仅无损于孔子的崇高和神圣，而且可以避免先入为主地将孔子神圣化的教条成见。“学为君子”或立志做一个“行动中的君子”，乃是孔子一生矢志不渝的追求与信念，他在此理想信念的激励下卓然奋兴，从事办私学、修六艺、汲汲于变“天下无道”为“天下有道”的伟大事业。孔子既“知其不可而为之”，又“无所为而为”。诚如朱光潜先生在《谈美》“开场话”中所说：“无论是讲学问或是做事业的人都要抱有一副‘无所为而为’的精神，把自己所做的学问事业当作一件艺术品看待，只求满足理想和情趣，不斤斤于利害得失，才可以有一番真正的成就。伟大的事业都出于宏远的眼界和豁达的胸襟。”孔子生前虽然遭遇各种的不幸、冷遇与无奈，但他所从事的伟大事业“都出于宏远的眼界和豁达的胸襟”，故而“知其不可而为之”且“无所为而为”，因此亦能泰然处之而“只求满足理想和情趣，不斤斤于利害得失”。那么，孔子又怎么会在乎后人封赐给他一个什么崇高而神圣的名号和称谓呢？

不过，孔子自孔子，后人自后人，后人之乐于尊孔者非要封赐给孔子一个崇高而神圣的名号和称谓，那是连孔子本人也无可奈何的。近人梁启超先生早年曾在其《世界伟人传》第一编“孔子”之残稿中如是说：“吾将以教主尊孔子。夫孔子诚教主也，而教主不足以尽孔子。……吾将以教育家尊孔子。夫孔子诚教育家也，而教育家不足以尽孔子。……吾将以学问家尊孔子。夫孔子诚学问家也，而学问家不足以尽孔子。……吾将以政治家尊孔子。夫孔子诚政治家也，而政治家不足以尽孔子。"梁先生之"尊孔"情结可谓无以复加矣，后来虽与时俱变，但从未否认过孔子之诚为中国极伟大的教育家、学问家和政治家。时至今日，依然还有学者在不遗余力地要为孔老夫子争个什么名分，譬如尊孔子为"中华民族的圣人"呀，"中华文化的恩人"呀，"中华百姓的亲人"呀什么的，但与梁先生不同的是，该学者认为，谁要将孔子称为"伟大的思想家、教育家、政治家"或者"儒家学派创始人"，谁就是在曲解和抹黑孔子或将孔子遮蔽、侮辱、平庸化和污名化，因为这种所谓的"三家一人"说不过是"他们心中臆想的'假孔子'"。说实话，我并不反对有人尊孔子为"圣人"呀，"恩人"呀，"亲人"呀什么的，但要说孔子被称为"伟大的思想家、教育家、政治家"或者"儒家学派创始人"就是什么曲解和抹黑或是臆想的"假孔子"，那我实在不敢苟同。难道孔子是一位没有思想、没办过私学教育、从不关心政治或从未对政治提出过什么真实见解的"圣人"？别的不说，单就"教育家"的称谓讲，古人称孔子为"万世师表"，与今人称孔子为"伟大的教育家"，有什么本质的不同吗？既然不能称孔子为"伟大的教育家"，那么，这位学者又为何称孔子是一位"真正的好老师"呢？该学者曾说："一个真正的好老师，恰恰应该努力于终身不让学生超过！一个好老师，就应该像孔子那样，终身求学问道……到死都没有被他的学生超过！"原来在该学者臆想的心目中，一生"学而不厌，诲人不倦"的孔子竟然是一位一直努力于"终身不让学生超过"的"好老师"，但笔者不揣谫陋，不禁疑惑地想问一问，也许孔子一生都没有被学生超过，但那是孔子刻意为之的吗？果真如是，那么，孔子究竟是一位"学而不厌，诲人不倦"的"好老师"呢，还是一位抱持"教会徒弟，饿死师傅"的狭陋心态而"毁"人不倦的"坏老师"呢？难怪该学者特别讨厌别人称孔子为"伟大的教育家"，原来他心目中的"好老师"孔子竟然有如此狭陋的心态！既如此，孔子干吗还要办私学呢？如果终身"求学问道"或"学而不厌"的目的就是"不让学生超过"自己，孔子又何必还要无所隐匿地"诲人不倦"呢？如果孔子不设教授徒的话，岂不就用不着努力不让学生超过他了吗？既然教学生而又不让学生超过自己，抱持这样的狭陋心态从事教育事业的“好老师”，培养出来一代不如一代的“好学生”，这哪是什么“中华民族的圣人”“中华文化的恩人”“中华百姓的亲人”呀？

下才不敏，笔者的这本小书不知究竟会带给读者朋友一种什么样的孔子认知，至少孔子在我心中是可亲、可敬、可爱的。但愿它不会曲解和抹黑孔子，不会将孔子遮蔽、侮辱、平庸化和污名化。导人群以正见，善莫大焉！

林存光

2024年2月21日